智能网联和新能源汽车
战略性新兴领域"十四五"高等教育系列教材

汽车智能底盘原理及技术

主　编	张俊智	凌和平				
副主编	王丽芳	吴　艳	陈潇凯	何承坤		
参　编	马瑞海	孙东升	苟晋芳	张仲石	李小龙	姜　龙	潘　华
	李桂忠	于刚华	石明川	刘　向	季　园	张峻峰	杨子航
	符　罗	张宇昕	赵志盟	李　超	刘　洋	韩金恒	赵世越
	李　杰	杨建国	贾凤娇	郭明林	周俊杰	刘宏宇	文翰升
	陈鸣辉	姜雨宏	张泰瑀	李金畅	胡鹏飞	张　杰	郭昌昌
	沈　诚	何晓夏	王国栋	付　莹	周斌豪	苑　野	陈　丰
	王茁伊	刘伟龙					

 机械工业出版社
CHINA MACHINE PRESS

随着电动汽车和智能驾驶技术的快速发展，市场对智能底盘的技术水平和性能要求不断提高。本书顺应智能底盘技术快速发展的需求，系统介绍了底盘技术的发展、智能底盘的内涵定义、核心智能执行系统（智能电驱动系统、线控制动系统、智能转向系统、智能悬架系统）的结构及原理、智能底盘的运动控制技术、智能底盘的冗余及容错控制技术等基础知识和关键技术前沿，并结合关键技术的仿真实践将理论和工程实践结合，进一步提升读者对智能底盘关键技术的理解和应用。本书可作为车辆工程、智能汽车等相关专业的教材，也可供电动汽车及底盘零部件技术领域的工程师、研究人员等参考阅读。

图书在版编目（CIP）数据

汽车智能底盘原理及技术 / 张俊智，凌和平主编. --北京：机械工业出版社，2024.10. --（战略性新兴领域"十四五"高等教育系列教材）. -- ISBN 978-7-111-76833-3

I. U469.72

中国国家版本馆 CIP 数据核字第 2024YW2332 号

机械工业出版社（北京市百万庄大街22号　邮政编码100037）
策划编辑：王　婕　　　　　责任编辑：王　婕　何士娟
责任校对：龚思文　梁　静　封面设计：张　静
责任印制：李　昂
北京捷迅佳彩印刷有限公司印刷
2024年12月第1版第1次印刷
184mm×260mm · 19.75 印张 · 438 千字
标准书号：ISBN 978-7-111-76833-3
定价：79.90 元

电话服务　　　　　　　　　网络服务
客服电话：010-88361066　　机　工　官　网：www.cmpbook.com
　　　　　010-88379833　　机　工　官　博：weibo.com/cmp1952
　　　　　010-68326294　　金　书　网：www.golden-book.com
封底无防伪标均为盗版　　机工教育服务网：www.cmpedu.com

序

全球汽车产业正快速进入以电动化、智能化为主的转型升级阶段，汽车产业生态和竞争格局正加剧重构，中国汽车强国之路面临着前所未有的机遇与挑战。智能网联新能源汽车产业的快速变革，推动汽车产业对人才能力需求的根本性改变。作为人才培养过程中的基础性核心要素，专业教材建设工作应为高质量人才培养体系提供坚实支撑，为人才培养提供知识载体，促使学生在知识学习中通过实践获得智慧，进而实现人才驱动产业高质量发展的倍增效应。

为全面贯彻党的二十大精神，深入贯彻落实习近平总书记关于教育的重要论述，深化新工科建设，加强高等学校战略性新兴领域卓越工程师培养，在教育部高等教育司和中国汽车工程学会的指导下，我们联合车辆工程相关专业的二十余所院校、十余家汽车及科技公司，共同开展了智能网联和新能源汽车战略性新兴领域"十四五"高等教育系列教材的建设工作。

本系列教材内容贯穿智能网联新能源汽车的全产业链，紧紧围绕立德树人的根本任务，用心打造培根铸魂、启智增慧的精品教材。同时结合信息时代、数字时代的学习特点，在教材建设过程中积极推进数字化转型，以更丰富的教材形态和内容供给助推育人方式变革。本系列教材建设旨在充分发挥教材作为人才培养关键要素的重要作用，着力破解战略性新兴领域高等教育教材整体规划性不强、部分内容陈旧、更新迭代速度慢等问题，加快建设体现时代精神、融汇产学共识、凸显数字赋能、具有战略性新兴领域特色的高等教育专业教材体系，牵引带动相关领域核心课程、重点实践项目、高水平教学团队建设，着力提升人才自主培养质量。特别值得指出的是，在本系列教材建设过程中，智能网联新能源汽车头部企业以极大的热情积极投入教材建设工作中，以丰富的工程实践反哺人才培养，高校和企业优势互补、加强协同，共同大力推进新时代、新形势下的汽车人才培养工作。

在智能网联新能源汽车高速发展的阶段，技术积累、梳理、传播和创新非常重要。本系列教材不仅可以为高等院校、汽车研究机构和企业工程技术人才培养提供非常有价值的内容，而且可以直接服务于电动汽车产业的自主创新，对深入推进供给侧结构性改革、提高我国电动汽车产业自主研发创新能力、提升自主品牌零部件和整车企业的竞争力、培育智能网联新能源汽车行业新动能，都具有非常重要的价值。

中国工程院院士

孙逢春

2024 年 6 月

前言

随着电动汽车和智能驾驶技术的快速发展,市场对智能底盘的技术水平和性能要求不断提高。智能底盘作为汽车行驶的关键组成部分,其智能化、集成化水平直接决定了汽车的整体性能。本书总结了智能底盘技术领域的最新研究成果,全面系统地介绍了智能底盘关键执行系统原理及结构、智能底盘运动控制技术、智能底盘冗余及容错控制技术,力求所述内容具有较强的先进性、系统性。

本书在内容设计上"循序渐进"地呈现了智能底盘的关键核心技术。本书首先从智能底盘的技术发展来讲解其新的定义和内涵,进一步讲解了智能底盘的关键智能执行系统——智能电驱动系统、线控制动系统、智能转向系统、智能悬架系统的工作原理及典型结构;然后从基于关键智能执行系统的底盘运动控制开始进一步讲解智能底盘纵横垂协同控制技术和智能底盘级及子系统级的冗余设计及容错控制技术;最后结合关键技术的仿真实践将理论和工程实践结合,进一步提升读者对智能底盘新技术的理解和应用。

本书由清华大学车辆与运载学院张俊智教授牵头,联合多所高校、科研院所以及多家国内知名的整车企业及零部件企业共同编制完成。其中,清华大学张俊智教授、比亚迪汽车工业有限公司汽车工程研究院副院长凌和平任主编,中国科学院大学及中国科学院电工研究所王丽芳研究员、吴艳副研究员、北京理工大学陈潇凯副教授、清华大学何承坤助理研究员任副主编。参加编写的还有清华大学、比亚迪汽车工业有限公司、中国科学院电工研究所、北京理工大学、一汽解放汽车有限公司、一汽红旗汽车有限公司、蜂巢智能转向系统(江苏)有限公司、芜湖伯特利汽车安全系统股份有限公司、北京经纬恒润科技股份有限公司、上海保隆汽车科技股份有限公司、浙江孔辉汽车科技有限公司、南阳淅减汽车减振器有限公司、北京华智汇技术有限公司的相关科研人员。

恳请读者对本书的内容和章节安排等提出宝贵意见，并对书中存在的错误及不当之处提出批评和修改建议，以便本书再版修订时参考。

编　者

目 录

序
前言

第1章 概述 — 1
1.1 汽车底盘技术的发展 — 2
1.1.1 驱动系统的发展 — 2
1.1.2 制动系统的发展 — 5
1.1.3 转向系统的发展 — 10
1.1.4 悬架系统的发展 — 14
1.1.5 底盘的发展趋势 — 18
1.2 智能底盘的定义及属性 — 21
1.2.1 智能底盘的定义与结构组成 — 21
1.2.2 智能底盘的属性 — 22
本章习题 — 22

第2章 智能电驱动系统 — 25
2.1 智能电驱动系统基本结构与工作原理 — 26
2.1.1 智能电驱动系统基本结构 — 26
2.1.2 电机控制原理 — 33
2.2 集中式驱动系统 — 39
2.2.1 单电机驱动系统 — 40
2.2.2 多电机驱动系统 — 42
2.3 分布式驱动系统 — 45
2.3.1 轮边电机驱动系统 — 45
2.3.2 轮毂电机驱动系统 — 49
本章习题 — 53
拓展阅读 — 54

第3章 线控制动系统 — 56
3.1 线控制动系统工作原理 — 56
3.2 线控液压制动系统 — 58
3.2.1 蓄能器式线控液压系统 — 58

VII

  3.2.2 电动助力主缸式线控液压系统 61
 3.3 线控气压制动系统 66
  3.3.1 线控气压制动系统结构及工作原理 66
  3.3.2 线控气压制动系统架构 68
 3.4 线控电子机械式制动系统 72
  3.4.1 电子机械式制动系统构型 72
  3.4.2 电子机械式制动系统工作原理 74
  3.4.3 线控电子机械式制动系统的未来挑战 77
 3.5 机电复合式线控制动系统 77
本章习题 78
拓展阅读 80

第4章 智能转向系统 82

 4.1 智能转向系统基本结构 83
  4.1.1 智能转向系统的组成 83
  4.1.2 智能转向系统的构型及工作原理 87
 4.2 电液助力转向系统 89
  4.2.1 电液助力转向系统基本结构 89
  4.2.2 电液助力转向系统工作原理 90
  4.2.3 电液助力转向系统分类 92
  4.2.4 电液助力转向系统特点 94
 4.3 电动助力转向系统 95
  4.3.1 转向柱助力式电动助力转向系统 95
  4.3.2 小齿轮助力式电动助力转向系统 96
  4.3.3 齿条助力式电动助力转向系统 97
 4.4 线控转向系统 98
  4.4.1 线控转向系统的组成 99
  4.4.2 线控转向系统的工作原理 100
  4.4.3 线控转向系统的关键技术 100
  4.4.4 线控转向系统的特点 102
本章习题 103

第5章 智能悬架系统 105

 5.1 智能悬架系统基本结构与工作原理 106
  5.1.1 智能悬架系统基本结构 106
  5.1.2 智能悬架系统工作原理 111
  5.1.3 悬架系统性能评价 115

5.2 半主动悬架系统   116
    5.2.1 变阻尼悬架系统   116
    5.2.2 变刚度空气悬架系统   122
    5.2.3 半主动式侧倾控制系统   125

5.3 主动悬架系统   127
    5.3.1 液压式主动悬架系统   127
    5.3.2 电磁式主动悬架系统   129
    5.3.3 油气式主动悬架系统   131
    5.3.4 主动式侧倾控制系统   132

本章习题   135

第 6 章   智能底盘运动控制技术   138

6.1 轮胎及车辆模型   139
    6.1.1 轮胎模型   139
    6.1.2 多自由度车辆动力学模型   150

6.2 智能底盘驾驶工况感知   160
    6.2.1 驾驶意图识别   160
    6.2.2 路面状态观测   168
    6.2.3 底盘关键状态观测   172

6.3 底盘纵向运动控制   174
    6.3.1 电机驱动转矩控制   174
    6.3.2 电机回馈力矩控制   179
    6.3.3 速度跟踪控制   181

6.4 底盘横向运动控制   190
    6.4.1 轨迹跟踪控制   190
    6.4.2 主动转向控制   195

6.5 底盘垂向运动控制   199
    6.5.1 悬架系统控制模型   200
    6.5.2 半主动悬架典型控制算法   202
    6.5.3 主动悬架典型控制算法   209

6.6 底盘纵横垂协同控制   211
    6.6.1 多系统协同控制架构   211
    6.6.2 多系统协同控制   213

本章习题   218

第 7 章   智能底盘冗余及容错技术   220

7.1 冗余及容错控制技术   221

	7.1.1　冗余技术	221
	7.1.2　容错控制技术	221
7.2	**驱动系统冗余设计及容错控制**	**226**
	7.2.1　驱动系统冗余设计	226
	7.2.2　驱动系统容错控制	228
7.3	**制动系统冗余设计及容错控制**	**229**
	7.3.1　线控制动系统冗余设计	229
	7.3.2　线控制动系统冗余架构及容错控制	230
7.4	**转向系统冗余设计及容错控制**	**235**
	7.4.1　转向系统冗余设计	235
	7.4.2　转向系统容错控制	240
7.5	**悬架系统冗余设计及容错控制**	**243**
	7.5.1　悬架系统硬件冗余设计	243
	7.5.2　悬架系统容错控制策略	246
7.6	**跨系统冗余设计及容错控制**	**251**
	7.6.1　驱动系统冗余转向控制	252
	7.6.2　驱制动冗余转向控制	252
	7.6.3　转向故障下的差动转向容错控制	253
本章习题		**261**

第8章　智能底盘技术仿真实践　264

8.1	**底盘仿真软件介绍**	**265**
8.2	**实践1——分布式电机转矩控制仿真**	**267**
	8.2.1　电机驱动转矩控制仿真	267
	8.2.2　电机回馈转矩控制仿真	275
8.3	**实践2——悬架天棚控制仿真**	**280**
	8.3.1　仿真工况定义	281
	8.3.2　仿真模型构建	282
	8.3.3　仿真结果与分析	289
8.4	**实践3——转向故障下的差动制动控制仿真**	**291**
	8.4.1　Simulink/Carsim 联合仿真	291
	8.4.2　仿真实验结果	299
本章习题		**303**

参考文献　304

第1章 概 述

学习目标

1. 了解底盘各关键执行系统的发展历程。
2. 了解智能底盘的发展背景及趋势。
3. 掌握智能底盘的定义及属性。

课前小讨论

比亚迪在汽车底盘领域的发展始于其品牌创立之初。初期,比亚迪主要依托传统燃油车底盘技术,通过引进、消化、吸收再创新的方式,逐步建立起自己的底盘研发和生产体系。随着电动汽车市场的兴起,比亚迪开始将底盘技术与电动化相结合,探索电动底盘的发展。通过自主研发和创新,成功开发出适应电动汽车需求的底盘系统,包括电池布局、电机驱动、电控系统等方面的优化。近年来,随着智能驾驶技术的快速发展,比亚迪在底盘技术方面也取得了新的突破,先后推出了云辇智能车身控制系统,实现了对车身控制的动态调节。此外,比亚迪还在底盘技术方面积极探索创新,如高自由度底盘、四轮独立驱动平台等,为未来智能驾驶的发展提供了有力支持。可以说,比亚迪汽车底盘的发展历程是我国汽车底盘发展的缩影,比亚迪始终致力于提升底盘系统的性能与智能化水平,为消费者提供更加安全、舒适、智能的出行体验。

汽车底盘的发展趋势是什么?

汽车底盘技术的发展是汽车工业进步的重要体现,它经历了从早期的机械式底盘到机电混合时期,再到如今的智能化阶段的演变。早期,底盘系统主要依赖于机械部件和人力操作,随着汽车工业的发展和科技进步,底盘系统逐渐引入了液压助力、电子控制等先进技术,实现了转向、制动等功能的电动化、智能化。特别是近年来,随着自动驾驶技术的快速发展,底盘系统正朝着高度集成化、智能化、模块化的方向发展,以满足车辆对于更高安全性、舒适性和操控性的需求以及未来智能交通系统发展的需求。这些技术的融合不仅提升了汽车的操控性、舒适性和安全性，也为汽车行业带来了革命性的变革。本章主要介绍底盘驱动系统、制动系统、转向系统、悬架系统的发展历程，底盘的发展趋势，阐明智能底盘的定义及属性等内容。

1.1 汽车底盘技术的发展

汽车底盘集成了驱动、制动、转向、悬架等系统，承担着车辆行驶任务，直接决定了汽车运动安全性、驾驶舒适性和操控性。在传统燃油车时代，车辆驱动源为内燃机，通过刚性联轴器和转轴实现能量的传递。该时期底盘主要以复杂的机械传动装置为主，仅有少量的电控单元和电控功能，底盘操控需要驾驶员全程参与。电动汽车则采用车载电机作为动力源，驱动电机参与驱动和制动控制，底盘的电动化程度逐步提升，机械底盘变成了电动底盘。随着高级别自动驾驶的加速量产落地，高阶自动驾驶要求底盘线控化，底盘与驾驶员之间完全解耦，能够直接接收驾驶员或自驾系统驾驶指令电信号，从而实现汽车各个单元部件的高效控制。智能底盘在电动底盘的基础上进一步强化了智能感知与智能控制能力，其作为支撑自动驾驶汽车高质量发展的基石，已成为全球科技竞争的焦点。

1.1.1 驱动系统的发展

汽车的驱动系统是汽车最重要的组成部分之一，其性能的好坏直接影响到汽车的整体性能。汽车驱动系统的发展经历了从简单到复杂、从低效到高效、从单一到多样化的过程。

1. 传统驱动系统的演变

在汽车发展的早期，人们主要依赖人力、畜力等自然力来驱动车辆。尽管这种方式简单明了，但其效率低下，且受限于人力和畜力的体力，难以满足日益增长的出行需求。随着工业革命的兴起，人们开始探索更为高效的驱动方式。19 世纪 70 年代，法国诞生了世界上第一辆蒸汽汽车，这标志着汽车驱动技术的一次划时代的变革。然而，蒸汽汽车并未如预期般迅速普及，其背后原因在于蒸汽机本身的种种不足：体积庞大、操作烦琐、效率低下，这些问题成为蒸汽汽车广泛应用的绊脚石。直到内燃机的问世，才真正颠覆了汽车驱动方式的格局。19 世纪末—20 世纪初，汽油机和柴油机相继问世，它们为汽车提供了更为强大、稳定且高效的动力来源。内燃机凭借其小巧的体积、轻盈的重量、卓越的效率以及简便的操作性，迅速成为汽车行业的首选动力方案。这一变革极大地推动了汽车的普及与蓬勃发展，使其成为现代社会不可或缺的重要交通工具。

2. 电动汽车驱动系统的诞生

随着公众环保意识的日益增强，加之政府对汽车尾气排放的严格限制，电动汽车逐渐成为人们关注的焦点。事实上，电动汽车的构想早在 19 世纪就已经出现，但受限于当时的电池技术，其并未得到广泛的应用。然而，进入 21 世纪后，随着电池技术的突破和环保政策的推动，电动汽车开始迎来快速发展的黄金时期。电动汽车的核心是动力驱动系统，它作为能量存储系统与车轮之间的桥梁，将能量存储系统（如电池组）中的化学能或电能转换为机械能，以克服如滚动阻力、空气阻力、加速阻力和爬坡阻力等，推动车辆前进。这一系统主要由驱动电机、电机控制器、机械传动装置（如减速器、传动轴、差速器、半轴等）和车轮等构成。其中，电机控制器通过控制半导体功率器件的逆变作用把动力电池的直流电转化为交流电，进而控制电机的工作状态，确保电机按照整车需求的方向、转速和转矩运行。电机转动带动减速器减速、增加输出转矩，从而驱动车轮转动，实现了从电能到机械能的转变。

3. 电动汽车驱动系统的分类

（1）基于电机电流的分类

根据电机电流类型，电动汽车驱动系统可分为交流驱动（AC Drives）系统和直流驱动（DC Dirves）系统。

1）**交流驱动系统**。交流驱动系统又可进一步细分为感应电机驱动（IM Drives）系统和同步电机驱动（SM Drives）系统。

① 感应电机驱动系统通常指以交流感应电机为驱动电机构成的系统。交流感应电机也称为异步电机，是一种常用的交流电机类型，它利用电磁感应原理实现转子的旋转：当电流通过定子（电机的静止部分）时，会在定子铁心中产生旋转磁场。这个旋转磁场可以穿透到转子中，使转子中的导体（通常为铝或铜制成，表面有导电棒插入）感应出电流（涡流）。根据电磁感应定律，当转子处于变化的磁场中时，会感应出电流。这些涡流与旋转磁场相互作用，产生电磁力，推动转子旋转。

② 同步电机驱动系统包括永磁同步电机驱动系统和开关磁阻电机驱动系统。

a）永磁同步电机（Permanent Magnet Synchronous Motor，PMSM）是一种高效、高功率密度的电机，其磁场由转子上的永磁体材料产生，不需要额外的电流来产生磁场。相比感应电机，PMSM 具有更高的效率和更小的体积，特别适用于电动汽车等对效率和空间要求较高的应用。

b）开关磁阻电机（Switched Reluctance Motor，SRM）是一种基于磁阻转矩原理工作的电机，当电流通过定子极时，在定子产生的磁场作用下，转子上的铁心会受到磁力的吸引，在磁力作用下运动到磁场强度最强的位置，通过不断改变定子中的电流，可以使转子连续地运动。

2）**直流驱动系统**。直流驱动系统是基于直流电机的驱动系统。直流电机是一种将直流电能转换为机械能的电机，是通过电枢和永磁体或电磁体之间的相互作用实现转动的电机，其工作原理是基于电磁感应定律和电磁力定律：当直流电流通过定子上的励磁线圈时，会产生一个固定的磁场，这个磁场会在转子上的电枢铁心中产生感应电动势使转子旋转；

当转子开始旋转时，由于换向器的存在，电枢绕组中的电流方向会随着转子的旋转而周期性地改变，这使得感应电动势的方向始终保持一致，从而产生持续的转矩，使电机旋转。直流电机具有调速范围广、启动转矩大、控制性能好、动态响应快、可逆性好、维护简单、功率密度高和运行稳定可靠等优点。目前，商业化电动汽车中广泛应用的动力驱动系统主要包括直流驱动系统、感应电机驱动系统和永磁同步电机驱动系统。

（2）基于电机数量的分类

根据电机数量不同，电动汽车驱动系统又可分为：单电机驱动系统、双电机驱动系统、三电机驱动系统和四电机驱动系统。

1）在单电机驱动系统中，只有一个电机提供动力，结构简单，成本相对较低，广泛应用于小型和城市电动汽车。

2）双电机驱动系统配备两个电机，可以是前后轴各一个，提供四轮驱动（4WD）能力，增强车辆的牵引力和稳定性；或者两个电机都安装在前轴或后轴上，以实现更高效的转矩分配和提升驾驶性能。

3）对于追求高性能或有特殊应用需求的电动汽车，可能会采用三电机驱动系统。这种配置通常使用一个电机驱动前轴，两个电机驱动后轴，从而实现更为精细的转矩控制和卓越的操控性能。

4）四电机驱动系统，也被称为轮毂电机（In-Wheel Motors）系统，它通过为每个车轮配备一个独立的电机，可以实现对车辆操控性能和转矩矢量控制的极致追求。这种系统允许对每个车轮的转矩进行独立调节，从而优化车辆的稳定性和操控性，为驾驶员带来卓越的驾驶体验。

近年来，电动汽车的驱动系统发展迅猛，已成为推动电动汽车技术革新的关键动力。得益于电池技术的突破和电机控制算法的持续优化，电动汽车驱动系统的效率与性能得到了大幅提升。如图 1-1 所示，电驱动系统正朝着高度集成化的方向发展，从早期的分立式组件发展到目前主流的"三合一"技术，即将电机、电控与减速器集成于一体。未来，电动汽车驱动系统将更倾向于多合一的深度集成，向轮边电机和轮毂电机的集成迈进，实现机械部件和功率部件的深度融合。各大汽车制造商，如比亚迪、吉利、广汽、长安等，纷纷推出了更高集成度的多合一集成电驱动系统，例如图 1-2 展示的比亚迪海狮搭载的十二合一电驱动系统，以及图 1-3 所示的长安深蓝 SL03 搭载的七合一电驱动系统。这些高效、紧凑的驱动电机设计不仅提高了动力输出，还实现了轻量化，提升了整车性能。先进的底盘架构设计使得驱动系统能够更好地与车辆整体融合，提高了操控稳定性与行驶舒适性。同时，线控系统的应用使得底盘控制更为精准和灵活。通过电机状态观测技术，驱动系统能够实时精准感知车辆状态，进行智能转矩调整，提高了驾驶的安全性。此外，冗余设计的应用增强了驱动系统的可靠性，确保了电动汽车在各种复杂环境下的稳定运行。总的来说，电动汽车驱动系统的发展现状呈现出高效、智能、可靠、集成的趋势，为电动汽车产业的快速发展提供了坚实的技术支撑。

第1章 概述

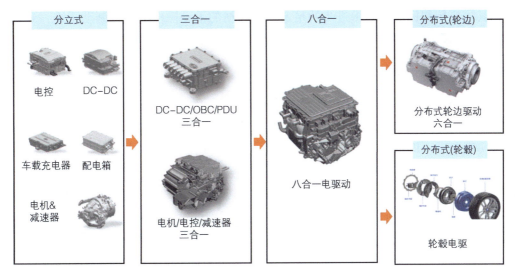

图 1-1　驱动系统发展趋势

图 1-2　比亚迪海狮及其十二合一电驱动系统

图 1-3　长安深蓝 SL03 及七合一电驱动系统

1.1.2　制动系统的发展

自 1885 年卡尔·本茨发明了世界上第一辆汽车，汽车行业已经经历了逾百年的风雨历程。在这一过程中，汽车行业不仅见证了电动化和智能化革命的新浪潮，而且汽车的各个组成部分，包括制动系统，也在不断地发展和革新。制动系统，作为汽车安全的重要组成部分，其演变历程标志着技术进步的足迹。从最初的手动操作机械式制动系统，到如今电子机械式制动系统的迅猛发展，制动系统经历了以下几个关键的发展阶段。

1. 早期机械制动系统

19世纪80年代，德国发明家卡尔·本茨发明了世界上第一辆汽车，如图1-4所示。随之诞生的，是世界上第一套车用制动系统。该制动系统设计十分简单，仅通过基本的机械结构实现制动，即通过手动操作杠杆装置，使得制动器与车轮之间产生摩擦力，从而达到减速或停车的目的。后来，随着汽车技术的不断发展，鼓式制动器和盘式制动器的问世使得制动系统的制动性能得以大幅度提升。早期汽车的制动系统都是通过机械机构传递力的原理来设计和完善的，驾驶员通过手动或脚踩踏的方式，对车轮施加必要的摩擦力，实现制动效果。这种设计虽然原始，但却为后来制动技术的演进奠定了基础。

2. 传统液压制动系统

图1-4 早期的汽车示意图

在20世纪初，汽车工业迎来了一次重大的技术突破，液压技术在汽车上的应用为车用制动系统带来了革命性的变革，传统液压制动系统应运而生。传统液压制动系统巧妙地利用液体作为传动介质，有效地替代了先前依赖的机械传动机构。在制动过程中，驾驶员施加的力通过真空助力器放大后推动主缸活塞运动，进而给轮缸施加压力，从而实现车辆的有效制动。

如图1-5所示，传统液压制动系统由多个精密组件组成，包括制动踏板、真空助力器、主缸、制动管路、制动鼓（或制动盘）和制动片等关键部件。在实施制动时，当驾驶员踩下制动踏板时，踏板的动作通过推杆传递推动主缸内的活塞，从而迫使制动液进入轮缸。在轮缸内，制动液的压力推动活塞，使得制动蹄张开，与制动鼓（或制动盘）全面接触并施加压力。在这个过程中，静止的摩擦片与旋转的制动鼓之间产生摩擦力矩，其方向与车轮的旋转方向相反。该力矩的大小受到轮缸张力、摩擦系数以及制动鼓和制动蹄尺寸等因素的影响。制动鼓将这个力矩传递到车轮上，由于车轮与路面之间的附着作用，车轮对路面施加向前的周缘力，而路面则对车轮施加向后的反作用力。这个反作用力的大小和方向取决于车轮半径和路面之间的接触性质。这个反作用力，也就是车轮受到的制动力，其方向与汽车的行驶方向相反。各车轮上的制动力的总和即为汽车所受到的总制动力。总制动力通过车轮传递到车桥和悬架，最终作用于车架和车身，导致汽车整体产生一定的减速度，实现减速或完全停止。当驾驶员松开制动踏板时，制动系统中的回位弹簧使得制动蹄与制动鼓之间的间隙恢复，从而解除制动效果，确保车辆能够平稳、安全地恢复行驶状态。整体而言，传统液压制动系统的设计充分考虑了力的传递和转换，确保了制动过程的高效性和可靠性，为驾驶员提供了强有力的安全保障。

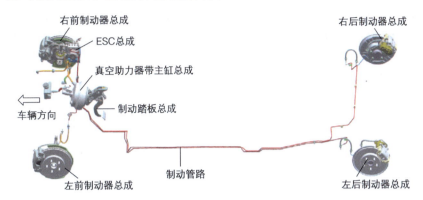

图 1-5　传统液压制动系统

3. 电控液压制动系统

随着电子化时代的来临，电控液压制动系统在传统的真空助力制动基础上，将真空助力升级为电子助力，同时保留了电子稳定控制（Electronic Stability Control，ESC）和液压制动执行部分。电控液压制动系统除了保留了传统液压制动系统的优势外，还具有低耗节能、响应迅速的特点。作为传统制动系统与电子机械制动系统之间过渡的重要产品，电控液压制动系统在结构上引入了重大变革。该系统摒弃了传统制动系统中的真空助力单元以及相关的液压元件，同时也不再采用传统的制动主缸与制动轮缸直接相连的方式。取而代之的是，制动压力的生成不再依赖于传统的机械传动方式，而是通过电子踏板捕获驾驶员的制动意图。随后，由电子控制单元（Electronic Control Unit，ECU）进行复杂的信号处理和计算，将控制信号发送给相应的执行机构，以实现制动压力的精准调节和控制。这一结构设计不仅使整个系统更加紧凑，模块化程度更高，而且大大缩短了制动响应时间。此外，电控液压制动系统还具备灵活的四轮制动压力分配方式，从而有效提升了汽车的制动效率和安全。通常，汽车电控液压制动系统的压力控制单元被布置于发动机舱的前端，其装配布置如图 1-6 所示。

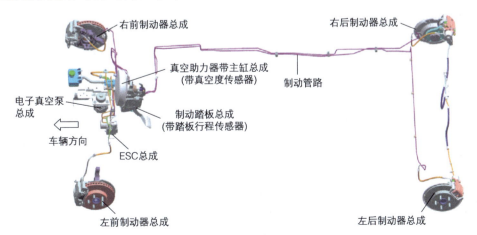

图 1-6　基于电动真空助力器的液压制动系统

在汽车电控液压制动系统中，一旦ECU接收到来自踏板位移传感器的信号和车辆行驶状态信息，就立刻进行详尽的分析和精确的计算。在系统需要进行制动压力控制的情况下，ECU利用脉宽调制信号输出不同占空比，以实现对各轮缸增压阀和减压阀的精准控制。不同的占空比会改变阀口的开度，同时，通过各轮缸的压力传感器实时监测轮缸压力，从而实现对压力的精确控制。汽车电控液压制动系统的制动过程大致可划分为三个阶段：增压、保压和减压。

1）增压控制阶段：在这个阶段，ECU控制增压阀开启、减压阀关闭，使制动液从高压蓄能器流出，通过制动管路进入制动轮缸，直至轮缸压力增至所需制动压力。

2）保压控制阶段：此时，ECU将增压阀和减压阀关闭，使制动轮缸处于封闭状态，以维持轮缸压力稳定，确保制动效果的持续性。

3）减压控制阶段：在这个阶段，ECU将关闭增压阀并开启减压阀，使制动液从制动轮缸流回储液罐，直至轮缸压力降至所需制动压力水平，完成制动过程。

目前，汽车电控液压制动系统中用于调节压力的所有高速开关阀都整合在液压调节器中。这种液压调节器具备坚固可靠、密封性良好以及占用空间小等特点，其装配结构如图1-7所示。这种高效集成的设计优化了空间利用率，并提升了系统的整体性能。

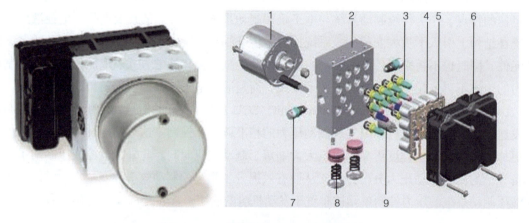

图1-7 液压调节器及其装配结构图

1—回液柱塞泵驱动电机 2—ESP液压调节器阀体 3—电磁阀 4—电磁线圈组
5—电磁线圈组冲孔网格板 6—电子控制单元 7—回液柱塞泵 8—低压蓄能器 9—压力传感器

4. 电子机械制动系统

近年来，随着全球对乘用车能耗问题的日益关注，特别是我国《节能与新能源汽车产业发展规划》的正式实施，新能源汽车已然成为汽车行业的主流发展趋势。同时，随着智能驾驶技术和软件定义汽车概念的兴起，新能源汽车在整车能耗、续驶里程、智能化以及制动性能等方面都面临着全新的挑战。在这种背景下，电子机械制动系统作为一种前沿的解决方案，逐渐获得了业界的青睐。电子机械制动系统（Electro-Mechanical Brake System，EMB）摒弃了传统制动系统中的制动液和液压管路等部件，转而采用电子机械系统。该系统制动踏板产生的制动信号直接传输到制动卡钳,通过控制每个车轮上的制动卡钳来实现精准制动。电子机械制动系统的架构主要包括三个要素:一是四个车轮上的电磁制动执行机构,它们直接负责制动力的施加;二是以电子控制单元为核心的中央控制器,它是整个系统的"大脑",负责接收和处理各种信号,并发出相应的控制指令;三是制动踏板模块,它集成了制动踏板位移传感器和踏板力模拟器,能够实时感知驾驶员的制动意图,并将其转化为电信号供系统使用。电子机械制动系统的结构示意如图 1-8 所示。

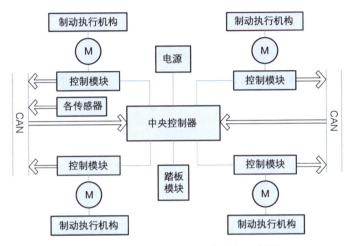

图 1-8　电子机械制动系统结构示意图

在汽车行驶过程中,驾驶员通过踩制动踏板来施加制动力。这一动作通过制动踏板位移传感器捕捉,该传感器能够检测到踏板的位置、移动距离以及其变化速度等关键信息,并将这些信号发送至中央控制器。中央控制器接收到这些信号后,会结合其他传感器如车辆速度传感器、轮速传感器、环境感知传感器等提供的外部环境和车辆当前状态数据,综合解析驾驶员的制动意图,并实时计算出各车轮所需施加的最优制动力。此过程涉及电机的驱动,由电子机械制动系统执行机构负责将电机产生的转矩转化为制动垫块与制动盘之间的夹紧力,从而实现对车轮的制动效果。同时,踏板力模拟机构根据车辆、道路状况及制动系统的多种参数,通过调整踏板力的反馈,使驾驶员在制动时能够感受到与传统制动系统相似的"路感"。这一设计使得驾驶员在驾驶过程中更加自然、舒适。电子机械制动系统还具备高度的智能化和集成化特点,它不仅通过传感器采集电机电流、制动盘夹紧力、轮速等关键参数,还能实时反馈给中央控制器,形成闭环控制系统,以确保制动效果的优化。此外,电子机械制动系统还能与整车的电子控制功能进行整合,在必要时自动调整或施加制动力,以支持防抱死制动系统(ABS)、牵引力控制系统(TCS)、电子稳定程序(Electronic Stability Program,ESP)、自适应巡航控制(Adaptive Cruise Control,ACC)等系统的协同工作。同时,电子机械制动系统还与制动能量回馈系统兼容,能够在制动过程中回收部分能量,提高能源利用效率。

作为整个系统的关键组成部分,电子机械制动系统执行机构的性能优劣直接决定了汽车制动功能的实现及其效能。因此,国内外众多汽车零部件制造商和相关科研机构普遍将电子机械制动系统执行机构的设计与研发视为电子机械制动系统开发的首要任务。这一机构通常被划分为三个主要的功能模块：驱动电机、减速增力机构以及运动转换机构。驱动电机是 EMB 执行机构的动力来源，它负责产生足够的转矩以驱动制动过程；考虑到车轮附近的空间限制和悬置结构，电机需具备体积小、重量轻的特点。同时，由于 EMB 系统需要电机持续较长时间保持堵转状态，且堵转转矩需足够大，因此电机还需满足高转矩、低堵转电流的要求。减速增力机构的主要作用是增大电机的输出转矩，以确保足够的制动力，其设计形式包括蜗轮蜗杆减速器、齿轮减速器和行星齿轮减速器等。在实际应用中，减速增力机构也可被其他类型的自增力机构所取代，以实现更为灵活和多样化的制动效果。运动转换机构负责将电机的旋转运动转化为制动垫块与制动盘之间的夹紧力，它的设计需要确保运动的平稳性和准确性，以提供可靠的制动效果。这些组件的协同工作，确保了电子机械制动系统能够高效、准确地完成制动任务。

1.1.3　转向系统的发展

转向系统是汽车底盘的重要组成部分，在汽车底盘中，转向系统是指一系列装置，它们协同工作以实现车辆的转向控制，简单来说，转向系统就是让驾驶员通过转向盘来控制车轮的装置。这个系统的核心目标是确保车辆能够在驾驶员的指引下准确地改变方向，从而实现转弯、转向和导向等操作。转向系统的设计和性能对驾驶操控性、行车安全以及乘坐舒适性都具有至关重要的影响。转向系统的发展从最初的机械式转向系统（Mechanical Steering System，MSS），到后来的机械液压助力转向系统（Hydraulic Power Steering，HPS）和电子液压助力转向系统（Electro-Hydraulic Power Steering，EHPS），到如今主流的电动助力转向系统（Electric Power Steering，EPS），再到未来极具发展前景的线控转向系统（Steering-By-Wire，SBW），转向技术的不断演进使得驾驶变得更加轻松、灵活且安全。

1. 机械式转向系统

机械式转向系统又称人力转向系统，广泛应用于早期汽车以及现代的简易车辆上。机械式转向系统由转向操纵机构、转向器以及转向传动机构三大部分组成，主要零部件包括转向盘、转向轴、转向万向节、转向器等，具体如图 1-9 所示。

机械式转向系依靠驾驶员的体力来作为转向动力来源，经过转向轴（转向柱）传到转向器，转向器将转向力放大后，又通过转向传动机构的传递，推动转向轮偏转，从而使汽车行驶方向改变。由于机械转向系统的传动部件较多，因此存在摩擦和磨损，可能会导致转向感受和精准度下降，影响驾驶的舒适性和操控性，同时，机械转向系统往往无法提供足够的灵活性和响应性，无法满足现代汽车对驾驶操控性和安全性的要求，因此，机械转向系统已逐渐被更先进的转向技术所取代。

2. 液压助力转向系统

液压助力转向系统是在传统机械式转向系统基础上进行的一次技术革新。该系统通过集成液压助力装置，显著减轻驾驶员在转向时的力量需求，从而提高转向的舒适性和灵活性。其历史可以追溯到 1902 年 2 月，当时英国人 Frederick W.Lanchester 率先提出了"液压驱动转向"的构想，并进行了相应的系统设计。然而，受限于当时的技术水平和市场需求，这一创新并未立即实现商业化应用。直到半个世纪后，1951 年，美国克莱斯勒公司成功地将成熟的机械液压转向助力系统应用在其旗下的 Imperial 车系上，这标志着液压助力转向系统的首次商品化应用。克莱斯勒为该系统命名为"Hydraguide"——油压转向装置，它的推出大大提高了车辆的转向轻便性和舒适性，深受消费者的欢迎。这一技术广泛应用于高速轿车和重型货车上，为驾驶员提供了更为轻松和精准的操控体验。

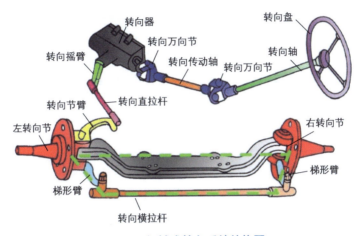

图 1-9　机械式转向系统结构图

液压助力转向系统基本组成与机械式转向系统类似，不同的是，液压助力转向系统增加了液压助力装置，该装置利用液压力量来辅助转向，减轻驾驶员的转向力量需求。液压助力转向系统的基本结构如图 1-10 所示。当驾驶员转动转向盘时，液压泵开始工作，将高压液压油送入助力缸。在助力缸中，高压液压油受到压力作用，进而推动与转向机构相连的某些部件，从而为驾驶员提供额外的转向助力。这种额外的转向助力可以减轻驾驶员在转向时的力量需求，使得转向过程更加轻松，特别是在低速转向时效果更为显著，同时，液压阀会根据驾驶员的转向输入和车辆速度等因素来调节液压油的流动，以确保提供适当的转向助力。这一设计确保了在不同驾驶条件和车速下，系统都能为驾驶员提供恰当的辅助。

依据转向泵驱动方式的不同，液压助力转向系统可以分为机械液压助力转向系统（Hydraulic Power Steering, HPS）和电子液压助力转向系统（Electro-Hydraulic Power Steering, EHPS）。在机械液压助力转向系统中，转向泵由发动机驱动，随着发动机转速的变化而工作。而在电子液压助力转向系统中，转向泵则由电机驱动，其动力来自于蓄电池。最早的电子液压助力系统可追溯到 1965 年，福特汽车公司在其 Park Lanes 车型上安装了一种名为"wrist-twist instant"的转向助力系统。该系统通过电子控制单元（ECU）对液压助力进行精确调节，使得转向比达到了 15∶1，极大地减轻了驾驶员的转向负担，提高了驾驶的舒适性和安全性。这一系统被认为是现代电子液压助力转向系统的雏形，为后续的发展奠定了坚实的基础。

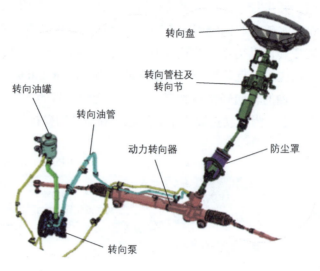

图 1-10　液压助力转向系统结构图

3. 电动助力转向系统

电动助力转向（Electric Power Steering, EPS）系统是一种现代汽车转向技术，通过电机直接来提供转向助力转矩，极大地改善了驾驶操控性和舒适性。EPS 系统起源于日本的铃木汽车公司。1988 年，铃木发布了一款名为 Cervo 的车型，其被认为是世界上第一款搭载可变传动比电动转向助力系统的汽车，这标志着 EPS 技术的诞生。随后，在 1993 年，本田汽车公司成为世界上第一个把 EPS 作为标准装备配置在高级运动跑车 Acura NSX 的汽车生产商，这一举措进一步推动了 EPS 技术的商业化应用。随着 EPS 技术的不断发展和完善，越来越多的汽车制造商开始关注并应用这一技术。日本的大发汽车公司（Daihatsu）和三菱汽车公司（Mitsubishi）也相继在其车型中安装了 EPS 系统，如 Mira 和 Minica 等。全球的汽车零部件供应商也积极投入 EPS 技术的研发和生产，日本的 NSK、美国的 DELPHI、美国的天合（TRW）、英国的 Lucas 以及德国的 ZF 等公司都相继研制出了各自的 EPS 系统。这些系统各具特色，满足了不同车型和市场的需求。同时，一些汽车制造商也开始采用 EPS 技术来提升其产品的竞争力。例如，菲亚特和雷诺等公司在其 A、B、C 级轿车的转向柱上安装了助力电机，以提供更加轻便和灵活的转向体验。Ford 和 GM 公司选择了 TRW 公司提供的一种过渡技术，即电动液压转向技术，以实现从传统的液压助力转向到电动助力转向的平稳过渡。大众汽车公司则在其 PQ35 GOLF 平台上采用了 ZF 公司提供的复杂的双小齿轮助力型 EPS。直到今天，EPS 系统已经成为应用最广泛的汽车转向系统。

如图 1-11 所示，电动助力转向系统一般由转向传感器、电子控制单元、电机、转向器等部件所构成。电动助力转向系统在工作时，转向传感器会检测转向盘的力矩和拟转动的方向，这些信号会通过数据总线发给电子控制单元（ECU），ECU 会根据传动力矩、拟转的方向等数据信号，结合车速、车辆稳定性等其他传感器信息，进行综合分析和计算，并向电机控制器发出精确的动作指令。电机会根据具体的需要输出相应大小的转矩，这个转矩通过减速器传递到机械转向器上，从而辅助驾驶员完成转向动作。

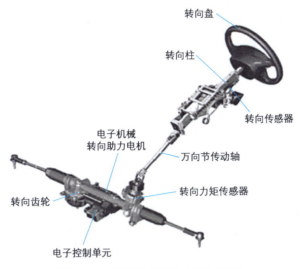

图 1-11 典型的电动助力转向系统

相比传统的机械式转向系统和液压助力转向系统，电动助力转向（EPS）系统结构紧凑，安装方便，在调整和检测、装配自动化方面有明显的优势：零件较少，质量较轻，不仅降低了整车重量，还提高了燃油经济性。此外，EPS系统在运行时的噪声较低，为乘客提供了更为宁静的驾驶环境。而且EPS系统对环境影响小，不存在液压助力转向系统的渗油问题，减少了环境污染的可能性。同时，EPS系统在低温环境下仍能保持良好的工作性能，确保车辆在各种气候条件下都能稳定运行。在操控方面，EPS系统能够根据驾驶员的转向输入和车辆状态智能调节转向助力，实现更精准的转向操控。这种智能化的助力调节使得驾驶过程更加轻松、舒适，并提高了行驶安全性。此外，一些先进的电动助力转向系统还具备与其他智能驾驶辅助系统集成的能力，如车辆稳定性控制系统（ESP）、自适应巡航控制系统（ACC）、车道保持辅助系统（Lane Keep Assist，LKA）等，极大地提升了驾驶安全性和舒适性。未来有望继续优化和创新，比如与自动驾驶系统更加紧密地集成，以实现更高级别的自动驾驶功能，如自动泊车、高速巡航、城市自动驾驶等功能，以满足日益增长的驾驶需求。

4. 线控转向系统

线控转向系统（Steer-by-Wire System，SBW）是一项前沿的转向技术革新，它摒弃了传统的机械连接，采用电子信号代替传统的机械连接，通过精密的传感器捕捉驾驶员的操纵动作，并将其转化为电信号。这些信号随后通过电缆高效、直接地传输至执行机构，从而实现对转向系统的精准驱动。SBW的概念早在20世纪50年代便已被提出，美国天合（TRW）公司首次提出了用控制信号取代转向盘与转向轮间机械连接的想法。随后，德国Kasselmann

和 Keranen 共同设计了早期的线控转向系统模型。然而，受限于当时的电子控制技术，线控转向技术并未立即得到显著发展。直至 20 世纪 90 年代，随着科技的进步，线控转向技术才迎来了较大的突破。在这一时期，美国、欧洲和日本在线控转向的研发与推广上尤为活跃。德国奔驰公司在 1990 年将其开发的线控转向系统应用于概念车 F400 Carving 上，展示了这一技术的潜力。随后，戴姆勒·克莱斯勒公司推出的智能电驱动概念车 R129 进一步巩固了线控转向技术的地位，这一控制技术甚至被列为 2000 年汽车十大新技术之一。美国通用汽车公司紧随其后，展示了概念车"Autonomy"，并在其基础上开发了全球首辆可驾驶的线控燃料电池车 Hy-Wire 概念车。同年，丰田汽车公司也展示了采用线控技术的 Fine-S 燃料电池概念车，彰显了该技术在全球汽车行业的广泛影响力。在 2005 年北美车展上，通用汽车公司又推出了新一代氢燃料电池和线控技术概念车 Sequel，继续引领线控转向技术的潮流。直到 2013 年，英菲尼迪公司推出的 Q50 车型成为第一款应用线控转向技术的量产车型，标志着该技术正式进入实用化阶段。图 1-12 所示为 Q50 车型上的线控转向系统。

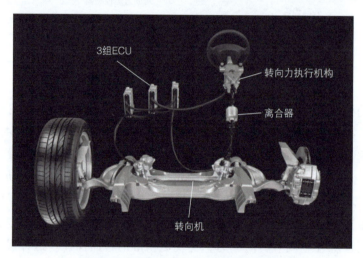

图 1-12　Q50 车型上的线控转向系统

相较于其他类型的转向系统，线控转向系统展现出了显著的优势。它具备传动效率高、响应时间短的特点，使得驾驶员能够迅速、准确地感受到车辆的操控反馈。更为重要的是，线控转向技术由于实现了转向盘与转向执行机构的解耦，能够依据车速、牵引力等关键参数实时调整转向比率，从而显著提升了汽车的碰撞安全性和整车主动安全性，为驾驶员带来了更加优越的驾驶体验。随着科技的进步，电子元件的成本逐渐降低，电源技术持续发展，可靠性和控制算法不断优化，线控转向技术的前景越发广阔。这些进步不仅降低了线控转向系统的制造成本，还提高了系统的稳定性和可靠性，使其更加适应汽车行业的生产需求。

1.1.4　悬架系统的发展

汽车悬架系统作为汽车的关键构成部分，其设计精妙地连接了车身与车轮（或车桥），不仅传递车轮与车架（或车身）间的各种力和力矩，还巧妙地减轻了由不平整路面传递至车架（或车身）的强烈冲击载荷，并有效衰减由此产生的振动，从而确保汽车能够平稳、顺畅地行驶。这一系统的性能直接关系着车辆的操控性、行驶稳定性和乘坐者的舒适性。随着汽车工业的持续进步和市场需求的不断变化，汽车悬架系统的发展也经历了从初级的减振结构到高度集成化的主动控制系统的多个阶段，以适应日益严苛的行驶环境和多元化的消费者需求。

1. 早期刚性轴和悬架弹簧

汽车悬架系统的早期雏形可以追溯到马车时代，当时设计的初衷主要是缓解乘坐过程中的颠簸感，以提供更舒适的旅程。16世纪的四轮载人和载货马车为解决"路上感觉非常颠簸"的问题，将车厢用皮带吊在底盘的四根柱子上，这一设计类似于倒置的桌子。由于车厢是挂在底盘上的，因此人们渐渐将其称为"悬架（suspension）"并沿用至今，用于描述整个系列的悬架解决方案。到了1776年，马车用的叶片弹簧取得了专利，并因其出色的减振效果而广受欢迎，一直沿用至20世纪30年代，随后逐渐被螺旋弹簧所取代。这种由刚性轴和悬架弹簧组成的系统结构简单、成本低廉，是当时马车和早期汽车普遍采用的悬架方式。图1-13所示为奔驰的第一台三轮车，它采用的是类似于马车悬架的钢板弹簧悬架。然而，随着汽车工业的发展，人们逐渐意识到这种悬架系统无法提供理想的悬架性能和乘坐舒适性，特别是在不平坦的路面上行驶时。因此，这种悬架系统主要在汽车发展的早期阶段被广泛使用，随着技术的进步，逐渐被更为先进的悬架系统所取代。

图1-13　奔驰第一台三轮车

2. 螺旋弹簧和被动悬架

20世纪初，随着汽车工业的大力发展，悬架系统的研究也开始受到广泛关注。1906年，螺旋弹簧与减振器的结合使用，成为现代悬架系统的重要开端，并在随后的20世纪30年代开始广泛应用于汽车中。这种结合了液压减振器和螺旋弹簧的悬架系统，通过控制阻尼力以有效减少车辆的振动，同时螺旋弹簧提供了必要的支撑力，使车辆在行驶过程中更加平稳。与早期的刚性轴和悬架弹簧相比，这种系统显著提升了悬架性能和乘坐舒适性。然而，尽管这种悬架系统在当时已属于先进，但在悬架调整方面的灵活性却有所不足。直到1934年，世界上出现了第一个由螺旋弹簧组成的被动悬架。被动悬架的参数基于经验或优化设计确定，在车辆行驶过程中保持固定，因此在应对复杂多变的路况时显得力不从心，减振效果有限。

尽管如此，被动悬架因其成本效益和相对稳定的性能，在中低档轿车上得到了广泛应用。现代轿车中，前悬架多采用带有横向稳定杆的麦弗逊式悬架，这种设计不仅提供了良好的操控性和稳定性，还兼顾了乘坐舒适性。例如，在桑塔纳、夏利等车型中，就能看到这种悬架系统在实际应用中的身影。

3. 独立悬架和非独立悬架系统

20世纪中期至后期，随着技术的进步和汽车行业的发展，汽车悬架系统开始区分为独立悬架和非独立悬架两大类。

独立悬架以其独有的设计特性在现代汽车中占据了重要地位。如图1-14所示，独立悬架的特点在于每一侧的车轮都是单独地通过独立的弹性悬架系统悬挂在车架或车身下方。这种设计允许车轮独立运动，减少了车辆通过不平坦路面时的相互干扰，能够显著提升乘坐舒适性和操控稳定性。然而，独立悬架也存在一些缺点，如结构相对复杂、成本较高、维修不便，同时因为结构的复杂性可能会侵占一些车内乘坐空间。麦弗逊悬架是独立悬架中常见的一种形式，大多应用在车辆的前轮。

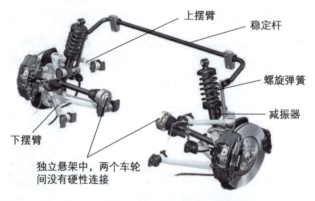

图1-14　独立悬架

非独立悬架，或称整体桥式悬架，则具有不同的结构特点。如图1-15所示，非独立悬架系统中，两侧车轮通过一根整体式车架相连，车轮连同车桥一起通过弹性悬架系统悬挂在车架或车身的下方。这种设计简化了结构，降低了成本，提高了强度，且易于保养。在行驶过程中，前轮定位变化小，这对于一些特定用途的车辆来说非常重要。然而，由于非独立悬架在舒适性和操控稳定性方面相对较差，因此在现代轿车中，它主要被应用于成本控制严格的车型。在货车和大客车等商用车辆中，由于其承受重载荷和需要高强度支撑的特性，非独立悬架仍得到广泛应用。

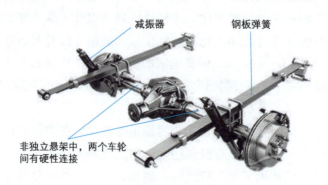

图1-15　非独立悬架

4. 高性能悬架系统

随着汽车工业的发展，对汽车性能的要求不断提高，这促使高性能悬架系统成为研究的热点。早在 1950 年，液压气动悬架系统首次在车上应用，结合了液压和气动技术的优点，为汽车提供了更为先进的悬架解决方案。与传统的机械式悬架相比，液压气动悬架系统能够实时感知车辆的行驶状态，如速度、加速度、转向角度等，并根据这些信息自动调整悬架的刚度和阻尼。具体而言，当车辆行驶在颠簸不平的路面上时，液压气动悬架系统能够迅速感知到路面的变化，并相应地调整悬架的刚度，使车身保持稳定，减少振动和冲击。同时，系统还会根据车速和转向角度等因素，调整悬架的阻尼，以确保车辆在高速行驶和急转弯时仍能保持足够的稳定性和操控性。然而，液压气动悬架系统也存在一些挑战和限制。首先，其结构相对复杂，制造成本较高，这在一定程度上限制了其在中低端车型上的应用。其次，由于系统需要实时感知车辆行驶状态并进行调整，因此其对传感器的精度和可靠性要求较高。此外，液压气动悬架系统的维护和保养也相对复杂，需要专业的技术和设备支持。因此，这种技术直至 20 世纪 70 年代才开始在高端汽车上得到广泛应用。

电子悬架系统的发展可以追溯到 20 世纪 60 年代，但直到 20 世纪 90 年代才开始在一些高端车型上得到应用。该系统通过电子控制实现对悬架硬度和高度的调整，不仅提供了更好的悬架性能，还显著提升了车辆的操控性。然而，与液压气动悬架系统相似，电子悬架系统同样面临着成本高昂、对电子系统稳定性和可靠性要求高等问题。

进入 21 世纪，空气悬架系统（图 1-16）开始在一些高端车型中逐渐普及。该系统由空气泵、减振器、储气罐、控制单元以及传感器（如水平高度传感器）等组成。该系统通过空气压缩机将压缩空气送入弹簧和减振器的气室，从而改变车辆的高度。水平高度传感器被布置在前轮和后轮附近，空气悬架控制单元根据传感器的输出信号来判断车身的高度变化，并控制压缩机和排气阀来压缩或拉伸弹簧，以达到减振的效果。该系统不仅提供了卓越的悬架性能和舒适度，还展现了强大的适应性。然而，其高昂的成本、复杂的系统构造、维护的困难以及对气压稳定性的高要求，仍然是该系统普及过程中面临的主要挑战。

5. 智能悬架系统

近年来，随着汽车技术的飞速发展，智能化技术、混合悬架系统和可变刚度悬架系统等新型技术也开始得到研究和应用，为汽车悬架性能提供了更广阔的发展空间。智能悬架系统作为现代汽车工业中的重要技术之一，正逐渐改变着我们对汽车悬架性能的认知。智能悬架系统通常由传感器、

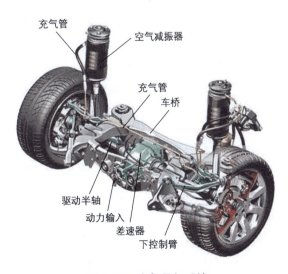

图 1-16 空气悬架系统

执行器和控制器等组件组成，这些组件协同工作，能够实时监测车辆的行驶状态，并根据这些数据自动调整悬架的硬度和高度。这种自适应能力使得智能悬架系统能够应对不同的驾驶条件和路况，为乘客提供最佳的操控性能和乘坐舒适性。然而，智能悬架系统的成本相对较高，这主要源于其复杂的传感器、执行器和控制系统。同时，由于智能悬架系统对传感器和控制系统的稳定性和可靠性要求较高，因此其维护和保养也需要专业的知识和技能。尽管如此，随着汽车技术的不断进步和创新，智能悬架系统的成本正在逐渐降低，同时其减振性能和可靠性也在不断提高。未来，随着更多先进技术的加入和应用，智能悬架系统将更加成熟和完善，为汽车工业的发展注入新的活力。

汽车悬架系统的发展反映了汽车技术的进步，从最初的简单机械结构到现在的智能化、电子控制的复杂系统，悬架系统的设计越来越注重提高汽车的舒适性、稳定性和安全性。随着技术的不断发展，未来的悬架系统将更加先进和多样化。

1.1.5　底盘的发展趋势

底盘作为汽车的重要组成部分，其性能直接关系到汽车最基本的安全性、稳定性以及运行效率。在汽车技术迈向电动化的浪潮中，传统底盘逐步转型为电动底盘，而在大数据、人工智能等新一代信息技术与智能技术的推动下，电动底盘将进化为智能底盘。对于L1、L2级自动驾驶，驾驶员全程主导驾驶任务，底盘作为运动执行系统对冗余设计和线控性能亦无严格要求。对于L3～L5高级别自动驾驶，驾驶主体逐渐由驾驶员过渡为自动驾驶控制器，由于涉及"人、车、路、网、云"五维协同，技术难度骤然上升，车辆行驶安全问题因此更为突出。为了应对全工况全过程的驾驶任务，充分保证智能电动汽车的功能安全（Functional Safety），底盘需要替代驾驶员具备对车辆与地面间相互作用的认知、预判和控制的能力，尤其是L4级别及以上自动驾驶，要求底盘具有失效运行甚至冗余自动驾驶的能力。可以看出，高阶自动驾驶要求底盘线控化，底盘与驾驶员之间完全解耦，能够直接接收驾驶员或自驾系统驾驶指令电信号，从而实现底盘各关键执行系统的高效控制。智能底盘在电动底盘的基础上进一步强化了智能感知与智能控制能力，在无需驾驶员介入的条件下，可实现正常工况下车路状态的自我感知与底盘融合控制，故障工况下底盘健康状态的监测管理与容错控制。

随着电动化与智能化的深入发展，智能电动汽车时代的底盘系统经历了诸多重大的技术革新。当前，智能底盘主要体现出以下四个方面的显著的技术特点与发展趋势：

（1）电池一体化

如图1-17所示。早期的电池采用"电芯-模组-电池包"的层级封装形式，即CTM（Cell To Module）。这一设计将电芯按照独立的模组进行管理，维护相对简单。然而，模组之间需要使用大量电气连接和结构件，导致电池空间利用率和能量密度较低，不仅影响车辆续航，还会造成电芯防水、隔热等安全性问题。为了解决上述问题，业界提出了CTP（Cell To Pack）概念，通过取消或减少模组，将电芯直接布置在电池包内，其空间利用率明显提升。然而，CTP 依然只是一种电池包结构精简技术，没有彻底消除线缆和结构件，无法进一步改善车辆续航能力和安全性能。在此基础上，电池与底盘/车身一体化设计技术应运而生，通过将电芯直接整合在底盘或车身上，实现电池系统与整车框架的高度融合，两种技术路线的代表性方案分别为特斯拉的电池底盘一体化 CTC（Cell To Chassis，CTC）和比亚迪的电池车身一体化（Cell To Body，CTB）。电池与底盘或车身的一体化设计方式以其高度集成的结构特性，让整车在有限的空间内装载更多的电池单体，进一步提升空间利用率，从而有效增加续驶里程，缓解电车的里程焦虑。电池包作为整车结构件的一部分，可以参与到载荷传递的过程，直接提升车辆的结构强度和弯扭刚度；由于所需的零部件减少，因此车身整合程度更高，质量分布更均匀，有助于优化座舱垂直空间和改善整车 NVH（Noise，Vibration，Harhness）。

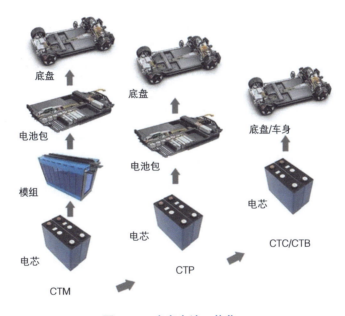

图 1-17　底盘电池一体化

（2）动力分布化

高性能与低能耗是新能源汽车的主要追求目标。对于电动汽车而言，多电机及其分布式动力系统不仅能够显著提升车辆的动力性和操纵稳定性，而且能够通过能量管理策略兼顾整车能量经济性。前后轴单电机、前轴单电机-后轴双电机、前后轴双电机等不同类型的动力系统架构，结合动力电机的负转矩特性和转速/转矩的高精度感知优势，使得整车的四轮驱动/制动转矩分配更加灵活，车辆动力学的可控性更高，并且可为智能驾驶技术提供高性能底盘平台。动力分布化的另一个技术优势是动力源的冗余设计既可以提供正常状态下底盘运动控制的高度灵活性，具有单动力源构型底盘难以实现的运动模式，也能够在故障状态下保留失效安全或失效运行的能力，保障车辆在异常或极端场景下的行驶安全。从动力电机的类型来看，目前以分布式轮边电机为主，电机配合减速机构直连驱动轮，结构紧凑，传动高效，此类方案现已实现量产级整车应用，如配备三电机的特斯拉 Model S Plaid、配备四电机的比亚迪仰望 U8 和极氪 001FR 等，均为高性能运动或越野车型。分布式轮毂电机则进一步将电机与轮毂融为一体，取消了传动系，实现了紧凑和高效的动力构型。然而，轮毂电机在实际产业化应用之前仍需解决一系列技术难题：由于动力电机下移到簧下质量部分，导致垂向平顺性难以保证，必须搭配高性能主动悬架；轮毂内部有限空间需要集成电机、制动等部件，同时面临散热、密封、冲击等问题，集成与控制难度较大；轮毂电机的运行工况复杂、工作环境恶劣，可靠性与耐久性均需充分验证。

（3）线控化

汽车底盘线控化是汽车技术发展的重要趋势，其特点是通过电信号传导替代传统的机械信号传导，以实现对汽车底盘各子系统的精确控制。线控化技术包括线控制动（Brake-by-Wire，BBW）、线控转向（Steer-by-Wire，SBW）、线控油门（Throttle-by-Wire）以及线控悬架（Suspension-by-Wire）等多个方面。随着自动驾驶技术的发展，线控底盘成为实现自动驾驶技术的关键执行层。线控底盘的优势在于其电信号传输及响应速度快，缩短车辆对突发情况的响应时间，同时电信号对车辆的控制更加精准，对提升自动驾驶安全性至关重要。线控底盘技术对于汽车行业的发展具有重要意义。首先，它有助于减轻底盘的重量，提升电动汽车续航和环保性能。其次，线控底盘提高了车辆行驶的稳定性和体验感，对于提高汽车性能和安全性具有重要意义。此外，随着新能源汽车市场的快速发展，线控底盘技术将进一步加速发展，以满足新能源汽车轻量化与环保减排的需求。

（4）系统集成化

智能汽车的快速发展推动了底盘部件的全面线控化，在此基础上，以滑板底盘和新型行驶单元为代表的集成化底盘系统成为未来底盘技术的重要发展方向。滑板底盘是一种高度集成的定制化造车平台，它将整车的电池、驱动、制动、转向、悬架等核心部分集中整合到底盘系统中，形成一个完整的"电池 - 动力 - 底盘"融合功能域。这种设计使得底盘和车辆的其他部分实现分体式开发，根据不同的车型需求，对滑板底盘进行多元化扩展。滑板底盘的这种设计显著降低了传统造车门槛，并赋予车型设计更大的通用性和空间灵活性，因此，滑板底盘尤其适用于如轻卡、皮卡、越野 SUV 等非承载式车型。随着市场需求的多样化，滑板底盘有望成为满足"个性化需求"的理想解决方案。美国 Rivian 公司推出的电动四驱皮卡 R1T 是首个滑板底盘的量产车型，如图 1-18 所示。国内悠跑科技、PIX Moving 等公司也在滑板底盘产品研发方面取得了积极进展。新型行驶单元是另一种高集成度的底盘系统，通过全面线控化与全面电气化的"驱动 - 制动 - 转向 - 悬架"一体化总成设计方式，结合智能轮胎与智能控制单元，在形式上构成完全解耦的智能底盘最小物理系统。目前，

图 1-18　Rivian 电动四驱皮卡 R1T 滑板底盘

仅有少数汽车科技公司在此领域有所突破，如 Protean Electric 提出的 360° 角模块（图 1-19）、现代摩比斯提出的 90° 角模块等。新型行驶单元可以自由组织形成不同构型的智能底盘，并且具备自我管理与自主进化能力。未来，随着轮毂电机与电子机械制动等部件技术、机械-电磁-传热等多物理集成技术、高性能行驶单元控制技术以及高级别智能驾驶技术的不断成熟，新型行驶单元将有望成为汽车底盘系统的终极解决方案。

图 1-19　Protean 360° 角模块

1.2　智能底盘的定义及属性

在电动汽车和智能汽车快速发展的背景下，全球范围内汽车技术与能源、交通、信息、人工智能等领域交叉与融合，汽车智能化已经成为汽车工业的发展潮流。无论在技术开发还是产业应用方面，安全、高效的智能电动汽车都呈现出蓬勃的发展态势和巨大的应用前景。在汽车电动化与智能化发展的进程中，汽车底盘也经历了机械底盘、电动底盘再到智能底盘的技术变革。智能底盘作为支撑自动驾驶汽车高质量发展的基石，已成为全球科技竞争的焦点。大力推进智能底盘技术创新与产业发展，将为我国汽车产业带来巨大的技术效益、经济效益和社会效益，同时也是实现汽车强国、汽车产业跨越式发展，甚至全球领跑的重大战略需求。

1.2.1　智能底盘的定义与结构组成

智能底盘是为汽车自动驾驶系统、座舱系统和动力系统提供承载平台，具备认知、预判和控制车轮与地面间相互作用、管理自身运行状态的能力，具体实现车辆自动驾驶任务的线控执行系统。

智能底盘主要由底盘域控制系统和线控执行系统构成，其中底盘域控制技术能够对各传感器采集的物理量进行融合分析，进而实现对地面状态的感知和极限工况下对自身行驶与控制状态的感知，并结合感知信息实现对智能底盘各个线控执行系统的精准控制、多系统的协调控制、失效运行控制等，使底盘独立移动成为可能，底盘和车身系统、座舱系统解耦。线控执行系统是将原执行系统（驱动、制动、转向、悬架）中的部分机械传动结构用弱电线来代替，通过控制意图信号（如制动意图、转向意图、驱动意图）直接传递给执行器实现执行控制。线控执行系统由于取消了传统执行系统中的部分机械结构，大大减小了部件的体积，同时控制系统的响应速度相比传统执行系统有了很大的提升，能够满足智能驾驶系统对执行控制的要求。其中，线控执行系统包括线控制动系统、线控转向系统、智能电驱动系统、线控悬架系统。

智能底盘具备针对不同驾驶工况以及个性化驾乘风格的智能调节能力；具备底盘安全运动状态预测与安全边界计算的能力，能够在极端工况下实现安全控制；具备与自动驾驶系统交互的能力，当自动驾驶域出现问题后，底盘可接管并承担一定的功能，确保行车安全；具备底盘关键部件失效后保持运行的能力；具备抵御对底盘域的典型网络攻击的能力；具备对底盘执行系统、零部件等异常状态或异响的智能感知能力，实现替代驾驶员对底盘健康状态的智能感知与管理。

1.2.2 智能底盘的属性

智能底盘集成了驱动、制动、转向、悬架、传动等系统，承担行驶任务，决定汽车运动安全性和驾驶平顺性，其应具备三大基本属性：安全、体验和低碳。

1）安全是智能底盘的第一属性、核心属性，是保障危急场景下底盘和汽车安全、可靠行驶的基础。智能底盘的安全属性主要包括主被动一体化安全、功能安全、预期功能安全和信息安全。底盘的智能化拓展了主被动安全控制的边界，提升了其主被动安全性能；功能安全包括系统失效后冗余系统的切换性能和功能安全水平；预期功能安全是规避由功能不足或可合理预见的人员误用所导致的危害和风险的功能；信息安全则是关注采取措施防御未经授权的访问和操纵，保证底盘安全运行。

2）体验是智能底盘的第二个属性、个性化属性，注重不同类型驾乘人员的主观驾乘体验，拓展底盘个性化驾驶、专业驾驶的能力，是提升智能底盘驾乘舒适性和消费者接受度的关键。智能底盘可从三方面提升驾乘体验：第一是通过多系统协同控制提升驾乘体验，促进纵、横、垂向协同动力学控制与智能驾驶协同优化，提升驾乘舒适性；第二是提供自迭代的个性化驾乘体验，收集与识别个性化驾乘数据，通过人车交互与自学习迭代，提供符合驾乘人员心理预期的驾乘体验；第三是通过数据驱动方式来提供专业的驾乘体验，基于对专业驾驶员的行为数据分析，提供专业驾驶服务，提升驾乘乐趣。

3）智能底盘的低碳属性重点关注汽车行驶期间的底盘能耗，通过多部件协同管理，实现智能底盘行驶低碳和关键零部件的低能耗，是我国实现绿色出行、达成"双碳"目标的重要技术支撑。

本章习题

一、选择题

1. 早期汽车主要依赖（　　）驱动方式。
   A. 前置前驱　　　　B. 中置后驱　　　　C. 前置后驱　　　　D. 四驱
2. 电动汽车驱动系统的核心是（　　）。
   A. 电池　　　　　　B. 电机　　　　　　C. 控制器　　　　　D. 变速器

3. 目前电动汽车上用的主流驱动电机是（ ）。
   A. 感应电机　　　　B. 永磁同步电机　　C. 直流电机　　　　D. 交流电机
4. 下列关于汽车制动系统发展历程的描述，正确的是（ ）。
   A. 从机械制动到液压制动，再到电子制动
   B. 从液压制动到电子制动，再到机械制动
   C. 从电子制动到机械制动，再到液压制动
   D. 从机械制动到电子制动，再到液压制动
5. 最早期的汽车制动系统通常采用的是（ ）。
   A. 机械连接　　　　B. 液压传动　　　　C. 线控制动　　　　D. 电子控制
6. 液压制动系统相比于早期的机械制动系统，最大的改进是（ ）。
   A. 提高了制动效率　　　　　　　　　　B. 减少了制动距离
   C. 提高了驾驶员操作的舒适性　　　　　D. 提升了安全性和可靠性
7. 在汽车转向系统的发展中，以下（ ）诞生得最早。
   A. 机械式转向系统　　　　　　　　　　B. 液压助力转向系统
   C. 电动助力转向系统　　　　　　　　　D. 线控转向系统
8. 下列（ ）不是电动助力转向系统的组成部分。
   A. 助力电机　　　　B. 转向传感器　　　C. 减速器　　　　　D. 转向泵
9. 汽车悬架一般由弹性元件、（ ）、导向机构三部分组成。
   A. 离合器　　　　　B. 减振器　　　　　C. 减速器　　　　　D. 差速器
10. 汽车悬架是连接（ ）之间一切传力连接装置的总称。
    A. 车轮与车桥　　　B. 车轮与车架　　　C. 车架与车桥　　　D. 钢板弹簧与车架
11. 智能底盘系统架构的特点及趋势是（ ）。
    A. 电池一体化　　　B. 动力分布化　　　C. 系统线控化　　　D. 系统集成化
12. 智能底盘的属性包括（ ）。
    A. 安全　　　　　　B. 体验　　　　　　C. 低碳　　　　　　D. 共享

二、简答题

1. 根据电机电流类型的不同，电动汽车驱动系统可以分为哪几类？它们各有什么特点？
2. 请简述电动汽车驱动系统的发展趋势。
3. 请简述液压制动系统是如何取代早期机械制动系统的。其带来了哪些显著的优势和改进？液压制动系统的工作原理是什么？它是如何通过液压力传递来实现车辆的制动的？
4. 随着自动驾驶技术的发展，汽车制动系统可能面临哪些新的技术挑战和发展方向？
5. 汽车转向系统的发展历程经历了哪些阶段？
6. 电动助力转向系统（EPS）的优点有哪些？
7. 汽车悬架系统的发展历程经历了哪些阶段？

8. 独立悬架相对于非独立悬架有何优点？
9. 请简述底盘的发展趋势。
10. 请简述智能底盘的技术内涵。

三、综合应用题

1. 近年来，我国政府出台了一系列政策鼓励新能源汽车、智能网联汽车的发展，如《新能源汽车产业发展规划（2021—2035年）》《智能网联汽车道路测试管理规范》等。这些政策为汽车底盘技术的创新与应用提供了良好的外部环境。同时，新能源汽车和智能网联汽车的快速发展也对底盘技术提出了新的要求。

1）简述汽车底盘的关键执行系统及其主要功能。在新的背景及需求下，这些系统的发展趋势是什么？

2）新能源汽车底盘与传统汽车底盘的主要区别是什么？

3）智能网联汽车对底盘系统提出了哪些新的需求？

2. 汽车智能底盘技术发展策略分析。

随着电动汽车和智能驾驶技术的飞速发展，汽车底盘作为汽车的核心组成部分，正经历着从机械底盘到智能底盘的重大变革。智能底盘通过集成先进的传感器、控制器和执行器，实现对车辆驱动、制动、转向和悬架的主动控制，从而提高车辆的性能、安全性和驾驶体验。作为一家汽车制造商，你需要制定一套汽车智能底盘技术发展的策略，以适应未来汽车市场的发展趋势。策略需要包括以下几个方面：

- 技术研发方向：分析当前智能底盘技术的发展趋势，确定技术研发的重点方向，如线控技术、感知与决策技术、集成化技术等。
- 产品规划：基于技术研发方向，规划未来几年的智能底盘产品系列，包括不同级别的自动驾驶功能、定制化驾驶模式、与其他系统的融合等。
- 法规合规性：研究国内外关于智能驾驶和智能底盘的法规要求，确保产品研发和生产过程符合相关法规，避免法律风险。

具体任务：

1）分析当前智能底盘技术的主要发展趋势，并说明这些趋势对汽车制造商的影响。

2）设计一个包含不同级别自动驾驶功能的智能底盘产品系列，并说明每个产品的主要特点和优势。

3）研究国内外关于智能驾驶和智能底盘的法规要求，并说明这些法规对产品研发和生产的影响。

第2章
智能电驱动系统

📖 学习目标

1. 了解智能电驱动系统的基本结构与工作原理。
2. 掌握集中式驱动系统的主要类型及特点。
3. 掌握分布式驱动系统的主要类型及特点。

📢 课前小讨论

比亚迪电驱动系统的发展经历了显著的迭代和进步。该系统从分立式发展起步,逐步演进至"3+3"模式,最终发展到目前的多合一高集成度生产平台。其中,第四代电驱动技术尤为突出,作为全球首款量产的集成十二大部件的深度集成动力模块,其不仅集成了驱动电机、电机控制器、减速器、整车控制器等关键部件,还显著减小了体积和重量,提升系统综合效率至92%。该电驱动系统已成功搭载于比亚迪的e3.0 evo平台首款轿车及纯电动SUV上,展现了其轻量化、小型化、高效率和高智能的核心优势。这一系列的发展表明,比亚迪在电驱动技术方面持续创新,致力于提供更为先进、高效的新能源汽车动力系统。

目前汽车驱动系统的主要类型有哪些?其发展趋势是什么?

汽车电驱动系统的发展代表了汽车工业从依赖化石燃料向可持续能源转型的重要步伐,它通过将电能高效转换为机械能,不仅提高了汽车的性能和能效,减少了对环境的污染,还推动了智能化和自动化技术在汽车领域的应用,为未来智能网联汽车和自动驾驶汽车的发展奠定了基础。汽车电驱动系统的发展趋势正朝着集成化、智能化、高效化和轻量化的方向迅速前进,其中集成化体现在电机、电控与减速器的一体化设计;智能化则体现在通过先进的传感器和控制算法实现对车辆行驶状态的实时优化;高效化和轻量化则通过采用新型高性能材料和创新设计实现。本章主要介绍了智能电驱动系统的基本结构和工作原理,集中式驱动系统及分布式驱动系统的构型及工作原理、典型应用等内容。

2.1 智能电驱动系统基本结构与工作原理

2.1.1 智能电驱动系统基本结构

智能电驱动系统由传感器、电子控制单元及执行器三大部分组成，如图 2-1 所示。传感器部分主要是加速踏板传感器、电机位置传感器，这些传感器能够实时监测车辆的状态和驾驶员的操作，为系统提供精确的数据。电子控制单元部分主要由高算力的控制芯片和电机驱动功率模块组成，是智能电驱动系统的核心部件。它接收来自传感器的信号，并根据预设的控制策略进行处理和计算，生成相应的控制指令，控制电机转动。执行器部分主要是电机和减速器，将电能转化为机械能，实现对车辆动力的精确控制。

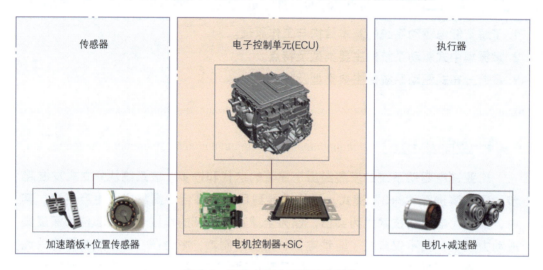

图 2-1 智能电驱动系统基本结构

1. 驱动电机

新能源汽车常用的驱动电机类型包括两种：永磁同步电机和交流异步电机，其中永磁同步电机主要用作主驱电机，而交流异步电机主要用作辅驱电机。

(1) 永磁同步电机

如图 2-2 所示，永磁同步电机（PMSM）的核心部件包括定子、永磁转子以及端盖等，这些部件共同协作以实现高效的能量转换和强劲的动力输出。

1）定子：作为永磁同步电机的关键部分，定子主要包括定子绕组和定子铁心两部分。目前，定子绕组主要分

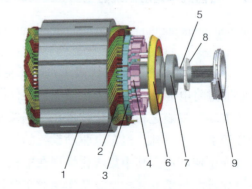

图 2-2 永磁同步电机结构示意图
1—定子铁心 2—绕组 3—转子铁心 4—永磁体 5—转轴
6—隔磁板 7—轴承 8—旋变转子 9—旋变定子

为分布式和集中式两种形式。分布式绕组将线圈分散布置于定子铁心的槽内。根据嵌装布线排列形式的不同，分布式绕组可细分为同心式和叠式两类。定义每极每相绕组槽数 $q=Z/(2pm)$，其中 Z 为定子槽数，p 为电机极对数，m 为电机定子绕组相数。相比之下，集中式绕组则呈现出线圈绕制集中的特点，通常一个线圈会占据多个定子槽。这种绕组结构相对简单，制造工艺也较为容易，因此在一些特定的电机中，如小型电机或有特殊设计需求的电机中，集中绕组得到了广泛应用。

2）**转子**：作为永磁同步电机的核心组件，转子包含永磁体、转子铁心、转轴、轴承等关键部分。根据永磁体在转子上的不同安放位置，永磁同步电机通常被分为表贴式转子结构和内置式转子结构。表贴式转子结构将永磁体直接粘贴在转子铁心的外表面上，这种结构使得制造成本相对较低，但在一些高性能要求的场景应用中可能不是最佳选择。而内置式转子结构则将永磁体嵌入转子铁心内部，这种结构在启动性能、效率以及功率密度方面表现优异。目前，绝大多数永磁同步电机都采用这种内置式转子结构。

永磁同步电机的工作原理基于磁场相互作用。如图 2-3 所示，在电机内部，转子上安装了永磁体，定子上则绕有绕组。当向定子绕组通入交流电时，会在定子内部产生一个旋转磁场。由于永磁体产生的磁场与定子产生的旋转磁场之间存在相互作用，转子会受到定子磁场的吸引和排斥力，从而跟随定子磁场的旋转而转动。由于幅值大小不变，这个旋转磁动势的轨迹便形成一个圆，称为圆形旋转磁动势。这种同步转动确保了永磁同步电机具有高效率和高稳定性。永磁体提供的恒定磁场使得电机在不同负载下都能保持较好的性能，并且具有较宽的调速范围。此外，通过精确控制定子电流的频率和相位，可以实现对永磁同步电机转速和转矩的精确调节。这种控制灵活性使得永磁同步电机能够满足各种复杂工况下的需求，特别是在需要高精度控制和快速响应的场合中表现出色。

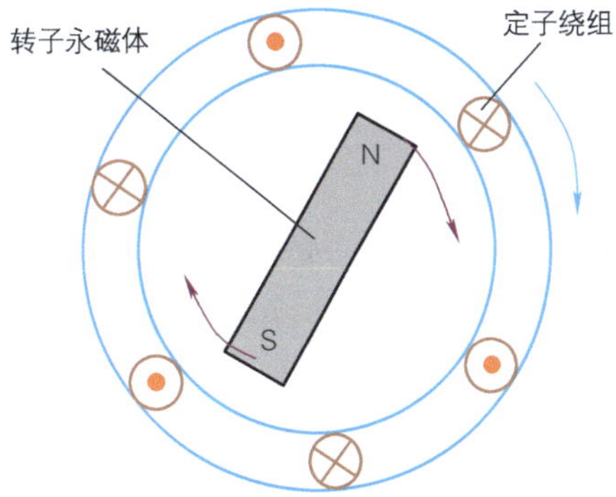

（2）交流异步电机

异步电机是一种常见的交流电机，其基本结构主要包括定子和鼠笼转子两部分，如图 2-4 所示。定子作为电机中静止不动的部分，主要由铁心和绕组组成。其中，铁心是电机主磁路的关键部分，它通常采用导磁性能良好和损耗小的硅钢片叠压成型，旨在最大限度地减少铁耗，确保电机的高效运行。而定子绕组则是电机的电路部分，它的主要功能是产生电枢磁场。绕组的设计通常采用双层短距绕组，但也可以根据具体需求选择单层绕组。转子作为电机的旋转部分，同样由铁心和绕组组成。根据转子绕组的结构差异，异步电机被细分为笼型和绕线转子两种类型。笼型异步电机的转子绕组通过在转子铁心的槽内插入铜条或注入铝材料制成，并将这些铜条或铝条的两端焊接在铜端环上，形成一个类似于笼子的结构。这种结构简单、可靠，并且成本较低，因此在工业应用中广泛采用。绕线转子异步电机的转子绕组则与定子绕组类似，由线圈组成

图 2-3 永磁同步电机工作原理

并放入转子铁心的槽里。然而，其结构相对复杂，制造成本也较高。

异步驱动电机的工作原理如图2-5所示。

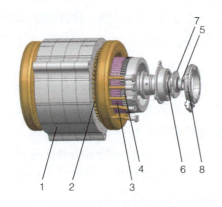

图2-4 异步电机结构示意图
1—定子铁心 2—绕组 3—转子铁心 4—转子导条
5—转轴 6—轴承 7—旋变转子 8—旋变定子

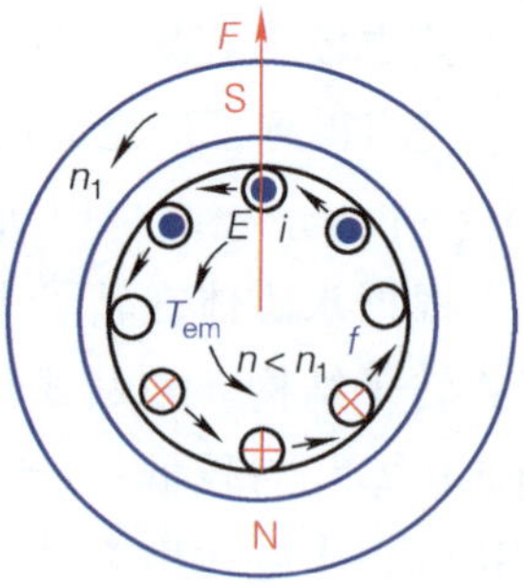

图2-5 异步驱动电机工作原理
注：i为转子电流；E为感应电动势。

当三相对称定子绕组接三相对称电源时，电机内产生圆形旋转磁场，其同步转速为

$$n_1 = \frac{60 f_1}{p} \quad (2\text{-}1)$$

式中 n_1——同步转速，单位为r/min；
f_1——频率，单位为Hz；
p——极对数。

若旋转磁场的方向为逆时针旋转，转子不转，转子笼型导条与旋转磁场有相对运动，在导条中产生感应电动势E，方向由右手定则确定。因转子导条彼此在端部短路，则感应电动势在闭合回路内产生电流i。忽略感应电动势与导条电流的相位差，电流方向与感应电动势同方向。用左手定则可以确定导条的受力方向，转子受力后产生电磁转矩，方向与旋转磁场同方向，转子便在该方向上旋转起来。

根据电机学原理，异步电机的转速公式为

$$n = (1-s) n_1 = \frac{60 f_1 (1-s)}{p} \quad (2\text{-}2)$$

式中 n——电机转速，单位为r/min；
s——转差率。

从以上公式可以看出：

1）电机转速与旋转磁场的转速不相同，即定子磁场与转子的转速不同步，存在转速差，因此叫"异步电机"。

2）通过改变转差、极数和定子频率可以实现电机转速的改变。在异步驱动电机系统中，采用的是改变定子频率，即采用所谓的变频调速，通过改变电机控制器的三相电流输出频率来调节电机的转速。

2. 电机控制器

电机控制器是控制动力电源与驱动电机之间能量传输的装置，是新能源汽车三电核心部件之一。电机控制器的整体结构如图 2-6 所示。电机控制器通过逆变电路输出三相交流电流，控制电机旋转，实现电能到机械能的转化。其主要由功率模块、高压插接器、母线电容、低压插接器、控制和驱动电路、电流传感器等部分构成。

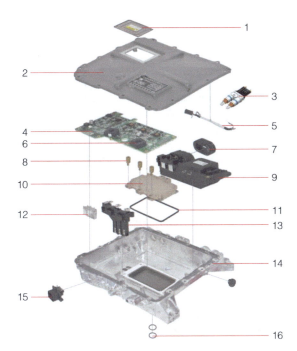

图 2-6 电机控制器基本组成
1—母线维修盖 2—上盖 3—高压插接器 4—控制和驱动电路 5—旋变线束
6—电流传感器 7—磁环 8—IGBT 三相导电柱 9—母线电容 10—功率模块 11—水道密封圈
12—低压插接器屏蔽罩 13—三相铜排及支架 14—壳体 15—低压插接器 16—出水口密封圈

功率模块是电机控制器的核心部件，主要作用是将动力电池的直流电转换为交流电，用于驱动电机工作。功率模块的典型封装结构如图 2-7 所示，主要包括外壳、芯片、键合线、端子、陶瓷覆铜板和基板。目前行业主流的功率模块为 Si（硅）基 IGBT（绝缘栅双极型晶体管）和 SiC（碳化硅）基 MOSFET（金属氧化物场效应晶体管），如图 2-8 所示，其芯片如图 2-9 所示。Si-IGBT 作为主流的 Si 基功率器件，具有低导通损耗和低成本的优势，但高开关损耗限制了其在高开关频率、高功率密度电机控制器中的应用。与 Si-IGBT 相比，SiC-MOSFET 具有以下优势：①更高的热导率，即在高温运行时稳定性明显提升；②更高的击穿场强度，故该功率器件在相同耐压需求下，导通内阻更小；③更高的饱和载流子速率，使功率器件的工作频率可以更高；④更宽的禁带宽度，使其具有更高的耐压能力。基于以上优点，并随着碳化硅器件制造工艺的不断提升，SiC-MOSFET 的价格已有显著下降，因此 SiC-MOSFET 在新能源汽车领域的应用越来越多。

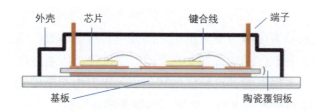

图 2-7 功率模块典型封装结构

图 2-8 Si-IGBT 及 SiC-MOSFET 功率模块

图 2-9 Si-IGBT 及 SiC-MOSFET 芯片

高压插接器是在高压电缆与高压部件间，提供连接和分离功能的具有一组或者多组导体端子的部件，如图 2-10 所示。其工作电压在 DC 60V 以上，主要由端子、绝缘体、塑壳、屏蔽环、密封件、高压互锁机构等组成。高压插接器在设计上集成了高压安全、电磁屏蔽和防护结构，具有以下特点：①为防止在高压插接器断开期间有电弧产生或误操作触电风险，设计了高压互锁机构；②在塑壳内设计屏蔽壳体，与屏蔽电缆结合，形成完整的电磁屏蔽系统；③考虑到实际应用中的复杂环境，还融入了防水与抗振等设计。高压插接器广泛应用于电池系统、电机控制器、电机、DC/DC 变换器及车载充电器等设备。

图 2-10　高压插接器

由于动力电池中内阻的存在，电机控制器工况的变动会引起动力电池电压波动，加之功率器件快速开关的瞬态效应和负载突变，共同促使电压不稳并诱发尖峰，进而导致能耗上升、器件损坏加速、控制精度下降、电磁干扰加剧，严重威胁系统安全与稳定运行。母线电容位于电机控制器内部母线正负极之间，可以减小电压波动从而稳定动力电池输出母线电压，以及降低功率器件和母线回路电感，进而减小功率器件两端的尖峰电压。母线电容主要是薄膜电容，它是以有机薄膜为绝缘介质，在有机薄膜表面蒸镀而成的金属层作为电极，成对卷绕而成的电力电容器，具有容量稳定、自感量小等优点，如图 2-11 所示。它适合应用于使用条件苛刻、感量低、长寿命、性能要求高的变流器中。

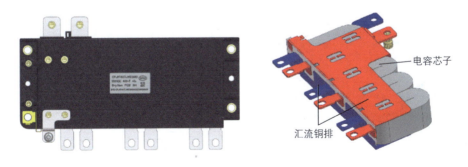

图 2-11　母线电容

低压插接器负责连接电缆、信号线及电气元件，适用于 DC 60V 及以下电压的电流与信号传输。其主要包括外壳、插头、插座、密封圈、锁止机构以及其他附件等，如图 2-12 所示。低压插接器在汽车中的应用十分广泛，如车内照明、仪表、空调等基础电气系统，还用于诸如制动系统、转向系统及悬架控制系统等车辆关键外部控制器。低压插接器一旦发生松动，可能会引起动力系统故障、安全功能失效、充电系统监测异常等，严重影响车辆的安全性与可靠性。低压插接器的应用还需考虑防尘防水、通信兼容性、防误操作及阻燃性能。

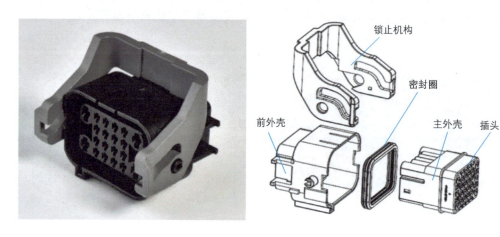

图 2-12　低压插接器

控制和驱动电路包含两大部分。其中控制电路负责指令处理与逻辑运算，主要包括对电机电流、电压、转速、温度等信号进行采集处理，以及与整车控制器、电池管理器等外部控制单元进行数据交互，根据电机特点实现相对应的控制。而驱动电路执行来自控制电路的指令，控制功率器件开通、关断的时间和时序，从而完成预定的操作功能，并实现控制信号与功率信号的隔离。如图 2-13 所示，控制电路包括主控芯片及外围电路、CAN 通信电路、模拟采样电路、旋变解码电路、过电流和过电压保护电路以及 PWM 信号电路；驱动电路主要包括电源电路、驱动电路及保护电路。

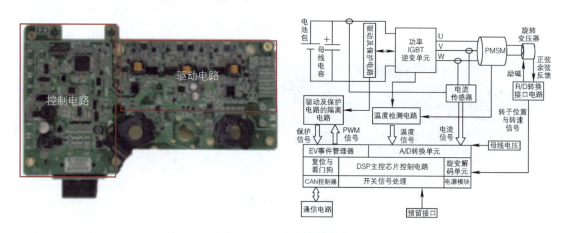

图 2-13　电机控制和驱动电路

电机控制器需要对输出电流的大小和方向进行监控，实现对电机转矩、转速的精确控制以及安全保护。电流传感器精度越高，电机控制越精准，保护效果越好，可以延长电机寿命，增强系统性能。霍尔电流传感器是一种电机控制器中常见的电流检测装置，主要由霍尔芯片、磁心、外壳和接插件组成，如图2-14所示。霍尔电流传感器基于霍尔效应原理，将被测电流转化为霍尔电压，可用公式$U_H = \dfrac{\mu_0 K_H}{l_0} I_P$表示，其中$U_H$为霍尔电压，$\mu_0$为真空磁导率，$K_H$为霍尔元件灵敏度，$l_0$为气隙中心磁路长度，$I_P$为被测电流。

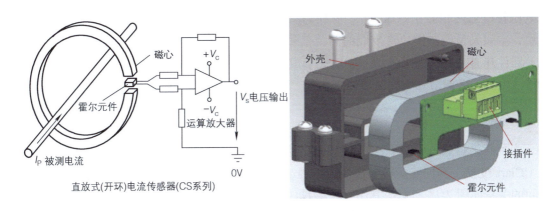

图2-14 霍尔电流传感器

2.1.2 电机控制原理

动力电池作为车辆的电量来源，提供的电能为直流电。电机为永磁同步电机，属于交流电机的一种，通过流经三相绕组的交流电形成定子交变磁场，与转子磁场相互作用形成输出转矩，驱动车辆行驶。电机控制器的作用为将直流电逆变为幅值、频率和相位可控的交流电。直流电到交流电的转化是通过电机控制算法实现的，电机控制算法主要由三部分组成，分别是坐标变换、电流闭环调节和空间矢量调制，如图2-15所示。

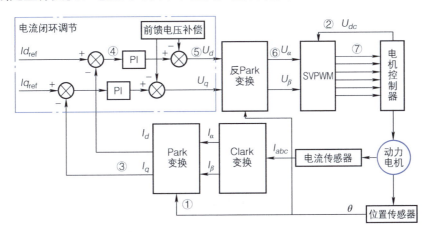

图2-15 电驱系统示意图

图2-15中电流传感器负责采集流经电机控制器和电机之间的三相电流值，位置传感

器负责采集电机的实时转子位置与转速,采集得到的三相电流值和转子位置、转速通过通道①传递至坐标变换模块,电机控制器同步采集直流能量源的正负极电压,通过通道②传递至空间矢量调制模块。坐标变换通过 Clark 变换、Park 变换,将实时三相静止电流转换为实时两相旋转电流($I_{abc} \to I_{dq}$),两相旋转电流 I_d、I_q 通过通道③与目标 d-q 轴电流进行比较后,通过通道④传递至电流闭环调节模块进行控制,电流闭环调节由 PI 控制器与前馈控制器组成,控制的输出量通过通道⑤传递至坐标变换模块,通过反 Park 变换,将两相旋转电压转换至两相静止电压($U_{dq} \to U_{\alpha\beta}$),两相静止电压通过通道⑥传递至空间矢量调制模块,空间矢量调制模块将生成的开关信号通过通道⑦传递至电机控制器,控制 6 个功率开关器件开通关断,即可控制三相电流形成相互间隔 120° 的正弦波形。下面详细介绍坐标变换、电流闭环调节和空间矢量调制模块。

1. 坐标变换

为了简化自然坐标系下三相 PMSM 的数学模型,采用的坐标变换通常包括静止坐标变换(Clark 变换)和同步旋转坐标变换(Park 变换)。它们之间的关系如图 2-16 所示,其中 ABC 为自然坐标系,α-β 为静止坐标系,d-q 为同步旋转坐标系。下面将介绍各坐标变换之间的关系。

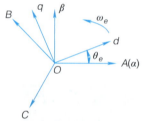

图 2-16 各坐标系之间的关系

(1) Clark 变换

将自然坐标系 ABC 变换到静止坐标系 α-β 的坐标变换称为 Clark 变换,根据图 2-17 所示各坐标系之间的关系,可以得到如下公式:

$$[f_\alpha \quad f_\beta \quad f_0]^T = \boldsymbol{T}_{3s/2s} [f_A \quad f_B \quad f_C]^T \quad (2\text{-}3)$$

式中　f——电机的电压、电流或磁链等变量;

$\boldsymbol{T}_{3s/2s}$——坐标变换矩阵,可以表示为

$$\boldsymbol{T}_{3s/2s} = \frac{2}{3} \begin{bmatrix} 1 & -\frac{1}{2} & -\frac{1}{2} \\ 0 & \frac{\sqrt{3}}{2} & -\frac{\sqrt{3}}{2} \\ \frac{\sqrt{2}}{2} & \frac{\sqrt{2}}{2} & \frac{\sqrt{2}}{2} \end{bmatrix} \quad (2\text{-}4)$$

将静止坐标系 α-β 变换到自然坐标系 ABC 的坐标变换称为反 Clark 变换,可以表示为

$$[f_A \quad f_B \quad f_C]^T = \boldsymbol{T}_{2s/3s} [f_\alpha \quad f_\beta \quad f_0]^T \quad (2\text{-}5)$$

式中　$\boldsymbol{T}_{2s/3s}$——坐标变换矩阵,可以表示为

$$\boldsymbol{T}_{2s/3s} = \boldsymbol{T}_{3s/2s}^{-1} = \frac{3}{2}\begin{bmatrix} 1 & 0 & \frac{\sqrt{2}}{2} \\ -\frac{1}{2} & \frac{\sqrt{3}}{2} & \frac{\sqrt{2}}{2} \\ -\frac{1}{2} & -\frac{\sqrt{3}}{2} & \frac{\sqrt{2}}{2} \end{bmatrix} \tag{2-6}$$

以上分析了自然坐标系中的变量与静止坐标系中的变量之间的关系，变换矩阵前的系数为 2/3，是根据幅值不变作为约束条件得到的；当采用功率不变作为约束条件时，该系数为 $\sqrt{2/3}$。特别是对于三相对称系统而言，在计算中零时序分量 f_0 可以忽略不计。

（2）Park 变换

将静止坐标系 α-β 变换到同步旋转坐标系 d-q 的坐标变换称为 Park 变换，根据图 2-17 所示各坐标系之间的关系，可以得到如下公式：

$$[f_d \quad f_q]^\mathrm{T} = \boldsymbol{T}_{2s/2r}[f_\alpha \quad f_\beta]^\mathrm{T} \tag{2-7}$$

式中　$\boldsymbol{T}_{2s/2r}$——坐标变换矩阵，可以表示为

$$\boldsymbol{T}_{2s/2r} = \begin{bmatrix} \cos\theta_e & \sin\theta_e \\ -\sin\theta_e & \cos\theta_e \end{bmatrix} \tag{2-8}$$

将同步旋转坐标系 d-q 变换到静止坐标系 α-β 的坐标变换称为反 Park 变换，可表示为

$$[f_\alpha \quad f_\beta]^\mathrm{T} = \boldsymbol{T}_{2r/2s}[f_d \quad f_q]^\mathrm{T} \tag{2-9}$$

式中　$\boldsymbol{T}_{2r/2s}$——坐标变换矩阵，可以表示为

$$\boldsymbol{T}_{2r/2s} = \boldsymbol{T}_{2s/2r}^{-1} = \begin{bmatrix} \cos\theta_e & -\sin\theta_e \\ \sin\theta_e & \cos\theta_e \end{bmatrix} \tag{2-10}$$

将自然坐标系 ABC 变换到同步旋转坐标系 d-q，各变量具有如下关系：

$$[f_d \quad f_q \quad f_0]^\mathrm{T} = \boldsymbol{T}_{3s/2r}[f_A \quad f_B \quad f_C]^\mathrm{T} \tag{2-11}$$

式中　$\boldsymbol{T}_{3s/2r}$——坐标变换矩阵，可以表示为

$$\boldsymbol{T}_{3s/2r} = \boldsymbol{T}_{3s/2s} \cdot \boldsymbol{T}_{2s/2r} = \frac{2}{3}\begin{bmatrix} \cos\theta_e & \cos(\theta_e - 2\pi/3) & \cos(\theta_e + 2\pi/3) \\ -\sin\theta_e & -\sin(\theta_e - 2\pi/3) & -\sin(\theta_e + 2\pi/3) \\ 1/2 & 1/2 & 1/2 \end{bmatrix} \tag{2-12}$$

将同步旋转坐标系 d-q 变换到自然坐标系 ABC，各变量具有如下关系：

$$[f_A \quad f_B \quad f_C]^\mathrm{T} = \boldsymbol{T}_{2r/3s}[f_d \quad f_q \quad f_0]^\mathrm{T} \tag{2-13}$$

式中 $\boldsymbol{T}_{2r/3s}$——坐标变换矩阵，可以表示为

$$\boldsymbol{T}_{2r/3s} = \boldsymbol{T}_{3s/2r}^{-1} = \frac{3}{2}\begin{bmatrix} \cos\theta_e & -\sin\theta_e & 1/2 \\ \cos(\theta_e - 2\pi/3) & -\sin(\theta_e - 2\pi/3) & 1/2 \\ \cos(\theta_e + 2\pi/3) & -\sin(\theta_e + 2\pi/3) & 1/2 \end{bmatrix} \quad (2\text{-}14)$$

以上分析了同步旋转坐标系与静止坐标系中各变量之间的关系，变换矩阵前的系数为 2/3，是根据幅值不变作为约束条件得到的；当采用功率不变作为约束条件时，该系数为 $\sqrt{2/3}$。特别是对于三相对称系统而言，在计算中零序分量 f_0 可以忽略不计。

2. 电流闭环调节

传统 PID 控制器的位置型算法表达式如下：

$$u(k) = u_0 + K_P e(k) + K_I \sum_{j=0}^{k} e(j) + K_D [e(k) - e(k-1)] \quad (2\text{-}15)$$

式中 u_0——控制量的基值，即 $k=0$ 时的控制；
$u(k)$——第 k 个采样时刻的控制输出；
K_P——PID 控制器中的比例系数；
K_I——PID 控制器中的积分系数；
K_D——PID 控制器中的微分系数。

为了消除位置型算法中的累加误差，减少存储单元，便于程序的编写，常用 PID 的增量型算法，见式（2-16）。增量型算法仅仅是计算方法上的改进，并没有改变位置型算法的本质。

$$\begin{cases} \Delta u(k) = K_P[e(k) - e(k-1)] + K_I e(k) + K_D[e(k) - 2e(k-1) + e(k-2)] \\ u(k) = \Delta u(k) + u(k-1) \end{cases} \quad (2\text{-}16)$$

式中 $u(k)$——控制器的输出；
$\Delta u(k)$——控制器的输出增量，对应电机控制器输出电压和电压增量；
$e(k)$——参考电流与实际电流之差。

K_P 的作用是加快系统的响应速度，其缺点是存在系统静差；K_P 越大，响应越快，静差越小，但过大将导致系统超调，甚至不稳定。K_I 的作用是记忆系统误差并积分，有利于消除静差，其缺点是具有滞后特性，K_I 越大，静差消除越快，但过大将导致积分饱和而引起较大超调。K_D 的作用是感应系统误差的变化趋势，改善系统响应特性，减少超调量并增加系统稳定性，相当于预测控制，其缺点是对干扰敏感，K_D 越大，抑制偏差变化的能力越强，但过大的 K_D 将延长调节时间，降低抗干扰能力。对于交流电机的电流控制来说，微分环节会带来干扰和波动，因而常将微分环节去掉，只用 PI 控制器。

对于新能源电驱系统来说，工况复杂多变，电池电压的波动再加上电流采样的误差都

会带来实际 d-q 轴电流的波动,特别是在变工况或者突加转矩变化时会直接影响电流控制的稳定性,可以说电机的电流变化具有时变性、滞后性、非线性以及系统内部及外部干扰不确定性,仅使用 PID 控制无法完全解决系统稳定性与准确性之间的矛盾。

因此需要通过解耦简化复杂的控制系统。这里以前馈解耦为例,电机 d-q 轴电流分量将传感器检测到的电机的三相电流,通过计算得出,并以此作为输入的前馈补偿项,补偿电动势消除控制系统耦合的策略就是前馈解耦控制策略,其系统结构如图 2-17 所示。

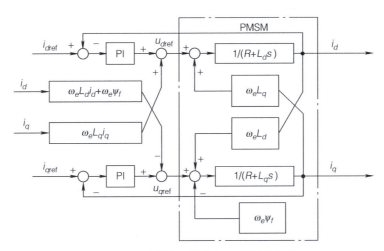

图 2-17 前馈电压补偿解耦控制结构图

前馈解耦主要是通过补偿消除电机耦合项,能使永磁同步电机在动静态过程中达到解耦的目的,目前使用较为广泛。由于其解耦控制结构简单,便于实现,转矩控制速度响应快。在永磁同步电机电压方程的基础上加入电压的补偿量 u_{d1}、u_{q1},简化电机的电压方程:

$$\begin{cases} u_{dref} = G_1(s)(i_{dref} - i_d) + u_{d1} \\ u_{qref} = G_2(s)(i_{qref} - i_q) + u_{q1} \end{cases} \quad (2\text{-}17)$$

其中的 $u_{d1} = \omega_e L_q i_q$ 和 $u_{q1} = -(\omega_e L_d i_d + \omega_e \psi_f)$ 为电机耦合项,L_d 和 L_q 是电机模型的 d-q 轴电感分量,$\omega_e \psi_f$ 是补偿项,以消除电机自身永磁体产生的反电动势。

从图 2-17 中可以看出,电流反馈量通过引入的 $\omega_e L_q i_q$、$\omega_e L_d i_d + \omega_e \psi_f$ 补偿项,使得永磁同步电机控制系统方程简化为:

$$\begin{cases} u_d = Ri_d + L_d \dfrac{di_d}{dt} \\ u_q = Ri_q + L_q \dfrac{di_q}{dt} \end{cases} \quad (2\text{-}18)$$

由式(2-18)可以看出,永磁同步电机电压方程中 d-q 轴的参数之间不存在相互影响,消除了 d-q 轴电流间的耦合。在基于 $i_d=0$ 的永磁同步电机矢量控制策略下,由 q 轴电流直接控制电机转矩,类似于直流电机控制策略,具有良好的控制性能。

3. 空间矢量脉宽调制

空间矢量脉宽调制（Space Vector Pulse Width Modulation，SVPWM）是一种用于电动汽车逆变器控制的先进 PWM 技术。相比传统的正弦 PWM，SVPWM 通过更高效地利用直流电压和降低谐波含量，提高了电机的性能和效率。SVPWM 作为一种先进的 PWM 技术，在电动汽车的电控系统中发挥了重要作用。通过优化电压矢量的生成过程，SVPWM 不仅提高了电压利用率，还显著降低了谐波损耗，增强了电机的控制性能。

SVPWM 的基本思想是通过优化逆变器的开关状态，生成一个在空间中旋转的电压矢量，从而逼近所需的目标电压矢量。将三相交流电压表示为一个在二维空间内旋转的矢量，并通过选择合适的开关状态来实现这一目标。

在 SVPWM 中，三相电压可以表示为一个复数形式的空间矢量 V_s，其表达式为

$$V_s = V_a + V_b e^{j\frac{2\pi}{3}} + V_c e^{-j\frac{2\pi}{3}} \tag{2-19}$$

V_a、V_b、V_c 是三相电压。SVPWM 将空间分为六个扇区，每个扇区对应不同的开关组合。目标电压矢量 V_{ref} 可以在该扇区的两个基础矢量的线性组合中找到近似值。

对于基础矢量的选择，每个扇区有两个基础矢量和一个零矢量。基础矢量是通过逆变器开关状态的不同组合生成的。以第一个扇区为例，基础矢量 V_1 和 V_2 分别对应开关状态（100）和（110），零矢量 V_0 和 V_7 对应开关状态（000）和（111）。

目标电压矢量 V_{ref} 在一个 PWM 周期 T_s 内可以表示为基础矢量和零矢量的组合：

$$V_{\text{ref}} T_s = V_1 T_1 + V_2 T_2 + V_0 T_0 \tag{2-20}$$

T_1、T_2 和 T_0 分别是基础矢量 V_1、V_2 和零矢量的作用时间。根据几何关系，可以计算出每个基础矢量的作用时间：

$$T_1 = \frac{\sqrt{3}}{2} T_s \frac{V_{\text{ref}}}{V_{\text{dc}}} \sin\left(\frac{\pi}{3} - \theta\right) \tag{2-21}$$

$$T_2 = \frac{\sqrt{3}}{2} T_s \frac{V_{\text{ref}}}{V_{\text{dc}}} \sin(\theta) \tag{2-22}$$

$$T_0 = T_s - T_1 - T_2 \tag{2-23}$$

式中　θ——目标电压矢量与第一个基础矢量 V_1 之间的夹角；

　　　V_{dc}——直流母线电压。

零矢量可以是两个不同的开关状态（所有上桥臂导通或所有下桥臂导通），其主要作用是调整基础矢量的作用时间，以确保总作用时间等于一个 PWM 周期，同时减小开关损耗。常见的分配方法是将零矢量时间 T_0 平均分配在两个零矢量 V_0 和 V_7 之间。

算法实现大致分为三步：首先是确定扇区，通过计算目标电压矢量的角度，确定其所在的扇区。目标矢量 V_{ref} 的角度 θ 由下式确定：

$$\theta = \arctan\left(\frac{\sqrt{3}(V_b - V_c)}{2V_a - V_b - V_c}\right) \quad (2\text{-}24)$$

然后需要计算基础矢量的作用时间，根据目标电压矢量所在扇区，使用前述公式计算每个基础矢量的作用时间。最后生成 PWM 信号，根据计算出的矢量作用时间，通过控制逆变器开关状态生成对应的 PWM 信号。在一个 PWM 周期内，按照 T_1、T_2 和 T_0 的顺序切换开关状态。

空间矢量脉宽调制具有高效性、低谐波和平滑控制等特点，能够最大化直流母线电压的利用率，理论上可以达到正弦 PWM 控制方式输出电压的 1.1547 倍。

综上所述，电机控制是通过传感器获取电流、位置等控制输入信息，获取当前电机的状态，再通过坐标变换、电流闭环调节和空间矢量调制模块将当前电机状态调节至期望状态，形成了电机控制上的闭环。

2.2 集中式驱动系统

集中式驱动系统源自传统燃油汽车的传动系统，其工作原理是通过主电机与传动轴的直接连接，从而有效地驱动车辆。该系统的核心组件包括一个驱动总成、一个差速器以及双传动半轴，这些构成了其基础结构单元。此外，根据驱动总成在车辆中的具体布局，集中式驱动系统可以采取不同的配置形式，如图 2-18 所示，分别为前置前驱、后置后驱和双电机四驱。前置前驱的驱动总成（包括电机和传动系统）位于车辆前部，直接或通过传动轴连接前轮，从而驱动车辆前进。由于电机和传动系统都位于车辆前部，可以沿用或借鉴传统燃油汽车的前驱布局，使结构相对简单，目前有许多电动汽车和混合动力汽车采用前置前驱的布局。

后置后驱是指驱动总成位于车辆的后部或中部，通过传动轴将动力传递到后轮，从而驱动车辆。由于重量分布相对均衡，后置后驱系统通常具有较好的操控性和运动性能。一些高端电动汽车采用后驱布局，如特斯拉的部分车型和宝马 i 系列等。相比前驱，后驱布局在设计和制造上可能面临更高的成本和技术挑战。

双电机四驱系统的前后轴都能通过独立的电机提供动力，从而实现全轮驱动。由于前后轴都有独立的电机，车辆可以根据需要调整前后轴的动力输出。这种能力使得车辆在复杂路况下（如湿滑路面、爬坡或加速）能够更有效地分配动力，提高驾驶性能和安全性。目前市场上有多种采用双电机四驱技术的车型，如特斯拉 Model 3、蔚来 ET5、宝马 i4 等。虽然双电机四驱系统提供了更强劲的动力输出，但也会消耗更多的电能，导致续驶里程降低。

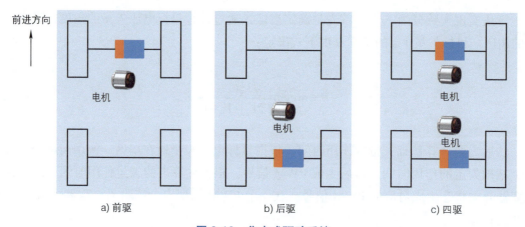

图 2-18 集中式驱动系统

值得一提的是,由于电机的体积和重量相较于内燃机显著减小,这为在有限的空间内布置更多的电机提供了可能。因此,集中式驱动系统还可以进一步细分为单电机驱动系统和多电机驱动系统,以适应不同车型和性能需求。

2.2.1 单电机驱动系统

单电机驱动系统由驱动电机、一档减速器或多档变速器及差速器构成,每个组件在系统中都扮演着不可或缺的角色,共同影响着车辆的性能、效率和驾驶体验。图 2-19 所示为传统燃油汽车复杂的多档变速传动机构,图 2-20 为电动汽车一档减速器的动力架构,可以看到一档减速器极大地简化了传统燃油汽车复杂的多档变速传动机构,使得电动汽车的驱动行驶更为高效快捷。目前,这种系统构型已成为行业中最主流且技术成熟的选择。在单电机驱动系统中,驱动电机是动力源,其产生的动力经过减速器进行转矩放大后传递至差速器。差速器将动力传递至左右两侧的驱动轮。整个驱动过程简洁明了,主要得益于电机本身所具备的高转速和大转矩特性,使得系统能够实现宽范围的动态调节。因此,即便仅采用一个档位,该系统也足以满足日常驾驶中的绝大部分需求。

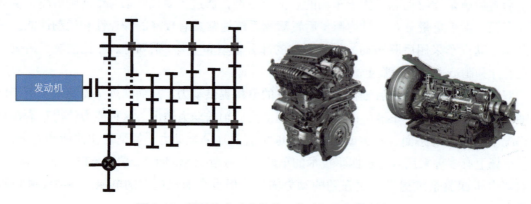

图 2-19 燃油汽车动力架构、发动机及多档变速器

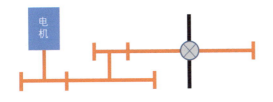

图 2-20　电动汽车动力架构及集成电驱动系统

然而，随着对更高车速和更强动力需求的不断增长，一档减速器逐渐显露出其局限性。如图 2-21 所示，由于一档减速器仅具有一个传动级别，其能够承受的转矩相对较小，无法适应大负载或高转矩的应用场景；其速度调节范围相对有限，在需要频繁调节输出速度的应用场合中，一档减速器可能无法满足要求。在这种情况下，多档变速器的重要性愈发凸显。多档变速器凭借其灵活的换档机制，能够根据不同工况的需求动态调整传动比，从而极大地拓宽了驱动系统的转矩和功率输出范围。具体而言，在高速行驶时，多档变速器可以有效降低电机的转速，同时增大输出转矩，确保车辆以稳定且高效的速度巡航。而在面对爬坡或加速等需要强大动力支持的工况时，变速器又能增大传动比，让电机释放出更大的转矩，轻松应对各种挑战，如图 2-22 所示。不仅如此，多档变速器在动力性需求稳定的情况下，还能通过调整传动比来降低对驱动电机的要求。这意味着，通过合理配置变速器，可以在保持车辆性能的同时，减轻电机的负担，从而降低电机的制造成本和维护成本。然而，多档变速器也存在一些缺点。首先，其复杂的结构设计和较大的尺寸给车辆的布置带来了挑战，特别是在紧凑型电动汽车中，如何合理布置多档变速器成为一个亟待解决的问题。其次，多档变速器的控制也相对复杂，尤其是在换档过程中的动力平顺性控制方面。如果控制不当，换档过程中可能会出现顿挫感或冲击感，严重影响驾驶的舒适性和安全性。为了解决这些问题，一方面，可以通过优化变速器的设计和制造工艺，减小其尺寸和重量，降低对车辆布置的影响；另一方面，也可以通过不断改进变速器的控制算法和软件，提高换档过程的动力平顺性。此外，一些先进的电动汽车还采用了双电机或多电机驱动系统，通过电机之间的协调控制来实现更高效的能量利用和更出色的动力性能。

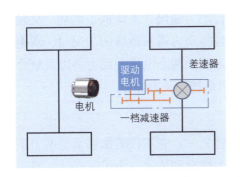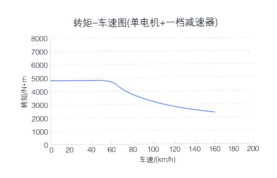

图 2-21　单电机 + 一档减速器

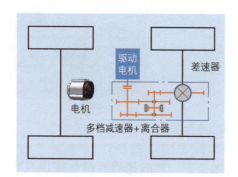
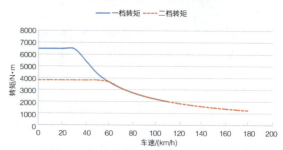

图 2-22　单电机 + 多档减速器

2.2.2　多电机驱动系统

为了追求更高的动力性能，电动汽车行业借鉴了传统燃油发动机的发展经验，特别是在大功率输出方面的技术积累。在燃油发动机从 4 缸到 12 缸的演进中，可以看到多缸发动机如何通过增加气缸数量和优化气缸布局来提升动力性能和转矩输出。基于这一思路，电动汽车行业也发展出了一种创新的多电机耦合驱动构型，该构型以其独特的双电机和耦合变速器组合，如图 2-23 所示，在高性能跑车领域展现出巨大的潜力。

（1）多电机耦合驱动构型

多电机耦合驱动构型，顾名思义，就是采用两个或多个电机共同驱动车辆的一种技术方案。与传统的单电机驱动系统相比，多电机耦合驱动构型通过电机之间的协调控制和动力耦合，能够显著提升车辆的动力性能和转矩输出。同时，通过智能控制策略，该系统还能实现电机之间的灵活切换和协同工作，以适应不同工况下的动力需求。

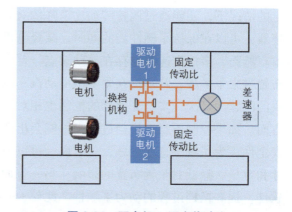

图 2-23　双电机 + 固定传动比

具体来说，多电机耦合驱动构型通常由双电机和耦合变速器精心组合而成。在动力需求相对较低的情境下，系统智能地选择单一电机进行动力输出，既降低了能耗，又延长了续驶里程。然而，当面对高速行驶、加速冲刺或爬坡等动力需求激增的工况时，双电机则齐头并进，共同输出动力。通过耦合变速器的精准调配，两个电机的动力得以高效合并并传递给车轮，确保车辆在各种极端工况下都能展现出卓越的动力性能。

（2）耦合变速器的设计与功能

耦合变速器是多电机耦合驱动构型中的关键部件之一。它不仅要能够承受两个电机输出的高转矩和高转速，还要能够实现电机之间的动力耦合和传递。为了实现这一目标，耦合变速器通常采用先进的齿轮传动技术和精密的控制系统。

在齿轮传动方面，耦合变速器采用多档变速器设计，以适应不同工况下的动力需求。通过调整齿轮传动比，耦合变速器可以实现电机转速和输出转矩的灵活调节。同时，为了降低传动损失和提高传动效率，耦合变速器还采用了轻量化材料和先进的润滑技术。

在控制系统方面，耦合变速器配备了高性能的电机控制单元和传感器。电机控制单元负责接收来自车辆控制器的指令，并根据指令控制电机的运行状态。传感器则负责实时监测电机的转速、温度、电流等参数，并将数据反馈给电机控制单元和车辆控制器。通过精确的控制和反馈机制，耦合变速器能够实现电机之间的精确配合和协同工作。

为了实现与单电机相当的经济性能，耦合变速器还具备电机空档操作功能。当车辆处于滑行、减速或停车等低动力需求工况时，耦合变速器可以将电机置于空档状态，断开电机与车轮之间的动力连接。这样一来，就可以降低电机的驱动阻力，减少不必要的能量消耗，从而实现更低能耗和更长的续驶里程。换档机构及电机换档基本控制模块如图 2-24 所示。

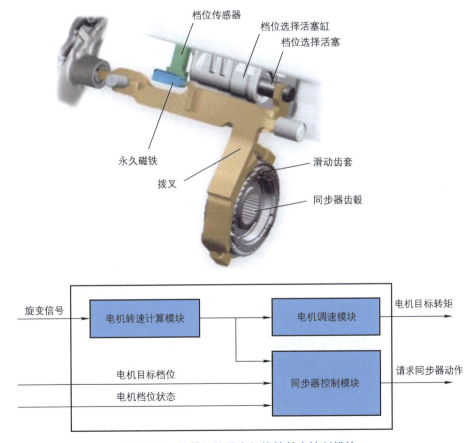

图 2-24　换档机构及电机换档基本控制模块

（3）多电机耦合驱动构型的优势与挑战

多电机耦合驱动构型的优势在于其卓越的动力性能和灵活性。

1）更高的动力输出：多电机耦合驱动可以通过同时驱动多个电机，将各个电机的动力叠加，从而提供比单电机更高的动力输出。这对于需要大转矩或高功率输出的应用场景尤为重要，如重型车辆、工程机械等。同时，通过合理设计和控制，多电机系统可以在不同工况下优化各电机的输出，使整体性能达到最优。例如，在加速时，可以增加电机的输出转矩；在匀速行驶时，则可以适当降低电机的输出功率以节省能源。

2）提高能源效率：多电机系统可以通过不同电机的搭配和协调控制，使系统的高效区更加宽广，这有助于在不同工况下保持较高的能源利用效率，减少能源浪费。如图2-25所示，通过双电机的协同工作和耦合变速器的精确控制，该系统能够在不同工况下提供足够的动力输出和转矩储备。在双电机或多电机耦合驱动系统中，可以实现更高效的制动能量回收。当车辆制动时，部分动能可以通过电机转化为电能并储存起来，供后续行驶使用。多电机系统拥有更多的高回收效率空间，可以进一步提高制动能量回收的效率，具备较低的能耗和较长的续驶里程，能够满足高性能跑车对动力和经济性的双重需求。

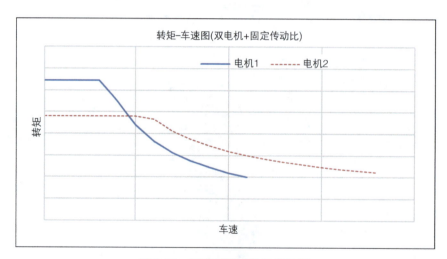

图 2-25　双电机输出转矩特性图

3）增强系统灵活性：多电机系统可以根据实时工况动态调整各电机的输出，以适应复杂多变的行驶环境。这种动态调整能力有助于提升系统的整体性能和适应性。电机系统允许对每个电机进行独立控制，这使得系统能够更灵活地应对不同的工作负载和需求。例如，在四驱车型中，前后轴各配置一个电机，可以独立控制前后轮的转矩输出，从而提高车辆的操控性和稳定性。

然而，多电机耦合驱动构型也面临着一些挑战。首先，该系统的复杂性和成本相对较高。由于采用了多电机和耦合变速器等复杂部件，该系统的制造成本和维护成本都较高。其次，该系统的控制难度也较大。为了实现电机之间的精确配合和协同工作，需要采用先进的无冲击换档控制算法和传感器技术。此外，该系统的可靠性和耐久性也需要经过严格的测试和验证。

（4）多电机耦合驱动构型的应用前景

尽管多电机耦合驱动构型面临一些挑战，但其卓越的动力性能和灵活性仍然使其成为高性能跑车领域的热门选择之一。随着电动汽车技术的不断发展和创新，多电机耦合驱动构型有望在更多领域得到应用和推广。此外，随着电池技术的不断进步和成本的降低，多电机耦合驱动构型的经济性也将得到进一步提升。

2.3 分布式驱动系统

分布式驱动构型的主要特点是将驱动电机直接安装在车轮内或者车轮附近，从而取消了传统的中间差速器等传动部件，使得传动链更为简单、紧凑，为汽车行业带来了革命性的创新。这一构型将动力源直接分散至每个车轮，实现了驱动力分配的均衡与灵活。分布式驱动构型主要有轮边驱动和轮毂驱动两种形式。通过轮边驱动技术，电机被巧妙地安装在车轮附近，极大地提升了动力传输的效率。而轮毂驱动技术则更进一步，将电机直接集成在车轮内部，赋予每个车轮独立驱动的能力，从而显著增强了车辆的操控性和稳定性。分布式驱动系统不仅为驾驶员带来了更多元化的运动组合，满足了多样化的用车场景需求，更在驾驶体验上实现了质的飞跃。此外，它为未来智能电动汽车的发展奠定了坚实的基础。如图 2-26 所示，比亚迪仰望 U8 凭借其独特的"易四方"轮边驱动系统，实现了原地转向和应急浮水功能，展现了分布式驱动构型的卓越潜力。

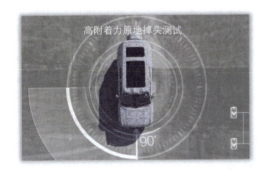

图 2-26　分布式电机的原地转向与应急浮水

2.3.1　轮边电机驱动系统

轮边电机驱动系统在电动汽车领域的演进中，逐渐占据了举足轻重的地位。其别具一格的设计理念及实施方法，不仅显著提升了电动汽车的动力性能和操控灵活性，同时也为行业带来了众多技术挑战。

（1）轮边电机驱动系统的组成

轮边电机驱动系统由轮边电机、减速器、控制器、电池组、驱动轴、制动器等构成。

轮边电机是轮边电机驱动系统的核心部件，负责将电能转化为机械能，直接驱动车轮。根据车型和性能要求，可选择直流电机或交流电机作为驱动力源。电机的功率输出和转速特性需与车辆要求匹配。

为了适应不同车型的需求，轮边电机需要与减速器配合使用，以实现对车辆速度和转矩的控制。减速器可以是单级或多级齿轮减速器，也可以是行星齿轮减速器。轮边电机减速器集成的位置因车辆类型和设计需求而异。在前轮驱动车辆中，它通常位于电机与轮毂之间；在后轮驱动车辆中，它通常位于车辆底盘部分或车桥中；在重型货车、越野汽车或大型客车中，它通常安装在两侧驱动轮的近旁。

控制器是轮边电机驱动系统的控制核心，负责根据驾驶员的操作指令和车辆的实际运行状态（如车速、加速度、转向角等），实时计算出各轮的驱动力和转矩需求，并通过精确的电机控制算法实现多个电机的同步协调控制。为了对多个电机进行同步协调控制，需要一个高性能的控制器来确保各轮运动的协调性，通常采用微处理器或数字信号处理器作为核心，具有较高的运算速度和处理能力。

电池组为轮边电机提供电能，是轮边电机驱动系统的能量来源，通常采用锂离子电池或镍氢电池等高能量密度的蓄电池。

驱动轴是连接轮边电机和车轮的关键部件，将轮边电机产生的动力传递到车轮，实现车辆的行驶。驱动轴通常采用高强度钢材制成，具有较高的强度和刚度。

制动器可以在车辆停止或减速时，将轮边电机产生的动能转化为电能，回馈到电池组中，从而提高能量利用率。制动器通常采用电子制动器或再生制动器等高效制动方式。

轮边电机驱动系统的核心特点在于其驱动电机直接布置在车轮附近，如图 2-27 所示，四个驱动电机独立分布于车轮内侧，电机与减速器集成，减速器与车轮连接。由于取消了传动轴，这样的设计使得动力传递更加直接和高效。具体来说，轮边电机通过固定传动比减速器将动力传递给驱动半轴，进而驱动车轮转动。在某些先进的轮边电机驱动系统中，甚至取消了驱动半轴，动力直接通过布置在车轮边或车轮内部的减速器进行传递。这种设计不仅简化了动力传递的路径，还降低了传动损失，提高了系统的能量利用效率。

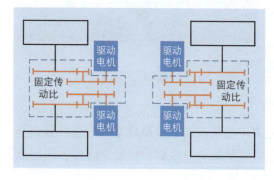 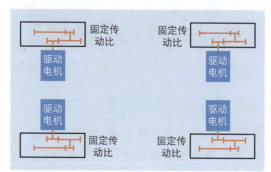

图 2-27　分布式电机驱动系统示意图

（2）轮边电机驱动系统的分类

轮边电机构型可以根据其安装位置和功能特点分为以下几类：

1) **轮边电机直接驱动构型**。轮边电机直接安装在车轮边上，通过传动机构将动力传递给车轮。这种构型简化了传动系统,提高了传动效率,并且可以独立控制每个车轮的转矩。

2)轮边电机-减速驱动构型。在这种构型中,轮边电机通过减速机构(如齿轮、带轮或链轮等)来驱动车轮。这种构型可以提高转矩输出,适用于需要较大驱动力的应用场景。轮边电机的位置可以是固定的,也可以与悬架集成,形成摆动式结构,以适应不同的悬架设计。

3)动态吸振式轮边电机驱动构型。这种构型利用动态吸振原理来抑制由于簧下质量增加导致的车辆振动问题。电机可以悬置于转向节或车身,通过设计移动副安装弹簧和减振器来吸收车辆振动。这种构型可以提高车辆的平顺性和车轮接地性。

(3)轮边电机驱动系统的优势

1)动力性能优越。轮边电机驱动系统能够直接为车轮提供驱动力,减少了动力传递的损耗,使得电动汽车在加速、爬坡等工况下具有更好的动力性能。

2)能量利用效率高。由于动力传递路径的简化,轮边电机驱动系统能够降低传动损失,提高系统的能量利用效率。同时,由于电机可以根据实际需求进行精确控制,因此可以进一步降低能耗。

3)可扩展性强。轮边电机驱动系统可以方便地扩展为多动力源分布式驱动系统,满足不同车型和用途的需求,例如,比亚迪仰望易四方、东风猛士以及极氪001FR的分布式驱动系统(图2-28)。在越野车领域,可以通过优化电机布局和控制系统来提升车辆的越野性能和通过性。

(4)轮边电机驱动系统的挑战

1)同步协调控制要求高。轮边电机驱动系统需要实现多个电机的同步协调控制,以确保各轮运动的协调性。这需要高性能的控制系统和精确的电机控制算法支持。

2)结构布置复杂。由于电机直接布置在车轮附近,因此需要考虑电机、减速器、驱动半轴等部件的结构布置和散热问题。同时,还需要确保这些部件在车辆行驶过程中的稳定性和可靠性。受制于现阶段电驱系统体积功率密度,轮边电机布置在车轮内侧,与悬架等会产生一定空间占用。

3)电磁兼容问题。由于轮边电机驱动系统中存在多个电机和电子设备,因此需要解决电磁兼容问题以避免相互干扰和损坏。这包括合理的电磁屏蔽设计、精确的电磁干扰抑制措施以及完善的电磁兼容性测试等。

4)振动控制要求高。由于电机和减速器等部件在工作过程中会产生振动和噪声,因此需要采取有效的振动控制措施来确保车辆的舒适性和安全性。这包括合理的减振设计、精确的振动控制算法以及智能的振动监测和预警系统等。

(5)轮边电机驱动系统的未来发展方向

1)智能化控制。随着人工智能和物联网技术的不断发展,轮边电机驱动系统将向智能化控制方向发展。通过集成更多的传感器和智能算法，实现更加精确和灵活的控制策略，提高车辆的操控性和安全性。

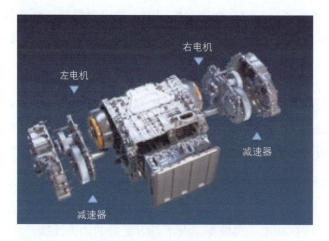

a) 比亚迪仰望易四方分布式驱动系统

b) 东风猛士分布式驱动系统

c) 极氪001FR分布式驱动系统

图 2-28　典型的分布式驱动系统应用

2）高效能材料应用。采用更高效能的材料来制造电机、减速器等关键部件，减少系统重量和成本，提高能量利用效率。

3）集成化设计。通过集成化设计来简化系统结构，降低制造成本和维护难度，如双电机控制器设计、传感器集成设计、高压拓扑集成设计、电磁兼容设计等。

4）环保节能。继续优化系统设计和控制策略，降低能耗和排放，推动电动汽车向更加环保和节能的方向发展。

轮边电机驱动系统的技术需求如图 2-29 所示。

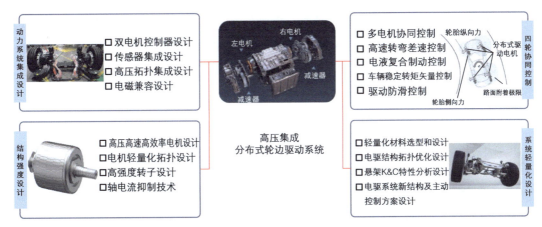

图 2-29 轮边电机驱动系统技术需求

2.3.2 轮毂电机驱动系统

随着电动汽车技术的飞速发展，轮毂电机驱动构型作为一种革命性的驱动技术，逐渐受到了业界的广泛关注。这种构型将驱动电机及减速器集成于车轮之中，不仅实现了结构的紧凑化，还缩短了传动链，进一步提高了能量传递效率。

(1) 轮毂电机驱动构型的结构

轮毂电机是一种集电力电子、控制技术、计算机技术、电机制造技术于一体的智能电机，是将车辆的"动力系统、传动系统、制动系统"集成到一起而设计出来的电机。如图 2-30 所示，轮毂电机驱动构型的核心在于将驱动电机及减速器直接集成于车轮之中。这种设计使得动力传递路径最短，减少了能量损失，同时也降低了传动系统的复杂性和成本。具体来说，轮毂电机驱动构型主要由以下几个部分组成。

1）驱动电机。作为轮毂电机驱动构型的核心部件，驱动电机负责将电能转化为机械能，为车轮提供动力。电机定子固定在轮辋上，转子则与车轮连接。当电流通过定子时会产生磁场，磁场与转子

图 2-30 轮毂电机示意图

上的永磁体或绕组相互作用，从而产生转矩驱动转子旋转。转子的旋转带动车轮转动，实现车辆的前进。由于电机直接安装在车轮内部，因此要求电机具有高效、紧凑、轻量化的特点。理论上，用于电动汽车的集中式驱动电机类型，如异步电机、永磁无刷直流电机、永磁同步电机、开关磁阻电机、横向磁通电机等，都可以以轮毂电机的形式出现。这其中，永磁电机的应用最为普遍，而横向磁通电机则是一类极具竞争力的低速大转矩新型电机。

2）减速器。减速器用于降低电机的转速，提高转矩输出，以适应车辆的驱动需求。减速器通常与电机集成在一起，形成一个整体，以减小体积和重量。

3）制动系统。轮毂电机驱动构型中的制动系统通常采用电子制动方式，通过控制电机的电流和磁场来实现制动功能。这种制动方式具有响应速度快、制动力矩可调等优点。

4）悬架系统。悬架系统用于支撑车轮和车身，并缓冲路面不平度对车身的冲击。在轮毂电机驱动构型中，由于电机和减速器属于簧下质量，因此悬架系统的设计和优化尤为重要。

（2）轮毂电机驱动系统分类

轮毂电机驱动系统根据电机的设计特点，可以分为内转子轮毂电机和外转子轮毂电机两类。

内转子轮毂电机的设计特点是电机的转子、电控系统、制动片等关键部件都集成在轮毂内部（图2-31）。内转子轮毂电机采用高速电机，配备固定传动比的减速器，为获得较高的功率密度，电机的转速可高达15000r/min。这种电机类型也常常被称为间接驱动轮毂电机。由于所有关键组件都位于轮毂内，这种设计使得整个驱动系统更加紧凑，有助于实现更高的能量密度。在工作原理上，内转子轮毂电机与轮边电机驱动系统相似，都是通过电机驱动转子旋转，进而带动车轮转动。由于电机、电控等部件都集成在轮毂内，可以实现更直接的动力传输，减少能量损失。但是由于引入了减速机构，使轮毂电机结构变得复杂，电机最高转速受到线圈损耗、摩擦损耗以及变速机构的承载能力等因素的限制，而且难以实现液态润滑，齿轮磨损较快、使用寿命短，不易散热，噪声偏大。

图2-31 内转子轮毂电机

外转子轮毂电机的设计特点是电机的定子（通常是电磁线圈）固定在车辆底盘或悬架系统上，而转子则直接连接到车轮上，如图2-32所示。这种设计使得电机的转速与车轮的转速同步，因此通常使用低速电机，转速范围通常在 800～1500r/min。外转子电机由于转速低、转矩大，通常都不需要减速机构，电机的外转子直接与轮毂机械连接。这种电机类型也常常被称为直接驱动轮毂电机。外转子轮毂电机的优点在于其低速高转矩的特性，这使得车辆在起步和加速时具有更好的动力性能。同时，由于取消了机械减速机构，结构更加紧凑，缩短了传动链，降低故障率，传递效率更高，能在较宽的速度范围内控制转矩，并且响应速度快。然而，由于电机直接连接到车轮上，车轮的旋转会直接影响电机的稳定性，因此在外转子轮毂电机的设计中需要特别考虑散热和稳定性问题；同时，在起步、顶风、加速或爬坡等需要承载大转矩的情况时，电机需要大电流，容易损坏电池和永磁体，电机效率峰值区域小，负载电流超过一定值后效率下降很快；电机的体积和重量均偏大，成本高。

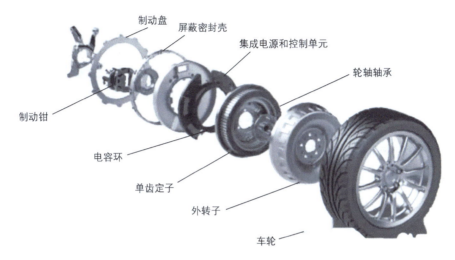

图 2-32　外转子轮毂电机

（3）轮毂电机驱动构型的特点

1）结构紧凑。轮毂电机驱动构型将驱动电机及减速器集成于车轮之中，实现了结构的紧凑化，节省了前舱的布置空间以及四驱车辆的后排座椅的凸起，乘客可以享受更大的车内空间，同时减小了整车的重量和体积。

2）传动链短。由于动力直接由电机传递给车轮，传动链大大缩短，减少了能量损失和传动噪声。

3）高效能。由于电机直接驱动车轮，能量传递效率更高，同时电机可以根据行驶工况实时调节输出功率和转矩，实现高效节能。相对于传统的传动系统，轮毂电机可以提高8%～15%的效率，对于电动汽车来说，效率的提升可以进一步增加续驶里程。

4）灵活性强。轮毂电机驱动构型可以实现每个车轮的独立控制，从而实现更加灵活的驾驶模式和操控性能，如蟹行、原地转向、转矩矢量控制（Torque Vectoring Control，TVC）。

典型的轮毂电机应用如图 2-33 所示。其中，英国的轮毂电机技术公司 Protean Electric 推出了可 360° 转向的新型行驶单元，使车辆具有极高的机动性和灵活性。该模块的尺寸紧凑，适用于城市 Podcar 等短途交通工具，提供平坦的内部底板和便捷的进出方式。现代摩比斯 90° 转向的 e-Corner 允许车辆的四个车轮均进行 90° 转向，实现横向行驶、原地 360°

掉头等特殊动作,每个车轮都可以独立加速、制动和转向,适应从 SUV 到中型、紧凑型轿车的各种车辆。

a) Protean 360°转向的新型行驶单元

b) 现代摩比斯90°转向的e-Corner

图 2-33　典型的轮毂电机应用

(4) 轮毂电机驱动构型的挑战

1) 空间限制。由于电机和减速器需要集成在车轮内部,因此对空间的要求十分苛刻。如何在有限的空间内实现高效、紧凑的驱动系统是当前面临的主要挑战之一。

2) 冷却问题。电机在工作过程中会产生大量的热量,如果不能及时有效地散热,将会影响电机的性能和寿命。因此,如何设计合理的散热系统是轮毂电机驱动构型需要解决的重要问题。

3) 舒适性问题。轮毂电机分布在四个车轮内部,电机自身质量大,并且由于驱动形式的改变而取消的减速器、传动轴、差速器等,都属于簧载质量,必然带来簧载质量比例的下降。簧载质量是指汽车底盘上弹性元件以上的全部装置;而弹性元件以下至车轮之间的所有零部件,全部是非簧载质量。底盘上的弹性元件,本来就是为了提高车辆乘坐舒适性而设计的,簧载质量和非簧载质量比例的变化,带来车辆平顺性和稳定性的变化,直接影响乘坐体验。非簧载质量比例越大,乘车会感觉越颠簸。解决轮毂电机驱动平顺性问题,是相关领域研究者关注的焦点问题。

4) 耐久性问题。由于电机和减速器属于非簧载质量,会受到路面不平度等复杂因素的影响,因此其耐久性和可靠性要求较高。如何确保轮毂电机驱动构型在恶劣工况下的稳定运行,是当前需要重点研究的课题之一。

(5) 轮毂电机驱动构型的未来发展

1) 轻量化设计。随着新材料和新工艺的发展,轮毂电机驱动构型的轻量化设计将成为可能。采用高强度、轻量化的材料来制造电机和减速器外壳等部件,可以进一步降低整车的重量和成本。

2) 模块化设计。模块化设计可以简化轮毂电机驱动构型的生产和维护过程。通过将电机、减速器、制动系统等部件集成在一个模块中,可以方便地进行更换和维修,降低整车的维护成本。

本章习题

一、选择题

1. 电机控制器中，以下哪个部件是用来减小电压波动的？（   ）
   A. 功率模块　　　　　B. 母线电容　　　　　C. 高压插接器　　　　　D. 电流传感器
2. 低压插接器的应用电压范围是（   ）。
   A. ≤ DC 60V　　　　B. ≥ DC 60V　　　　C. > DC 60V　　　　D. < DC 60V
3. 目前新能源汽车中最常用的驱动电机类型是（   ）。
   A. 永磁同步电机　　　B. 交流异步电机　　　C. 励磁电机　　　　　D. 开关磁阻电机
4. 永磁同步电机槽极配合为72槽8极，每极每相槽数 q=4，电机支路数为（   ）。
   A. 1　　　　　　　　B. 2　　　　　　　　C. 3　　　　　　　　D. 4
5. 在电动汽车的电驱动系统中，以下哪种方式通常具有更高的能量转换效率和更灵活的驱动控制？（   ）
   A. 集中式单电机　　　B. 集中式多电机　　　C. 分布式轮边电机　　D. 分布式轮毂电机

二、简答题

1. 电机控制器的组成部件有哪些？
2. 请简述控制和驱动电路的主要功能。
3. 请简述永磁同步电机的工作原理。
4. 请简述异步电机的工作原理。
5. 请简述集中式多电机和分布式轮边电机在电驱动系统中的应用特点。

三、综合应用题

1. SiC 是新能源汽车行业重点研发的第三代半导体，"十四五"国家重点研发计划新能源汽车重点专项提出："在电驱动系统集成与控制方面，研究 SiC 电驱动系统新结构、多物理场集成和全域高效控制方法，研究 SiC 电驱动系统电磁兼容特性及抑制方法，解决 SiC 电驱动系统在高密度集成和高效控制的基础科学问题。"

   1）第三代半导体都有哪些材料？分别具有什么特点？
   2）SiC 半导体应用在电动汽车电驱系统的优势有哪些？
   3）综合运用所学知识，试分析 SiC 电驱系统应用面临哪些难题？

2. "新能源汽车"重点专项2022年度项目申报指南中针对先进驱动电机技术的研发提出：开发驱动电机关键材料、零部件和驱动电机，具体包括轻稀土或少（无）重稀土永磁体、低损耗高强度定转子铁心、宽温变高速轴承、电磁线、高槽满率低交流电阻定子绕组，以及高可靠绝缘系统及其高温耐电晕、高导热、兼容油冷介质的绝缘材料；开展电机性能、质量、成本平衡的关键设计技术，提升功率密度与效率和抑制振动噪声的优化设计，开展高效冷却技术与生产制造工艺研究等，开发高性价比车用电机并实现整车应用。

1）目前新能源电机对峰值转矩、峰值功率和峰值转速需求越来越高，常用的铁磁材料为硅钢片、稀土永磁体，如何提升硅钢片高速屈服强度并降低铁心损耗？如何提升永磁体的剩磁和矫顽力并降低永磁体重稀土含量？

2）目前新能源电机设计需同时考虑外特性、效率和NVH等性能参数的提升，并且兼顾低成本方案，如何通过电机多目标优化设计满足各方性能？

3）新能源电机定子采用扁线绕组，提升了电机的槽满率，使其峰值功率有较大提升，但扁线电机生产工艺较为复杂，产线设备成本昂贵，通用性差，如何通过先进生产工艺提升电机性能的同时尽可能降低生产成本？

3. 在国家政策的积极引导和市场需求的推动下，新能源汽车销量不断增长，电动汽车逐渐成为主流交通工具之一。集成电驱动系统作为电动汽车的关键技术，其性能优劣直接关系到电动汽车的续驶里程、动力性能及驾驶体验。随着技术的不断进步，集成电驱动系统正向着更高效、更智能、更环保的方向发展。

1）请详细分析国家新能源汽车销量增长、电动汽车发展趋势与集成电驱动系统创新之间的联动关系。如何理解这三者之间的相互促进、相互影响？

2）结合当前技术发展趋势，请列举并解释集成电驱动系统的几个关键创新点。这些创新点如何推动电动汽车的整体性能提升？

3）在集成电驱动系统技术不断革新的背景下，电动汽车将如何进一步满足市场需求，从而实现更广泛的普及和应用？

▶▶ 拓展阅读

比亚迪的崛起之路

比亚迪的崛起之路，是一段充满远见、创新与坚持的传奇故事。从一家名不见经传的电池制造商，到如今成为全球电动汽车行业的领军企业，比亚迪的每一步都深刻烙印着时代的印记和企业的智慧。

比亚迪的故事始于1995年，由王传福创立。王传福在创立比亚迪之前，是深圳一家电池公司的工程师。据说，他萌生创业念头的契机源于一次偶然的机会，他看到一块手机电池的价格竟然高达数千元，而成本却远低于此。这让他意识到，如果能够掌握电池技术，自主生产，将大有可为。于是，凭借着对电池技术的深刻理解和敏锐的市场洞察力，王传福毅然决然地踏上了创业之路。比亚迪最初专注于生产镍氢、镍镉和锂离子电池。凭借创新的生产方式和成本优势，比亚迪迅速崭露头角，成为摩托罗拉、诺基亚等国际手机巨头的电池供应商，市场份额快速提升。这一时期，比亚迪不仅积累了宝贵的生产经验和资本，更为后续进军汽车制造业奠定了坚实的基础。

2003年，比亚迪做出了一个大胆的决定——收购秦川汽车，正式进军汽车制造业。

尽管起初以燃油车型为主，但比亚迪的目光始终聚焦于新能源汽车的未来。通过不断的技术研发和市场探索，比亚迪在新能源汽车领域逐渐崭露头角。2005年推出的F3车型凭借高性价比迅速占领市场，为比亚迪在汽车领域的发展赢得了良好的口碑。进入21世纪的第二个十年，比亚迪在新能源汽车领域的投入和布局更加坚定。面对汽车市场增速放缓的挑战，比亚迪选择坚持初心，加大对新能源汽车的投入。在政策驱动下，比亚迪的纯电动汽车E6和大巴K9开始在深圳投入运营，标志着比亚迪在新能源领域的坚定步伐。此后，比亚迪陆续推出了唐、宋、元等王朝系列车型，逐渐以新能源车型替代传统燃油车型，赢得了市场的广泛认可。

比亚迪的成功离不开其对技术创新的持续投入和产业链的深度整合。公司拥有11个研究院和超过9万名工程师，专利申请量惊人。比亚迪的垂直整合能力让其在电动汽车领域具有无与伦比的成本优势和技术竞争力。通过自主研发和生产电池、电机、电控等核心部件，比亚迪实现了对新能源汽车产业链的全方位掌控，进一步提升了产品的竞争力和市场占有率。

在巩固国内市场的同时，比亚迪还积极拓展国际市场。如今，比亚迪的新能源汽车已进入全球78个国家和地区，成为全球新能源汽车销量冠军。通过实施全球化战略和品牌建设，比亚迪不断提升自身的国际影响力和竞争力。此外，比亚迪还积极推动智能化、网联化等技术的发展，以及探索新的商业模式，如与百度、华为等科技企业的合作，共同研发自动驾驶、智能互联等技术，提升产品的智能化水平。

比亚迪的崛起之路是一部充满挑战与成就的传奇。通过持续的技术创新、市场拓展、品牌建设和国际化战略的实施，比亚迪不仅在中国市场取得了巨大成功，还在全球范围内赢得了广泛的认可。未来，随着全球对新能源汽车需求的不断增长和技术的不断进步，比亚迪有望继续引领行业潮流，为全球新能源汽车产业的发展贡献更多的智慧和力量。

第 3 章
线控制动系统

📖 学习目标

1. 了解线控制动系统基本结构与工作原理。
2. 了解线控液压制动系统主要类型及工作原理。
3. 了解线控气压制动系统主要类型及工作原理。
4. 了解电子机械式制动系统主要类型及工作原理。

📣 课前小讨论

浙江亚太机电股份有限公司（亚太股份）自 1976 年成立以来，一直致力于汽车制动系统的研发与创新，其制动系统产品经历了从传统的机械制动产品到高度电子化、智能化制动系统的转变。亚太股份的产品线已经从最初的鼓式制动器和盘式制动器总成扩展到了包括防抱死制动系统（ABS）、电子驻车制动（EPB）系统、车身电子稳定性控制（ESC）系统、智能制动系统（IBS）、集成式线控液压制动（IEHB）系统等先进的电子制动系统。随着智能驾驶技术的兴起，亚太股份还成功开发并实现了高级辅助驾驶系统（ADAS）的量产，进一步巩固了其在汽车制动系统领域的领先地位，并为未来智能网联汽车的发展提供了强有力的技术支撑。通过不断的技术创新和产品升级，亚太股份的制动系统产品已经能够满足从传统汽车到新能源汽车，再到智能网联汽车的多样化需求。

汽车线控制动系统的类型及发展趋势是什么？

3.1 线控制动系统工作原理

线控制动系统这一前沿技术，以其电气信号的精妙交互，彻底革新了传统制动系统的控制与操作模式。它通过通信传输和能量驱动的高效结合，为汽车制动带来了智能化的解决方案。该系统由精密的传感器、智能的电子控制单元、响应迅速的制动执行机构以及稳定的电源等关键部件构成。根据制动执行机构的不同，线控制动系统可进一步细分为线控液压制动系统、线控气压制动系统以及线控电子机械式制动系统，以满足多样化的汽车制动需求。

线控液压制动（Electro-Hydraulic Brake，EHB）系统是在保留传统液压制动系统机构的基础上，采用电子信号代替了驾驶员的机械输入；通过电子踏板传感器检测驾驶员的制动意图，并将此信号转换为电信号发送至控制单元；控制单元随后激活液压执行机构，通过推动制动液来建立所需的制动压力。

线控气压制动系统则利用电子信号控制气压的生成和分配，从而实现制动操作，这种系统特别适合需要快速响应和大功率制动的场景，通常应用于商用车或特殊作业车辆上。

线控电子机械式制动（Electro-Mechanical Brake，EMB）系统是一种更为先进的制动系统，它完全摒弃了作为制动介质的液体或气体，直接通过电机驱动制动器产生制动力。这种系统的优势在于响应速度快、维护简单，且能够实现更精细的制动控制。

线控制动系统的工作原理是一个闭环的控制过程，通过传感器、控制单元和执行机构的协同工作，实现对车辆制动的精确、快速和安全控制。这种系统不仅提高了制动的响应速度和精度，还使得制动过程更加平稳和安全。线控制动系统的工作过程可以清晰地分为以下几个步骤。

（1）信号检测与输入

当驾驶员需要制动时，会踩下制动踏板。此时，踏板上的传感器会检测到踏板的行程和力度，并将这些物理信号转化为电信号。这些电信号包含了驾驶员的制动意图和所需的制动力度。

（2）信号传输与处理

电信号随后被发送到控制单元（通常是 ECU，即电子控制单元）。控制单元接收到信号后，会进行一系列处理，包括分析当前车辆的行驶状态（如车速、转向盘转角、车轮速度等），以及识别驾驶员的制动意图。基于这些信息，控制单元会计算出每个车轮所需的最佳制动力。

（3）指令发送与执行

控制单元会向制动执行机构发送指令，这些指令是基于计算出的最佳制动力得出的。制动执行机构根据接收到的指令，通过电信号控制制动器产生相应的制动力。这个过程中，制动执行机构可能涉及液压、气压或电动等不同动力形式的执行机构，具体取决于制动系统的类型。

（4）制动过程

在制动执行机构的控制下，制动器开始工作，产生制动力。对于线控电子液压制动系统，当车辆速度在 10km/h 以上时，可能会启动制动能量回收系统，拖动电机产生电力，将动能转化为电能并存储在动力电池中，同时实现车辆减速。当车速降至约 10km/h 以下时，电子液压制动系统将完全接管制动过程，因为制动能量回收系统此时无法有效工作。

（5）安全备份与应急控制

线控制动系统通常配备应急控制模式。当某些部件失效时，系统可以切换到应急控制模式，确保制动系统仍能在一定程度上工作，提高车辆的安全性。此外，为了应对电子系统故障，目前的线控制动系统仍保留一套系统备用。如果出现电子故障，系统会自动启动备份系统。

（6）辅助系统协作

对于高配车型，线控制动系统还与智能电子辅助系统相结合。例如，当偏航传感器检测到车辆偏航时，系统会启动车辆稳定性控制系统；当车轮速度传感器检测到车轮抱死时，系统会启动 ABS。

3.2 线控液压制动系统

线控液压制动系统通过电子控制单元（ECU）来调节和控制液压系统中的各个部件，以实现快速、精确的制动力输出。线控液压制动系统根据结构的不同，又可分为蓄能器式线控液压系统、电动助力主缸式线控液压系统。

3.2.1 蓄能器式线控液压系统

以蓄能器为能量源的线控液压制动系统是最早实现商业化的线控制动系统之一。蓄能器式线控液压系统由蓄能器结合泵电机提供所需的液压能，以高压制动液为介质，辅以电磁阀组件进行液压力的调节，从而实现线控制动的功能。典型的蓄能器式线控液压系统主要由以下几个关键零部件组成：蓄能器、顺序阀、液压泵/马达、控制阀和管路。这些组件共同工作，实现对液压系统的有效控制和能量管理。

蓄能器是液压系统中用于存储能量、减小压力冲击及吸收压力脉动的重要元件，它可以是活塞式的或者皮囊式的，分别具有不同的设计形式和工作原理。蓄能器的主要参数包括预充气压力、容积和连接管道的直径，这些参数直接影响系统的动态特性。

顺序阀用于控制液压油在系统中的流向，以实现对液压缸等执行机构的精确控制。蓄能器与顺序阀的匹配性对于整个系统的性能至关重要。

液压泵或液压马达提供必要的流体压力，驱动液压系统中的各个部件，如液压缸、阀门等。蓄能器可以与液压泵或液压马达配合使用，通过储存能量来平衡负载变化，从而提高系统的响应速度和稳定性。

控制阀用于调节液压系统中的流量和压力，确保系统在各种工况下都能保持最佳性能。针对系统中出现的负载突然变化的情况，使用蓄能器可以帮助控制阀更有效地管理系统压力。

管路是连接各个液压元件的通道，其设计和材料选择对系统的整体性能有显著影响。

合理的管路设计可以减少能量损失,提高系统效率。

代表性的蓄能器式线控液压系统技术产品包括日本爱德克斯的电子控制制动(Electronically Controlled Brake,ECB)系统和德国博世的电子感应制动控制(Sensotronic Brake Control,SBC)系统。作为丰田 Prius 混合动力电动汽车安全与节能的重要保障,ECB 系统随着 Prius 车型的更新换代不断进行技术更新。第一代和第二代 ECB 系统在构型上有相似之处,其液压系统原理分别如图 3-1a 和图 3-1b 所示。相对于传统制动系统,第一代 ECB 系统取消了真空助力机构,采用被动式踏板感觉模拟器为驾驶员提供踩踏制动踏板的感觉。在正常工作模式下,隔离阀隔绝制动主缸与轮缸之间的液压通路,主缸模块反映制动意图,轮缸模块实现期望的制动作用,从而形成完全解耦的线控制动效果。第二代 ECB 系统取消了第一代 ECB 系统中同轴左右轮缸之间的平衡阀。由于缺少备份系统当 ECB 系统的线控制动功能失效时,驾驶员只能通过人力对前轴车轮进行制动。

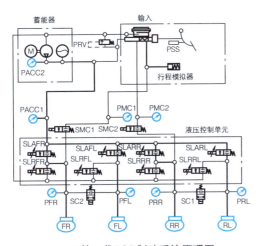

a) 第一代ECB制动系统原理图

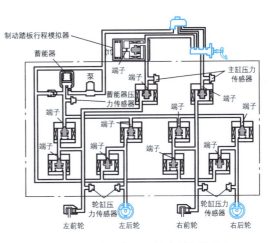

b) 第二代ECB制动系统原理图

图 3-1　爱德克斯第一、二代 ECB 系统

PACC—蓄能器压力传感器　PMC—主缸压力传感器　SMC—隔离阀　SC—平衡阀　PSS—踏板行程传感器
SLARL—左后轮升压阀　SLRRL—左后轮泄压阀　SLARR—右后轮升压阀　SLRRR—右后轮泄压阀
SLAFL—左前轮升压阀　SLRFL—左前轮泄压阀　SLAFR—右前轮升压阀　SLRFR—右前轮泄压阀
PFR—右前轮压力传感器　PFL—左前轮压力传感器　PRR—右后轮压力传感器　PRL—左后轮压力传感器

如图 3-1 所示,蓄能器总成负责为制动系统提供高压制动液,下游液路连接四轮的四对线性比例电磁阀,负责精确控制每个轮缸的液压力。在失效保护方面,两代 ECB 系统均可通过备用液路快速连接制动主缸和轮缸,让驾驶员直接接管制动操作。不同之处在于,第二代 ECB 在制动主缸和踏板感觉模拟器之间添加了开关阀。当线控制动功能失效时,此开关阀关闭主缸与模拟器之间的液路,以防止在紧急制动时出现轮缸制动液供给不足、制动压力提升缓慢的问题。

此外,ECB 系统还配备备用的电容单元。一旦制动系统供电故障,备用电源可临时为 ECB 系统提供电力,确保制动系统在断电故障时能够正常切换为失效安全控制模式。

出于成本考虑,第三代 ECB 系统在前两代 ECB 系统的基础上进行了优化改进。该系统的液压系统原理如图 3-2a 所示，实物如图 3-2b 所示。在第三代方案中，线性比例阀数量减少至仅剩 2 个，其余液压调节和液路切换功能由开关阀完成。为了增强制动系统的冗余备份能力，第三代 ECB 系统引入了液压助力功能。当线控制动功能失效时（例如制动系统供电故障），该功能利用高压蓄能器中的高压制动液为制动主缸提供动力，从而实现制动轮缸的增压动作，完成 2 次或 3 次辅助制动，确保制动失效安全保护。相较于前两代产品，第三代 ECB 系统显著增强了制动系统的冗余安全性。然而，为了实现液压助力功能，重新设计的制动主缸结构较为复杂。此外，液压调节单元内仅设有 1 个轮缸压力传感器，因此无法实现四轮独立的液压力精密控制。

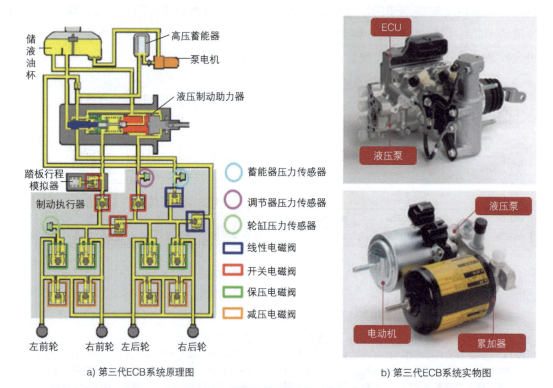

a）第三代ECB系统原理图　　　　　　　　b）第三代ECB系统实物图

图 3-2　爱德克斯第三代 ECB 系统

作为另一种典型的蓄能器式线控液压系统，德国博世的 SBC 系统采用泵电机 - 蓄能器作为制动能量源。其方案原理如图 3-3a 所示，实物如图 3-3b 所示。SBC 系统的构型和原理与爱德克斯第一、第二代 ECB 系统相似，包括 1 套泵电机 - 蓄能器总成作为制动系统的能量源，以及 4 对电磁阀（线性阀/开关阀）配合 4 路轮缸压力传感器实现对四轮液压力的完全解耦控制。由于踏板感觉模拟器与主缸直接相连，因此，在驾驶员紧急接管进行人力制动时，同样可能出现制动液不足、制动效能衰退的问题。

SBC 系统采取了一系列安全备份措施以应对制动失效的挑战，包括在前后同轴轮缸制动器之间设置 2 个隔离阀，并在隔离阀与制动轮缸之间设置 1 个分隔活塞。这一结构旨在有效消除高压蓄能器中氮气泄漏的影响，同时实现人力制动液压回路与线控制动液压回路之间的物理隔离，从而确保制动失效时的安全保护控制。然而，SBC 系统在一些奔驰

W211 车型上长期使用后，频繁出现制动故障和制动效能降低等问题，而被大量召回。

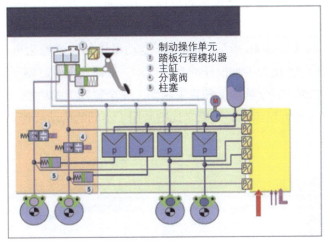

a) SBC 系统原理图　　　　　　　　　　b) SBC 系统实物图

图 3-3　博世 SBC 系统

总体而言，以蓄能器作为能量源的线控液压制动系统轮缸压力控制性能良好，预压缩的高压制动液能够伺服地实现快速液压力响应。然而，考虑到系统成本和耐久性，蓄能器及调压电磁阀组不宜长时间大强度持续工作。在制动失效冗余备份方面，由于制动能量源单一，在突发极端工况下，蓄能器式线控液压系统通常需要依赖人力制动进行紧急接管。

3.2.2　电动助力主缸式线控液压系统

借助先进的电机和控制技术，越来越多的制造商开始将电机作为线控制动系统的执行器。在电气化浪潮的推动下，以电机为动力、制动液为介质的电动助力主缸（简称电动缸）技术被引入线控液压制动系统中，成为一种新型的制动能量源，电动助力主缸式线控液压系统应运而生。典型的电动助力主缸式线控液压系统主要由微控制单元、制动阀体、电动助力模块、储液壶和传感模块等几个关键零部件和组成部分构成。微控制单元（Microcontroller Unit，MCU）是系统的核心，负责接收传感器传来的数据，例如踏板位置、车速等，并根据这些信息计算所需的制动力。同时，MCU 还负责控制电动泵的工作状态，以产生相应的液压压力。制动阀体则负责控制液压油在系统中的流动，从而实现制动功能。通常，制动阀体包括多个通道，以满足不同的制动需求。电动助力模块一般包含电动泵和相关的驱动电机，用于产生和调节液压力。电动泵能够迅速响应驾驶员的操作，提供所需的制动力。在某些系统中，还会用储液壶储存液压油，以确保系统在长时间运行后仍能维持良好的性能。传感模块主要包括位置传感器、速度传感器等，用于监测驾驶员的操作（如踏板位置）和车辆的当前状态（如车速等），并将这些数据传输给 MCU 进行处理。

电动助力主缸式线控液压系统的工作原理主要基于电子控制技术。在正常工作模式下，制动轮缸压力与驾驶员踏板输入完全解耦，即制动力的大小不再依赖于驾驶员的踏板操作，而是由 MCU 根据实际情况自动计算并控制。这种设计不仅提高了制动效率，还增强了制动系统的安全性和可靠性。在 2010 年，继 SBC 之后，博世公司推出了 iBooster 智能助力制动系统，该系统基于电动缸技术，针对智能电动汽车而设计。iBooster 智能助力制动系统目前是技术应用最成熟、市场推广最广泛的线控制动方案之一。截至目前，iBooster 系统已经推出两代产品，具体构造如图 3-4a 和图 3-4b 所示。iBooster 制动系统的能量源为电助力主缸，通过机械传动将电机的旋转运动转化为主缸推杆的直线运动，从而实现主缸制动液的压缩和释放。这一设计实现了助力制动（部分解耦）和自主制动（完全解耦）的功能。第一代 iBooster 的传动装置采用了蜗轮蜗杆和齿轮齿条，而第二代则采用了不同的传动装置。

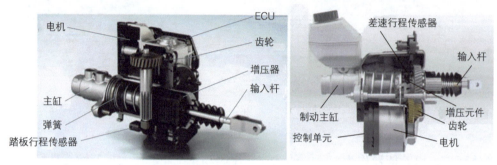

a) 第一代 iBooster 剖视图　　　　b) 第二代 iBooster 剖视图

图 3-4　博世 iBooster 制动系统剖视图

　　为满足再生制动的要求，第一代 iBooster 与车身电子稳定性控制（Electronic Stability Control，ESC）和电控储液器（Smart Actuator）组成了 3-box 制动系统。在电动液压复合制动时，过剩的制动液被吸入 Smart Actuator，同时助力电机协调控制踏板感觉和制动助力。进一步地，第二代 iBooster 配备了性能更优秀的电子稳定程序（Electronic Stability Program，ESP）hev 液压调节单元，与之配套的电磁阀组件协调控制后轮制动液的返回，实现后轮解耦制动。与此同时，前轴制动轮缸通过 ESP hev 的内部液路直接连接到主缸。因此，这种综合制动系统属于部分解耦方案。具体的制动系统运行原理如图 3-5 所示。

图 3-5　博世 iBooster 制动系统原理图

除了具备液压调节功能外，ESP hev 还提供了一种制动能量源。在 ESP hev 运行时，其内部的电控柱塞泵、低压蓄能器和电磁阀组件的协调控制能力确保了对轮缸压力的快速、独立控制。在功能安全方面，iBooster 和 ESP hev 都具备液压能源供给和液压力调节的能力，从而形成了制动系统的双重冗余备份。也就是说，当 iBooster 发生故障时，ESP hev 能够接管并单独提供主动制动，直至车辆安全停车。然而，值得注意的是，在这一过程中，ESP hev 的液压力主动控制能力和调节精度受到一定限制，无法进行长时间的保压控制，且可能伴随着较强的振动和噪声。因此，这种制动冗余备份方案只能用于紧急情况下的安全制动，其应用场景相对有限。

此外，由 iBooster 和 ESP hev 构成的双重冗余制动备份系统无法在全制动工况下相互冗余。对于 L3 级别以下的自动驾驶，由于驾驶员的介入为车辆提供了一重制动冗余，因此，该方案完全满足制动安全要求。然而，对于 L3 级及以上级别无需驾驶员介入的自动驾驶制动需求而言，这一方案则无法满足。

类似地，日立公司开发的 e-ACT（Electrically-Assisted Actuation）也构建了一个由电动缸和 ESC 组成的 2-box EHB 系统。相对于 iBooster，e-ACT 采用了空心电机（无刷电机）和滚珠丝杠更为简单的结构来驱动主缸推杆，以实现助力制动。在 e-ACT 系统中，驾驶员的制动操纵力与助力电机的伺服助力通过复合液压缸进行液力耦合，从而需要对制动主缸进行结构改进设计。此外，e-ACT 与液压调节单元（VDC）协调工作，实现了四轮轮缸压力的独立、解耦控制。同样地，在失效安全方面，e-ACT 与 VDC 只能实现部分制动工况的双重冗余制动备份。

由大陆公司研发的 MKC1 制动系统是一种综合了助力制动、再生制动和 ESC 的 1-box 方案。该方案采用了制动副缸（电动缸）的设计，以实现制动主缸与轮缸的完全解耦。同时，踏板感觉模拟器用于提供制动感觉反馈，而与踏板直接连接的制动主缸则装备了压力传感器，以便识别制动需求。大陆 MKC1 原理如图 3-6 所示。在正常工作模式下，制动控制器协调制动副缸和 4 对电磁阀，以实现对四轮轮缸压力的独立、解耦、精密控制。在轮缸与制动主缸/副缸之间，MKC1 系统配备了 4 个隔离阀，用于在解耦式液路和非解耦式液路之间进行切换，从而实现不同的制动模式以及制动失效安全控制。与 2-box 制动系统方案相比，MKC1 具有结构高度集成、制动功能完备的优点。然而，伴随这些优点而来的缺点是加工制造难度较高。

本田公司的 ESB（Electric Servo Brake）制动系统采用了 3-box 构型，与 MKC1 在原理上基本相似，但在构型上进行了模块化设计，从而降低了集成难度。在该系统中，制动主缸和副缸均可采用串联式液压缸。通过使用 1 对隔离阀对主/副缸之间的液路进行隔离，系统能够实现不同制动模式的切换。此外，液压调节单元采用了传统的车辆稳定性控制模块，以确保制动系统的稳定性和可靠性。本田 ESB 原理如图 3-7 所示。

为了简化液压制动系统并充分利用电机的性能优势，许多制造商选择将电动缸与功能复用型电磁阀组直接集成到 1-box 构型的 EHB 系统中。典型的代表是德国 LSP 公司的 IBS（Integrated Braking System）。与传统的每路轮缸对应 1 对电磁阀的调压方式相比，IBS 每路制动液压通道仅设 1 个常开阀，这是一个明显的区别。在常规制动工况下，电助力主缸对轮缸压力进行统一调节；而当四路轮缸压力需求不一致时，电动缸需要与各路功能复用型电磁阀配合，逐个对各轮缸进行增减压控制。IBS 具有紧凑的结构、快速的压力响应和高度精确的控制，但其硬件壁垒较为突出。

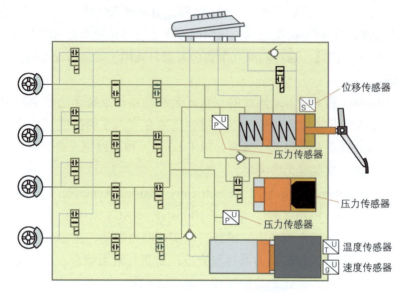

图 3-6　大陆 MKC1 原理图

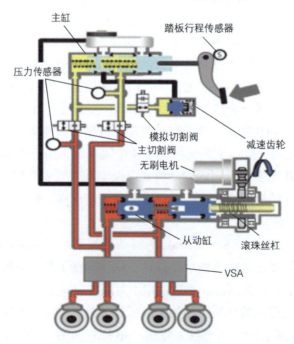

图 3-7　本田 ESB 原理图

在 IBS 的基础上，LSP 公司为电动方程式赛车开发了 IBSe 制动系统，该系统增加了直接作用于轮缸制动器的电动缸，提高了调压性能，并与原有的 IBS 部分形成了双重冗余备份方案。IBSe 制动系统的布局灵活，可为单轴、双轴甚至四轮独立完全解耦控制提供定制化解决方案。与 EMB 类似，IBSe 系统同样采用电机直接为四轮制动器提供制动能量，不同之处在于其采用液压方式进行传动。LSB IBS 原理如图 3-8 所示。

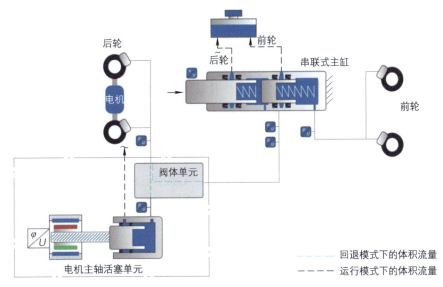

图 3-8　LSP IBS 原理图

TRW 公司的 IBC（Integrated Brake Control）基于电动缸技术重新设计了串联式三腔电助力主缸，并采用了多路复用的电磁阀控制方式来调节轮缸的压力。为了解决主缸压力快速增减时液压腔补液不及的问题，IBC 在液压腔和补偿腔之间设置了一个隔离阀。在失效安全模式下，IBC 只能依赖驾驶员的人力制动，因此，该制动系统的冗余性相对较低。TRW IBC 原理如图 3-9 所示。

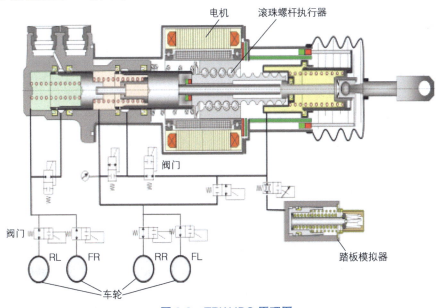

图 3-9　TRW IBC 原理图

总结来说，电动助力主缸式线控液压系统通过集成先进的电子控制技术和机械执行机构，实现了对汽车制动系统的高效和精确控制，是现代汽车安全技术的重要组成部分。

3.3 线控气压制动系统

3.3.1 线控气压制动系统结构及工作原理

在我国，中、重型货车以及各类客车普遍采用气压制动系统，这种系统通常设计为双回路或多回路结构，以确保在复杂道路条件下依然能够提供卓越的制动性能。气压制动系统能够产生显著的气压制动力，以满足大型商用车辆对制动性能的需求；其结构相对简单，利用空气作为制动介质，无污染且不需要回收，仅需简单地去除杂质和水汽后即可使用。通过高效的压缩装置，空气被压缩并储存在高压气罐中，随后经由精心设计的制动管路快速、稳定地输送至制动气室。尽管气压的建立需要一定时间，但一旦达到所需压力，系统便能迅速响应并发挥出色的制动效果。

传统气压制动系统的主要结构如图 3-10 所示，主要由制动踏板、气压源、气压控制单元、制动阀组、制动气室和制动盘等组成。发动机驱动的空气压缩机产生压缩空气，经冷却、净化后存储在储气罐中。当驾驶员踩下制动踏板时，制动阀被激活，允许压缩空气流向前后轮的制动气室，推动制动器产生制动力。当驾驶员松开制动踏板时，制动阀将制动气室中的压缩空气排出，制动器释放，车辆恢复行驶状态。整个系统通过控制压缩空气的流动来实现制动与解除制动，确保车辆安全行驶。传统气压制动系统虽然在中、重型货车和各类客车中得到了广泛应用，但也存在以下一些明显的缺点。

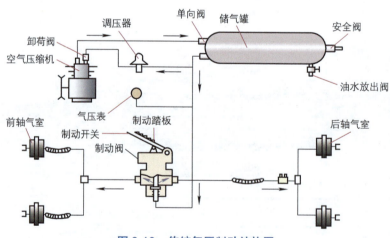

图 3-10 传统气压制动结构图

1）**响应时间较长**：由于气体的可压缩性和气动管路较长，气压制动系统的响应时间相对较长。这意味着在驾驶员踩下制动踏板后，需要一定的时间才能产生足够的制动力。这种情况可能导致制动距离的增长，特别是在紧急制动情况下。

2）**制动力矩难以控制**：由于气体的可压缩性，气压制动系统的制动力矩难以精确控制。这可能导致过度制动或制动不足的问题，影响驾驶的平稳性和安全性。

3）需要高压气体：气压制动系统需要高压气体来产生制动力，因此需要专门的压缩空气设备。这不仅增加了车辆的成本，也增加了维护的难度。

4）环境适应性较差：气压制动系统对环境的适应性较差，特别是在极端低温环境下容易产生制动不良的情况。这是因为低温环境下气体的压缩性和流动性都会受到影响。

5）操作复杂：与液压制动系统相比，气压制动系统的结构要复杂得多。这可能导致维护和保养的难度增加，同时也增加了驾驶员的操作复杂性。

6）声音大：由于气压制动使用气体作为制动力传递介质，而产生压缩气体和释放气体的进程会产生噪声，这会对车辆驾驶员造成干扰，影响驾驶的舒适性。

7）制动迟滞效应：由于管路中的气体是可以压缩的，所以在制动过程中会产生一定的迟滞效应。经过压缩的空气要依次通过制动总阀和ABS电磁阀才可以到达制动气室内，管道比较长造成了制动的迟滞性。

随着线控技术的快速发展，线控气压制动系统已经逐渐在车辆制动领域得到广泛应用。线控气压制动系统取消了制动踏板与制动器之间的直接机械连接，改为通过踏板传感器采集驾驶员的制动意图，将其转化为电信号后传递给ECU。ECU接收并分析这些信号，然后控制气压调节单元调节制动气室的气压，从而驱动制动器产生制动力。相较于传统的气压制动系统，线控气压制动系统展现出了以下多方面的优越性。

1）更高的精确性与稳定性：线控气压制动系统通过电子信号传递制动指令，实现了对制动力的精确控制。这种精确性不仅体现在制动力的大小上，还体现在制动力的分配上，提高了制动的稳定性和安全性。例如，通过ECU的精确计算，系统可以根据车辆的实际状态（如车速、载重、路面条件等）实时调整制动力的大小和分配，确保车辆在各种情况下都能获得最佳的制动效果。

2）更快的响应速度：传统的气压制动系统受气体的可压缩性和管路长度的影响，响应速度相对较慢，而线控气压制动系统通过电子信号传递制动指令，大大缩短了制动响应时间，提高了紧急制动情况下的安全性。

3）更高的能量回收效率：线控气压制动系统可以通过回收制动过程中产生的能量来降低能耗，提高燃油经济性或增加电动汽车的续驶里程。这对于提高车辆的环保性能和经济效益具有重要意义。

4）更轻的质量：线控气压制动系统采用了电子控制的方式，结构相对简单，且不再需要传统的机械连接和液压管路，使得制动系统的质量大大减轻。这不仅有助于提高车辆的性能，还有助于降低车辆的能耗。

5）更低的维护成本：线控气压制动系统的结构相对简单，且电子元件的寿命通常较长，因此其维护成本相对较低。此外，由于系统具有自我诊断和故障提示功能，可以帮助维保人员及时发现并解决潜在问题，进一步降低了维护难度和成本。

6）更好的扩展性和适应性：线控气压制动系统可以与其他电子控制系统（如ABS、ESP等）进行集成和协调，实现更高级别的车辆控制和安全功能。此外，该系统还可以根据车辆的具体需求进行定制和优化，以适应不同的使用场景和条件。

综上所述，线控气压制动系统在提升制动性能、安全性和可靠性等方面展现出显著的优势，因此，被视为未来商用车辆制动系统发展的重要方向。

3.3.2 线控气压制动系统架构

线控气压制动系统架构主要分为集中式和分布式两种类型。

（1）集中式线控气压制动系统架构

集中式线控气压制动系统架构中所有主要组件，如气泵、储气罐、控制阀和执行器等，都集中在车辆的一个或少数几个位置。通常由一个或多个ECU来管理整个系统的气压分配和控制。早期的线控气压制动系统普遍采用基于ABS阀的集中式控制架构，其布局如图3-11所示。这一架构的核心在于使用一个中央制动控制器作为整个制动系统的中枢，承担多重关键任务。具体而言，该控制器负责实时收集与制动系统相关的所有信号数据，执行必要的数据处理，计算制动控制命令，并直接控制制动执行单元中的电磁阀。该控制器需要确保制动系统与整车之间的有效通信。

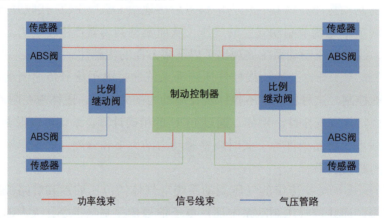

图3-11 典型的集中式制动系统控制架构

在制动执行层面，早期的集中式制动系统控制架构通常采用比例继动阀和ABS阀作为主要的执行单元。在常规制动工况下，比例继动阀承担主要作用；在车轮抱死等极端工况下，ABS阀将启动并接管制动控制，以确保行车安全。早期线控气压制动系统的功能较为单一，只能完成简单的常规气压制动及防抱死制动等功能。当前的整车电动化使得整车动力学控制过程中加入了电机的回馈制动转矩，这对气压制动压力的动态性能提出了新挑战，而整车智能化所要求的自适应巡航控制（ACC）、自动紧急制动（AEB）等智能化新功能同样对气压制动系统的压力响应速度以及压力控制精度提出了新的挑战。

然而，这种集中式控制架构在执行单元的设置上显得较为冗杂且分散，尤其在面对电动化及智能化的汽车技术变革时，缺乏精确控制压力的能力成为制约其进一步发展的瓶颈。更为严重的问题是，这种架构在设计上缺乏对进/排气电磁阀失效备份制动功能的考虑。由于完全依赖单一的中央控制器，当控制器系统发生故障时，其保护功能的局限性便凸显出来。在此类极端情况下,驾驶员往往只能依赖驻车制动系统释放制动气室中的备用压缩气体来进行紧急制动,这种方式虽然能够在一定程度上确保行车安全,但其效果与现代的行车制动安全要求之间仍存在一定的差距。因此,对于未来的制动系统而言,如何在确保行车安全的前提下,优化控制架构,提升系统的可靠性和智能化水平,将是研究者们需要重点关注的问题。

(2) 分布式线控气压制动系统架构

在分布式线控气压制动系统架构中,气泵、储气罐、控制阀和执行器等组件分布在车辆的不同位置,每个车轮或制动系统可能都有自己的独立组件。每个车轮或制动系统可以独立控制其气压,实现更精确和快速的响应。由于系统分散,某一组件的故障不会立即影响整个系统,提高了系统的可靠性,如图 3-12 所示。这一架构的显著特点主要体现在执行控压阀的优化集成上。具体而言,前桥采用单通道桥控阀与两个 ABS 电磁阀的组合,而后桥则选择了双通道桥控阀,并取消了传统的后桥 ABS 阀。这种设计在后桥上实现了更高的集成度,因为后桥控阀内部的进/排气电磁阀不仅负责常规制动,还承担了传统 ABS 阀在极限工况下的控制任务。每个桥控阀内部都集成了一个压力调节控制器,该控制器负责调节桥控阀的压力,并采集所在轴轮速、磨损等关键信号。桥控制器与制动控制器之间通过内部 CAN 总线进行通信,确保了信息的快速传输和处理的及时性。分布式架构中的制动控制器则承担了整车制动意图识别及制动转矩分配任务,同时兼顾了 ABS 阀的控制功能。

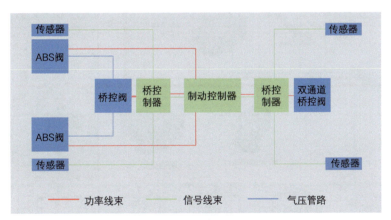

图 3-12 典型分布式气压制动系统控制架构

在信号传递方式上,制动控制器与桥控制器采用了总 - 分模式,相较于集中式架构,这一设计增加了一层通信节点。虽然这种架构允许在控制器电路板上布置双 MCU、双电源等冗余部件以提高系统的可靠性,但不可避免地会增加成本,并且在控制器系统级失效时,其保护能力仍然有限。因此,如何在保证系统性能的同时,优化成本和控制器的保护能力,将是未来研究的重要方向。

目前在分布式线控气压制动系统解决方案上,国外的零部件龙头企业占据优势地位,例如美国的 WABCO 公司、德国的 Knorr 公司、瑞典的 Haldex 公司等均提出了功能全面的气压制动系统方案。图 3-13 和图 3-14 分别展示了 WABCO 及 Knorr 公司的气压系统方案原理，体现了这些行业领军企业在气压制动系统领域的创新能力和技术实力。

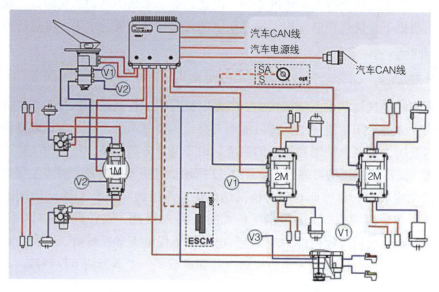

图 3-13　WABCO 公司的气压系统原理图

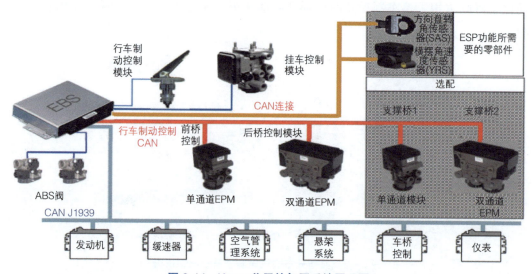

图 3-14　Knorr 公司的气压系统原理图

从图 3-13 和图 3-14 可以看出，这种布置方案中的关键组件包括位于轮边的 ABS 阀和前/后桥控阀。这些压力控制单元构成了气压制动系统中压力控制的核心执行机构。随着技术的进步和需求的演变，前/后桥控阀及 ABS 阀的控制技术已成为研究的热点。早期的研究主要集中在比例继动阀上，但随着技术的发展和应用的深化，当前的研究焦点已经转移至进/排气独立控制的单通道/双通道桥控阀。这种转变不仅反映了技术进步的方向，也体现了对气压制动系统性能提升和优化的追求。通过对进/排气独立控制的单通道/双通道桥控阀的深入研究，我们能够更好地理解气压制动系统的动态特性，进而优化其控制策略，提高系统的稳定性和可靠性。

（3）底盘域控式架构

在车辆智能化持续演进的浪潮中，整车电子电气架构正经历由传统集中控制向区域化控制的转变。采埃孚公司提出的车辆运动控制系统 cubiX，正是这一转变的生动例证。该系统通过整合车辆驱动、转向、制动、悬架等系统，实现了底盘层面的综合协调控制。

在底盘域控的架构下，底盘相关的控制器节点被集中管理，形成了由中央计算平台、智能驾驶域控制器、座舱域控制器、动力域控制器和底盘域控制器等核心单元组成的电子电气架构。底盘域控制器作为这一架构中的关键角色，承担着车辆转向系统、悬架系统以及制动系统的控制任务。

具体而言，底盘域控制器通过车载以太网与整车进行上层通信，确保信息的快速传递与响应；同时，通过 CAN/CAN FD 总线与车辆操控部件控制器进行底层通信，实现精确的控制指令传输。在这一架构中，底盘域控制器不仅负责解析整车制动意图、计算制动转矩分配，还具备执行机构状态分析等功能。而所有与制动相关的电磁阀控制、轮速/压力/磨损等信号的采集，则由专门的末端控制器负责。

然而，由于整车制动算法的上移，以及需要与转向控制、悬架控制等软件模块进行集成，这一方案在技术实现方面面临着较大的挑战，同时，对底盘域控制器本身的软件/硬件可靠性也提出了更高要求。在底盘域控制器发生系统级故障时，如何确保整车系统的稳定运行并实施有效的保护控制，成为一个亟待解决的问题。

综上所述，对不同架构的机械集成度、电气集成度、软件集成度、失效保护、通信层级、技术难度进行综合对比分析，见表3-1。集中式架构在失效保护及系统整体集成度方面呈现出较为明显的局限性。相比之下，分布式架构在控制器芯片的有效利用率以及应对系统级失效的能力上有所欠缺。至于域控架构，尽管其代表着当前汽车架构发展的前沿趋势，但其在技术层面所面临的挑战尤为突出。特别是在软件集成方面，域控架构需要将转向控制、悬架控制以及制动控制等多项功能进行深度整合，这无疑增加了系统的复杂性。同时，域控架构在域控制器系统级失效保护功能上的不足，也为其在实际应用中的稳定性和可靠性带来了挑战。

表3-1 不同架构对比

类型	机械集成度	电气集成度	软件集成度	失效保护	通信层级	技术难度
集中式	阀体分散	控制器×1	制动集中控制	无电控备用	单层结构 1级	评价：低
	评价：低	评价：中	评价：中	评价：低		
分布式	阀体集成	控制器×3	制动分层控制	电控备用	总-分结构 2级	评价：中
	评价：中	评价：低	评价：低	评价：中		
域控式	阀体集成	域控制器×1+制动控制器×2	域控软件集成+分层控制	电控备用	总-分结构 2级	评价：高
	评价：中	评价：高	评价：高	评价：中		

3.4 线控电子机械式制动系统

线控电子机械式制动系统是一种现代化的汽车制动系统，它将传统的机械式制动系统与电子控制相结合，实现了更精准、更可靠的制动效果。这种系统可以通过 ECU 改变输出电流的大小和方向来实现电机的转矩和运动方向的改变，从而将电机轴的旋转变换为制动钳块的开合。其关键零部件包括：①制动踏板，驾驶员通过踩踏制动踏板来启动制动系统；②制动执行器，负责产生制动力的部件，主要为电机；③传感器，用于感知车辆状态、驾驶员意图等信息，常见的传感器包括制动踏板传感器、车速传感器、转向传感器等；④电子控制单元，负责接收传感器信号，并根据这些信息来控制制动执行器产生适当的制动力。

3.4.1 电子机械式制动系统构型

综合考量减速增矩机构以及运动转换机构的差异，线控电子机械式制动系统的分类包括滚珠丝杠式、楔式自增力式、滚珠坡道式以及凸轮式四种基本构型。

（1）滚珠丝杠式 EMB 系统

目前，滚珠丝杠式构型被广泛采用，其基于多级减速机构实现增大转矩的功能，通过滚珠丝杠将旋转运动转换为平移运动，实现制动操作。该系统结合了滚珠丝杠的高精度、高效率传动特性与电子制动系统的智能控制优势。图 3-15 展示了一种由大陆集团（Continental）提出的典型滚珠丝杠式构型，该系统采用中空式电机、行星轮系、内置滚珠丝杠的紧凑结构，并通过电磁阀驱动挺杆，利用滚子-凹槽结构实现驻车锁止。滚珠丝杠方案具备减速比较大、传动效率高、运动平稳和同步性良好等特点，然而，其对于制造精度的要求较高，存在倾斜卡死的可能。

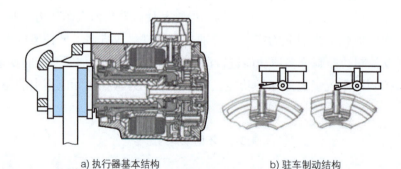

a) 执行器基本结构　　　　　b) 驻车制动结构

图 3-15　Continental 提出的电子机械式制动器结构图

（2）楔式自增力式 EMB 系统

楔式自增力式构型制动器，又称电子楔式制动器，利用楔形面的自增力效应产生较大的制动力，如图 3-16 所示。西门子（Siemens）提出的典型楔式自增力式构型采用线性驱动单元和多楔形面结构，实现双向自增力，并且压紧力分布更加均匀。楔式自增力方案能够显著减小对驱动功率的需求，缩小执行器体积，但其增力效果与位移呈非线性关系，同时，受磨损、温度等因素的影响，控制难度较大。

（3）滚珠坡道式 EMB 系统

滚珠坡道式构型运用滚珠和倾斜的引导坡道实现旋转 - 平移运动转换，推动活塞移动，从而实现制动夹紧。如图 3-17 所示，该构型采用了紧凑的结构，集成了斜齿轮、蜗轮蜗杆、行星轮系，实现了减速增矩，并通过旋转构件的坡道和滚珠将旋转运动转换为平移运动。这种旋转 - 平移运动的转换呈现非线性关系，因此实现准确的制动间隙控制具有较大的难度。与通过电机反转实现制动释放相比，该构型能够依靠制动盘的反作用力和弹性装置复位，减少了电机的运行次数，但是系统的可靠性较差。

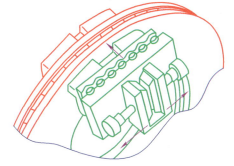

图 3-16　楔式自增力式 EMB 系统典型构型

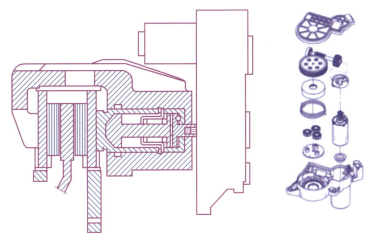

图 3-17　滚珠坡道式 EMB 系统典型构型

（4）凸轮式 EMB 系统

图 3-18 展示了凸轮式构型，其整体结构包括电机、多级减速机构、凸轮构件以及支撑滚子。电机输出转矩经过多级减速后传递至凸轮，凸轮旋转压制支撑滚子，实现制动盘夹

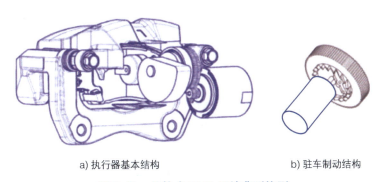

a) 执行器基本结构　　　　b) 驻车制动结构

图 3-18　凸轮式 EMB 系统典型构型

紧。此外，驻车功能通过包含电磁阀、挺杆和旋转销 - 棘爪的锁止结构实现。相对于其他构型，凸轮式构型通过凸轮外轮廓的设计，能够较为容易地实现制动磨损补偿功能，同时，轴向空间占用较少，结构紧凑。然而，凸轮与支撑件为点或线接触，易于产生磨损。

3.4.2 电子机械式制动系统工作原理

工作模式方面，线控电子机械式制动系统主要通过 ECU 来控制，利用传感器数据来判断制动需求，并通过 ECU 来调整制动力度和方向，以及通过整车通信网络来实现智能驾驶功能。此外，这种系统还可以通过 ECU 来实现 ABS、TCS、ESP 等功能，增强车辆的安全性和操控性。

根据传动原理的不同，线控电子机械式制动系统通常又被划分为两大技术路线：线性自增力式 EMB 系统和非线性增力式 EMB 系统。这两种技术路线在 EMB 系统的设计和应用中各有其特点。

（1）线性自增力式 EMB 系统

线性自增力式 EMB 系统以其简约的结构设计及独特的力学特性——制动器制动力与制动电机输出转矩间成线性对应关系，逐渐在研究和应用中占据了主导地位。当制动电机产生转矩时，该转矩经由一系列精密设计的机械传递组件，如齿轮减速器和滚珠丝杠等，实现逐级放大和转换，并最终直接作用于制动摩擦组件，以提供稳定且高效的制动效果。图 3-19 直观展现了该制动系统的内部结构及其动力传递路径，清晰地揭示了各部件间的相互关联和协作机制。

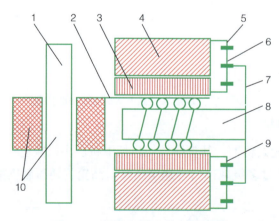

图 3-19 线性自增力式 EMB 系统

1—制动盘 2—螺母 3—制动电机转子 4—制动电机定子 5—齿圈 6—行星齿轮
7—行星架 8—丝杠 9—太阳轮 10—制动摩擦片

在线性自增力式 EMB 系统的代表性构型中，Continental Teves 直驱构型、博世（Bosch）直驱构型以及 Siemens 杠杆增力直驱构型等，均体现了该制动系统技术的核心精髓。这些构型不仅展现了线性自增力式制动系统的独特优势，而且在实际应用中，通过其卓越的制动性能，验证了该技术的可行性和有效性。这些研究成果不仅为制动系统技术的发展提供了宝贵的实践经验,也为未来的技术创新和应用提供了重要的参考和借鉴。其中,Continental Teves 的直驱构型如图 3-20 所示,它把行星齿轮减速器和滚珠丝杠巧妙地融为一体,形成了独特的结构。该设计巧妙地运用了内部螺纹支撑管、螺纹转子以及内螺纹管之间的相互作用,使三者协同工作,共同构建出一个行星滚珠丝杠装置。这种装置不仅提高了传动效率,还优化了整体机械结构的紧凑性和功能性。

此外,Continental Teves 的直驱构型还独具创新地引入了转子锁止机构,这一设计在保障设备安全、稳定运行方

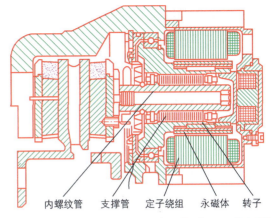

图 3-20　Continental Teves 直驱构型 EMB 执行器

面起到了关键作用。然而,尽管该设计在技术上具有显著的优越性,但其复杂的工艺制程和安装过程也给实际应用带来了一定的挑战。同时,其长期运行的可靠性和稳定性,仍有待通过进一步的试验和验证来进行全面评估。

Bosch 的直驱构型设计了一种独特的传动方式,它将双级行星齿轮和滚珠丝杠进行串联。该方案巧妙地将双级行星齿轮与滚珠丝杠技术相结合,形成了一种串联传动的新模式。为了使系统能够产生强大的驱动力并具备精确的控制能力,这一设计精心选用了永磁同步电机作为制动电机的核心部件。如图 3-21 所示,该设计方案详尽地展示了其结构特色以及各组件之间的相互作用与联系。

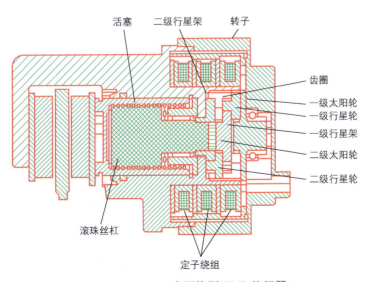

图 3-21　Bosch 直驱构型 EMB 执行器

在当前的工业应用中，Bosch 的直驱构型已被广泛采纳，并被认为是制动系统领域的杰出代表。其显著特点在于齿轮传动的运用，以及紧凑的设计和卓越的可靠性，这些因素共同使其在众多传动方案中脱颖而出，成为首选结构。然而，任何技术都有其局限性，Bosch 直驱构型亦不例外。尽管其具备诸多优势，但仍然存在一些不足之处，如占用的轴向空间较多，以及对制动电机性能的要求高。值得进一步探讨的是，与某些传统的传动系统相比，Bosch 直驱构型并未配备转子锁止机构。这一设计选择意味着它主要依赖制动电机的堵转转矩来实现制动功能。虽然这一策略在一定程度上简化了系统的结构，但也限制了其在驻车功能上的应用。

Siemens 杠杆增力直驱构型的结构如图 3-22 所示。该构型的核心在于其巧妙运用了杠杆原理，通过设计杠杆传动增力机构，实现了力的有效放大和高效传递。这一设计不仅显著提升了系统的输出力，同时也增强了其传动效果。

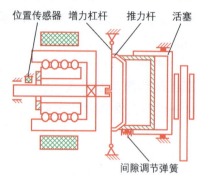

图 3-22　Siemens 杠杆增力直驱构型 EMB 执行器

进一步地，Siemens 的杠杆增力直驱构型还引入了机械式间隙调节机构，这一创新设计使得制动间隙能够实时调整，从而确保了制动系统在不同工况下的稳定性和可靠性。此外，结合先进的位置传感器，该构型能够精确测量推杆的位置，为制动力的控制提供了更为精准的数据支持，进一步提升了制动力的控制精度。然而，尽管 Siemens 的杠杆增力直驱构型具有诸多优点，但其引入的杠杆机构也带来了一些挑战。由于杠杆机构的存在，制动器腔体内部需要预留较大的杠杆行程空间，这在一定程度上限制了制动器的整体尺寸，降低了空间利用率。如何在保持杠杆增力效果的同时，优化结构设计，提高空间利用率，将是一个值得深入探讨的问题。

（2）非线性增力式 EMB 系统

Siemens VDO 公司所研发的楔形自增力结构电子楔式制动器（Electronic Wedge Brake，EWB）作为非线性增力式电子机械制动系统的杰出代表，其设计原理和结构特点在图 3-23 中得到了详细展示。该结构方案以其紧凑的设计和优化的空间利用率，成为行业内备受瞩目的创新技术。特别地，其采用了两个对称布置的微型制动电机作为制动系统的核心动力源，不仅提升了系统的可靠性，也确保了制动力的高效传递。

在制动器启动后，该系统巧妙地利用制动盘旋转时产生的动能，实现了制动力的自我增

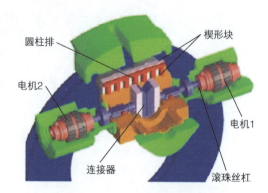

图 3-23　Siemens VDO 楔形自增力结构 EMB 执行器

强，从而有效地将车辆的部分动能转化为实际的制动力。这一过程中，微型制动电机与制动器协同工作，形成了一种渐进式的制动效果，使得制动过程更加平稳可控。然而，为了确保制动过程的安全性和有效性，Siemens VDO 公司还设计了一种独特的反馈机制。当制动器接近目标制动力或车轮转速较高时，微型制动电机会施加反向转矩，通过回拉楔形传动块来防止制动器过度夹紧。这种设计不仅避免了制动器在极端工况下可能出现的过紧状态，也确保了制动过程的稳定性和安全性。Siemens VDO 公司的楔形自增力结构以其独特的设计理念和出色的性能表现，为电子机械式制动系统的发展开辟了新的道路。

非线性增力式 EMB 系统凭借其紧凑的结构设计和制动电机的低功率需求展现出显著优势。然而，它所使用的楔形自增力结构含有制动"死点"，这一制动"死点"的具体位置会受到摩擦系数的影响。这意味着在实际应用中，需要充分考虑和控制这些变量，以确保制动系统的性能和安全性。另外，制动盘的摩擦系数还受环境、温度等多种因素的影响。例如，当制动盘遇到油污、灰尘或水等杂质时，或者发生磨损时，又或者是受到温升变化的影响时，摩擦系数都可能发生改变。这些变化导致该构型的制动器在可靠性方面表现不佳，容易受到外部因素的干扰而陷入卡死状态。因此，这种系统对于制动器的控制性能有着极高的要求，以确保制动器在各种复杂条件下都能够实现稳定且有效的制动。

3.4.3 线控电子机械式制动系统的未来挑战

面向未来，线控电子机械式制动系统仍面临很多挑战。冗余安全问题是 EMB 系统中一个显著的挑战，由于系统完全取消了制动踏板和制动执行器之间的机械连接，进一步凸显了冗余安全的重要性。为了满足 ASIL D 级功能安全和信息安全要求，必须对机械结构、传感器、电源、通信、控制单元、底层驱动和应用层软件进行冗余备份设计，并制定规范的系统验证和功能安全测试方法。成本问题也是一个挑战，满足高性能和高安全可靠性要求的冗余分布式 EMB 系统成本较高，如何通过合理的产品设计和量产化来降低成本仍然是一个重要的课题。在轮边空间有限的情况下集成 EMB 执行器，在长下坡制动等工况下，电机堵转和摩擦制动会产生大量热量，这对硬件可靠性和软件算法稳定性提出了更高的要求。此外，EMB 产品的量产落地需要法规和相应标准的支持。目前，针对 EMB 构型、系统架构以及单体/整车控制算法的研发仍处于初步探索阶段，制定统一的规范和标准仍需时间。

3.5 机电复合式线控制动系统

汽车发展经历传统汽车、电控汽车的阶段，当下，迎来了电动化革命和智能化革命的新浪潮，传统底盘的技术形态被彻底颠覆。车轮与地面间的相互作用是智能汽车不同于其他智能体的本质属性，因而智能底盘是不同于传统底盘，是具有认知、预判、控制和自身管理能力的新物种。制动系统作为智能线控底盘技术的关键一环，同样需要适应电动化和智能化的新要求，为智能底盘赋能。具备认知、预判和控制车轮与地面间相互作用的能力，是智能底盘的第一大特征。支撑面向未来的高级别自动驾驶需要对四轮进行解耦，从而实现四轮的独立控制。具有管理自身运行状态的能力，能够具体实现车辆智能驾驶任务是智能底盘的第二大特征。未来的 L4、L5 级的高级别自动驾驶，将会实现高度无人化，车辆安全将高度依赖于失效运行能力，因此，制动系统也需要面向功能安全进行设计，应具有跨系统的冗余功能。随着线控化变革的深入，减少复杂的机械传动机构，追求质量更轻，油耗更少，成本更低，控制更加简洁、快速、精准成为普遍趋势，电机制动由于其具有能量利用率高、响应迅速、控制精准、体验舒适等特点而备受瞩目。

现阶段，由于受到车轮电机外特性和电池充电功率等的限制，电机的纯回馈制动无法满足较大强度的制动力需求，比如在实现高速紧急制动、高荷电制动等方面，电机制动仍有显著缺陷，因此需要与机械摩擦制动联合使用，二者之间也互为冗余备份，省去了同类多硬件冗余的成本。同时，考虑到汽车重量对续驶里程的影响，将结构简单、质量小的机械摩擦制动系统与电机制动系统深度耦合，成为面向未来赋能智能底盘的制动系统新方案。当前，关于机电复合式线控制动系统的研究刚刚起步，有待进一步加深。典型的机电复合式线控制动系统如图 3-24 所示。

图 3-24　机电复合式线控制动系统结构示意图

本章习题

一、选择题

1. 液压制动系统相比于机械制动系统的优势是（　　）。
A. 提高了驾驶舒适性　　　　　　　　B. 减少了制动距离
C. 提高了制动效率　　　　　　　　　D. 增加了制动盘面积

2. 液压制动系统通过（　　）方式传递制动力。
A. 电磁感应　　　B. 摩擦力　　　C. 液压传动　　　D. 弹簧压缩

3. 液压制动系统中，主要用于增大制动力的部件是（　　）。
A. 制动盘　　　　B. 制动鼓　　　C. 制动泵　　　　D. 制动缸

4. 液压制动系统的主要原理基于（　　）。
A. 气体的压缩特性　　　　　　　　　B. 液体的不可压缩性
C. 机械齿轮传动　　　　　　　　　　D. 电机控制

5. 在液压制动系统中，制动液的主要作用是（　　）。

A. 提供制动力 　　　　　　　　　　　B. 提高驾驶舒适性
C. 减少制动器的磨损 　　　　　　　　D. 保护制动盘不受锈蚀

6. 下列不属于汽车制动系统基本组成部分的是（　　）。

A. 供能装置　　　B. 控制装置　　　C. 传动装置　　　D. 发动机装置

7. 刹车防抱死制动系统（ABS）的主要作用是（　　）。

A. 提高车辆的行驶速度

B. 降低车辆的油耗

C. 使车轮始终保持与路面的最佳附着力，避免车轮抱死

D. 增加车辆的载重能力

二、简答题

1. 防抱死制动系统（ABS）是如何工作的？它对于提高行车安全有何重要意义？
2. 气压制动系统是如何工作的？简要描述其基本原理。
3. 气压制动系统中常用的制动元件有哪些？简要说明它们的作用和工作原理。
4. 与液压制动系统相比，气压制动系统的主要优点是什么？
5. 在大型商用车辆中，为什么更倾向于使用气压制动系统而不是液压制动系统？
6. 气压制动系统在使用过程中可能遇到的主要问题有哪些？如何预防或解决这些问题？
7. 请介绍一下电子式机械制动系统的分类？

三、综合应用题

某汽车制造企业正在开发一款配备先进线控制动系统（Electronic Brake System，EBS）的智能汽车。该系统能够实时监测车辆行驶状态、道路条件以及驾驶员意图，并据此快速、准确地调整制动力度和制动力分配，以实现最优的制动效果并确保行驶安全。请结合线控制动系统的特点和功能，回答以下问题。

1）EBS 与传统液压制动系统相比，有哪些显著的优势？请列举至少三个方面的优势，并简要说明。

2）在设计线控制动系统时，如何确保系统的安全性和可靠性？请提出至少两种确保系统安全性和可靠性的方法，并简要描述。

3）当车辆在高速行驶中突然遇到障碍物，需要紧急制动时，线控制动系统应如何快速响应并有效工作？请描述线控制动系统在此情况下的工作流程。

4）考虑到不同驾驶员的驾驶习惯和偏好，线控制动系统应如何提供个性化的制动体验？请提出一种可能的实现方案。

5）假设线控制动系统出现故障，导致制动失效，汽车制造企业应采取哪些紧急措施来保护驾驶员和乘客的安全？请列举至少两种紧急措施，并简要描述。

▶ 拓展阅读

伯特利如何成为名副其实的"制动专家"

在 2004 年,一群怀揣着振兴民族汽车工业理想的青年人,创立了芜湖伯特利汽车安全系统股份有限公司(以下简称"伯特利")。当时,汽车关键零部件市场几乎被国外品牌垄断,尤其是在制动系统等高技术含量的领域。制动系统作为汽车的核心安全部件,技术门槛高,国内企业长期难以突破。博世等国外巨头早在 20 世纪就开始布局并占据了市场主导地位。

伯特利从机械制动产品做起,逐步积累技术实力和市场经验。2005 年,伯特利实现了第一个制动器总成的批量生产,为企业发展奠定了坚实基础。随着汽车行业的发展,伯特利敏锐地捕捉到了制动系统电子化的趋势。伯特利研发团队在 EPB 电控部分开发初期面临技术、商务等多重障碍。当时,全球唯一的 EPB 企业采用集成离合器位置传感器方案,该传感器仅由德国一家企业生产,单价高且开发费用远超伯特利的支付能力。伯特利研发团队夜以继日地工作,反复研讨,最终成功建立了基于"惯量定理"的算法模型,直接通过算法获得离合器接合状态。这一解决方案不仅获得了美国、日本、韩国和欧盟的专利,还荣获了安徽省专利金奖。2007 年,公司成功研发出首个 EPB 样件,并逐步向 ABS、ESC 等电控制动系统拓展。通过多年的技术积累和研发投入,伯特利逐渐缩小了与国外巨头的差距。2012 年,伯特利首个 EPB 项目量产,成为国内首家实现 EPB 量产的零部件供应商。这一突破标志着伯特利在制动系统领域取得了重要进展,打破了国外品牌的垄断。伯特利在 EPB 成功量产的基础上,继续加大研发投入,于 2019 年发布集成式线控制动系统(WCBS),成为国内首家掌握该技术的企业。这一成就不仅体现了伯特利在技术创新方面的实力,也为中国汽车制动系统行业树立了新的标杆。WCBS 具有集成度高、总体质量轻、制动反应时间短以及支持紧急自动制动等优势,这些优势使得伯特利在制动系统领域更具竞争力,并成功通过 T1xx 项目向通用批量供货;在 2021 年成为国内首家量产 1-box 线控制动的企业。这一成果不仅提升了伯特利在制动系统领域的竞争力,还进一步缩小了与国外巨头的差距。

目前,伯特利的产品已经广泛应用于国内外多家主流汽车企业,如福特、沃尔沃、现代、PSA、奇瑞、吉利等。其 EPB 产品在国内市场的渗透率已超过 70%,并有望在未来几年内达到 90%。伯特利还积极拓展海外市场,获得了多个海外项目定点,包括超级豪华跑车品牌项目等。这些海外项目的成功定点不仅提升了伯特利的国际知名度,还为其带来了更多的业务增长机会。伯特利坚持全球化发展战略,积极推进海外布局。公司在墨西哥设立了工厂,以提升对海外客户的本地化配套能力。

除了传统的机械制动产品和电控制动产品外,伯特利还积极拓展新业务板块。2022年,公司通过收购万达汽车将业务边界拓展至转向系统领域;同时,公司还成功研发了ADAS和电动尾门开闭系统等产品,逐步向线控底盘综合供应商迈进。伯特利持续加大研发投入,致力于开发更加智能化、电子化的产品。公司计划在未来几年内继续加大在线控制动、线控转向、智能驾驶等领域的研发投入,以巩固和扩大公司的技术领先优势。

伯特利公司的发展历程是一部关于技术创新、市场拓展和全球化布局的壮丽篇章。公司凭借敏锐的市场洞察力、强大的技术实力和卓越的管理能力,在制动系统领域取得了显著的成绩,并正向着更加辉煌的未来迈进。

第4章
智能转向系统

学习目标

1. 掌握智能转向系统基本结构与工作原理。
2. 了解电动助力转向系统主要类型及工作原理。
3. 了解电液助力转向系统工作原理。
4. 掌握线控系统的结构及工作原理。

课前小讨论

蜂巢智能转向,作为中国本土快速成长的转向系统智能化先驱,已经从最初的电动助力转向(EPS)技术,发展到涵盖L2~L4自动驾驶需求的完整线控底盘解决方案。蜂巢智能转向不仅实现了L2和L2+级DP-EPS系统的量产,还成功研发了面向自动驾驶前瞻领域的多冗余L3智能转向及L4线控转向产品,这些产品预计将陆续实现量产。通过持续的技术创新,蜂巢智能转向已经突破了线控底盘技术的壁垒,并成为国内少数能够大规模量产的本土企业之一,其产品和技术的发展,预示着蜂巢智能转向将在智能驾驶时代占据重要地位。

汽车智能转向系统类型及发展趋势是什么?

转向系统作为现代汽车技术的重要组成部分,其发展历程体现了从机械化到电子化,再到智能化的明显趋势。最初,汽车转向系统依赖于机械式转向机构,驾驶员通过直接操作转向盘来控制车轮的转向。随着技术的进步,液压助力转向(Hydraulic Power Steering,HPS)系统被引入,通过液压助力减轻驾驶员的转向阻力,提高操控性。随后,电动助力转向(Electric Power Steering,EPS)系统的出现利用电子信号提供可变的转向助力,提高了响应速度和精确性。随着技术的进步,线控转向(Steer-by-Wire,SBW)系统取消了转向盘和转向轮之间的机械连接,实现了完全的电子控制。现在,智能转向系统与自动驾驶技术结合,通过集成先进的传感器和控制算法,实现了更高级别的车辆操控和稳定性,为驾驶员提供了更加安全、舒适和便捷的驾驶体验。未来，转向系统预计将更加智能化和自动化，以满足全自动驾驶的需求。本章主要介绍智能转向系统基本结构及工作原理，电液助力转向系统、电动助力转向系统及线控转向系统的分类及关键技术等内容。

4.1 智能转向系统基本结构

智能转向系统是汽车智能化和自动驾驶的重要组成部分，是专门用来改变或者恢复汽车行驶方向的机构，其既保障车辆按照驾驶员或自动驾驶系统操纵行驶，又使得车辆在受到路面偶然冲击或意外偏离行驶方向时与其他系统配合保持车辆稳定行驶，其旨在通过电子控制提高车辆的操控性和安全性，同时减少驾驶员的体力劳动。

4.1.1 智能转向系统的组成

智能转向系统通常由以下几个部分构成。

（1）人机交互设备

人机交互设备是驾驶员与转向系统之间交互的媒介，常见的如各种形式的转向盘，图 4-1 所示为特斯拉的两款转向盘，驾驶员可以通过操纵转向盘来实现转向控制，同时转向盘提供驾驶员路感信息。转向盘通常包括轮缘、轮辐、轮毂，轮毂细牙内花键与转向轴连接。在无人驾驶系统中甚至可以没有转向盘，这时通常会有屏幕作为人机交互设备，来向驾驶员提供与转向系统的交互。

图 4-1 特斯拉圆形转向盘和 Yoke 转向盘

（2）传感器模块

传感器模块包括用于测量驾驶员驾驶意图的转角传感器、力矩传感器，以及用于测量转向系统关键状态的传感器，如用于监测和控制电机的电流传感器等。

转角传感器用来精确测量转向盘转过的角度，通过一定的算法也能计算出转向角速度，并可以据此估算出电机的角速度。以 BI 公司生产的一款角度传感器为例，其采用同轴安装，安装简单，且可以检测多圈角度，完全满足了电动助力转向的要求。角度传感器采用 3.3V 直流电源供电，有 3 路输出信号，分别是绝对角度、相对角度 1、相对角度 2。任意一路相对角度与绝对角度结合使用即可以求出转向轴转过的角度,另一路相对角度则可以作为故障检测使用,提高了系统的可靠性。

力矩传感器的功能是检测驾驶员作用在转向盘上的输入力矩大小与方向,其结构复杂,制作成本高。目前力矩传感器包括接触式与非接触式两种。其中,接触式力矩传感器主要通过物理接触来检测力矩。在转向盘扭转时,扭杆会发生形变,这种形变可以被直接与之相连的传感器检测出来。常见的传感器将这个形变转换为电信号,通常是通过电位器。电位器可以将扭杆的形变转换为电压变化,然后电压信号被发送给ECU。由于其结构相对简单,成本较低,接触式传感器被广泛应用于市场上。非接触式力矩传感器采用先进技术,不需要物理接触来检测扭杆的形变,而是通过光电、电磁或磁阻等效应来感测。由于非接触式传感器通常具有更高的精确度、耐用性和更长的使用寿命,它们是力矩传感器发展的趋势,但是相应的制造成本也更高。目前使用较多的仍是接触式传感器。

电流传感器用于监测和控制电机的电流。目前常用的电流传感器主要分为电阻式电流传感器(Shunt Resistor)、霍尔效应电流传感器(Hall Effect Sensor)、电流互感器(Current Transformer,CT)、磁阻式电流传感器(Magneto-Resistive Sensor)、光电隔离电流传感器(Opto-isolated Sensor)和Rogowski线圈(Rogowski Coil)。在电动助力转向(EPS)系统中,采用的电流传感器通常需要具备高度精确性、快速响应以及良好的耐久性。这是因为它们需要精确监测和控制电机的性能,从而实现顺畅和精确的转向助力。在目前的电动助力转向系统中,最常见的电流传感器为霍尔效应电流传感器,它能在电隔离条件下测量直流、交流、脉冲以及各种不规则波形的电流;其体积小,利于印刷电路板布线,且耗电低,抗干扰能力强,广泛地应用于包括交流变频调速、伺服电机、不间断电源、开关电源、电池电源、电焊机电源等领域。

(3)电子控制单元

电子控制单元(ECU)是智能转向系统的核心部件,其采用的硬件电路与控制策略直接决定了转向系统的性能。ECU的功能是接收转向系统传感器模块及其他车辆传感器的信号,根据转向请求和车辆动态计算出所需的转向助力或路感反馈力发送指令给电机,控制其提供相应的辅助力矩或路感力矩。此外,ECU还具有故障自动检测和保护的功能。每次系统上电之后,ECU自动检测发动机转速、力矩传感器信号、角度传感器信号、电平电压等信号,一旦发现存在故障,立即采取相应措施,切断继电器,转入机械转向状态。

(4)电机

电机包括用于提供驾驶员转向辅助转矩的助力电机或用于提供驾驶员路面反馈模拟的路感电机及用于实现转向轮转向的转向执行电机。助力电机主要是在助力转向系统中,如电动助力转向系统,用于提供辅助转向力矩,以减少驾驶员操控转向盘时所需的力量。其中,转向轴助力式转向系统中,助力电机固定在转向轴一侧,由离合器与转向轴相连接,助力电机的转矩经过减速机构增大后传至转向轴,其输出助力矩相对较小,助力电机尺寸也较小。齿轮助力式转向系统中,助力电机放置在前舱,位于转向器以上的部件不需要管柱部件传递，电机可以提供更大的助力，其应用范围更加广泛（如中型车）。齿条助力式转向系统中，助力电机放置在前舱，助力电机经减速机构和另一个小齿轮直接作用在转向横拉杆齿条轴上，可以提供更大的助力转矩，适合应用于前轴负荷较大的中大型车。

线控转向系统中由于取消了转向盘与转向执行机构的机械连接，路面反馈无法通过机械连接传递到转向盘，因此需要路感电机用于模拟路面反馈。路感模拟电机通常安装在转向柱内部或附近，这样可以直接影响转向盘，为驾驶员提供直接的反馈。同样地，线控转向系统需要专门的转向执行电机，负责根据驾驶员的转向指令或自动驾驶系统的控制信号，驱动转向机构实现车辆的转向。转向执行电机直接安装在转向机内部，通过减速机构与转向机的小齿轮或齿条相连，驱动转向机实现转向。

（5）转向执行机构

转向执行机构通常也叫转向器，是完成由旋转运动到直线运动的一组齿轮机构，同时也是转向系中的减速传动装置。转向器是转向系的减速传动装置，一般有1~2个减速传动副。转向器包括齿轮、齿条、弹簧、调整螺钉、锁紧螺母、石墨压块、防尘罩及防尘罩支座、轴承、壳体等。从目前使用的普遍程度来看，主要的转向器类型有4种：齿轮齿条式、循环球式、蜗杆曲柄指销式、蜗杆滚轮式。

典型的齿轮齿条式转向器如图4-2所示，齿轮齿条式转向器由与转向轴做成一体的转向齿轮和常与转向横拉杆做成一体的齿条组成。转向齿轮通过轴承支承在壳体内，转向齿轮的一端与转向轴连接，将驾驶员的转向操纵力输入，另一端与转向齿条直接啮合，形成一对传动副，并通过转向齿条传动，带动横拉杆，使转向节转动。由于齿轮齿条式转向器属于可逆式转向器，其正效率与逆效率都很高，自动回正能力强。齿轮齿条式转向器结构简单、加工方便、工作可靠、使用寿命长、不需要调整齿轮齿条的间隙，因而得到了广泛的应用，常用于轿车、微型货车和轻型货车。

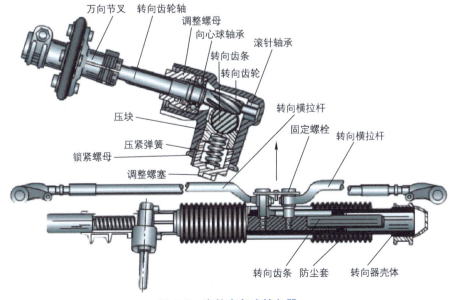

图4-2 齿轮齿条式转向器

典型的循环球式转向器如图 4-3 所示。循环球式转向器是国内外应用最广泛的结构型式之一，一般有两级传动副，第一级是螺杆螺母传动副，第二级是齿条齿扇传动副。为了减小转向螺杆与转向螺母之间的摩擦，二者的螺纹并不直接接触，其间装有多个钢球，以实现滚动摩擦。转向螺杆和螺母上都加工出断面轮廓为两段或三段不同心圆弧组成的近似半圆的螺旋槽。二者的螺旋槽能配合形成近似圆形断面的螺旋管状通道。螺母侧面有两对通孔，可将钢球从此孔塞入螺旋形通道内。转向螺母外有两根钢球导管，每根导管的两端分别插入螺母侧面的一对通孔中。导管内也装满了钢球。这样，两根导管和螺母内的螺旋管状通道组合成两条各自独立的封闭的钢球"流道"。转向螺杆转动时，通过钢球将力传给转向螺母，螺母即沿轴向移动。同时，在螺杆及螺母与钢球间的摩擦力偶作用下，所有钢球便在螺旋管状通道内滚动，形成"球流"。在转向器工作时，两列钢球只是在各自的封闭流道内循环，不会脱出。循环球式转向器被广泛地应用在硬派越野车（如奔驰 G、丰田陆巡、三菱帕杰罗等）以及载重量更大的大客车和大货车上。

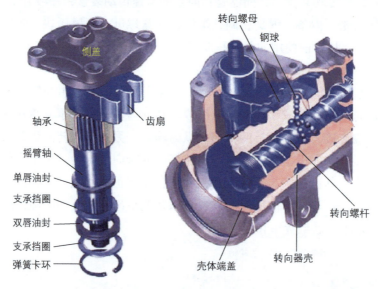

图 4-3　循环球式转向器

典型的蜗杆曲柄指销式转向器如图 4-4 所示，蜗杆曲柄指销式转向器的传动副以转向蜗杆为主动件，其从动件是装在摇臂轴曲柄端部的指销。具有梯形截面螺纹的转向蜗杆支承在转向器壳体两端的球轴承上，蜗杆与锥形指销相啮合，指销用双列圆锥滚子轴承支于摇臂轴内端的曲柄孔中。当转向蜗杆随转向盘转动时，指销沿蜗杆螺旋槽上下移动，并带动曲柄及摇臂轴转动。蜗杆曲柄指销式转向器通常用于转向力较大的载货汽车上。

(6) 其他助力装置

除了电机可以作为转向助力装置，液压助力系统也可以作为转向助力装置。

(7) 电源和通信接口

电源和通信接口为转向系统提供电力，并允许系统与车辆的其他控制模块通过车辆总线系统（如 CAN 总线、FlexRay 总线等）进行通信。一般来说，前轮转向执行电机的最大功率为 500～800W，而且大多数乘用车都有 12V 和 3～3.5kW 的低压电源。

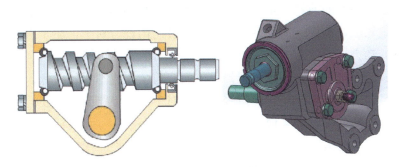

图 4-4　蜗杆曲柄指销式转向器

（8）冗余系统

在线控转向系统中，由于切断了转向盘和转向执行机构的机械连接，增加了系统安全风险，为了提高系统的可靠性，通常会有冗余系统，当主系统出现故障时提供备份，确保转向系统的安全性和可靠性。

4.1.2　智能转向系统的构型及工作原理

智能转向系统涉及多个技术领域，包括电子控制、传感器技术、执行器技术以及与整车系统的集成，其主要用于保持或改变汽车的行驶方向，以保证驾驶安全。目前，智能转向系统按照助力形式或者是否助力可分为以下几种类型：

1）电子液压助力转向（Electronic Hydraulic Power Steering，EHPS）系统：一种结合了传统液压助力转向系统和电子技术的新型汽车转向系统，利用电子控制单元（ECU）和液压泵来提供转向助力，具有更好的燃油效率、更精确的转向控制以及更高的可靠性。该系统通常由电子控制单元（ECU）、液压泵、转向驱动器和储油箱等主要部件组成。EHPS 系统在商用车市场中的应用非常广泛，如货车、公交车、工程车等；商用车通常需要承受较大的负载和频繁的转向操作，EHPS 系统能够提供稳定的转向助力和较长的使用寿命。

2）电动助力转向（EPS）系统：一种直接依靠电动机提供辅助转矩的动力转向系统，能够根据转向力矩和车速传感器的信号调节助力大小。该系统通常包含转矩传感器、转角传感器、车速传感器、电动机、电磁离合器、减速机构、电子控制单元（ECU）等。根据电机驱动部位和机械结构的不同，EPS 可分为转向轴助力式、齿轮助力式和齿条助力式。

3）线控转向（SBW）系统：取消了转向盘与转向轮之间的传统机械连接，完全通过电子信号来控制和执行转向动作。线控转向系统由转向盘总成、路感反馈系统、转向执行总成、电子控制单元等组成。由于取消了传统的机械连接，转向盘位置布置更加灵活，完全通过电子信号控制，SBW 系统可以更加精确地调整转向响应和路感反馈。SBW 系统的完全解耦特性使其非常适合自动驾驶应用，转向系统可以完全独立于转向盘进行工作。

根据转向轮布置的位置不同，智能转向系统构型可以分为前轮转向系统、后轮转向系统和四轮转向系统：

① 前轮转向系统：前轮转向是目前较为常见的转向方式，其原理是通过将前轮转动一定角度，使得压在地面的前轮产生侧向力，从而改变车辆的行驶方向。根据驱动方式的不同又可以分为前轮驱动前轮转向和后轮驱动前轮转向两种。对于前驱车来说，由于重心靠前，后轮又没有动力，在过弯时车头较重，受离心力的影响更严重，一旦这种力量达到轮胎抓地的极限，就会出现转向不足；但另一方面，前驱车成本相较更低，其次由于驱动轮承受着更大重量，可以增加驱动轮的附着力，这对于在湿滑路面上行驶的汽车将会有很大的帮助。对于后轮驱动的汽车来说，分工上就相对"公平"，后轮负责驱动，前轮来导向。这种驱动形式在爬坡时表现会更好，因抓地力更强（在爬坡时车辆倾斜，根据受力分析大部分重量都分在后轮上，从而增加了附着力），但在路面附着力偏低的时候，急加速时后轮会出现驱动打滑使后轮的抓地力迅速下降，从而后轮没有足够的横向抓地力来使车尾保持预定轨迹行驶，车的尾部沿着圆弧的外切线发生滑移，这就形成了转向过度。后轮驱动成本比较高，中高级的轿车基本采用后轮驱动。

② 后轮转向系统：相对于前轮转向，后轮转向则是利用后轮进行方向调整。其优点是可以实现较小的转弯半径，不容易侧翻，但需要更高的操作技巧。叉车就是采用后轮转向，其主要用于货场仓库的装卸或短途运输，工作场地较小，转向频繁，常需要原地转向。因此，叉车对转向要求比其他车辆更高，转向要求轻快灵活，转弯半径小，机动性能好。

③ 四轮转向系统：汽车在转向过程中，四个车轮可根据前轮或行车速度等信号同时相对车身偏转。在汽车前轮设置转向装置的基础上，后轮也设置有转向装置，转向时四个车轮相对自主偏向车身，后轮可相对车身主动转向，使汽车的四个车轮都能发挥转向作用。图4-5所示为奥迪A8的四轮转向系统工作模式，在低速转向时，两个后轮会朝与前轮相反的方向转动。当后轮沿转向方向逆时针旋转时，它可以加快转向速度，并将转向半径减小约1m。这被称为"反相"转向，因为后轮沿与前轮相反的方向旋转，可提供较小的转弯半径和在狭小空间内更好的灵活性。在较高车速

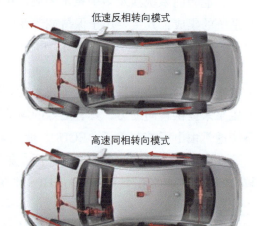

图4-5　奥迪A8四轮转向模式

转向时，后轮的旋转方向与前轮相同，这被称为"同相"转向，因为所有四个车轮同时朝相同方向转动，这可使高速行驶时的车身横摆角速度减小，有效抑制车身发生动态侧偏的倾向，提升操控稳定性。尽管四轮转向系统既安全又好用，但目前主要用于一些高端车型，与传统的转向系统相比，它们需要更多的组件和匹配工作，因此要付出相应的成本。由于四轮转向系统具有更复杂的机械和电气组件，因此，如果其中一个发生故障，则可能会损害整个转向系统。

4.2 电液助力转向系统

相对乘用车而言，商用车转向技术需要克服重载、长轴距及多轴转向等难题。目前，4.5t 及以上商用车车型转向助力以液压助力为主，仍面临许多问题需要解决，如高压油路产生的噪声、助力特性不可调节导致的驾驶体验差、无电控/线控功能。随着电控化和智能化技术的发展，电液助力转向（EHPS）系统、电动助力转向（EPS）系统及其他新构型转向器技术等新型商用车电控转向系统不仅解决了传统液压助力转向系统的固有缺点，而且明显改善了整车转向性能，具备主动控制功能，从而提升了驾驶安全性和驾驶体验。

其中，电液助力转向系统是在传统液压助力转向系统的基础上的技术创新，结合了电子控制和液压助力的转向系统，它相较于传统的液压助力转向系统（HPS）具有更高的灵活性和精确性。EHPS 系统适用于轻型货车、中型货车、重型货车以及中型客车和大型客车。随着新能源商用车（公交、物流、环卫等）的迅速发展，传统液压转向系统液压泵的动力源由发动机转变为电机，车上的高压电池系统使应用大功率电动泵成为可能。

4.2.1 电液助力转向系统基本结构

电液助力转向系统主要由储油罐（助力油储液罐）、助力转向控制单元（控制器）、电动液压泵（电动机/齿轮泵/液压泵）、转向执行机构（转向机）、助力转向传感器（转向角速度传感器）等构成，如图 4-6 所示。

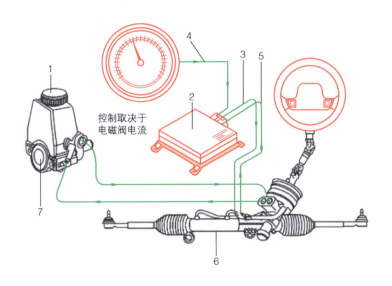

图 4-6　电液助力转向系统

1—储油罐　2—EHPS 系统控制 ECU　3—电磁阀电流　4—取自变速器的车速信号
5—转矩传感器信号　6—动力缸和齿轮齿条式转向器　7—电动液压泵

(1) 储油罐

储油罐是 EHPS 系统中储存液压油的容器，确保转向系统有足够的液压油进行工作。

(2) 助力转向控制单元

助力转向控制单元是电子液压助力转向系统的核心，它接收来自车辆的各种传感器信号（如车速传感器、转向角度传感器等），并根据这些信号计算出所需的助力大小。然后，它控制电动液压泵以产生相应的液压油压力。

(3) 电动液压泵

与传统的机械液压助力转向系统不同，液压泵不直接由发动机驱动，而是由一个集成在电动液压泵总成中的电动机来驱动。该电动机只有在点火接通及发动机运转的情况下才工作。其中，电动机通常采用免维护无电刷式电动机。这种电动机利用电子方式实现整流，而且没有电刷的磨损，因此具有很好的可靠性和较长的使用寿命。当不需要提供转向助力时，电动机在很小的电流驱动下转动，这样当需要较大的转向助力时，电动机就可以立即提高转速以提供所需要的助力。液压泵内布置有共鸣室和限压阀，共鸣室的作用是降低液压泵的工作噪声，限压阀可以将液压控制在规定的范围内。当电动机转动时，带动机械液压泵驱动液压油流动。

(4) 转向执行机构

转向机是转向系统的执行机构，它将来自电动泵的液压油压力转换为机械力，帮助驾驶员转动转向盘，从而控制车辆的转向，常见的有齿轮齿条式转向器。

(5) 助力转向传感器

助力转向传感器用于检测驾驶员的转向意图和转向角度，并将这些信息传递给助力转向控制单元。常见的助力转向传感器包括转向角速度传感器和转矩传感器。转向角速度传感器通常采用霍尔式传感器，内置于转向盘内或转向机内，持续监控转动角速度，以作为转向控制单元控制助力的参考依据。例如，当车辆高速行驶时，在车速感应式转向功能的作用下，助力转向系统提供的助力作用会减小，但是行驶中有可能出现需要紧急转向的突发情况。当驾驶员猛打转向盘时，转向角速度传感器会感知这一变化并向转向控制单元发出信号，转向控制单元控制电动机的转速迅速提高，助力作用会瞬间增大，以便车辆顺利完成转向动作。转矩传感器用于测量驾驶员作用在转向盘上的力矩大小和方向，并将其转换为电信号，以实现对转向力矩的精确控制。通过感应转向盘上的力矩，控制器能够在低速行驶时控制转向力矩变小，而在高速行驶时控制转向力矩适度增大。

4.2.2 电液助力转向系统工作原理

如图 4-7 所示，电液助力转向系统与一般的液压助力转向系统相似，在液压控制单元中有一根扭杆，它一方面与转向控制阀相连，另一方面又与转向齿轮和控制套管相连。当汽车低速行驶时电液控制阀会关闭，而液压油唯一能通过转阀流通，此时系统的工作状态和传统的液压助力系统一样,车速提高的同时,助力转向控制单元控制电液控制阀也慢慢开启。这时液压旁路也慢慢打开,随着扭力杆的刚度的变化导致助力发生改变,当车速超过预定值时液压旁路完全打开,而液压油经液压旁路中的截止阀直接流回储油罐,此时转阀中没有液压油流动,最终油缸两端压力达到平衡,助力消失。

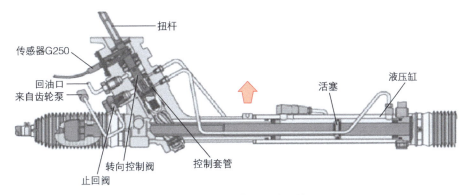

图 4-7　转向系统液压控制单元

(1) 直线行驶

如图 4-8 所示,直线行驶时,扭杆处于转向控制阀和控制套管的中间位置,电液助力转向装置传感器测不出转向角速度。油液几乎是无压力地通过液压控制单元经回油通道流回储油罐。

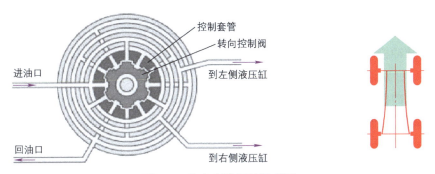

图 4-8　汽车直线行驶原理图

转向控制阀和控制套管的控制槽位于中央位置,两者控制槽的相互作用使液压油可以进入液压缸的左、右两腔,并能相应地从控制套管的回油道回到储油罐。

(2) 向左 / 右转弯

如图 4-9 所示,转向控制阀通过扭杆的变形相对于控制套管旋转,转向控制阀的控制槽打开了通向液压缸右腔的高压油入口。高压油流入液压缸并协助完成转向运动,与此同时,转向控制阀关闭通往左腔的进油口并将与液压缸的左腔接通的回油口打开。右腔的压力将油液从液压缸的左腔压回到回油道。当转向过程结束时,扭杆将转向控制阀及控制套管回转到中间位置。同理,可以实现车辆的向右转弯。

 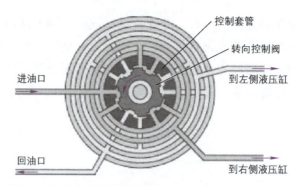

图 4-9　汽车向左转弯原理图

4.2.3　电液助力转向系统分类

EHPS 在普通动力转向系统的基础上增设了控制液体流量的电磁阀、车速传感器和电控单元，ECU 根据车速信号控制电磁阀，使动力转向的助力程度实现连续可调，从而满足汽车在不同速度下的不同转向助力需求。按控制方式不同，EHPS 又分旁通流量控制式、反作用力控制式和电磁阀灵敏度控制式三类。

（1）旁通流量控制式 EHPS

旁通流量控制式 EHPS 示意图如图 4-10 所示，其是在普通液压转向系统的基础上，增设了旁通流量控制阀、车速传感器、转向盘角速度传感器、控制开关和电控单元（ECU）等元件。ECU 根据车速传感器、转向角速度传感器及控制开关的信号，向电磁线圈发出控制信号，控制旁通流量控制阀的旁通流量，从而调整转向器的供油量。当车速很低时，ECU 输出的脉冲控制信号占空比很小，通过电磁阀线圈的平均电流很小，电磁阀阀芯开启程度也很小，旁路液压油流量小，液压助力作用大，使转向盘操纵轻便。当车速提高时，ECU 输出的脉冲控制信号占空比很大，使电磁线圈的平均电流增大，电磁阀阀芯的开启程度增大，旁路液压油流量增大，从而使液压助力作用力减小，以提高操纵稳定性。

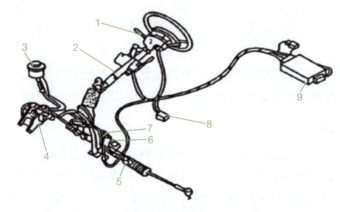

图 4-10　旁通流量控制式 EHPS 示意图
1—转向角速度传感器　2—转向柱　3—转向液罐　4—转向泵　5—转向齿轮联动机构
6—电磁线圈　7—旁通流量控制阀　8—转向角速度传感器增幅器　9—ECU

（2）反作用力控制式 EHPS

典型的反作用力控制式 EHPS 示意图如图 4-11 所示，主要由转向控制阀、分流阀、电磁阀、转向动力缸、转向液压泵、储油箱、车速传感器及电子控制单元（ECU）等组成。

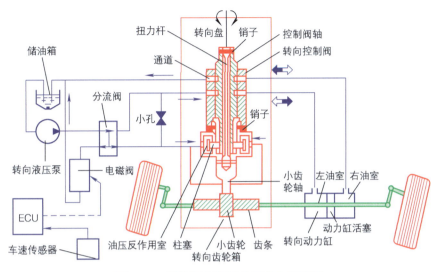

图 4-11　反作用力控制式 EHPS 示意图

当汽车停车与低速状态时，车速传感器将反映停车与低速状态的速度信号输送给 ECU，ECU 向电磁阀提供大的通电电流，导致电磁阀的导通面积变大，从而经分流阀分流的压力重新回到储油箱，进而使作用于柱塞的背压（油压反作用力室压力）降低，于是柱塞推动控制阀轴的力变小，转向盘回程力可在扭力杆上产生较大力矩。回转阀被固定在小齿轮轴上，控制阀随扭力杆扭转作用相应回转，使两阀油孔连通。转向油泵油压作用于动力缸的右室（或左室），动力活塞向左（或向右）运动，从而增加了转向操纵力。

当汽车处于中高速直线行驶状态时，直线行驶转向角小，扭力杆的相对扭力也比较小，回转阀与控制阀的连通通道的开度相应减小，使得回转阀一侧的油压升高，由于分流阀的作用，电磁阀一侧的油量增加。同时随着车速的增加，ECU 向电磁阀提供的通电电流减小，导致电磁阀的导通面积变小，而作用于油压反作用力室的反压力增加，柱塞推动控制阀轴的压力也变大，增加了驾驶员手的操纵力，具有良好的转向手感。

当汽车处于中高速转向运行时，扭力杆扭转角变得更小，回转阀与控制阀的连通口开度也变得更小，在回转阀一侧的油压进一步升高。随着油压上升，压力油从固定阻尼孔侧向油压反作用力室供油，这时油压反作用力室除了具有分流阀向其提供的压力油外，还具有从固定阻尼孔流出的压力油，从而导致柱塞的背压增大，柱塞推动控制阀轴的压力也增大，转向盘操纵力随着转向角的增大而增大，所以在高速时能获得稳定的转向手感。

（3）电磁阀灵敏度控制式 EHPS

电磁阀灵敏度控制式 EHPS 的基本结构如图 4-12 所示。电磁阀灵敏度控制式 EHPS 是根据车速控制电磁阀，直接改变动力转向控制阀的油压增益（阀灵敏度）来控制油压的方法。这种转向系统结构简单、部件少、价格便宜，而且具有较大的选择转向力的自由度，可以获得自然的转向手感和良好的转向特性。

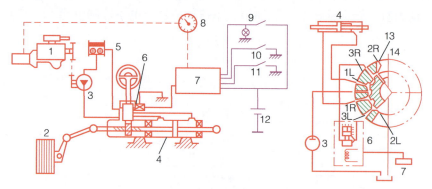

图 4-12　电磁阀灵敏度控制式 EHPS 示意图

1—发动机　2—前轮　3—转向泵　4—动力缸　5—转向液罐　6—电磁阀　7—电控单元　8—车速传感器
9—车灯开关　10—空档开关　11—离合器开关　12—蓄电池　13—外体　14—内体

电磁阀灵敏度控制式动力转向系统对转向控制阀的转子阀做了局部改进，并增加了电磁阀、车速传感器和电子控制单元等。转子阀的可变小孔分为低速专用小孔（1R、1L、2R、2L）和高速专用小孔（3R、3L）两种，在高速专用可变孔的下边设有旁通电磁阀回路。

当车辆停止时，电磁阀完全关闭，若此时向右转动转向盘，则高灵敏度低速专用小孔 1R 及 2R 在较小的转矩作用下即可关闭，转向泵的高压油经 1L 流向转向动力缸右腔室，其左腔室的油液经 3L、2L 流回转向液罐（储油箱），此时具有轻便的转向特性；并且施加于转向盘的力矩越大，可变小孔 1L、2L 的开口面积也越大，节流作用越小，转向助力作用越明显。

当车速提高时，随着车速的增高，在电控单元作用下，电磁阀开度也呈线性增加，若此时向右转动转向盘，转向泵的高压油经 1L、3R 旁通电磁阀流回转向油罐（储油箱）。此时，转向动力缸右腔的转向助力油压就取决于旁通电磁阀和灵敏度低的高速专用可变量孔 3R 的开度，在电控单元控制下，车速越高，则电磁阀开度越大，旁通流量也越大，转向助力作用越小。

当车速不变时，施加于转向盘上的转向力矩越小，高速专用小孔 3R 的开度也越大，转向助力作用也越小；当转向力矩增大时，3R 的开度逐渐减小，转向助力作用也随之增大。

4.2.4　电液助力转向系统特点

EHPS 不依靠发动机本身的动力带动，而且电动液压泵是由电子系统控制的，不需要转向时，电动液压泵关闭，降低了能耗。电控液压转向系统能够提供稳定的助力效果，特别是在低速行驶和需要较大转向力时，能够确保驾驶员获得足够的助力，减轻驾驶负担。相比全电动助力系统，电控液压转向系统在高速行驶时仍能保持较好的路感反馈，使驾驶员能够更加准确地感知车辆与路面的动态关系。虽然采用了电能作为动力源，但是仍然保留液压动力传递系统，因此电控液压助力转向系统仍然具有一些机械液压助力转向系统的缺点，例如液压管路占用了大量的空间，系统结构复杂，以及液压管路长时间使用会有泄漏的可能。同时，相比电动助力转向系统,电控液压转向系统的响应速度可能稍慢,因为液压系统需要一定的时间来建立压力并传递动力,这可能会影响转向的精确性和灵敏度。随着电动化和智能化技术的发展,商用车转向系统也逐渐向电控转向技术和线控转向技术方向转变。

4.3 电动助力转向系统

电动助力转向(Electric Power Steering,EPS)系统是一种采用电机作为动力源的转向装置,正在逐渐取代传统的液压式和电液式的助力转向器。电动助力转向系统一般由机械转向器、转矩传感器、车速传感器、电子控制单元(ECU)、减速器和电机等组成。其工作原理是电子控制单元通过采集各个传感器的测量值,得到驾驶员施加在转向盘上的转向力矩、转向盘转角和车速信号;ECU 根据 EPS 控制策略,计算出目标助力力矩并转化为电机的电流指令,控制电机产生相应的助力力矩;该助力力矩经过减速机构放大后,作用在机械转向器上,辅助驾驶员克服转向阻力矩,实现车辆的转向。根据电机布置位置的不同,一般可以将 EPS 分为三类:转向柱助力式、小齿轮助力式和齿条助力式电动助力转向系统。

4.3.1 转向柱助力式电动助力转向系统

转向柱助力式电动助力转向(Column-assist Electric Power Steering,C-EPS)系统是一种电动助力转向系统,它将助力电机和减速机构安装在转向柱上,电机直接驱动转向轴或转向器,从而辅助驾驶员的转向操作。如图 4-13 所示,助力电机是动力之源,减速机构则起到减速增矩作用,扭杆及力矩传感器则是给电子控制单元提供力矩信号作为判断助力大小的依据。整个系统的工作流程是:首先,力矩传感器测出驾驶员施加在转向盘上的操纵力矩,车速传感器测出车辆当前的行驶速度,然后将这两个信号传递给 ECU;ECU 根据内置的控制策略,计算出理想的目标助力力矩,转化为电流指令给电机;然后,电机产生的助力力矩经减速机构放大作用在机械式转向系统上,与驾驶员的操纵力矩一起克服转向阻力矩,实现车辆的转向。

转向柱助力转向系统的一个重要部件是齿轮齿条转向器。齿轮齿条转向器主要是通过齿轮齿条啮合传动来把转向盘的力矩转换为齿条的轴向力,通过横拉杆拉动转向节来实现转向。其中齿轮轴用轴承支承在壳体中,与水平布置的齿条相啮合。调整弹簧通过齿条支承座及垫片将齿条压靠在齿轮上,保证无间隙啮合。齿条通过两点支承在壳体上,一个支承点是小齿轮与齿条啮合处,另一个支承点是齿条的支承套处。转向盘转动时,齿轮转动并使与之啮合的齿条轴向移动,通过横拉杆带动左右转向节转动,使转向轮偏转,实现汽车转向。转向盘顺时针转动,带动齿轮轴顺时针转动,齿条拉动右横拉杆同时推动左横拉杆,从而实现右转。

转向柱助力式转向系统的优点是结构紧凑,其电机、减速机构、传感器及控制器等通常一体化设计,占用空间小,方便布置;缺点是助力电机的助力要通过转向管柱和转向齿轮传递到转向机上,转向管柱部件受力较大,可提供的助力大小受到限制,因此,转向柱助力式转向系统适用于中小型乘用车，如丰田雅力士（Toyota Yaris）、本田飞度（Honda Fit/Jazz）、雪佛兰 Bolt EV 均采用转向柱助力式转向系统。由于电机直接对管柱进行助力，如果控制不好，电机的波动会对手感产生直接影响。此外，由于电机离驾驶舱较近，电机噪声的干扰相较于其他形式会更大。

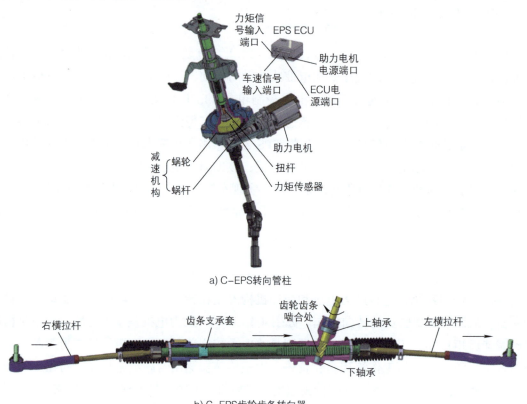

图 4-13 转向柱助力式电动助力转向（C-EPS）系统

4.3.2 小齿轮助力式电动助力转向系统

小齿轮助力式电动助力转向系统，也称为 P-EPS（Pinion Electric Power Steering）系统，它使用电机直接驱动转向系统的齿轮齿条机构，以提供转向助力，主要用于负载中等的前轮驱动车辆。如图 4-14 所示，它通过一个安装在转向器上的电机提供转向辅助力，其目的在于减小驾驶员在转动转向盘时所需的劳动强度。电机及减速器与转向器小齿轮相连，称之为小齿轮助力式转向系统，日本本田（Hon-

图 4-14 小齿轮助力式电动助力转向（P-EPS）系统

da）公司在日本国内生产的第六代雅阁（Accord）3.0 轿车安装了小齿轮助力式转向系统。

小齿轮助力式转向系统的机械部分包括转向盘、转向轴、与力矩传感器结合使用的扭杆、与电机连接起降速增扭作用的蜗轮蜗杆减速器、齿轮齿条转向器等；其电子部分包括电子控制单元（ECU）、助力电机、力矩传感器、角度传感器、电流传感器、车速传感器、转速传感器等。图 4-15 所示为小齿轮助力式转向系统机械部分示意图。扭杆的两端分别与转向轴和齿轮轴紧密相连，当转向盘带动转向轴转动时，扭杆发生与输入力矩大小成正比的形变，力矩传感器通过检测扭杆形变大小计算输入力矩。ECU 采集力矩、车速等信号并计算得出电流，从而

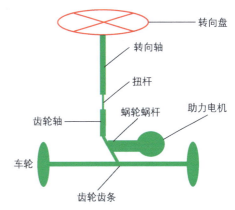

图 4-15　小齿轮助力式转向（P-EPS）系统机械部分示意图

控制电机产生适当转矩。蜗轮蜗杆减速机构通过降低电机的转速，从而增大电机产生的力矩。蜗杆端与电机紧密相连，并做完全相同的运动，与转向柱助力式转向（C-EPS）系统将蜗轮端连接到转向轴不同，小齿轮助力式转向系统的蜗轮端与齿轮齿条的齿轮端直接相连。

小齿轮助力式转向系统连接有两个好处：①电机产生的转向力只需经蜗轮蜗杆就传到了齿条上，消除了转向力经转向轴传递而产生的损耗，提高了效率；②转向柱助力式转向系统当电机的转矩变大时，相应地要提高转向轴的刚性，否则有可能因转矩太大而将转向轴扭断，而小齿轮助力式转向系统的电机转矩不经过转向轴，电机转矩的增大也无需提高转向轴的刚性，因此小齿轮助力式转向系统可以更加容易地实现最大转向力的增加。但小齿轮助力式转向系统却增加了对电机性能的要求。一方面，小齿轮助力式转向系统的电机需要提供比转向柱助力式转向系统电机更大的电流；另一方面，转向柱助力式转向系统电机安装在驾驶舱内，而小齿轮助力式转向系统电机则要安装在环境更为恶劣的前舱内，其工作环境温度高，这对于电机是一个严格的要求。

4.3.3　齿条助力式电动助力转向系统

齿条助力式电动助力转向系统，也称为 R-EPS（Rack Electric Power Steering）系统，是一种将电动助力装置直接集成在转向架或齿条上的设计，适用于各种类型的车辆，包括大负载的后轮驱动车辆和四轮驱动车辆。它通过一个直接作用在转向架上的电机提供必要的助力，旨在显著减小驾驶员转动转向盘所需的力量。转向电机通过齿条与齿轮系统连接，因此被称为齿条助力式电动助力转向（R-EPS）系统。齿条助力式电动助力转向系统的设计不仅可以提供平滑、精确的转向体验，还能在不同驾驶条件下调整助力水平，从而优化驾驶响应和车辆控制。德国宝马（BMW）公司在其多款车型中广泛使用了这一系统，为驾驶员提供了卓越的转向感受和效率性能。

如图 4-16 所示，齿条助力式电动助力转向系统的机械组成包括转向盘、转向轴、与力

矩传感器联动的扭杆、电机驱动的齿条和齿轮转向机构等；其电子组成包括电子控制单元（ECU）、助力电机、力矩传感器、角度传感器、电流传感器以及车速传感器和转速传感器等。R-EPS 系统能够根据驾驶条件实时调节助力级别，既能在低速时提供更强的助力以便轻松地进行停车或转弯操作，又能在高速行驶时减少助力，保持车辆驾驶的稳定性和精确性。齿条式助力传动机构通常包括一个与电机轴相连的减速齿轮以及一个与转向齿条相连的齿轮。电机产生的高速旋转通过减速齿轮被转换成较大的转矩，并以较慢的速度带动齿条上的齿轮旋转。这种直接作用在齿条上的配置最大限度地减少了能量损失，提高了转向的响应效果和精准度。

图 4-16　齿条助力式电动助力转向（R-EPS）系统

R-EPS 助力电机特别适合于那些对前方空间有限制的车辆，如一些高性能车型、跑车或是某些特定的商用车辆。与 P-EPS 中使用的助力电机一样，R-EPS 系统也倾向于采用无刷直流（BLDC）电机，原因是 BLDC 电机相比有刷电机有着更高的效率、更长的使用寿命和更优的可靠性。同时，无刷电机可以提供更平滑和精确的助力控制，满足现代汽车对于高性能转向系统的需求。

4.4　线控转向系统

随着新能源汽车和自动驾驶技术的普及，转向系统将迎来新的革命。传统的机械连接将逐渐减少，传统发动机将消失，动力传递、转向和制动方式也将发生根本性的变化，电动控制系统将成为基本配置。无论是新能源汽车还是自动驾驶汽车，对转向系统的精准性和可靠性要求将越来越高，要求转向系统能够独立运行，不再依赖人力，并具有更短的响应时间和更加精准的转向。原有的转向系统无法满足这些需求，而传统的 EPS 由于安装空间、力传递特性和角传递特性等方面的限制，无法自由设计和实现。因此，一种新型转向系统——线控转向（SBW）系统应运而生。线控转向系统完全取消转向盘与转向系统之间的机械连接，也不再存在直接的液力连接，取而代之的是纯电子控制系统，它们之间通过线控连接，不再使用转向轴。

4.4.1 线控转向系统的组成

线控转向系统把依靠转向管柱连接转向机构来实现转向的传统方式,改变为由电控系统直接进行转向控制,完全由电信号实现转向的信息传递和控制。其最显著的特征是去掉了传统转向系统中转向盘与转向轮(转向执行器)间的机械连接,采用机电执行器代替了传统的机械控制机构。线控转向系统的结构如图 4-17 所示,其主要由与驾驶员交互的转向盘执行总成 / 模块、用于产生车辆转向响应的转向执行总成 / 模块、主控制器 ECU(控制单元 / 电控单元,综合控制器)组成。来自驾驶员的转向指令和来自轮胎的反馈转矩都通过信号线传输。

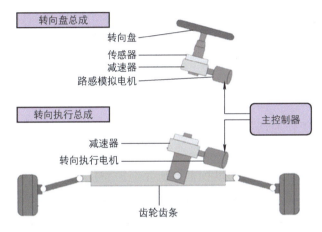

图 4-17 线控转向系统结构

转向盘总成包括转向盘、转向盘转角传感器、力矩(转矩)传感器、路感电机以及负责监测驾驶员驾驶意图的转角传感器与转矩传感器等。转向盘总成的主要功能是将驾驶员的转向意图(通过测量转向盘转角)转换成数字信息,并传递给主控制器;同时接收主控制器送来的力矩信号,产生转向盘回正力矩,以提供给驾驶员相应的路感信息,同时向主控制器反馈转角及转矩信息。

主控制器,即 ECU,是线控转向系统的核心,相当于大脑,它决定了线控转向的控制效果。它的主要作用是分析和处理各路信号,判断转向意图和汽车的运动状态,并输出相应的控制指令。主控制器一方面对采集到的信号进行分析处理,向转向执行电机和路感模拟电机发送指令,确保两台电机协同工作,从而实现车辆的转向运动和路感的模拟。另一方面,主控制器保持对驾驶员的操作和车辆的状态进行实时监控,实现智能化的控制。当系统检测到转向意图不合理、系统指令出现错误或者汽车出现不稳定的状态时,主控制器能够及时屏蔽错误的指令,并以合理的方式自动控制车辆,使汽车尽快恢复到稳定的状态。另外,当线控转向系统出现故障时,主控制器能够及时地采取措施,进行补救,保证行车的安全和稳定。

转向执行总成包括前轮转角传感器、转向执行电机(转向电机)、转向电机控制器和前轮转向组件(转向器和转向拉杆)等。转角传感器负责转角信号获取,执行电机控制器接收综合控制器的转角请求，控制转向执行电机实现转角控制，同时向主控制器反馈转角及转矩信息。转向执行总成的功能是接收主控制器的命令，通过转向电机控制器驱动转向电机快速、准确地执行主控制器给出的转向角指令，控制转向车轮转动，实现驾驶员的转向意图和车辆的转向功能；同时，给主控制器反馈相关信息内容，如汽车行驶状况以及车胎受到外界作用力的实际情况。

此外，线控转向系统通常还包含容错控制系统和电源模块。容错控制系统是线控转向系统的重要模块，它包括一系列的监控和实施算法，针对不同的故障形式和故障等级做出相应的处理，以求最大限度地保持汽车的正常行驶。作为应用最广泛的交通工具之一，汽车的安全性是必须首先考虑的因素，是一切研究的基础，因而故障的自动检测和自动处理是线控转向系统最重要的组成系统之一。它采用严密的故障检测和处理逻辑，以最大限度地提高汽车安全性能。在汽车线控转向系统中，电源系统（动力电源）承担着对转向电机、路感模拟电机、系统内的电子控制单元（控制器）以及其他车用电器的供应电能任务。

4.4.2 线控转向系统的工作原理

线控转向系统的工作原理如图 4-18 所示：当转向盘转动时，转矩传感器和转向角传感器将测量到的驾驶员施加的转矩和转向盘的转角转变成电信号输入主控制器（ECU）。ECU 依据车速传感器和安装在转向传动机构上的传感器信号计算出目标的前轮转角，并给转向电机传送相关控制信号，控制转向电机的旋转方向、转矩大小和旋转的角度，确保这一目标前轮转角得以实现。与此同时，ECU 会结合电机电流、转向盘力矩计算出转向盘回正力矩，并对路感模拟电机实施控制，确保预期的回正力矩/路感得以实现。

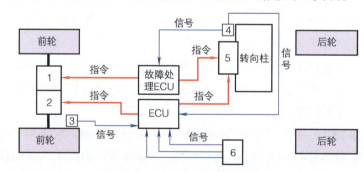

图 4-18 SBW 系统工作原理图

1—故障处理电机　2—转向执行电机　3—车轮角速度传感器　4—转向柱转角传感器
5—路感电机　6—车速传感器、横摆角速度传感器、车身加速度传感器

4.4.3 线控转向系统的关键技术

线控转向系统控制是线控转向系统的核心技术，主要包括主动转向控制技术、路感模拟控制技术和故障诊断与容错控制。

（1）主动转向控制技术

主动转向控制作为主动安全技术里面比较重要的一个研究方向，能够在不影响车辆纵向运动状态的情况下，确保车辆的稳定运行并提高车辆的转向操纵性和稳定性，受到汽车厂商和学者的广泛重视。主动转向控制可以根据控制目标的不同分为两类。

第一类是车辆常规行驶工况下，以提高车辆转向操纵性为主要目的的变转向传动比控制，通常控制目标是在低速时传动比设计得小一些以减轻原地转向、低速掉头工况下驾驶员的体力负担，在高速时传动比设计得大一些以降低高速转向时的灵敏度，在保证车辆响应速度的基础上提高高速转向稳定性。

汽车在行驶过程中，过度转向有导致失去稳定性的危险，因此汽车都应具有中性转向弱的不足转向特性。尤其在雨雪天气、低附着路面或者大侧向风干扰等不良环境下行驶时，如何确保车辆能够不偏离期望路径并保持弱的不足转向对汽车行驶的安全性至关重要。汽车在转向过程中，转向轮转角的变化产生轮胎侧向力的变化同时改变了车辆的横摆力矩。主动转向的另外一类控制，就是利用上述特性进行主动安全控制，以改善危险驾驶工况下车辆的横摆稳定性为目的，通常是根据车辆运行状态（车辆侧向加速度、横摆角速度、质心侧偏角等）的反馈主动地对前轮转角进行控制，从而改变轮胎侧向力以产生补偿横摆力矩，确保汽车的转向稳定性。

（2）路感模拟控制技术

对于线控转向系统，由于取消了转向盘与前轮之间的机械连接，因此驾驶员感受不到前轮传递的路面信息，而驾驶员对路况以及车身状态的判断是稳定行驶的基础，所以路感的模拟控制尤为重要。由于线控转向系统机械结构的变化，车辆的运动状态和路面状况等"路感"力矩信息可以通过控制策略驱动电机模拟产生，以保证驾驶员获得良好的操纵感觉。路感是一个比较抽象的定义，其定义之一是指驾驶员通过转向盘得到的车辆行驶中的转向阻力矩，该阻力矩主要包含回正力矩和摩擦力矩两部分。其中，回正力矩是使车轮恢复到直线行驶位置的主要力矩之一，其数值的确定是车辆设计中的一个难题，通常由经验、半经验、统计或试验的方法获得。回正力矩与车辆前轮的受力状态存在直接关系，而前轮受力又和车辆实时的运动状态及路面附着直接相关。因此，通常把总的回正力矩除以自转向盘到前轮总的力传动比近似得到的转向盘手力矩近似为路感。通常，在车辆低速转向时，如倒车工况，采用小的力反馈来模拟路感以减轻驾驶员转向负担；车辆在高速转向时，为了保证车辆的安全，应该采用较大的反馈力矩使得驾驶员不会感觉车辆发飘，即高速路感清晰。

比较常用的路感控制方法有基于经验和基于模型的控制方法。基于经验的方法通常是参考现有的传统转向系统路感进行设计，通过拟合路感相关的轮胎纵向力、侧向力、车轮定位参数以及转向系统摩擦阻尼来近似模拟线控转向系统的路感，这种方法可以获得与传统转向系统近似的路感，驾驶员更容易适应，该方法简单高效，但是自适应性和精度较差。基于动力学模型的方法是通过参考传统车辆路感产生的动力学原理建立相关的动力学模型，根据车辆的动态响应、驾驶员的转向盘输入等计算与路感相关的轮胎力、摩擦力矩等满足驾驶员所需的路感，这种思路可以充分利用线控转向系统自由设计转向盘力矩的特点，通过调整参数设计出满足不同驾驶员要求的路感，使驾驶员的感觉更为舒适，但是由于与传统的路感有一定的区别，驾驶员需要一段时间才能适应。

（3）故障诊断与容错控制

线控转向系统的故障诊断与容错控制技术尤为重要，因为它能够在系统出现故障时，通过预设的容错机制保持或恢复系统的正常运行，从而避免或减少因故障导致的交通事故。通过硬件冗余、软件容错、故障检测与隔离以及故障恢复与重构等机制的实现，可以有效地提高线控转向系统的可靠性和安全性。硬件冗余主要是通过关键零部件的备份以及容错电路的设计实现；软件容错主要是通过实施实时监控和诊断、容错控制算法设计来快速响应并处理系统故障；故障检测与隔离是通过对传感器和执行器的故障检测算法实现对有故障零部件进行隔离处理；故障恢复与重构主要是通过设计合理的故障重构策略和自动矫正与补偿控制实现系统故障后的自动恢复。

4.4.4 线控转向系统的特点

（1）线控转向系统的优势

1）**提高汽车安全性能**。由于线控转向系统取消了诸如转向柱的机械结构，因此大大节省了空间并且可以避免在车辆发生事故时转向柱对驾驶员的伤害。智能化的 ECU 根据汽车的行驶状态判断驾驶员的操作是否合理，并做出相应的调整；当汽车处于极限工况时，能够自动对汽车进行稳定控制。

2）**改善驾驶特性，增强操纵性**。线控转向系统去掉了转向盘和转向执行机构之间的转向轴等机械机构，用弱电信号来传输转向控制命令以实现转向执行机构的转向，因此，它实现了驾驶员转向操作与车辆横向运动的解耦，可以灵活地设计汽车转向的力传递和角传递特性。基于车速、牵引力控制以及其他相关参数基础上的转向比（转向盘转角和车轮转角的比值）不断变化，低速行驶时，转向比低，可以减少转弯或停车时转向盘转动的角度；高速行驶时，转向比变大，获得更好的直线行驶条件。

例如图 4-19 所示特斯拉的 Cybertruck 的线控转向系统完全抛弃了机械传动结构，其在低速时仅须打半圈转向盘，就可实现大角度的转向，半幅式的 Yoke 转向盘也真正有了用武之地。最新版本的丰田 One Motion Grip 系统同样摒弃机械传动结构，也仅需 200° 的转动角度，就可完成常规的转弯操作，同时高速行驶下，又可提高转向比，避免直线行驶时因过于灵敏的转向造成车辆"画龙"从而获得轻松的驾驶体验。

3）**改善驾驶员的路感**。由于转向盘和转向车轮之间无机械连接，因路面颠簸造成的转向盘抖动减少，改善驾驶员的路感；驾驶员"路感"通过模拟生成，可以从信号中提出最能够反映汽车实际行驶状态和路面状况的信息，作为转向盘回正力矩的控制变量，使转向盘仅向驾驶员提供有用信息，从而为驾驶员提供更为真实的"路感"。在选择完全过滤掉路面颠簸，减少车身给转向盘带来的大幅度晃动的同时，驾驶员还可以个性化地设定转向系统的控制特性。

图 4-19 特斯拉的 Cybertruck 的线控转向系统

4）易于集成。它可以与底盘其他智能控制系统和线控系统（线控制动等）无缝衔接，实现信号、数据的共享，实现车辆底盘的一体化和智能化控制；可以看出，线控转向系统以其独特的优势为智能车的自动转向提供了良好的硬件基础，成为智能车的关键部件之一。

（2）线控转向系统的不足

线控转向系统虽然具有许多优点，如提高安全性、驾驶舒适性和节省空间等，但也存在一些劣势需要关注和改进：

1）硬件上需要较高功率的路感电机和转向电机，软件上需要复杂的力反馈电机和转向执行电机的算法实现，研发和生产成本相对较高。

2）线控转向系统由于没有硬连接，导致反馈较为虚假，对于运动型轿车和跑车来说，路感不足，驾驶乐趣相对较差。驾驶员可能无法获得直接的驾驶反馈，影响驾驶体验。

3）线控转向系统的安全性和可靠性有待提高，这也是各大车企考虑的核心问题；同时，由于线控转向系统采用电子控制，一旦出现故障，维修起来可能比传统机械转向系统更具挑战性。这要求维修人员具备更高的专业技能和知识水平。

4）冗余设备导致额外增加的成本和重量也是阻碍其发展的因素之一。

在未来的发展中，需要不断提高线控转向系统的技术成熟度和可靠性，降低其成本和维修难度，同时优化其路感和驾驶体验，以更好地满足消费者的需求。

本章习题

一、选择题

1. 智能转向系统主要使用哪种技术来实现自动转向？（　　）
A. 液压技术　　　　　B. 电力技术　　　　　C. 机械技术　　　　　D. 气压技术

2. 智能转向系统通常包括哪些主要组成部分？（　　）
A. 传感器　　　　　　B. 控制器　　　　　　C. 电动机　　　　　　D. 液压泵

3. 下列哪项是电动助力转向（EPS）系统的优点？（　　）
A. 结构复杂，维修成本高　　　　　　B. 转向力大，但不够灵活
C. 节能环保，降低油耗　　　　　　　D. 依赖发动机动力，能耗高
4. 在线控转向系统中，转向盘与转向轮之间如何连接？（　　）
A. 机械连接　　　B. 液压连接　　　C. 电信号连接　　　D. 气压连接
5. 在汽车转向系统的发展历程中，哪种转向系统是目前的主流？（　　）
A. 机械转向系统　　　　　　　　　　B. 液压助力转向系统
C. 电控液压助力转向系统　　　　　　D. 电动助力转向系统

二、简答题

1. 液压助力转向（HPS）系统和电动液压助力转向（EHPS）系统的主要区别是什么？
2. 电动助力转向（EPS）系统相比于液压助力转向（HPS）系统有哪些优势？
3. 电动助力转向系统工作原理及主要类型？不同类型 EPS 有什么优缺点？
4. 线控转向（SBW）系统是什么？它与传统转向系统相比有哪些特点？
5. 线控转向系统未来的技术发展趋势是什么？

三、综合应用题

1. 随着商用车市场的不断发展，转向系统作为车辆操控的核心部件，其技术水平和性能对车辆的驾驶安全性、舒适性和节能性有着重要影响。当前，商用车转向系统正面临着从传统液压助力转向（HPS）系统和电子液压助力转向（EHPS）系统向电动助力转向（EPS）系统和线控转向（SBW）系统转变的趋势。同时，随着新能源和智能化技术的推进，商用车转向系统的发展也呈现出新的特点。

1）请调研当前商用车转向系统的主要类型及其市场占有率。
2）分析各类转向系统的优缺点，特别是在性能、安全性、可靠性、维护成本等方面的表现。
3）分析商用车市场对转向系统的需求变化，如轻量化、高效能、智能化等趋势。
4）探讨商用车市场对转向系统安全性、可靠性和耐用性的特殊要求。

2. 特斯拉在其最新的电动汽车 Cybertruck 上采用了先进的线控转向（SBW）系统和后轮转向技术，使得车辆在低速和高速行驶时都表现出色。请分析这一技术的应用对 Cybertruck 在性能、安全性、驾驶体验方面的影响，并讨论特斯拉如何克服线控转向系统在实际应用中可能面临的挑战。

1）请分析线控转向系统如何影响 Cybertruck 的操控性和安全性。
2）请进行相关技术调研并分析：在低速和高速行驶时，后轮转向技术如何与线控转向系统协同工作，以提升车辆的机动性和稳定性？
3）结合当前电动汽车的发展趋势，探讨线控转向系统对未来电动汽车发展的潜在意义。
4）预测线控转向系统在未来电动汽车中可能的应用场景和优势。

第 5 章
智能悬架系统

> **学习目标**
> 1. 理解汽车智能悬架的基本概念、类型和适用范围等内容。
> 2. 理解半主动悬架、主动悬架系统的工作原理和典型结构。
> 3. 掌握半主动悬架、主动悬架系统的动力学建模方法。

> **课前小讨论**
>
> 2023 年 4 月 10 日,比亚迪汽车发布了"云辇"技术,共包含云辇 -C、云辇 -A、云辇 -P 以及云辇 -X 四套不同取向的车身控制系统。云辇 -C 类似于市场上基于 CDC 可变阻尼减振器的半主动悬架系统,利用电磁阀来调节减振器阻尼特性,实现阻尼无级自适应调节,在路况不好时,控制系统以微秒级的处理时间来调节阻尼强度,对来自路面的颠簸能起到有效缓冲作用,快速抑制车辆行驶时产生的垂向振动。云辇 -P 为电控液压式主动悬架系统,基于阻尼控制技术、高度控制技术、智能感知技术、刚度控制技术以及四轮联动技术,可以实现更优秀的车身控制性能。类似地,2023 年 12 月 23 日,蔚来汽车发布了主动悬架系统 SkyRide 天行,该集成式液压主动悬架系统配有主动式悬架电驱单元,可实现车身"起伏路面不颠簸",给用户带来智能、安全、愉悦的驾乘体验。
>
> 汽车用户对体验感的需求趋势是什么?汽车悬架技术开发需要相应开展哪些工作?

　　汽车产品一直围绕安全、节能、舒适等主题进行技术创新,并不断提高性能,汽车的操纵稳定性与行驶平顺性是汽车悬架系统开发需要解决的核心矛盾。乘用车悬架系统与车辆安全性、舒适性(平顺性)、操控性、通过性、乘坐便捷性等息息相关。传统悬架系统难以全面均衡地满足汽车的多方面性能需求,其性能提升受到制约。近年来,随着新能源与智能网联汽车的发展,消费者对汽车的体验感愈加重视,作为影响汽车体验感的重要动力学基础，悬架系统构型及其控制面临着重要的技术挑战和发展机遇。随着控制技术、电子信息技术、智能网联技术的发展，高性能电控悬架系统可有效解决传统悬架性能均衡的难题，其日益成为中高端汽车的标准配置，并代表了悬架系统的发展方向。随着道路交通、应用场景、市场需求的不断拓展升级，智能悬架系统的应用前景将越来越广阔，悬架系统将更加智能化、安全化、轻量化和个性化。本章主要介绍智能悬架系统基本结构与工作原理、半主动悬架系统与主动悬架系统的主要形式、智能悬架系统典型应用等内容。

5.1 智能悬架系统基本结构与工作原理

智能悬架系统是指根据路面状况、车辆的运动状态及载荷等参数的变化，通过电控系统智能地控制悬架刚度、阻尼、导向机构，从而调节刚度、阻尼、高度、施加主动力，甚至 K&C（Kinematic and Compliance）特性等，以改善车辆行驶平顺性和操纵稳定性等汽车主要性能的系统。

智能悬架系统能够根据车身高度、车速、转向角度及速率，以及加速或制动等信号，由电子控制单元（ECU）控制悬架执行机构，改变悬架系统的弹簧刚度、减振器阻尼及车身高度等参数，从而实现悬架的特性与道路状况和行驶状态相适应，使车辆的舒适性和操纵稳定性得以同时满足。智能电控悬架系统的主要优点，体现在它能使悬架随不同的路况和行驶状态做出不同的反应，使汽车的悬架在任何路面上均能保持最佳运行状态。智能悬架系统主要包括半主动悬架、主动悬架两大类型。

5.1.1 智能悬架系统基本结构

汽车悬架系统在结构上连接簧载质量和非簧载质量，一般由弹性元件、阻尼元件、导向机构三部分组成。弹性元件主要指储存振动能量的螺旋弹簧、空气弹簧、钢板弹簧、扭杆弹簧、油气弹簧等，阻尼元件主要指耗散振动能量的液压减振器，二者主要影响悬架动力学特性。导向机构则通过控制车轮的定位参数，保证车轮的正确定位，引导车轮在各方向上运动，确保车轮与地面保持良好地接触，主要影响悬架运动学和动力学特性。区别于悬架参数固定的被动悬架，智能悬架系统一般可对悬架弹性元件或阻尼元件参数进行调节，甚至具有外力输入的作动器，起到对悬架动力学特性改善的作用。

目前，主流的智能悬架系统有阻尼可调式悬架系统（半主动悬架）和空气悬架系统，部分高端越野车、轿车及SUV还采用主动悬架系统，智能悬架系统主要组成及工作原理如图 5-1 所示。智能悬架控制策略由垂向控制、姿态控制、集成控制三个模块组成，垂向控制模块根据悬架 Z 向加速度传感器与位移传感器信号输入以决定输出阻尼状态；姿态控制模块通过整车 CAN 信号获取车辆状态信息，如车速、转向盘转角等信号输入以确定输出阻尼状态；集成控制模块用于各模块输出的协调控制。

第 5 章　智能悬架系统

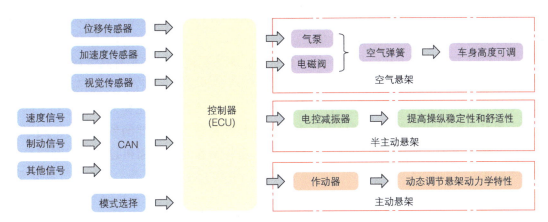

图 5-1　智能悬架系统主要组成及工作原理

1. 阻尼连续可调式半主动悬架系统

传统减振器只能在不同运行速度下选择一条阻尼曲线，而电控阻尼可调减振器相对传统减振器有更为丰富的阻尼曲线带宽和更快的响应时间。配合控制器算法程序，使整车在不同路面、不同工况下选择最合理的减振器阻尼曲线，从而实现操纵稳定性与舒适性的均衡改善。通过 ECU 收集路面状态、整车运行状态及驾驶需求等信号，结合悬架控制算法，通过阻尼连续可调减振器自动调整阻尼，实现对整车垂向、俯仰、侧倾、横摆等方向的运动控制，从而使操纵稳定性与舒适性达到理想状态。例如：当车身上抬时，增加减振器阻尼，以提升车辆的整体性，提高驾驶人的操控感；当车身下压时，降低减振器阻尼，以减弱车辆受到的冲击，提升乘坐舒适感。阻尼连续可调式半主动悬架系统基本结构如图 5-2 所示。

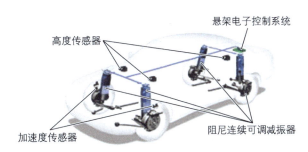

图 5-2　阻尼连续可调式半主动悬架系统基本结构

2. 空气悬架系统

随着汽车电子技术、控制技术、材料成型技术等先进技术的迅速发展，空气悬架技术日趋成熟。设计匹配合理且调校精良的空气悬架，能在多数路面和工况下为驾乘人员带来柔软舒适的行驶体验。随着各大汽车品牌特别是自主品牌在中高端车型的布局，无论从提升品牌价值，还是提升车辆性能方面，智能空气悬架已经成为主机厂不可或缺的技术，中

107

高端车型配置智能空气悬架已成为行业趋势。近年来，我国乘用车空气悬架产业发展迅速，大多数主流车企均推出了空气悬架车型。随着新能源汽车、智能汽车的发展，智能空气悬架也将产生更多的功能扩展及应用价值。

智能空气悬架的两大核心优势：舒适性提升，车身高度调节。车身高度调节功能有助于提升乘车便利性和通过性。空气弹簧的非线性刚度特性易于实现在不同载荷条件下均具有低偏频的设计效果，对舒适性、行驶稳定性、能耗经济性等性能提升非常有利。同时，通过配置可变阻尼减振器，可利用阻尼力调节来弥补瞬态工况下低偏频带来的不利影响。智能空气悬架系统主要零部件包括：空气弹簧、电控减振器、压缩机总成、控制阀总成、储气罐总成、空气管路、高度/加速度传感器、悬架电子控制单元等，智能空气悬架系统基本结构如图 5-3 所示。

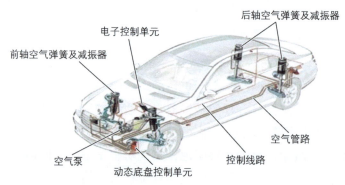

图 5-3　智能空气悬架系统基本结构

空气悬架系统有多种形式，其共同点是使用了以空气弹簧为核心的组件，以空气压缩机为动力源，以储气罐作为储能机构。空气弹簧是乘用车空气悬架系统中直接影响车辆性能的关键零部件。空气弹簧是一个充满压缩空气的橡胶气囊，根据路况的不同以及传感器的信号，控制空气压缩机和排气阀门，通过空气弹簧的充气、放气，实现车身高度和弹簧刚度的调节。相较于传统螺旋弹簧的线性刚度，空气弹簧具有非线性刚度特性，并且其刚度特性曲线可以根据整车需求，通过调整活塞截面形式，设计成理想的刚度曲线。

(1) 单腔空气弹簧

单腔空气弹簧只有一个气室，由于其结构、工艺简单，且成本较低，是目前国内乘用车空气悬架车型上采用的主流空气弹簧类型。对单腔空气弹簧在静载荷状态下充放气时，可使车身升高或降低，但充放气时空气弹簧内部受力面积并没有太大变化，故充放气不会引起刚度的大范围变化。前（单腔）空气弹簧总成主要由上顶座总成、扣压环、气囊、铝护筒、防尘罩、活塞、缓冲块、密封盖、减振器等部件组成。前空气弹簧与减振器进行合装，如图 5-4a 所示。后空气弹簧与减振器通常分开布置，也有少数车型采用后空气弹簧滑柱总成形式。后（单腔）空气弹簧总成主要由轴承座、上座、活塞、扣压环、铝护筒、下座、气囊、防尘罩等部件组成，如图 5-4b 所示。

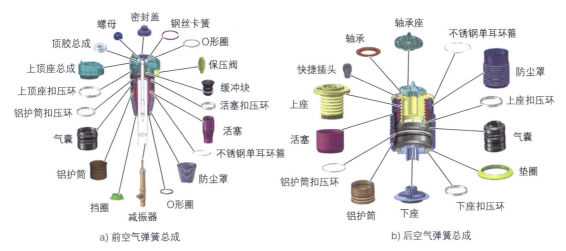

图 5-4 空气弹簧总成组成图

随着高端车型对性能的不断追求,车企已不满足于单腔空气弹簧的性能表现,已有高端乘用车开始配备双腔或三腔空气弹簧以及空气阻尼式空气弹簧。

(2)双腔空气弹簧

双腔空气弹簧是指在空气弹簧内设有主、副两个腔室,两个腔室之间设有唯一通道,由电磁阀控制开通和封闭。双腔空气弹簧将单腔的气室用电磁阀分隔为两个气室,相比于单腔空气弹簧,双腔空气弹簧性能更好,可以在车辆使用过程中进行刚度调节。当通道打开时,主腔室和副腔室连通,有效工作腔容积是主、副两腔室的容积之和,较大容积带来较"软"的悬架,此为低刚度模式。当通道被封闭时,副腔室不再是有效工作腔,较小的容积带来较"硬"的悬架,此为高刚度模式。通常双腔空气悬架的高刚度和低刚度模式存在 40%~50% 的刚度差异。

(3)三腔空气弹簧

三腔空气弹簧将单腔的气室分为三个气室,从而获得更多不同容积的气室,其结构更复杂,成本更高,但具有优越的综合性能。三腔空气弹簧的结构如图 5-5 所示。前空气弹簧由三腔空气弹簧(带有两个用于各腔室容积切断的整合式转换阀)和双筒减振器(可连续调节压缩和回弹阻尼)构成,**转换阀转换三个气室控制系统中所有单独的空气弹簧容积**。后空气弹簧就是一种三腔空气弹簧,带有两个用于切断容积的整合式转换阀。

三腔空气弹簧的刚度调节范围更大,具有更优秀的底盘性能。附加容积整合在弹簧滑柱中,可通过电动阀开启和关闭。附加容积的切换可以显著改变空气弹簧刚度系数,从而对车辆实现从舒适性到运动性的多变操控。当使用附加容积时,空气弹簧的整体容积变大,刚度系数变小,驾乘体验会更加柔软舒适;当关闭附加容积时,空气弹簧整体容积变小,刚度系数变大,可以满足运动性驾驶的需要。附加容积对空气弹簧刚度的影响,如图 5-6 所示。

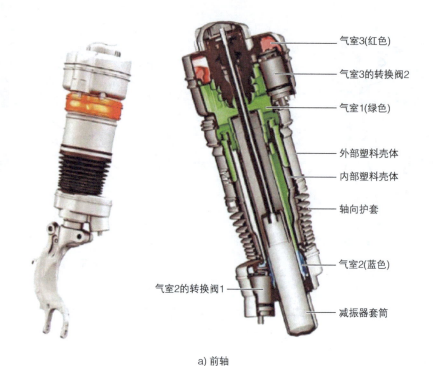

a) 前轴

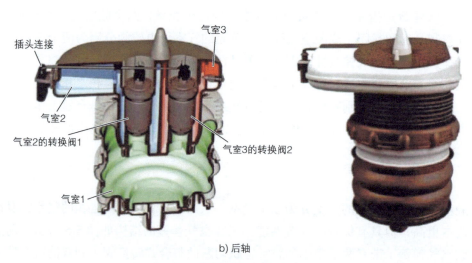

b) 后轴

图 5-5 某三腔空气弹簧总成示例

此外，以空气弹簧为主气室，增加节流阻尼元件（节流孔或节流管）和附加气室组成的空气弹簧兼有阻尼元件的作用，即空气阻尼式空气弹簧，其结构简图如图 5-7 所示。车身振动引起空气弹簧拉伸或压缩时，压缩空气在压差作用下在空气弹簧、附加气室之间往复流动，气体流经节流元件时产生空气阻尼，从而达到衰减振动的目的。空气阻尼式空气弹簧既是替代金属弹簧的弹性元件，又是衰减振动的阻尼元件，具有质量小、节能环保等诸多优点，有利于汽车底盘和整车轻量化，具有良好的应用前景。

a) 大气室刚度系数约为37N/mm　　b) 小气室刚度系数约为69N/mm

图 5-6　附加容积对空气弹簧刚度的影响

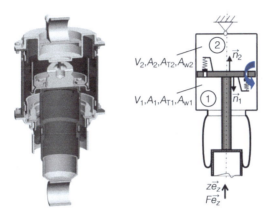

图 5-7　空气阻尼式空气弹簧结构简图

3. 主动悬架系统

主动悬架系统的主流方案为电控液压系统，其集成机械、液压、电控三项核心技术于一体，基于路况信息及驾驶员需求，通过控制各关键零部件内的油液压力，可实现底盘高度调节、悬架系统刚度调节、悬架系统阻尼调节、四轮联动等功能。对于越野车关注的苛刻恶劣环境，液压悬架具备适应能力强、可靠性高的特点。对于城市路况，液压悬架可以提升整车操纵稳定性及舒适性。另外，相较于空气悬架，其承载能力上限更高，适用于高端轿车及SUV。比亚迪云辇-P主要由多级缓冲蓄能器、减振器、云辇智算中心、四轮联动模块、悬架控制蓄能器、储液壶及悬架电机泵模块、姿态控制模块、多级刚度控制模块、连续阻尼控制模块等组成。比亚迪云辇-P悬架结构如图5-8所示。

5.1.2　智能悬架系统工作原理

汽车悬架系统本质上是一个低通滤波器，可以减弱路面起伏对车辆振动特性的影响，被动悬架的作用原理示意图如图5-9a所示。被动悬架由于参数不可调节，其性能发挥存在较大局限性。以阻尼系数为例，由于汽车的载荷、车速、路况等行驶状态会有较大变化，不同工况对阻尼大小具有不同的要求。例如，针对车身的垂向加速度改善，低频激励下期望有较大的阻尼，而中高频激励下则期望有较小的阻尼。此外，平顺性一般要求悬架具有较小的悬架刚度；而在急转弯、紧急制动和加速、高速驾驶操纵时，行驶安全性又要求悬架具有较大的悬架刚度，以保持车身的姿态和轮胎的接地性。被动悬架的阻尼特性和刚度特性无法调节，也就无法实现不同工况下对平顺性和操纵稳定性等整车性能控制目标的充分保障。直接影响动力学特性的主要方法包括两大类，一是通过调节悬架弹簧刚度或减振器阻尼的半主动悬架形式，如图 5-9b 所示；二是通过外力输入的主动悬架形式，如图 5-9c 所示。

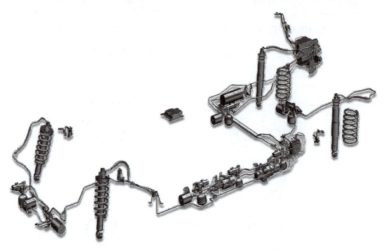

图 5-8　比亚迪云辇 -P 悬架结构

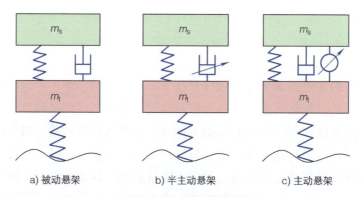

a) 被动悬架　　　　　b) 半主动悬架　　　　　c) 主动悬架

图 5-9　悬架系统基本类型

半主动悬架系统能够根据汽车载荷状态、行驶路面条件和行驶状态（加速、减速或转弯等），通过对悬架的弹簧刚度或减振器的阻尼力进行参数调节，使悬架总是处于最佳状态附近。半主动悬架系统主要有两种，一种是自适应悬架，这类悬架的阻尼系数可以缓慢地调整，通常用于调整开环结构体系。另一种是通常意义下的半主动悬架，其阻尼系数可以在较大带宽的闭环系统内进行调整。半主动悬架具有如下优点：

1）**能耗低**。因为仅需要调节减振器阻尼系数，只需要几瓦的功耗来调整液压阀孔或流体黏度。

2)安全。在半主动悬架中,其稳定性可以得到保证,因为无论阻尼系数是多少,整体系统始终是耗散性的。

3)低成本、质量轻。主要的阻尼调控技术器件(电磁阀、磁流变、电流变、空气阻尼)结构紧凑,轻量化水平高,可以低成本地进行规模化生产。

4)性能优异。通过改变阻尼系数,车辆的乘坐舒适性和路面附着性等均有望得以显著改善。

虽然改变阻尼系数可以为悬架设计提供一个较好的选择,但是即使在阻尼系数不需要快速切换的简单情况下,最佳阻尼系数的选取也是很困难的,尤其在实际控制中阻尼系数约5ms改变一次,使得最佳阻尼特性的选取很有挑战性。为了实现悬架阻尼或刚度特性的调节,典型的实现方式有以下几种:

1)传统的电液技术。基于减振器缸体内部或外部的电磁阀,通过改变阀口的大小来调整减振器的阻尼系数,主要构型包括切换式减振器和阻尼连续可调式(Continuous Damping Control,CDC)减振器等。

2)磁流变(Magneto-Rheological,MR)技术。依靠在磁场中可以改变黏度的液体来调整阻尼。

3)电流变(Electro-Rheological,ER)技术。依靠在电场中可以改变黏度的液体来调整阻尼。

4)空气弹簧技术。通过气泵改变气囊中的空气容量,实现对刚度的调节。

半主动悬架系统对阻尼或刚度进行调节,本质上是产生等效的可控作用力。然而,由于无法产生负方向的等效作用力,通常无法完全得到期望的控制力,导致控制效果与预期存在偏差。主动悬架通过作动器直接提供力作用于悬架的动力学系统,能够有效改善上述问题。主动悬架是有源控制,除导向机构外,通常包括产生作用力的作动器(液压缸、气缸、伺服电动机、电磁铁等)、测量元件(加速度、位移和力传感器等)和控制器等。为了实现主动悬架失效时的冗余或容错控制,主动悬架系统通常还并联有被动式弹簧。根据作动器的不同,主动悬架主要有以下几种实现途径:

1)液压式。采用液压元件作为作动器,通过控制液压油的流动方向及流量大小,进行车身姿态的控制及调整,包括基于伺服阀和基于电机的两种主要形式。

2)电磁式。采用电磁作动器控制力的输出,通过改变电磁线圈的电流来控制电磁铁产生的作用力,有直线电机和旋转电机两种形式。

3)油气式。核心部件为油气弹簧,由作为蓄能器的气体弹簧和具有减振功能的油缸组成,控制器控制电磁比例阀调节油缸充放油流量,实现对车身状态的控制。

主动悬架系统大致可分为三种类型:

1)载荷平衡悬架。这类悬架的工作带宽低于主要悬架偏频。

2)慢主动悬架。工作带宽在车身和车轮的振动频率之间。

3)全主动悬架,即全带宽的主动悬架系统。

主动悬架虽然有较好的发展前景,然而如何解决其可靠性、稳定性和成本方面的问题，满足功能安全的需求，仍然是大规模商业化应用的关键。

根据悬架刚度及阻尼特性控制范围、控制带宽、功率需求、对整车性能的改善效果等多个维度，对各类汽车悬架系统的基本特点进行总结，见表5-1。

表5-1 不同悬架系统的特性

系统类别	控制范围（弹簧）	控制范围（阻尼）	控制带宽/Hz	功率需求/W	控制变量	平顺性改善（%）	安全性改善（%）
被动			—	—	—	—	—
自适应			1~5	10~20	阻尼	15~20	10~25
半主动			30~40	10~20	阻尼	20~30	10~25
载荷平衡			0.1~1	100~200	静载	—	—
慢主动			1~5	1000~5000	力	>30	—
全主动			20~30	5000~10000	力	>30	>25

智能驾驶为智能悬架技术提供了新的研究和应用方向。通过智能驾驶环境感知技术，提前预知前方各种道路信息，可进一步提高悬架控制效果。基于更丰富的感知信息，智能悬架系统的典型控制行为如图5-10所示。

图5-10 基于感知信息融合的智能悬架系统

5.1.3 悬架系统性能评价

悬架系统对汽车的平顺性和操纵稳定性具有重要影响。汽车的平顺性主要是保持汽车在行驶过程中产生的振动和冲击对驾乘人员舒适性的影响在一定界限之内,对于货车还包括保持货物完好的性能。汽车的操纵稳定性是指在驾驶员不感到过分紧张、疲劳的条件下,汽车能遵循驾驶员通过转向系统及转向车轮给定的方向行驶,且当遭遇外界干扰时,汽车能抵抗干扰而保持稳定行驶的能力。针对不同的悬架系统研究模型,平顺性和操纵稳定性可以转化为典型振动特性评价问题。

1. 乘坐舒适性

智能悬架系统对乘坐舒适性的影响主要体现在以下几个方面:

1) 颠簸性。按照道路试验规程规定的方法,进行模拟路面测试。智能悬架系统需要有效吸收路面颠簸,并能够通过调节悬架阻尼和刚度,从而提高车辆的舒适性。

2) 隔声性。在噪声测试中,智能悬架系统需要在降低路噪方面表现良好,保持车内噪声水平相对较低。

3) 坐姿舒适性。结合人体工程学方法,对悬架系统进行坐姿舒适评价。悬架调节后应能提高驾乘人员的坐姿舒适性。

其中,乘坐舒适性最主要的评价指标是基于车身加速度加权均方根值,其评价函数一般定义为如下形式:

$$J_a = \left(\frac{\int_{f_{\min}}^{f_{\max}} w_a^2(f) \left| H_{\ddot{x}_s \sim x_r}(f) \right|^2 / (2\pi f)^2 \, df}{\int_{f_{\min}}^{f_{\max}} w_a^2(f) \left| H_{\ddot{x}_s \sim x_r}^{\text{nom}}(f) \right|^2 / (2\pi f)^2 \, df} \right)^{0.5} \quad (5\text{-}1)$$

式中 $H_{\ddot{x}_s \sim x_r}(f)$ ——悬架的车身加速度传递函数;

$H_{\ddot{x}_s \sim x_r}^{\text{nom}}(f)$ ——标准被动悬架的车身加速度传递函数;

$f_{\max}$ ——路面激励的上限频率;

$f_{\min}$ ——路面激励的下限频率;

$w_a(f)$ ——车身加速度加权函数,参照 ISO 2631-1:1997《机械振动与冲击 人体暴露于全身振动的评价 第 1 部分:一般要求》标准。

2. 操纵稳定性

智能悬架系统的操纵稳定性主要体现在以下方面:

1) 轮胎抓地力。智能悬架系统可以改善轮胎的附着,增强横纵向轮胎力。

2) 转向灵敏度。智能悬架系统可以快速地响应驾驶员指令,提高转向灵敏度。

3) 转弯半径。智能悬架系统在平衡弯道车速和转弯半径方面表现优异。

4) 加速平顺度。智能悬架系统在保持加速平顺的同时,可以提高车辆的行驶稳定性。

其中,操纵稳定性最主要的评价指标是轮胎变形(动载荷)均方根值,其评价函数一一般定义为如下形式：

$$J_d = \left(\frac{\int_{f_{\min}}^{f_{\max}} w_d^2(f) \left| H_{t_{\text{def}} \sim x_r}(f) \right|^2 / (2\pi f)^2 \, df}{\int_{f_{\min}}^{f_{\max}} w_d^2(f) \left| H_{t_{\text{def}} \sim x_r}^{\text{nom}}(f) \right|^2 / (2\pi f)^2 \, df} \right)^{0.5} \quad (5\text{-}2)$$

式中　$H_{t_{\text{def}} \sim x_r}(f)$——悬架轮胎动变形传递函数；

$H_{t_{\text{def}} \sim x_r}^{\text{nom}}(f)$——标准被动悬架的轮胎动变形传递函数；

$w_d(f)$——车体车轮动变形加权函数，取 $w_d(f) = \dfrac{1}{f}$。

3. 系统安全性

与智能悬架系统安全性相关的参数包括：90%阻尼力响应时间平均值、最大与最小阻尼力调节比、最大与最小可调刚度比、弹簧动静刚度比、静态主动作用力、载荷换向速度、作动器响应带宽、高频次使用后的寿命。智能悬架系统安全性评价指标是一个综合性指标，需要综合考虑以下内容：

1）**路感反馈和悬架控制**。悬架系统对路面情况的感知和反馈能力，应提供准确的路况信息给驾驶员，并对悬架系统进行实时调整，增强驾驶的舒适性和安全性。

2）**防侧滑和侧倾稳定性**。悬架系统在侧风和路面湿滑等条件下的响应能力，应减少侧滑并提供良好的抓地力，提高车辆的稳定性和安全性。

3）**紧急制动控制**。悬架系统在紧急制动时的反应速度和精确度，应确保车辆稳定并按照驾驶员的期望充分发挥制动性能。

5.2　半主动悬架系统

根据对悬架力学特性调节手段的不同，半主动悬架系统主要包括变阻尼悬架系统和变刚度空气悬架系统两大类型。

5.2.1　变阻尼悬架系统

1. 阻尼切换式悬架系统

阻尼切换式悬架系统在结构上一般通过调整减振器节流阀的开、关来实现阻尼的切换。典型的例子是德国F&S公司开发的ADC-1系统，其阻尼特性如图5-11所示，该减振器通过电机控制活塞杆内的两个旋转滑阀，实现两个相互独立的阻尼特性。该系统的阻尼切换时间较长（30~200ms），改进后，开发出了具有内

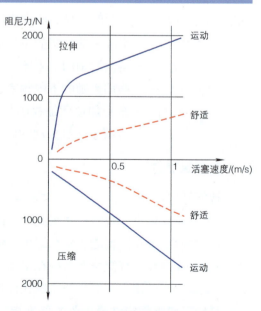

图5-11　两级切换式减振器的阻尼特性曲线

置分配阀的可调式减振器 ADC-2.2，将响应时间减少至 20 ~ 100ms。

德尔福（Delphi）公司的两档位实时自动阻尼调节系统（Bi-state Real-time Damping，SRTD）是一种半主动、两档位的自动阻尼调节系统，基于车身和车轮运动、车速、转角、制动等多个传感器的输入信息，能够对路面状况和驾驶工况做出响应，兼顾了乘坐舒适性和操纵稳定性。该系统由 4 个两档位阻尼可控减振器、4 个运动传感器和 1 个控制器等构成，并可选配 1 个转向传感器和模式选择开关。

2. 阻尼连续可调式 CDC 悬架系统

阻尼连续可调式减振器的主要功能是通过对减振器阻尼力进行连续调节，以改善车辆在不同工况时对振动和冲击的衰减性能。目前实现阻尼连续可调的减振器的主要技术路线见表 5-2。

表 5-2 阻尼连续可调减振器主要技术路线

技术路线	工作原理	响应时间	可调阻尼	应用场景
电磁阀式	通过改变电流来控制电磁阀流通截面开度，进而改变减振器油液流道截面积，从而实现阻尼力的调节	≤ 50ms	可单独调节复原或压缩阻尼，亦可联合调节复原和压缩阻尼	大批量应用于乘用车、商用车市场
磁流变式	通过改变线圈电流来改变磁场强度，从而改变磁流变液剪切强度，进而改变阻尼力。其阻尼力主要由磁流变液剪切强度和黏性阻尼力产生	≤ 15ms	复原和压缩阻尼联合调节	小批量应用于乘用车、特种车、桥梁等市场
伺服电机式	通过控制伺服电机转动来实现阀杆位置调整，从而调整减振器油液流道截面积，进而改变阻尼力	≥ 200ms	复原、压缩需不同装置分开调节	售后和改装市场
电流变式	通过高压改变电场强度，从而改变电流变液剪切强度，进而改变阻尼力。其阻尼力主要由电流变液剪切强度和黏性阻尼力产生	≤ 15ms	复原和压缩阻尼联合调节	尚无量产应用案例

（1）电磁阀式减振器

电磁阀式减振器是目前汽车主机厂广泛使用的阻尼连续可调式减振器。目前，量产车型应用的大多都是电磁阀式阻尼连续可调减振器，其结构如图 5-12 所示。电磁阀式减振器的组成主要包括：活塞杆、油封、中间缸、活塞阀、压缩阀、防尘罩、导向器、储油缸、工作缸、止动圈、电磁阀和限位支架等。较传统减振器主要增加了中间缸和电磁阀两个零部件。电磁阀的结构如图 5-13 所示，其工作原理是通过电流信号控制调节电磁阀开度的大小，进而改变减振器油液的流量，从而实现对减振器阻尼力的控制。目前汽车行业已经批量应用的阻尼连续可调减振器主要分为内置式电磁阀式减振器和外置式电磁阀式减振器两种类型，其特点对比见表 5-3。内置式电磁阀式减振器由于具有响应更快、尺寸更小、质量更小、复原阻尼可调区间更大等优势，是高端车型的优先选择。外置式电磁阀式减振器也是智能电控悬架的重要发展方向。目前使用的阀系主要是基于弹簧式和阀片式的阀系，压缩复原频率均可调节。

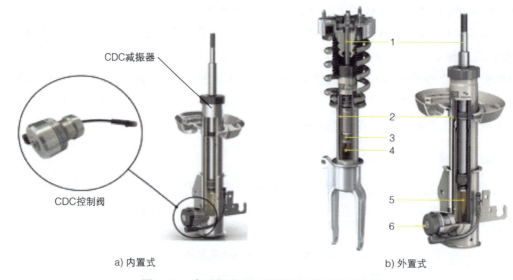

图 5-12　电磁阀式阻尼连续可调减振器结构图

1—活塞杆　2—储油缸　3—CDC 控制阀　4—工作缸　5—工作缸　6—CDC 控制阀

图 5-13　电磁阀结构示例

表 5-3　内置式和外置式电磁阀式减振器优缺点对比表

类别	优点	缺点
外置式电磁阀式减振器	并联流道，可以实现减振器阀系和电磁阀解耦，阻尼力可调性好 减振器行程长，适用于不同类型悬架结构 成本较内置式低	结构较内置式复杂，质量更大 响应时间较内置式慢
内置式电磁阀式减振器	串联流道，阻尼响应较外置快 减振器结构简单、外径尺寸小、质量小 复原阻尼可调区间大	减振器行程短，适用于不受侧向力、小悬架杠杆比的悬架 成本较外置式高

然而，单阀 CDC 的缺点在于压缩行程的阻尼可调范围小。此外，外置式电磁阀只允许油液单向流通，反向截止，复原行程和压缩行程会互相影响。为了解决这些问题，在外置式电磁阀减振器的基础上进一步改进，采用双电磁阀结构，如图 5-14 所示，一个电磁阀接入工作缸上腔，另一个接入下腔，可实现复原和压缩行程的独立调节。这样的结构能增

强电磁阀的控制效果，当仅作为电控减振器使用时，对阻尼的控制更有逻辑性。此外，单独增大减振器复原阻尼力能增强减振器对能量的耗散，单独减小减振器压缩阻尼力以减小地面对车身的反馈，从而更好地提高整车的平顺性和操纵稳定性。

电磁阀式阻尼可调减振器的理想特性可以用如下关系式来表达

$$\begin{cases} F_d(\dot{x}, I) = c(I)\dot{x} + F_0 \text{sign}(\dot{x}) \\ c(I) = \gamma I + c_0 \\ 0 \leqslant I \leqslant I_{\max} \end{cases} \quad (5\text{-}3)$$

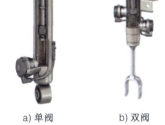

a) 单阀　　　b) 双阀

图 5-14　外置式 CDC 减振器

式中　x——活塞位移量；

　　　I——电控指令（例如电磁阀的电流），在 $I = 0$ 和 $I = I_{\max}$ 之间变化；

　　　c_0——零场阻尼，表示电控指令为 off 时达到的最小阻尼；

　　　γ——电控指令的增益；

　　　F_0——减振器的内摩擦，假定为常数。

通过调节电磁阀电流大小，可以实现对减振器阻尼特性的连续调控，电磁阀式减振器的理想阻尼特性（忽略摩擦），如图 5-15 所示，图中绘制了最小阻尼、中等阻尼以及最大阻尼 3 条曲线。

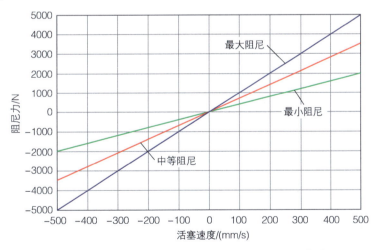

图 5-15　电磁阀式减振器的理想阻尼特性（忽略摩擦）

（2）磁流变式减振器

磁流变式减振器（MR Damper）利用的是磁流变液的物理属性，磁流变液在磁场的感应下黏度会发生改变。磁流变液是油液（通常是硅油）和对磁场敏感的微颗粒（如铁颗粒）的混合物。当没有磁场加载时，磁流变液表现为流动性较好的流体，一旦将磁场加载至液体，颗粒物会链化，液体就会变得非常黏稠。通过调节线圈电流改变磁场强度，继而改变磁流变液剪切强度，进而改变阻尼力，其阻尼力主要由磁流变液剪切强度和黏性阻尼力构成。

磁流变式减振器的结构如图 5-16 所示，工作原理如图 5-17 所示。磁流变减振器活塞上布置有可以在阻尼阀中产生磁场的线圈，活塞实际上可以看作一个磁流变阀，阻尼力是液体和阀通道摩擦作用的结果。由于无须移动任何机械部件，所以它在使用时响应非常及时。减振力仅取决于磁流变液的电流大小，最多可调整至每秒 1000 次，响应速度较普通油压减振器用的电磁阀可提高 10~100 倍。由于电流的控制是可变的，这意味着提供几乎连续变化、范围更宽的阻尼力，能更精确地控制车身俯仰和侧倾运动，从而改善接地能力、转向特性和安全性，能够更为敏感地响应来自路面的冲力。

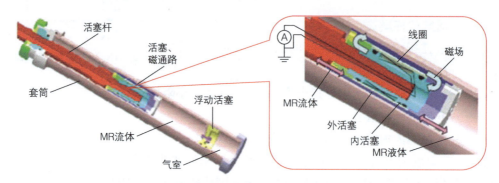

图 5-16　磁流变式减振器的结构

简化的磁流变式减振器理想特性可以用如下关系式来表示

$$\begin{cases} F_d(\dot{x}, I) = c_0 \dot{x} + F_{MR}(\dot{x}, I) \\ 0 \leq I \leq I_{max} \end{cases} \quad (5-4)$$

式中　c_0——液体自由流过活塞阻尼通道时的最小阻尼；

　　　x——活塞位移量；

　　　I——加载在线圈上的电控指令（通常是电流），在 $I=0$ 和 $I=I_{max}$ 之间变化；

　　　F_{MR}——磁流变液与活塞阻尼通道之间的摩擦力，是 I 与活塞速度 $\dot{x}$ 的非线性函数。

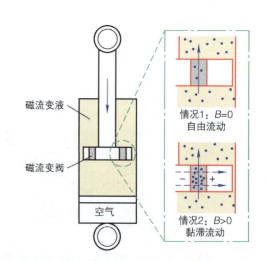

图 5-17　在有磁场和无磁场情况下磁流变式减振器的工作原理示意图（B 为磁场）

式（5-4）是对磁流变式减振器特征非常简单的描述，磁流变式减振器的理想阻尼特性，如图 5-18 所示。由于磁流变式减振器具有相对较低的最小阻尼和相对较高的摩擦，所以其阻尼曲线几乎是平直的。这种几乎平直的活塞速度-阻尼力曲线是磁流变式减振器的典型特征。

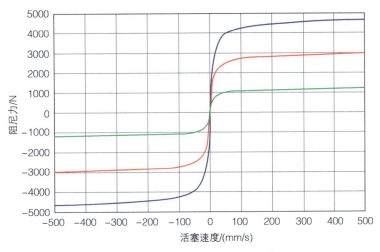

图 5-18 磁流变式减振器的理想阻尼特性

京西重工（BWI）公司的 MagneRide™ 是一种典型的磁流变式半主动悬架控制系统，该系统以来自监测车身和车轮运动传感器的输入信息为基础，做出实时响应，提供快速、平顺和连续可变的阻尼力，使车辆减少车身振动并增加轮胎与各种路面的附着力。该系统主要由以磁流变（MR）液体为介质的减振器、传感器和控制器等构成。MR 减振器所用的磁性流体中分散着铁粉微粒，通过电流产生磁场，可使铁粉按同一方向进行规则排列，从而提高切变应力。相反，如没有电流通过，铁粉的排列便呈分散状态，这时的悬架减振系统便和使用普通减振液的情况一样工作。MagneRide™ 磁流变式减振器各种类型的结构如图 5-19 所示。

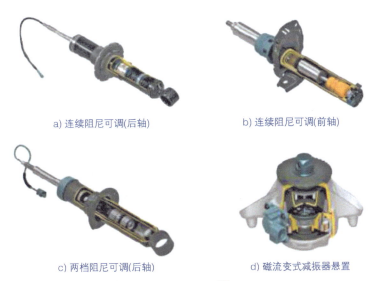

图 5-19 BWI 的 MagneRide™ 磁流变式减振器

MagneRide™ 主要特点有：
1）由于不使用电磁控制阀和小运动部件，因此结构简单，并且可靠性高。

2）作用力控制范围大，并且响应速度快（高频带宽度）。

3）低能耗（一个减振器的平均用电量仅为 5W，最高 25W）。

4）当其与集成式底盘控制相结合，可以具有更优异的车辆动力学控制性能。

（3）电流变式减振器

与磁流变式减振器类似，电流变式减振器（ER Damper）利用减振器内部流动液体（电流变液）的物理属性来实现阻尼变化。电流变液可以看作是油液和对电场敏感的微小颗粒物的混合物。当未加载电场时，液体在阻尼通道内可以自由流动；当加载电场时，颗粒表现出极性并形成链状物，因此液体由自由流动的状态变为黏塑流体。电流变式减振器的结构如图 5-20 所示。电流变式减振器可以看作一个电容，外部缸体是阳极，活塞是阴极。活塞与缸体之间的空间有电场（E）。为了获得必要的阻尼力，活塞的表面积相对较大，这会导致电流变式减振器的最小阻尼值通常比磁流变式减振器的最小阻尼值要大。但另一方面，电流变液的摩擦影响较小，并且电流变液侵蚀性更小。

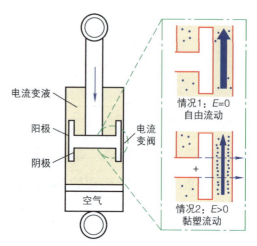

图 5-20 在有电场和无电场情况下电流变式减振器的工作原理示意图（E 是电场）

简化的电流变式减振器的理想特性可以用如下的关系式来表达：

$$\begin{cases} F_\mathrm{d}(\dot{x},V) = c_0\dot{x} + F_{\mathrm{ER}}(I,\dot{x}) \\ 0 \leqslant V \leqslant V_{\max} \end{cases} \quad (5\text{-}5)$$

式中　c_0——液体自由流过活塞阻尼通道时的最小阻尼；

　　　x——悬架的变形量；

　　　V——加载在活塞（阴极）和缸体（阳极）之间的电控指令（通常是电压）；

　　　F_{ER}——电流变液与活塞表面之间的摩擦力。

电流变式减振器的理想阻尼特性如图 5-21 所示，图中示例了电流变式减振器在 3 种电控指令下的活塞速度-阻尼力特性，其曲线形状具有电流变式减振器的典型特征。

5.2.2　变刚度空气悬架系统

空气悬架是智能悬架系统的重要类型之一，其主要功能是实现车身姿态调节，同时空气弹簧具有优异的低迟滞和可变刚度特性，能够有效改善车辆的乘坐舒适性。

空气悬架的工作原理是用空气压缩机形成压缩空气，并将压缩空气送到空气弹簧气室中，以此来改变车辆的高度。通过控制压缩机和排气阀，使空气弹簧压缩或伸长，从而起到减振的效果。相比传统悬架，空气悬架的刚度和阻尼特性都是可调的，可以与电控系统

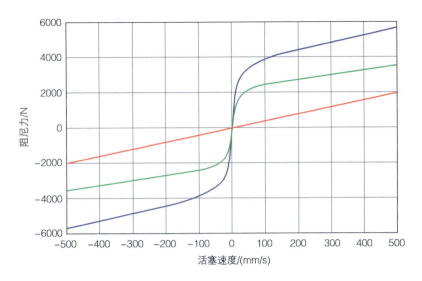

图 5-21 电流变式减振器的理想阻尼特性

相结合，使空气悬架系统的刚度和阻尼根据路面的不同而自动调节，从而实现操纵稳定性与乘坐舒适性的最优配置。空气悬架系统的基本原理，如图 5-22 所示。传感器实时采集车辆状态，经过电子控制单元（Electronic Control Unit，ECU）计算处理，得到各电磁阀相应的控制电压，电磁阀据此来确定阀的开闭大小并执行动作，由此改变空气弹簧气室内的压强，从而调节车身的振动特性，使悬架系统性能达到最优。

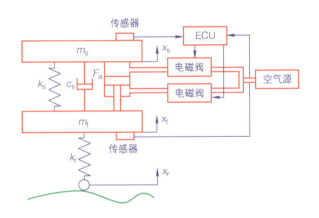

图 5-22 空气悬架系统原理图

空气弹簧和供气单元等关键部件是空气悬架的核心。空气弹簧的优点体现在：
1) 刚度非线性，弹簧刚度随载荷变化自动调节，提高乘客的舒适性。
2) 承载范围广。
3) 质量小、内摩擦小，有利于车辆轻量化和降低噪声。
4) 耐疲劳寿命高，可超过 400 万次。

空气弹簧的缺点体现在：
1) 空气弹簧的气密性标准很高，生产成本更高。

2）空气弹簧只能够承受垂直负荷，还需借助导向机构传递横向力，悬架结构复杂。

3）容易被尖锐和高温物体损坏。

空气弹簧有同轴布置和单独布置两种布置形式，如图 5-23 所示，二者的区别在于同轴布置形式中不包含减振器。图 5-24 所示为比亚迪云辇 -A 智能空气悬架系统，其前后轴分别采用了同轴布置、单独布置两种不同的空气悬架布置形式。

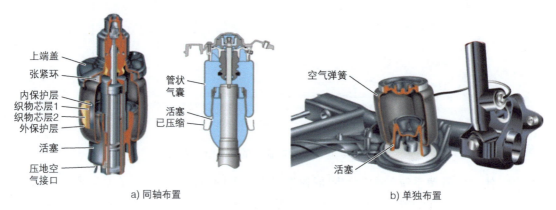

图 5-23　空气弹簧的布置形式

图 5-24　比亚迪云辇 -A 智能空气悬架系统

供气单元的主要功能是为空气弹簧提供高压气体，进而实现车辆姿态的调节。其一般组成包括：电动压缩机、分配阀、干燥剂、隔振 / 隔声装置等。根据供气单元工作时是否向大气吸气或排气，可以将供气单元分为开环式和闭环式。开环式和闭环式空气悬架系统在基本原理、阀泵体结构、气路设计以及工作模式等方面存在较大差异。其中开环式气路为：大气→干燥剂→压缩机→分配阀→储气罐→分配阀→气囊；闭环式气路为：储气罐→干燥剂→压缩机→分配阀→气囊。目前开环式和闭环式都有量产应用案例，其中闭环式方案将压缩机、分配阀、干燥剂和控制器集成，大幅减少了气管数量、减少了系统零部件数量，实现了供气单元的轻量化和集成化。闭环式较开环式的主要优点包括轻量化、能耗低、NVH 性能更好，一般不需要额外设计悬置隔振和降噪声装置。表 5-4 从结构与工作原理、噪声、升降速度、连续工作性能、设计与控制、对高原地区的适应性等方面，对开环式和闭环式空气悬架系统进行了比较说明。

表 5-4 开环式和闭环式空气悬架系统的对比

类型	开环式空气悬架系统	闭环式空气悬架系统
结构与工作原理	由各自独立的气泵、分配阀、控制器、储气罐等构成,较重,成本高,需要较大的布置空间。气路对外界开放,举升车身时将储气罐内的高压空气充到空气弹簧内,车身下降时空气弹簧内高压空气直接排向大气	将气泵、分配阀、控制器等部件集成为一体,布置空间小,质量小,有成本优势 系统气路通常情况下不与外界交互空气。需举升车身时,将储气罐内高压空气泵入空气弹簧内,需降低车身时,将空气弹簧内高压空气泵回到储气罐内,能耗较低
噪声	电机功率高,单次工作时间长,排气频次较高,工作噪声较大	电机功率低,单次工作时间短,排气频次低,工作噪声略低
升降速度	升降速度一般在 5mm/s 左右	升降速度略低于开式系统
连续工作性能	连续工作性能较差,每次举升都需要气泵将标准大气压的空气压缩到 1.8MPa 左右,单次工作时间长,产生的热量较高,不利于及时散热,在越野等颠簸路段的连续工作能力较差	连续工作能力较强。每次升降都是气泵将一定压力(高于大气压)的压缩空气压缩至 1MPa 左右,单次工作时间短,产生的热量较低,便于及时散热,连续工作能力较强
设计与控制	设计相对简单,控制方式相对单一	设计相对复杂,需 PWM 控制,控制方式更精确
对高原地区的适应性	因其充气过程需要与外界连通,低压环境下充气过程受到不利影响,充气时间大幅延长	主要为内部循环,与外界空气交互少,外界气压对系统工作基本不造成影响

5.2.3 半主动式侧倾控制系统

车辆在行驶过程中,当受到侧向力的作用,就可能会导致侧滑或侧翻等危险情况发生,这给车辆驾乘人员的安全带来了极大威胁。悬架系统需要具有合适的侧倾刚度,以提高车辆的侧倾稳定性、降低事故发生的概率。由于悬架系统的结构特点,螺旋弹簧的刚度基本决定了车身的垂直刚度和侧倾刚度,且二者高度耦合。受限于车辆行驶平顺性对垂直刚度不可过大的要求,只由螺旋弹簧提供的侧倾刚度在一些危险工况下难以有效抑制侧倾,无法保证车辆的行驶安全。

为了进一步提高车身的侧倾刚度,横向稳定杆被提出并应用。横向稳定杆通常由弹性钢材制成,设置在车辆的前后副车架上,通过橡胶衬套及安装托架与车身连接,而稳定杆扭杆的两端则与悬架系统的下摆臂或弹簧支座连接。其作用是尽量减小两侧车轮压缩程度上的差异,从而削弱侧倾运动。作为一个机械部件,稳定杆在任何驾驶状态下都起着相同的作用。稳定杆虽然能够减少弯道行驶中的侧倾,但在直道行驶时,它也不可避免地会将车辆一侧的路面冲击传递到另一侧,从而降低乘坐舒适性。因此,只有将横向稳定杆转变成一个可变系统,才能更好地兼顾安全性与舒适性。

为根本解决悬架系统设计中行驶平顺性与操纵稳定性之间的矛盾,以稳定杆为主要被控对象的侧倾控制系统应运而生。侧倾控制系统通过调整横向稳定杆的扭转角刚度,以增强抗侧倾力矩,进而降低汽车的侧倾角。这里参照半主动悬架与主动悬架的分类方法,定义需要额外能量输入的控制系统为主动式侧倾控制系统,即应用主动稳定杆的控制系统;定义不需要额外能量输入、只需要电控信号的系统为半主动式侧倾控制系统,即应用半主动稳定杆的控制系统。随着车辆底盘电动化、智能化的发展,主动和半主动侧倾控制系统得到广泛应用,促进了汽车平顺性、操纵稳定性和安全性的进一步提高。

天合（TRW）公司的半主动侧倾控制系统（Semi Active Roll Control，SARC）是该公司开发的系列安全技术之一。当汽车直线行驶时，横向稳定杆不起作用，使得汽车行驶平顺性得以显著改善，有助于抑制车辆点头，提高车辆越野路面的行驶性能；当汽车转向时，横向稳定杆发挥作用，车身侧倾角和翻车倾向得以降低。SARC系统包含一个布置于横向稳定杆端部的作动器和一个简单的电控单元，并不包含液压泵或者液压管线，该系统的突出优点是结构简单、造价低廉。作动器的工作或解除由电子稳定控制系统（Electronic Stability Control，ESC）或者其他独立的传感器所发信号决定。

德尔福（Delphi）公司的动态车身控制系统（Dynamic Body Control，DBC）是一种半主动式侧倾控制系统，系统由一个或两个可以进行解锁与锁止的半主动稳定杆组件、一个控制器和相应的车辆传感器组成。通过两个状态侧倾控制系统，DBC根据预期的车身运动状态，对半主动稳定杆组件做出状态切换的实时反应，以实现对悬架系统侧倾角刚度的控制和调节，从而降低汽车转向时的侧倾角、提高汽车直线行驶时的平顺性。在越野路面上，DBC可以通过提高轮胎的附着力来改善低速越野时的牵引特性。半主动侧倾控制系统主要应用于货车上。

采埃孚萨克斯（ZF Sachs）公司的防侧倾稳定系统（Active Roll Stabilization，ARS）通过在接近横向稳定杆中端布置的液控电机，稳定杆所产生的转矩特性就变为了可调的方式。车辆在弯道行驶时，由传感器获取车速、转向角度、纵向及横向加速度等信息，通过ECU控制比例阀来调整液压泵所产生的压力，可以增加转矩，从而降低车辆在弯道行驶中的摇摆或消减某个横向加速度。而在直道时，电控系统会降低稳定系统中的液压压力，以减小转矩，确保悬架的响应更舒适。ARS结构图如图5-25所示。在侧向加速度$0.5g$的范围内，ARS能够完全补偿由于转向导致的车身侧倾，ARS有利于改善自转向特性，可以提高转向精度。

a) ARS用作动器

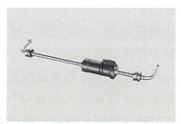
b) 横向稳定杆

图5-25　ARS结构图

宝马公司还提出了一种新型半主动稳定杆系统，该系统结合了机械和液压技术，可以通过频率选择特性阻尼来调节车辆的侧倾行为。如图5-26所示，该系统由一个机械-液压稳定杆和一套具有频率选择功能的阻尼阀组成。其工作原理是利用稳定杆两半

图5-26　具有频率选择特性阻尼的机械-液压稳定杆概念

部分的相对旋转来调整液压活塞，通过阀系调节油量流动，从而在不同频率下产生不同的阻尼力。在车辆转弯等低频工况下，该系统提供较高的阻尼力，以提高车辆的操控性和稳定性；在由路面不平度引起的轮跳等高频工况下，系统提供较低的阻尼力，以提高乘坐的舒适性。系统能够根据驾驶条件动态调整阻尼特性，实现最佳的车辆动态响应。这种设计避免了完全主动稳定杆系统的复杂性和高能耗，同时不需要额外的传感器与控制信号，简化了技术的实现，降低了成本和维护需求。同时，它有效提高了车辆的整体性能，是被动和主动稳定系统之间理想的折中方案。

5.3 主动悬架系统

5.3.1 液压式主动悬架系统

液压式主动悬架系统采用液压元件作为作动器，通过电控系统控制液压悬架系统内液压油的流动方向及流量大小来进行车身姿态的控制及调整，从而改善车辆的行驶性能。液压式主动悬架系统依据其所采用的控制执行系统的不同，可分为两类，原理如图5-27所示。图5-27a所示的液压式主动悬架系统由液压缸、液压源和电液伺服阀等组成。通过电子控制单元直接控制高精度、高灵敏度的比例阀或伺服阀，伺服阀调节液压缸内液压油的流向和流量，液压油推动液压缸活塞做功使其输出作用力。图5-27b所示的另一种液压式主动悬架系统由液压缸、齿轮泵和直流电机等组成。通过悬架系统控制器直接控制直流电机，从而控制液压泵或齿轮泵的转矩，调节液压缸活塞两侧的压力差，使液压缸产生可控的作用力。

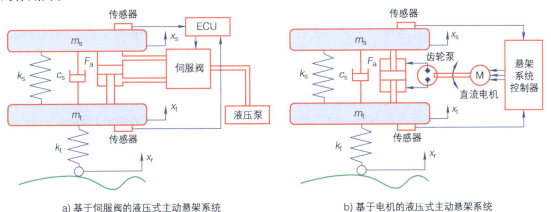

a) 基于伺服阀的液压式主动悬架系统　　b) 基于电机的液压式主动悬架系统

图 5-27　液压式主动悬架系统原理图

下面介绍几类典型车型的液压式主动悬架系统的应用。

日产（NISSAN）公司的液压式主动悬架系统（Full-Active Suspension，FAS）主要由油压系统和控制系统两部分组成。油压系统主要由储油箱、油泵、油泵储压器、组合阀、主储压器、压力控制阀及执行器组成。控制系统主要由4个车身高度传感器、3个垂向加速度传感器、2个侧向加速度传感器、1个纵向加速度传感器，以及电控单元等组成。FAS

的结构组成如图 5-28 所示。

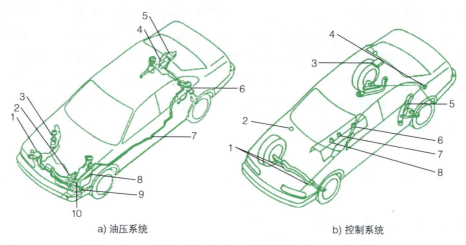

a) 油压系统　　　　　　　　　　b) 控制系统

图 5-28　FAS 的结构组成

a)
1—前端主储压器　2—前压力控制阀　3—油泵　4—执行器　5—后端主储压器
6—后压力控制阀　7—油管　8—执行器　9—储液罐　10—油液冷却器

b)
1—高度传感器　2—前端垂向加速度传感器　3—悬架控制装置　4—后端垂向加速度传感器
5—高度传感器　6—后侧向加速度传感器　7—纵向加速度传感器　8—前侧向加速度传感器

  FAS 使用油泵和带执行器的液压系统，通过电子控制装置控制，以达到改善汽车乘坐舒适性、操纵稳定性和安全性的目的。电控单元接收来自 10 个独立传感器的输入信号，经过分析处理后向执行器发出控制信号，执行器则根据电控单元的控制信号不断调整前、后悬架的液压作动力大小，进而补偿路面的下降、车身的侧倾、制动时的点头、加速时的抬头和汽车车身高度变化等影响，从而实现以下控制功能：上下振动控制功能、侧倾控制功能、俯仰振动控制功能，以及车身高度控制功能等。

  梅赛德斯 - 奔驰公司（Mercedes-Benz）的主动车身控制系统（Active Body Control，ABC），如图 5-29 所示。ABC 系统在各悬架滑柱内装有一套液力调节伺服器，可动态调整的液压缸根据不同的路面情况自动调节螺旋弹簧座的位置。当车轮遇到障碍物时，ABC 系

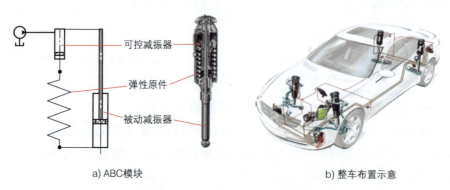

a) ABC模块　　　　　　　　　　b) 整车布置示意

图 5-29　ABC 模块及其系统应用

统通过传感器感知，自动调节弹簧座，并在弹簧座上施加压力，使之能最大限度地抵消传递给车身的跳动能量。同样，ABC 系统还能够避免轿车在制动、加速及转弯时产生车身倾斜。ABC 系统的控制感应装置每 10μs 对悬架系统做一次扫描和调整。各传感器分别向电控单元传送车速、车轮制动压力、踏动加速踏板的速度、车身垂直方向的振幅及频率、转向盘角度及转向速度等数据。电控单元不断接收这些数据并与预先设定的临界值进行比较，进而对每个车轮上的执行元件实施独立控制，从而能在任何时间、任何车轮上产生符合要求的悬架运动，以适应汽车的每一种行驶工况。

美国 Clear Motion 公司推出的集成液压全主动悬架系统，以实现对车辆悬架的实时动态调节，从而提供卓越的驾驶体验。蔚来 ET9 搭载的 CM1 主动悬架系统是这一技术的典型应用。其核心组件包括电机驱动的液压泵、噪声消除装置、内啮合齿轮泵、微型无刷直流电机，以及底部的微处理器、功率器件和传感器等。通过这些高精度设备，CM1 能够实时调整四轮的轮荷，确保车辆在各种路况下都能保持平稳。这一系统的悬架总行程可达 220mm，使车辆在起伏路面上行驶时仍然平稳不颠簸。CM1 技术的创新之处在于其高集成度的设计，这不仅提升了悬架系统的响应速度和控制精度，还能显著降低行驶过程中传递到车内的振动。例如，在官方发布的蔚来 ET9 底盘挑战视频中，车辆在水中进行高频振动测试时，车轮部分虽然剧烈振动，但车身部分却几乎保持稳定，车内的两杯水也仅有轻微的波动，展示了 CM1 优越的性能。尽管 CM1 系统在提升车辆行驶体验方面表现出色，但其高度集成的设计也给维修难度带来了挑战。复杂的技术结构要求更高的维修技术和设备，以确保系统的正常运行和维护。

5.3.2 电磁式主动悬架系统

电磁式主动悬架系统采用电磁作动器，通过改变电磁作动器中电磁线圈的电流来控制电磁铁产生的作用力，以实现电磁作动器主动控制力的输出。电磁式主动悬架系统响应速度快、可控性强，其零部件和系统配置要求较液压主动悬架低，且可以用来回收振动能量，但其体积相对较大，且成本较高。

电磁作动器通常是由具有高性能永磁材料的永磁电机与一定的连接导向机构构成，依据所采用电机结构形式的不同，可将电磁作动器分为直线电机式和旋转电机式。直线电机式电磁作动器无须加入任何传动部件，可以直接将电磁作动器的电能与车身和车轮之间相对运动的机械能相互转换，从而实现对车辆的振动控制。

荷兰埃因霍温理工大学与瑞典 SKF 公司合作研发出了一种圆筒形永磁作动器（Tubular Permanent-Magnet Actuator，TPMA），即直线电机式电磁作动器，如图 5-30 所示。直线电机式电磁作动器的优点是作动器中运

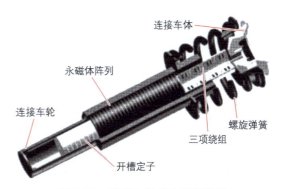

图 5-30　直线电机式电磁作动器

动机构相对较少，机械损耗非常小，可靠性高，但其漏磁非常大，输出的主动控制力相对较小，其体积通常较大，并且制造成本高。

旋转电机式电磁作动器需要采用一定的运动方式转换机构，才能将电机的旋转运动与车身车轮之间的相对直线运动相互转换，从而实现对车辆的振动控制。依据电磁作动器所采用的运动方式转换机构的不同，可将其分为滚珠丝杠型和齿轮齿条型。滚珠丝杠型旋转电机式电磁作动器如图 5-31 所示，其优点是响应速度快、工作时间长、响应精度高，且具有较小的径向尺寸，但其缺点是抗冲击能力差、轴向尺寸略长，会使悬架动行程受限。齿轮齿条型旋转电机式电磁作动器采用了旋转电机与齿轮齿条相结合的结构，如图 5-31 所示，具有易于精确控制、主动控制力可调范围广等优点，其缺点是结构尺寸较大，当路面冲击过大时容易造成齿轮齿条机构断裂失效。

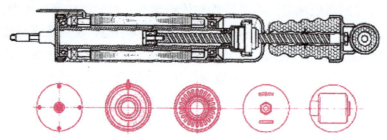

图 5-31　滚珠丝杠型旋转电机式电磁作动器

法拉利推出的 Purosangue 车型首先搭载了 Multimatic 供应商设计的 TASV（True Active Spool Value）系统，如图 5-32 所示，该系统基于主动滑阀液压减振器，通过额外配置电机增强减振性能。TASV 系统的每一个减振器都配有液冷 48V 三相无刷电机，其通过独特的齿轮箱组件将力引导到减振器活塞杆上，并且均配备有车载电机控制模块，由车辆动态控制器管理。该系统可以主动降低车辆重心，并在车辆加速、制动和转弯时控制俯仰，以最大限度地提高牵引力，并动态优化转向不足或转向过度，可以更好地控制车轮运动，在各种工况下实现更好的操纵稳定性和乘坐舒适性。

a) 整体结构　　　　　　　　　　b) 电机及传动机构

图 5-32　法拉利 Multimatic 主动系统

比亚迪云辇-Z 是一款基于纯电平台开发的车辆悬架系统，其采用悬浮电机（直线电机）代替传统的机械悬架结构，专注于车辆的垂向控制。云辇-Z 中的"Z"代表了 Z 轴即垂直方向控制。云辇-Z 的响应速度极为迅速，其调节响应时间低至 10ms，远超传统主动悬架系统，使其具备更高的调节精度和速度，为乘客提供如磁悬浮列车般平稳的乘坐体验。除了出色的调节性能，云辇-Z 在能量效率方面也表现突出。悬浮电机的直接做功方式避免了传统油液介质的能量传递损耗，同时还能通过悬浮电机直接发电，实现能量回收，为车辆电池充电。这种能量回收功能不仅提升了系统的环保性能，还延长了车辆的续驶里程。云辇-Z 首次搭载在比亚迪的百万级旗舰轿车仰望 U7 上。仰望 U7 结合比亚迪易四方的横向、纵向控制技术，再加上云辇-Z 的垂向控制，为用户提供全方位的驾驶稳定性和舒适性。

5.3.3 油气式主动悬架系统

油气式主动悬架系统的核心部件之一是油气弹簧，由作为蓄能器的气体弹簧和具有减振功能的油缸组成，油气弹簧是在膜式空气弹簧的基础上发展起来的，可以看作是空气弹簧的一种改进。油气主动悬架系统原理图如图 5-33 所示，典型油气弹簧结构及刚度特性如图 5-34 所示。油气弹簧以惰性气体作为弹性介质，将液压油密封于活塞和储能器橡胶隔膜之间，以油液传递压力，油缸内部的节流孔、单向阀等结构代替了原被动悬架系统的阻尼器。控制器根据传感器采集到的车辆状态数据控制电磁比例阀来调节油缸充放油流量，从而对车身状态进行控制。

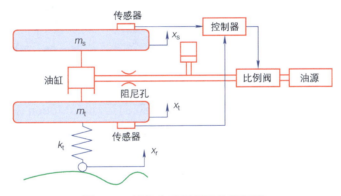

图 5-33 油气主动悬架系统原理图

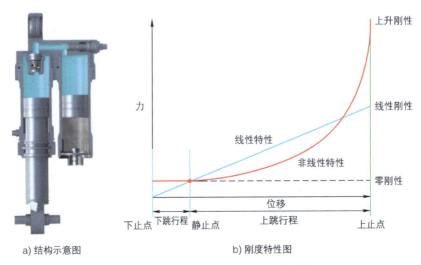

a) 结构示意图　　　　　　b) 刚度特性图

图 5-34 典型油气弹簧结构及刚度特性

图 5-35 展示了雪铁龙 C6 油气主动悬架系统的设计工程图。由此可知,油气主动悬架集弹性元件、阻尼元件和力发生器于一体,形成了独立的悬架系统。油气主动悬架系统具有单位储能比大、结构紧凑和刚性闭锁等优点,但其制造成本高、维护相对困难,且很难在 −40℃的温度下正常工作。

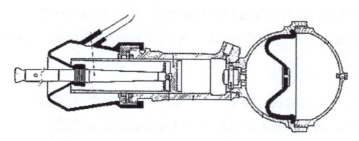

图 5-35 雪铁龙 C6 油气主动悬架系统的设计工程图

主动悬架发展至今,除了上述液压式、电磁式、油气式的几类典型结构外,还有其他创新形式的方案设计。如图 5-36 所示,采埃孚推出的 sMotion 系统也属于一种主动悬架系统。不同行驶工况通常需要特定的减振器作用力以更好地平衡平顺性和路面附着性的要求,CDC 系统作为无源性的系统通常无法产生期望的作用力。sMotion 系统在 CDC 技术的

图 5-36 采埃孚 sMotion 系统

基础上发展而来,在每个车轮悬架中都集成了一个 2.5kW 电子液压泵,使油压增加到高于或低于减振器活塞,从而控制减振器活塞杆进行双向运动。sMotion 系统的创新之处在于采用了外源电动系统提供额外作用力,通过减振器结构主动地上拉和下推车轮,动态地改善车轮接地情况,以调整车身姿态。例如,当前方有坑洞时,被动系统会使车辆陷入坑洞,而 sMotion 系统通过摄像头等对路面状况识别后,通过预测控制技术,可以主动伸长活塞杆,以保证车身水平。当车辆转弯时,转向内侧的两个车轮可收缩,而外侧车轮则延展,从而减少车身的倾斜。在制动或驱动工况下,同时抬高或降低同轴的两侧车轮,可改善车身俯仰。同样,在路面颠簸的驾驶情况下同样能对车身的侧倾和俯仰进行综合控制和改善。sMotion 系统可以主动控制 5Hz 频率范围内的振动,对低频振动进行有效抑制。针对高频激励,如井盖、交叉连接处、粗糙沥青或砾石,sMotion 系统则可采用配备的 CDC 减振器进行协同调节改善。

5.3.4 主动式侧倾控制系统

主动稳定杆作为主动式侧倾控制系统的作动器,利用电动或液压装置,能够输出抗侧倾力矩来主动调节车辆的侧倾稳定性。其优势显而易见:主动稳定杆能够有效减少车身在转弯时的侧倾程度,从而提高车辆的操纵稳定性和行驶平顺性,使驾驶员更加安全和舒适。此外,主动稳定杆可以根据不同的驾驶条件和路面情况进行实时调节,保证了车辆在各种工况下的最佳性能表现。

主动稳定杆根据作动器能量来源的不同分为电动式和液压式两种主要类型。如图 5-37 所示，系统包括传感器、控制器和执行器。传感器用于检测车辆侧倾状态，控制器根据传感器的反馈信号对执行器进行主动控制。电机式主动稳定杆利用电动机控制扭杆的旋转，而液压式主动稳定杆则通过液压系统来实现转矩输出。与液压系统相比，电机式系统具有更高的响应速度和精确度。

目前电机式主动稳定杆中使用的作动器大多为技术成熟的无刷直流电机。此外，将磁阻电机应用于主动稳定杆中的设计也在一些研究中出现。磁阻电机相较于无刷直流电机的优点是无退磁、响应快、起动转矩大以及具有良好的抗堵转能力。但由于磁阻电机结构复杂、质量过大、控制复杂等技术原因，并没有在实践中广泛使用。

由于主动稳定杆需要的输出转矩极大，但是其对输出的工作行程要求并不高。因此，电机式主动稳定杆需要配套设计对应的大传动比减速机构，且其体积需要足够小巧以配合主动稳定杆在底盘系统中的布置。目前主流的设计方案是分别采用行星齿轮和谐波齿轮进行减速增扭。其中德系车大多采用行星齿轮减速器，它的承载能力较强，但是体积偏大，在布置上受到一定约束。例如，舍弗勒设计的采用了三级行星齿轮的电机式主动稳定杆（图 5-38）。而谐波齿轮结构承载能力较弱，其相对行星齿轮也更加复杂，目前主要在日系高端越野车上使用。

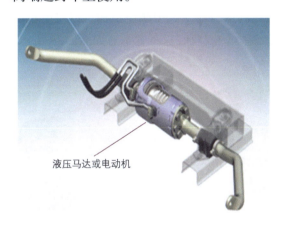

图 5-37　主动横向稳定杆

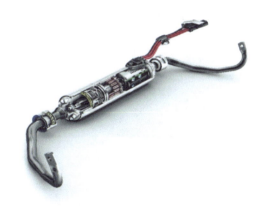

图 5-38　舍弗勒主动稳定杆

目前应用在轻型乘用车上的主动稳定杆大多采用连接大传动比减速机构的电机作为作动器，配以控制系统，为两侧非簧载质量提供等大反向的力偶，以实现对车身侧倾的主动控制。然而，这种设计只能提供等大反向的力偶，在路面激励等需要考量平顺性的工况中没有明显作用，设计不当甚至会对车辆行驶平顺性产生负面影响。同时，电机与大传动比减速机构体积较大，会占用轴上布置空间。基于平顺性、经济性、布置空间等方面的考量，这种构型的主动稳定杆并没有在追求极致越野与操纵性能的车辆上广泛使用。

德尔福（Delphi）公司的自动稳定杆系统（Active Stabilizer Bar System，ASBS）是一种主动侧倾控制系统，系统由一个或两个受控的主动稳定杆模块、一个液压源、一个带有整体式阀门和压力传感器的液压管路、一个控制器和车用传感器（例如转向角度传感器、横向加速度传感器、车速传感器等)等组成。其主要的性能优点表现为：在正常行驶工况下，降低横向稳定杆作用力和减少路面冲击；在转向和剧烈行驶状态下，精确控制车身侧倾，甚至可到零；增强了车轮牵引力，显著提高了驾乘舒适性和越野性；能和制动系统与转向系统集成，进一步提高车辆的稳定性和控制性。该系统能产生的最大侧倾力矩为 4000~6000N·m，具有良好密封性能的执行器工作压力为 180bar（1bar = 10^5Pa），系统的液压和机械模块可满足 0.5m 深的涉水需求。

天合（TRW）公司的主动动态控制（Automotive Active Dynamic Control，ADC）系统由布置在横向稳定杆端部的两个电控液压作动器来实现侧倾力矩的调节。当加速度传感器检测到由于汽车转向所引起的侧向加速度时，将为电控单元发出信号，电控单元经分析处理后，通过转向助力泵中的液压系统和相应的阀系驱动作动器，产生附加侧倾力矩，以实现侧倾力矩的调整。当汽车直线行驶时，ADC 系统的液压系统释放对横向稳定杆的作用，以使汽车达到更好的舒适性。当汽车在中等强度的转向工况，并达到 0.4g 侧向加速度情况下，ADC 系统几乎可以完全抵消由转向所引起的车身侧倾角，但当侧向加速度超过此限值之后，电控作动器将释放部分作用，允许产生一定的车身侧倾角，以提醒驾驶员该转向工况强度较大，从而保证路感。

主动侧倾控制（Active Roll Control，ARC）系统在车辆前后轴各配置一个，单个系统都没有传感器、控制器以及由电机和减速机构构成的执行器，其中减速机构可以在电机驱动时让左右摇臂反向转动（侧视车辆）。ARC 系统基本构成及底盘布置示意如图 5-39 所示。被动稳定杆与 ARC 抗侧倾效果对比如图 5-40 所示。

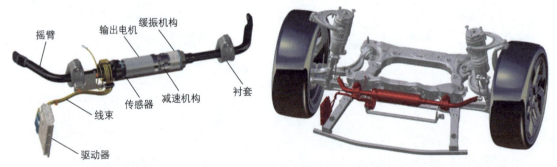

图 5-39 ARC 系统基本构成及底盘布置

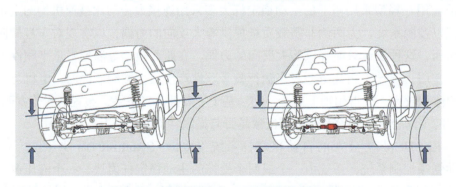

图 5-40 被动稳定杆与 ARC 抗侧倾效果对比

在良好水平路面直线行驶的情况下，悬架系统的作用是最小化车辆的侧倾，并提供轻微的支持以保持车辆的稳定性。此时稳定杆完全与悬架系统解耦，不发挥作用。在此工况下，悬架系统的控制目标为提升行驶平顺性，路面激励传递至悬架的振动由螺旋弹簧和阻尼装置进行控制。

在凹凸不平路面或是未铺装路面上直线行驶时，路面的颠簸不平会导致车辆的侧倾和不稳定，影响驾驶员的舒适性和安全性。此时就需要主动稳定杆发挥提升操纵稳定性的作用。系统会根据左右悬架的位移情况来调节稳定杆的工作模式，当检测到左右悬架位移差值较大时连接两侧杆体，此时相当于被动稳定杆发挥作用。稳定杆可以有效减少车辆的侧倾和颠簸感，从而提高驾驶舒适性和稳定性。

在稳态转向工况下，主动稳定杆的作用是降低车身侧倾角，以增强车辆的操纵稳定性。在高速转弯或快速变道时，系统会根据转向盘转角和左右悬架的位移情况来调节稳定杆的工作模式。电机会首先开始工作，通过提供主动防侧倾力矩，稳定杆能够抵消车辆转向时产生的侧倾。当速度过快或是侧向加速度过大时连接左右扭杆，增强车辆的操纵稳定性。在极限工况下降低侧倾，保证车辆行驶的安全性。ADC 典型行驶场景说明见表 5-5。

表 5-5 ADC 典型行驶场景说明

序号	电机状态	稳定杆状态	应用场景
1	无电信号给电机	此时稳定杆左右断开，左右两侧车轮和车身不受任何来自 ARC 的约束	应用于车辆正常直线行驶工况，此时可认为稳定杆不起到任何作用
2	电机执行驱动指令	电机通过减速机构驱动左右摇臂反向扭转	应用于车辆转弯且转向盘处于转动的情况，此时电机驱动两侧摇臂反向扭转来控制车身姿态，旨在使车身实现或水平或向内侧倾的姿态
3	电机执行锁止指令	电机和减速机构锁死，使左右摇臂成为一体，以保持当前车身姿态	应用于车辆转弯且转向盘处于静止的情况，此时电机和减速机构锁死，以保持当前车身姿态，直至完成转弯为止。车轮回正后又进入无电信号状态

本章习题

一、选择题

1.汽车主动悬架与半主动悬架的本质区别是（　　）。
A.主动悬架更复杂　　　　　　　　B.主动悬架为有源控制
C.半主动悬架便宜　　　　　　　　D.半主动悬架不需要预瞄

2.多腔空气弹簧相较于单腔空气弹簧的优势在于（　　）。
A.阻尼可调　　　　　　　　　　　B.刚度可调
C.高度可调　　　　　　　　　　　D.刚度、高度皆可调

3.采埃孚公司生产的 CDC 减振器如何实现阻尼系数调节？（　　）
A.通过电磁阀改变阀口开度　　　　B.通过外界磁场改变油液黏度
C.通过伺服电机转动调整阀杆　　　D.通过外界电场改变油液黏度

4. 主动悬架中，直线电机式电磁作动器相比滚珠丝杠型旋转电机式电磁作动器的主要优势是（　　）。

  A. 漏磁较小   B. 径向尺寸较小

  C. 体积较小   D. 运动机构相对较少

5. 小米 SU7 Max 版本智能悬架系统搭配了空气弹簧和 CDC 减振器，此种悬架形式被称为（　　）。

  A. 油气主动悬架系统   B. 电磁主动悬架系统

  C. 空气主动悬架系统   D. 液压主动悬架系统

二、简答题

1. 列出悬架系统的组成，分析发展智能悬架的必要性。

2. 阐述智能悬架主要形式以及分类依据。

3. 分别列举半主动悬架、主动悬架系统的典型结构，并阐述其工作原理。

4. 分析空气悬架的适用场景、优势，以及未来技术趋势。

5. 对比主动悬架的不同结构形式，说明各类形式的优缺点。

6. 结合本章所学内容，进行文献检索，论述目前汽车电动化、智能化、网联化给智能悬架系统开发以及应用带来的挑战与创新机遇。

三、综合应用题

1. MagneRide 系统是磁流变式减振器的典型产品。2020 年 10 月 15 日，凯迪拉克正式发布了全新的 MagneRide 4.0 悬架系统，如图 5-41 所示。该系统已应用于 2021 款凯迪拉克 CT5-V 和 CT4-V 车型上。MagneRide 4.0 悬架阻尼响应速度相较于上一代系统提升了 45%，这套系统是目前世界上响应最快的悬架系统之一。

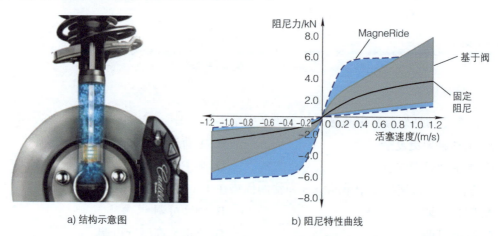

a) 结构示意图   b) 阻尼特性曲线

图 5-41　MagneRide 4.0 悬架系统

1）请进行文献检索，对 MagneRide1.0～4.0 不同发展阶段的技术特点进行综合对比分析。

2）分析 MagneRide4.0 的工作原理，并论述其对汽车操纵稳定性、行驶平顺性等汽车性能的影响。

2. 2023 年 4 月 10 日，比亚迪汽车发布了"云辇"技术，共包含云辇 -C、云辇 -A、云辇 -P 以及云辇 -X 四套不同取向的车身控制系统。云辇 -C 类似于市场上常见的 CDC 可变阻尼减振器，在比亚迪汉和唐的高配车型上搭载这套系统。该系统利用电磁阀来调节减振器的阻尼特性，以实现阻尼的无级自适应调节。在路况不好时，中央控制系统会以微秒级的处理时间来调节阻尼强度，对来自路面的颠簸能起到有效缓冲的作用，快速抑制车辆行驶时产生的上下振动。在行驶中紧急制动、高速过弯等情况时，系统将提供硬性支承力，以加强车辆的操控性。

1）综合运用所学知识，分析云辇 -C 的工作原理。如需进一步提升该系统的性能，有可能在哪些方面开展工作？

2）综合运用所学知识，分析云辇 -P 及云辇 -X 的技术路径。

3）分析比亚迪"云辇"技术与 Clear Motion 公司主动悬架技术的特点，尝试提出主动悬架系统可能的新方案。

第6章
智能底盘运动控制技术

学习目标

1. 掌握典型的车辆模型及轮胎模型。
2. 理解典型的底盘驾驶工况感知算法的原理。
3. 掌握底盘的纵向、横向及垂向控制方法。
4. 了解底盘的多系统协同控制方法。

课前小讨论

特斯拉的Autopilot系统和奥迪的Traffic Jam Assist系统使用了高级驾驶辅助系统（ADAS），高级驾驶辅助系统集成了多个独立的驾驶辅助功能，如车道保持辅助（LKA）、车道偏离预警（LDW）、自动紧急制动（AEB）等，通过协同工作来提高车辆的安全性和驾驶体验。国内的各大厂商也推出了各自的智能底盘控制系统，智能底盘运动控制已然成为车辆智能化不可或缺的一环，你认为智能底盘运动控制技术在安全性、可靠性和智能化方面的发展应该是怎样的，并讨论自动驾驶技术和智能交通系统的发展对智能底盘运动控制技术的影响。

底盘智能化的发展对驾乘安全性和舒适性也有了更进一步的要求。近年来，伴随着电子技术、传感器技术和车载网络技术的发展，汽车底盘的主动安全技术及相应的执行机构也得到高速发展，例如防抱死制动系统、主动悬架系统和电子稳定性控制系统等。这些控制功能的引入提升了车辆底盘的控制品质，也给底盘控制带来了新的挑战。本章主要介绍轮胎及车辆建模方法、驾驶工况感知，以及底盘纵、横、垂及融合控制技术等内容。

6.1 轮胎及车辆模型

6.1.1 轮胎模型

轮胎与地面的接触作用是汽车实现运动的根本原因，轮胎与路面的接触区域称为轮胎的接地印迹（简称接地印迹），在这个区域内，轮胎与路面相互作用，产生使汽车实现各种运动的力。车辆驱动、制动、转向以及承载均来自于轮胎接地印迹内的各方向力和力矩。车辆的动力学性能以及底盘控制系统的开发很大程度上都依赖于轮胎力学特性的研究。然而，轮胎结构、材料特性、行驶环境以及使用工况非常复杂，轮胎自身在力的传递过程中会发生较大的变形，使得轮胎成为一个"侧向-纵向-垂向"复杂耦合的非线性动力学系统，极大增加了轮胎力学特性研究的难度，轮胎动力学机理不够明确。

总体来看，目前，轮胎动力学模型根据建模方法的不同主要可以分成三类：理论模型、经验模型和半经验模型。

1）轮胎理论模型也叫分析模型或物理模型，通过对轮胎真实物理结构进行简化，分析轮胎印迹内的变形机理，建立对轮胎力学特性的数学描述；该模型对于分析轮胎力学现象的物理本质、研究结构参数对力学特性的影响等具有重要的意义。但理论模型常存在多种简化，且形式复杂、计算效率低，因此很难在实际车辆动力学研究中进行应用。

2）经验模型则是直接对不同条件下的轮胎试验数据进行拟合，因此与试验结果吻合较好，应用方便。但是由于缺乏理论基础，经验模型不具有外推和预测能力，且由于轮胎使用工况复杂多变，若要全面表达轮胎的力学特性，所需的试验工作量极其巨大。

3）半经验模型则结合了前两类模型的优点，不仅理论精度高、外推性好，还可以描述轮胎的一些基本物理和结构特性，仿真精度高，与试验数据吻合得很好。

1. 轮胎坐标系

在研究轮胎力时，坐标系是一切的出发点。轮胎坐标系的 X、Y 轴设定在接地平面上，如图 6-1 所示。相对于 X、Y 轴，定义 Z 轴为右手坐标系，垂直于路面向上。由于附加了外倾角，轮胎坐标系与轮胎一起，都不会向外倾角方向倾斜。X 轴的正方向设定为轮胎前进方向，以 X、Y 轴的正方向来规定 Z 轴的正方向。轮胎中心点相对路面的前进方向涉及其在接地平面上的投影轴。轮胎行进方向轴代表轮胎的（车辆）行驶结果。

（1）侧偏角与滑移率

如果选取侧偏角作为轮胎输入，当从车辆的运动方向观察轮胎时，侧偏角

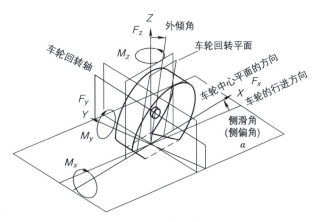

图 6-1 轮胎坐标系

为轮胎坐标系 X 轴（平行于轮胎回转平面）相对于轮胎中心前进方向的倾斜角度，绕 Z 轴向右旋转为正。当从轮胎坐标系的视角观察轮胎时，侧偏角为轮胎坐标系 X-Z 平面与轮胎中心面的夹角，绕 X 轴向右旋转为正。滑移率有多种定义，《汽车工程手册》中提到的常规定义是，如果轮胎的转动角速度为 ω，轮胎的前进速度为 v，轮胎的滚动半径（动态负荷半径）为 r，那么驱动时有

$$S = \frac{r\omega - v}{r\omega}(S>0) \tag{6-1}$$

制动时有

$$S = \frac{r\omega - v}{v}(S>0) \tag{6-2}$$

这里用常数 r 表示轮胎的滚动半径，但实际上轮胎的滚动半径受轮荷与侧偏角等条件影响，会发生微小的变化。因此，尽管所定义的滑移率由上述公式规定，但实际上很多时候无法实现高精度测量滑移率。

（2）力与力矩的定义

力可理解为路面作用到轮胎上的力分解到轮胎坐标系的各轴方向组成部分上的合力。在表示纵向力的 X 轴方向上，轮胎自由转动时所受到的来自路面的滚动阻力为负，驱动时轮胎因其所传递的驱动转矩而承受的来自路面的反作用力为驱动力（F_x），方向为正。制动时为制动力（F_x），方向为负。而在表示侧向力（F_y）的轮胎坐标系 Y 轴方向上，轮胎所承受的来自路面的反作用力为正方向。附加在轮胎上的侧偏角是侧向力的主要诱因，二者的关系是当侧偏角向正方向变化时，侧向力也会向正方向变化。在表示垂直力（F_z）的 Z 轴方向上，轮胎所承受的来自路面的力（轮荷）为正。

在轮胎坐标系围绕各轴的转动中，力矩分别被定义为倾覆力矩（M_x）、滚动阻力矩（M_y）和自动回正力矩（M_z）。

当以"转矩"形式称呼 M_z 时，意在强调轮胎围绕 Z 轴的转动是力矩作用的结果。M_x、M_y 是力矩本身，轮胎在该轴方向上不允许转动，因此其会作用在悬架上，用"力矩"表示（严格来讲，在 Z 轴方向上无法自由转动，然而从车辆视角出发，创立了自动回正这一表达词语）。并且，M_z 相对侧偏角摆动范围的变化是侧偏角向正向轻微变化时为负，因而通常用相反的符号定义自动回正力矩 M_z，在侧偏角的正向上，自动回正力矩为正。

实际测量轮胎力、力矩时是在轮胎中心测量，需要将测量结果转换为轮胎坐标系中的值。应当注意力矩的值因坐标系具体情况会有很大差异。

此外，美国汽车工程师学会（SAE）提出的用于描述轮胎六分力的 SAE 坐标系得到了广泛的应用，如图 6-2 所示。对路面提供的接地印迹内的分布力，常将其向印迹中心进行简化，形成一空间力系，称为"轮胎六分力"。

SAE 坐标系规定：取地球中心方向为轴，按照其坐标系，轮荷 F_z 写为负，满足坐标系的负值称作"法向力（Normal Force）"，其反向值定义为"垂向力（Vertical Force）"，轮荷

值使用正号。侧偏角向右转弯为正、向左转弯为负,侧向力向右转弯为正、向左转弯为负。

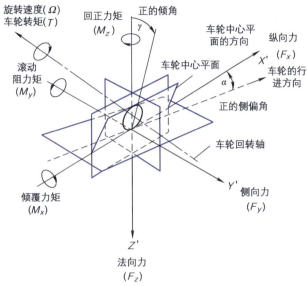

图 6-2 SAE 中的轮胎坐标系

根据轮胎坐标系,通常将轮胎力学特性分为平面内(in-plane)特性及平面外(out-of-plane)特性两类,平面内特性包括轮胎的纵向力、垂直力及滚动阻力矩特性,平面外特性包括轮胎的侧向力、回正力矩及翻转力矩特性。轮胎侧偏特性属于平面外特性。

2. 轮胎刚度

考虑轮胎特性时,首要因素是轮胎在坐标系上各轴向的刚度。这些刚度支撑着车辆与路面的接触。特别重要的是径向刚度(Z 轴方向),它对车辆的稳定性有着重要作用。一般而言,车身由悬架弹簧和轮胎并排组合支撑。悬架弹簧的刚度通常为数十牛/毫米,而轮胎的刚度则略高一些。悬架弹簧主要吸收车身在几赫兹频率下的振动,而轮胎的纵向刚度主要吸收数十赫兹频率的路面输入振动。纵向刚度主要由胎压决定,通常设置在 200kPa 左右,其范围约为 150~250N/mm。在乘用车上,轮胎的半径约为 300mm,需要确保轮胎与地面接触面在能够充分发挥性能的形状范围内。因此,适当调整胎压非常重要。

在常用载荷范围内,轮胎的径向刚度对轮荷的依赖性较小,基本保持常量。最好在轮胎滚动状态下进行测量,因为在静止状态下测量时,力与变形的曲线具有滞后特性。径向刚度主要由轮胎胎面环的刚度和轮胎内部空气的压力构成,与胎压基本成正比。然而,高胎压会降低乘坐舒适性、增加车辆行驶噪声,从而影响主观性能。近年来,随着对汽车油耗要求的提高,对于电动汽车等车辆,要求设置更高的胎压,这使得权衡胎压与运动性能之间的关系变得更加复杂。

侧向刚度(沿 Y 轴方向)直接影响着轮胎产生的侧向力,对车辆的运动性能有较大影响。其主要受到胎面环刚度的影响,相比径向刚度,侧向刚度对胎压和轮荷的依赖性较小,但与径向刚度有关。在乘用车上，轮胎的侧向刚度约为 100～200N/mm。

纵向刚度（沿 X 轴方向）会影响 ABS 控制、制动和驱动感觉等方面。它主要由胎面胶、胎面环以及受胎压支撑的轮胎胎侧刚度构成。纵向刚度受胎压和轮荷的影响比侧向刚度大 2 倍以上。在乘用车上，轮胎的纵向刚度通常大于侧向刚度，约为 200～400N/mm。

扭转刚度（绕 Z 轴旋转的方向）与转向时的转向反作用力相当。它受到胎面环刚度、胎压支撑的轮胎胎侧部位刚度和接地形状的影响。接地宽度和长度越大，扭转刚度就越大。不同于其他刚度，扭转刚度随胎压的增加而下降。

3. 轮胎的侧偏特性与线性化轮胎模型

轮胎的侧偏特性是轮胎力学特性的一个重要组成部分，侧偏特性主要是指侧偏力、回正力矩与侧偏角的关系。忽略回正力矩的影响，针对侧偏力与侧偏角的关系进行了仿真分析。当轮胎处于一边滚动一边侧滑状态时，在轮胎上会发生摩擦力。此摩擦力在轮胎侧向的分力是侧向力，切向的分力是滚动阻力，在与轮胎前进方向成直角的分力为侧偏力，而在前进方向的分力是侧偏阻力。由于滚动阻力较小，且随着侧偏角没有太大的变化，故可以略而不计。因此在侧偏角小的情况下，侧向力和侧偏力大体上可以看作是同样的值。

图 6-3 给出了一条由试验测出的侧偏力-侧偏角曲线。当轮胎侧偏角 α 不超过 5°时，可以认为侧偏力 F_y 与侧偏角 α 呈线性关系，即将轮胎模型简化为线性模型。在汽车正常行驶时，侧向加速度通常不超过 0.4g，侧偏角不超过 4°～5°，可以认为侧偏力与侧偏角呈线性关系。轮胎的侧偏特性曲线在侧偏角 $\alpha = 0°$ 处的斜率称为侧偏刚度 k，单位为 N/rad 或 N/(°)。

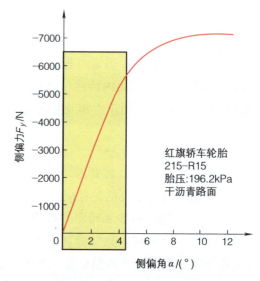

图 6-3 轮胎的侧偏特性曲线

由轮胎坐标系的规定可知，轮胎侧偏力与侧偏角符号相反，因此侧偏刚度为负值。在轮胎侧偏刚度线性化区域，侧偏力 F_y 与侧偏角 α 的关系可以表示为

$$F_y = C\alpha \tag{6-3}$$

式中，C 为侧偏刚度，是决定汽车操纵稳定性的重要轮胎参数，较高的侧偏刚度绝对值可以保证汽车良好的操纵稳定性。当轮胎的侧偏角较大时，轮胎的侧偏特性曲线斜率逐渐减小，轮胎发生侧滑甚至达到附着极限。

轮胎模型的线性化是车辆动力学模型线性化的基础，最为常用的线性二自由度车辆动力学模型就建立在轮胎线性化的条件假设之上。这种线性模型的关键在于模型的系数与实际的轮胎输出响应是否接近，而非模型本身。

4. 轮胎理论模型

常用的轮胎理论模型有刷子轮胎模型和 fiala 轮胎模型等。

（1）刷子轮胎模型

作为轮胎动力学分析最典型的理论模型，刷子轮胎模型在轮胎建模和理论研究中被广泛应用。刷子轮胎模型基于弹性胎面和刚性胎体的物理假设，假定轮胎弹性完全集中在具有刷子变形特征的胎面上，而将胎体视为刚性体（即不考虑胎体弹性）。简言之，刷子轮胎模型是只考虑胎面弹性而将胎体视为刚性的简化理论模型。

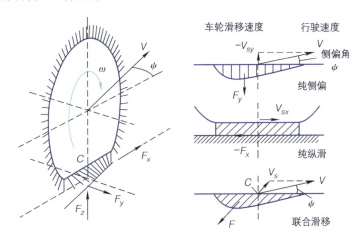

图 6-4　刷子轮胎模型

刷子轮胎模型通过考虑轮胎与地面之间的摩擦力和轮胎纵横向滑移来描述车辆的纵向力和横向力。每个车轴上的等效集中车轮力用单一附着系数的刷子轮胎模型来建模，等效轮胎可以通过侧偏刚度 C_α 和纵向刚度 C_κ 来表征，两个参数可以通过直线制动和斜坡转角输入来辨识得到。纵向力 F_x 和侧向力 F_y 是侧偏角 α、滑移率 κ、垂直载荷 F_z 以及路面附着系数 μ 的函数。当 $\gamma > 3\mu F_z$ 的时候，轮胎出现饱和，并且有最大轮胎力。

数学公式表达式为

$$\gamma = \sqrt{C_\kappa^2\left(\frac{\kappa}{\kappa+1}\right)^2 + C_\alpha^2\left(\frac{\tan\alpha}{\kappa+1}\right)^2} \tag{6-4}$$

$$F = \begin{cases} \gamma - \dfrac{1}{3\mu F_z}\gamma^2 + \dfrac{1}{27\mu^2 F_z^2}\gamma^3, & 当\ \gamma < 3\mu F_z \\ \mu F_z, & 当\ \gamma > 3\mu F_z \end{cases} \tag{6-5}$$

$$F_x = \frac{C_\kappa}{\gamma}\left(\frac{\kappa}{\kappa+1}\right)F \tag{6-6}$$

$$F_y = \frac{-C_\alpha}{\gamma}\left(\frac{\tan\alpha}{\kappa+1}\right)F \tag{6-7}$$

在单纯转向操作过程中，没有驱动力矩或者制动力作用在车轮上，$\kappa = 0$，对应最大侧向力的峰值侧偏角 α^{peak} 为

$$\alpha^{\text{peak}} = \arctan\left(\frac{3\mu F_z}{C_\alpha}\right) \tag{6-8}$$

刷子轮胎模型可为深入理解和分析轮胎力学特性及其建模机理提供具体方法，为建立复杂的或精确的轮胎力学理论模型或半经验模型提供理论依据。

（2）fiala 轮胎模型

fiala 轮胎模型在胎面部分采用与刷子模型相同的弹性假设，假定胎面由一排与地面平性接触的弹性刷子组成；在胎体部分与刷子模型的刚性假设不同，fiala 模型将胎体带束视为建立在弹性基础上可以产生侧向变形的弹性梁。由于公式推导复杂，fiala 模型的应用不如刷子模型广泛，这里不做具体介绍。

5. 轮胎经验模型

（1）Dugoff 轮胎模型

Dugoff 轮胎模型是一种经验模型，通过考虑轮胎与地面之间的摩擦力和轮胎侧向滑移来描述车辆的横向力和纵向力。Dugoff 轮胎模型将车辆分为纵向和侧向两个方向，并考虑轮胎的侧向力和纵向力对车辆运动状态的影响。由于其所需参数较少，表达形式简单，因此在车辆状态估计中，Dugoff 轮胎模型有较多的应用。Dugoff 轮胎模型可以通过下面一系列公式来描述，这些公式用于计算轮胎和道路之间的力学参数，并进一步分析车辆的行驶稳定性和操控性能。

$$F_y = \frac{C_y \tan\alpha}{1+\sigma} f(\lambda) \tag{6-9}$$

$$F_x = \frac{C_x \sigma}{1+\sigma} f(\lambda) \tag{6-10}$$

$$f(\lambda) = \begin{cases} 1, & \text{当 } \lambda \geq 1 \\ (2-\lambda)\lambda, & \text{当 } \lambda < 1 \end{cases} \tag{6-11}$$

$$\lambda = \frac{\mu F_z (1+\sigma)}{\sqrt{(C_x \sigma)^2 + (C_y \tan\alpha)^2}} \tag{6-12}$$

（2）魔术公式轮胎模型

魔术公式（Magic Formula）轮胎模型是近年来在学术界和产业界应用最为广泛的轮胎模型。魔术公式轮胎模型是一种利用三角函数的组合来拟合试验轮胎数据的模型。这套公式具有高度的统一性，能够通过一套形式相同的公式完整地表达轮胎在不同工况下的纵向

力、侧向力、回正力矩、反转力矩以及滚动阻力等力学特性，即使在纵向力和侧向力联合作用的情况下，也能给出准确的预测。魔术公式轮胎模型的一个重要特点是其拟合参数都具有明确的物理意义，这使得在设定这些参数的初值时相对容易。此外，由于魔术公式轮胎模型是基于大量的试验数据拟合得出的，它在试验数据覆盖的范围内具有很高的精度。不仅如此，即使在超出试验范围极限值以外的一定程度内，它仍然能够给出相对合理的预测。尽管魔术公式轮胎模型具有如此高的拟合精度，但由于其公式中通常包含多个三角函数项和复杂的参数，因此计算量相对较大。然而，这一特性并不影响它在产品设计、汽车动态模拟以及试验对比等需要精确描述轮胎力学特性的领域中的广泛应用。在这些领域中，对轮胎力学特性的精确描述至关重要，而魔术公式轮胎模型正好能够满足这一需求。

魔术公式轮胎模型是相对 4 个输入，即轮荷 F_z、侧偏角 α、外倾角 γ 和滑移率 κ，产生 3 个输出，即纵向力 F_x、侧向力 F_y 和自动回正力矩 M_z。模型大致分为两部分，分别为纯转向与纯制动驱动时输出的 Pure 模型和用摩擦椭圆描述转向与制动驱动复合状态输出的复合 Combined 模型，如图 6-5 所示。

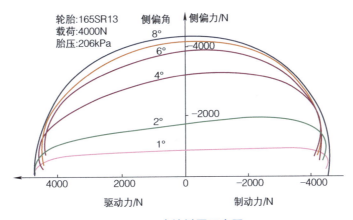

图 6-5 摩擦椭圆示意图

在 Pure 模型中，轮胎的 F_x 与 F_y、M_z 各特性，在分别取滑移率 κ 与侧偏角 α 为横轴的弯曲测量数据中，相对 κ 与 α 的 0 点，基本上是点对称的线。借助函数近似这种特性线时，一般会用某些奇函数近似，在魔术公式中使用 sin 函数。sin 函数本身具有周期性，扩展 X 轴可控制此周期，能够形成接近轮胎特性线的曲线。具体来讲是利用 arctan 函数的特征，即使 x 的值（α 与 κ）变大，X 轴上的函数值也不会变大。据此，改变函数式中的常数，能够表现出大致相当于 1/4 周期需要的 F_x 与 F_y 特性与 1/2 周期需要的 M_z 特性。基于某一轮荷与外倾角设定条件，得出 κ 与 α 扫频测量时的特性线，使用包含 6 个常数的函数公式来近似。6 个常数表示的是曲线的特征。所得出的 6 个常数只能近似为一个轮荷与外倾角时的特性。只有各轮载荷与外倾角的组合条件数重复，才会产生 6 个常数，因此，近似每个常数作为轮荷与外倾角的函数。各常数的近似公式是相对轮荷与外倾角的线性函数公式与二次函数公式。

魔术公式的统一表达形式为

$$\begin{cases} y(x) = D\sin\{C\arctan\{Bx - E[Bx - \arctan(Bx)]\}\} \\ Y(x) = y(x) + S_v \\ x = X + S_h \end{cases} \quad (6\text{-}13)$$

式中　Y——侧向力、纵向力或回正力矩；

　　　X——侧偏角或纵向滑移率；

　　　D——峰值因子；

　　　B——刚度因子；

　　　C——曲线形状因子；

　　　E——曲线曲率因子；

　　　S_h——曲线水平方向偏移；

　　　S_v——曲线垂直方向偏移。

1）纯侧偏工况 F_y 模型。 在 F_y 模型方面，首先由于摩擦系数随轮胎接地面压力变化而变化，针对规定最大值的常数 D，用摩擦系数与轮荷成正比的、负荷的一次函数公式表现。常数 BCD 表示刚性值，此值与载荷的关系用轮荷的二次函数公式近似，利用魔术公式的近似公式，易于对应大载荷区域的特性。此近似公式中的系数表示峰值与相应载荷值。因系数而附加的外倾角使 BCD 减小。用常数 BCD 除以 C 与 D，求出刚度因子 B。曲线曲率因子 E 主要适用于特性的线性区域之后的形状，考虑到不同轮荷下的变化，形成了轮荷的一次函数公式。F_y 以及侧偏角方向的偏置量分别是常数 S_v 和 S_h，表示外倾角（相当于外倾横向推力）与轮荷（相当于变向横向力），F_y（复合输入模型中为 F_{y0}）的模型公式为

$$\begin{cases} Y_y = F_y \\ X_y = \alpha \\ D_y = \mu_y F_z \\ \mu_y = F_z + a_2 \\ BCD_y = a_3 \sin\left[2\arctan\left(\dfrac{F_z}{a_4}\right)\right](1 - a_5|\gamma|) \\ C_y = a_0 \\ B_y = BCD_y / C_y D_y \\ E_y = a_6 F_z + a_7 \\ S_{hy} = a_8 \gamma + a_9 F_z + a_{10} \\ S_{vy} = a_{11} F_z \gamma + a_{12} F_z + a_{13} \end{cases} \quad (6\text{-}14)$$

2）纯侧偏工况 M_z 模型。 M_z 与 F_y 特性通常一同测量，会进行与 F_y 大致相同的模型化，但非线性特性强于 F_y 特性，为此采用了另外的近似公式。自动回正刚性 A_s 因轮荷增加而急剧增大，因而 BCD 的近似公式也变成几何级数，并且还采用外倾角的影响作为系数。在常数 S_v 的近似公式中，存在外倾角与轮荷的相乘项，同其他项的系数一样，难以简单求解。

在这种情况下,有时会把此系数设置为 0,忽略不计。魔术公式的基本公式是 sin 函数,如同 M_z,峰值后的侧偏角范围宽泛,大侧偏角时的近似精度会下降。M_z 的模型(复合输入模型中为 M_{z0})公式为

$$\begin{cases} Y_z = M_z \\ X_z = \alpha \\ D_z = c_1 F_z^2 + c_2 F_z \\ BCD_z = (c_3 F_z^2 + c_4 F_z)(1 - a_6 |\gamma|) \exp(-c_5 F_z) \\ C_z = c_0 \\ B_z = BCD_z / C_z D_z \\ E_z = (c_7 F_z^2 + c_8 F_z + c_9)(1 - c_{10} |\gamma|) \\ S_{hz} = c_{11} \gamma + c_{12} F_z + c_{13} \\ S_{vz} = (c_{14} F_z^2 + c_{15} F_z) \gamma + c_{16} F_z + c_{17} \end{cases} \quad (6\text{-}15)$$

3)纯纵向工况 F_x 模型。在 F_x 模型方面,用滑移率 κ 代替侧偏角,形成近似公式。原始魔术公式中,对 κ 的定义仅限于制动时,驱动时也可同样处理。BCD 的近似公式与制动驱动时的刚性相当,是类似 M_z 的公式。F_x 的模型(复合输入模型中为 F_{x0})公式为

$$\begin{cases} Y_x = M_x \\ X_x = \kappa \\ D_x = \mu_x F_z \\ \mu_x = b_1 F_z + b_2 \\ BCD_x = (b_3 F_z^2 + b_4 F_z) \exp(1 - b_5 F_z) \\ C_x = c_0 \\ B_x = BCD_x / C_x D_x \\ E_x = b_6 F_z^2 + b_7 F_z + b_8 \\ S_{hx} = b_9 F_z + b_{10} \\ S_{vz} = 0 \end{cases} \quad (6\text{-}16)$$

4)复合输入模型。复合 $F_x - F_y$ 模型:同时输入侧偏角与滑移率时(此处称为复合输入),将这两个不同的量合并处理成一个量(侧滑量 σ),再进一步应用摩擦椭圆的概念。简化的侧滑量的定义为

$$\begin{cases} \sigma = \sqrt{\sigma_x^2 + \sigma_y^2} \\ \sigma_x = -\dfrac{\kappa}{\kappa + 1} \\ \sigma_y = -\dfrac{\tan \alpha}{\kappa + 1} \end{cases} \quad (6\text{-}17)$$

在联合工况下轮胎纵向力 F_x 与侧偏力 F_y 的关系为

$$F_x = \frac{\sigma_x}{\sigma} F_{x0} \qquad (6\text{-}18)$$

$$F_y = \frac{\sigma_y}{\sigma} F_{y0} \qquad (6\text{-}19)$$

6. 轮胎半经验模型

目前，最为经典而常用的轮胎半经验模型是 UniTire 模型。UniTire 模型是用于车辆动力学仿真和控制的非线性非稳态轮胎模型，能够准确描述轮胎在复杂工况下的力学特性。UniTire 模型以理论模型为基础，采用无量纲的表达形式，具有统一的滑移率定义、统一的无量纲印迹压力分布表达、统一的各向轮胎力无量纲建模、统一的各向摩擦系数表达、无量纲边界条件的统一满足、不同速度下轮胎模型的统一表达、稳态与非稳态特性的统一，以及侧倾、转偏作用与侧偏特性的统一，不仅能够对各种工况下的轮胎力学特性进行高精度的表达，还具有良好的外推能力和预测能力，能够对复合工况、不同路面和不同速度下的轮胎特性进行准确的预测。

UniTire 模型于 1986 年首次提出，在发展过程中坚持以理论模型为基础而逐渐形成完整的半经验模型，不仅对各种工况具有很好的表达能力，而且模型简洁，且具有突出的预测能力和外推能力。UniTire 在整个建模过程中贯穿以下基本思想。

1) **坚持无量纲表达**。无量纲表达能够反映轮胎力学特性的本质，具有以下优势：统一地表达不同载荷下的力学特性；统一地表达不同路面和速度下的力学特性；统一地表达纯工况和复合工况力学特性；统一地表达侧/纵向摩擦系数。

2) **坚持以理论模型为基础，但避免采用过于复杂的理论模型**。以简化理论模型为框架建立基本方程；以精细理论模型解释胎体弹性、摩擦特性等引起的特殊现象为指导，结合试验数据，选取经验表达，最大限度地结合理论模型和经验模型的优势。

3) **"分离摩擦系数"思想**。采用无量纲表达能够将路面摩擦系数从轮胎模型中分离出来，从而使 UniTire 模型具有不同道路条件和行驶速度下的表达能力。

4) **高精度且具有尽量少的模型参数和试验工作量**。轮胎模型的表达精度是车辆动力学分析与控制的基础，而表达简洁和试验工作量小同样十分重要，直接决定了模型的易用性和工程应用价值。

7. 轮胎中高频动态模型

车辆在高速行驶的过程中，由于不平路面激励、制动力矩变化、轮胎的不均匀性等因素的影响，轮胎往往表现为中高频瞬态特性。针对关乎车辆平顺性、耐久性和舒适性的轮胎中高频力学特性，环模型是目前应用最广泛的中高频轮胎模型。典型的环模型包括刚性环轮胎模型（图 6-6）和柔性环轮胎模型，二者都被应用于研究轮胎的中高频特性及其对整车动力学的影响。

1) SWIFT（Short Wavelength Intermediate Frequencz Tire Model）是典型的刚性环轮胎

模型,它将轮胎带束层简化成具有 6 个自由度的刚性环,在刚性环和路面之间连接具有 3 个自由度的接地质量块,如图 6-7 所示。SWIFT 轮胎模型主要由四部分组成,包括魔术公式、接地质量块滑移模型、刚性环模型和等效路面模型。魔术公式用来表达轮胎的非线性稳态特性;接地质量块滑移模型用来表达轮胎非线性瞬态特性;刚性环模型用于表达胎体的高频振动;等效路面模型用于描述 3D 不平路面。

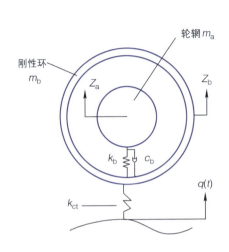

图 6-6 刚性环轮胎模型

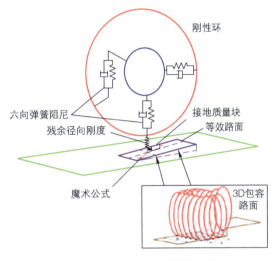

图 6-7 SWIFT 轮胎模型示意图

2)FTire(Flexible Ring Tire Model)是典型的柔性环轮胎模型,如图 6-8 所示。它是一种完全意义上的包含非线性面内和面外特性的轮胎模型,属于基于空间三维非线性的结构化轮胎模型,仿真频率高达 200Hz。FTire 轮胎模型由四部分组成,包括结构模型、胎面模型、热模型和磨损模型。其中,结构模型描述轮胎的结构刚度、阻尼和惯性特性,胎面模型描述路面高度、胎面变形和路面摩擦系数,并计算地面压力和接地印迹。

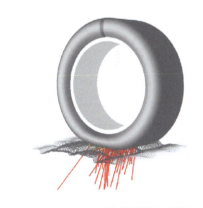

图 6-8 FTire 轮胎模型示意图

8. 爆胎轮胎模型

轮胎是汽车与地面接触的唯一部件,能缓冲并吸收汽车行驶过程中的振动和冲击,提供汽车行驶所需的纵向力和侧向力。而爆胎后,轮胎的结构改变,势必导致其纵向和侧向特性变化,形成与非爆胎轮的力学特性差异,如图 6-9 所示。

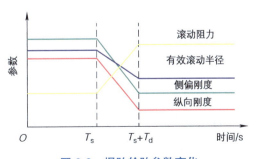

图 6-9 爆胎轮胎参数变化

在 GT175/60 R14 轮胎上进行不同垂直载荷下标准胎压和零胎压的低速试验，试验结果表明：爆胎后，滚动阻力系数增大 10～30 倍，侧偏刚度和纵向刚度下降为正常情况的 10%。以 215/60 R16 轮胎为例，对爆胎轮垂向刚度、横向刚度的变化情况进行详细分析，可以得到爆胎前后垂向刚度、横向刚度变化规律，并以此建立爆胎轮胎三维有限元模型，可以定量揭示爆胎轮胎 X、Z 轴的特性变化：不同胎压轮胎爆胎垂向刚度降低幅度不尽相同，横向刚度差别不大，减小量在 30% 左右。综上所述，目前对爆胎前后轮胎的变化有基本一致的认识，如轮胎有效滚动半径、径向刚度、侧倾刚度、侧偏刚度减小，滚动阻力增加；并且以上特征参数的变化也是导致轮胎力学性能变化的主要原因。

6.1.2 多自由度车辆动力学模型

车辆动力学模型一般用于分析车辆的平顺性和车辆操纵稳定性。建立车辆动力学模型，需要综合考虑各种实际因素，准确反映车辆实时响应。行驶中的汽车是一个复杂的非线性动力学系统，包括纵向、横向、垂向等多个自由度。简单的 2-DOF 模型并不能很好地描述整车运动，过多的自由度模型虽然能够更加准确地反映整车运动，但是往往会出现仿真时间过长、抖振等情况，给仿真和控制带来了困难。车辆动力学模型中所使用的主要符号见表 6-1。

表 6-1 车辆动力学模型中所使用的主要符号

符号	内容
m	车辆质量
I_z	车辆横摆惯性力矩
L	轴距
L_f/L_r	前/后车轴至质心点间的距离
v	车速
v_x/v_y	质心点的纵向速度、侧向速度
a_x/a_y	纵向加速度、侧向加速度
ψ	横摆角
ω_r	横摆角速度
β	质心点的侧偏角
δ_f	前轮实转角
δ_w	转向盘转角
C_f/C_r	车辆前轴/后轴的侧偏刚度

1. 坐标系定义

首先定义坐标系。坐标系主要包括大地坐标系和车身坐标系，如图 6-10 所示。轮胎坐标系依据具体的轮胎模型定义。

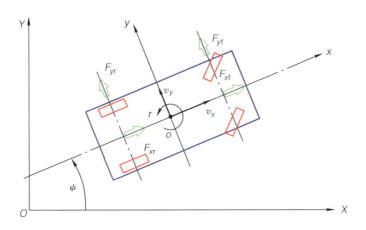

图 6-10 大地坐标系与车身坐标系

定义大地坐标系的坐标原点为汽车初始位置时质心在地面的投影 O，X 轴正向与汽车初始前进方向相同，Z 轴正方向垂直于地面向上，Y 轴分别与 X 轴、Z 轴垂直指向车身侧向，正方向通过右手定则确定。车身坐标系定义在车身质点 o 位置，x 轴指向汽车的前进方向，z 轴沿车身垂直线背离地面方向，y 轴沿着车身侧向，与 x 轴、z 轴共同构成右手坐标系。正常情况下，在车身坐标系下，车辆上的作用力沿着三个轴分布，如图 6-11 所示。

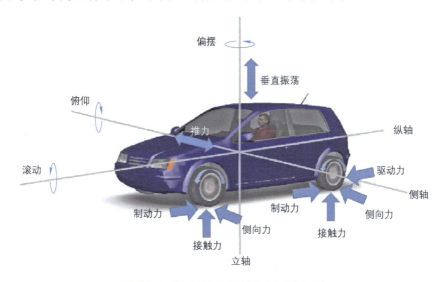

图 6-11 车身坐标系下车辆受力与运动

1）x 轴上的力：驱动力、制动力、滚动阻力和拖曳阻力。车辆绕 x 轴做侧倾运动，沿 x 轴做纵向平动。

2）y 轴上的力：转向力、离心力和侧风力。车辆绕 y 轴做俯仰运动，沿 y 轴做横向平动。

3）z 轴上的力：地面支持力、风压力。车辆绕 z 轴做横摆运动，沿 z 轴做垂向平动。

车身坐标系到地面坐标系的速度关系换算公式如下：

$$\begin{cases} \dot{X} = v_x\cos\psi - v_y\sin\psi \\ \dot{Y} = v_y\cos\psi + v_x\sin\psi \\ \dot{\psi} = w_r \end{cases} \quad (6\text{-}20)$$

2. 单轨二自由度车辆动力学模型

单轨线性二自由度模型又称自行车模型，是车辆动力学最为经典和基础的模型，由于其线性、自由度少的特点，可以较为简单地进行稳态求解。线性二自由度模型考虑车辆的横向运动和横摆运动，需要基于以下一系列条件建立：

1）只考虑纯侧偏轮胎特性，忽略轮胎力的横纵向耦合关系，车辆的轮胎满足侧偏特性处于线性范围，忽略左、右车轮轮胎由于载荷和路况变化而引起的轮胎侧偏特性的变化以及轮胎回正力矩的作用。

2）忽略转向系统的影响，直接以前轮转角作为输入，且前轮转角不太大。

3）忽略悬架系统的影响，只考虑车辆平行于地面的平面运动。

4）不考虑车辆所受纵向力以及纵向速度 v_x 的变化。

5）不考虑车辆所受的空气动力作用。

线性二自由度模型虽然有其局限性，但对于满足条件的车辆动力学稳定性分析有较好的效果，误差处在可以接受的范围内。且相比于更高自由度的模型，二自由度模型可以较为简单地获得解析解，无需通过复杂的计算和约束进行数值求解，具有很大的便利性。经典的线性二自由度车辆模型如图 6-12 所示。

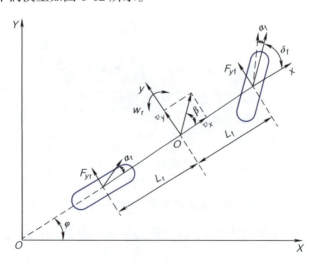

图 6-12 线性二自由度车辆模型示意图

记 L_f 为车辆质心到前轴的距离；L_r 为车辆质心到后轴的距离；C_f 为车辆前轴的侧偏刚度（取负值）；C_r 为车辆后轴的侧偏刚度（取负值）；m 为车辆质量；I_z 为车辆横摆转动惯量；v_x 为纵向车速；v_y 为横向车速；ω_r 为横摆角速度；δ_f 为前轮转角输入，认为左前轮右前轮转角相等；α_f 和 α_r 为前、后车轮的侧偏角；F_{yf} 和 F_{yr} 代表前轴和后轴的侧偏力；F_{xf}

和 F_{xr} 为作用在前轴和后轴的地面纵向力。在车辆模型自身坐标系下，根据横向（y）与横摆方向的受力分析可以近似得到

$$\begin{cases} F_{yf}\cos\delta_f + F_{yr} = ma_y \\ L_f F_{yf}\cos\delta_f - L_r F_{yr} = I_z \dot{\omega} \end{cases} \quad (6\text{-}21)$$

根据刚体的平面转动理论，车辆的横向加速度为

$$a_y = \dot{v}_y + v_x \omega_r \quad (6\text{-}22)$$

同样，前后车轮的侧偏角为

$$\begin{cases} \alpha_f = \beta + \dfrac{L_f \omega_r}{v_x} - \delta_f \\ \alpha_r = \beta - \dfrac{L_r \omega_r}{v_x} \end{cases} \quad (6\text{-}23)$$

认为车轮侧偏力与侧偏角呈线性关系，即 $F_{yf} = C_f \alpha_f$，$F_{yr} = C_r \alpha_r$。由于质心侧偏角 $\beta = \dfrac{v_x}{v_y}$ 很小，因此可以近似地认为 $\dot{\beta} = \dfrac{\dot{v}_x}{v_y}$，由此可以得到

$$\begin{cases} \dot{\beta} = -\dfrac{C_f + C_r}{mv_x^2} v_y - \left(1 + \dfrac{C_f L_f - C_r L_r}{mv_x^2}\right) + \dfrac{C_f}{mv_x}\delta_f \\ \dot{\omega}_r = -\dfrac{C_f L_f - C_r L_r}{I_z v_x} v_y - \left(1 + \dfrac{C_f L_f^2 + C_r L_r^2}{I_z v_x}\right) + \dfrac{C_f L_f}{I_z}\delta_f \end{cases} \quad (6\text{-}24)$$

值得注意的是，线性二自由度模型将两侧车轮简化为一个集中车轮，对于四轮的车辆模型，前后轴的侧偏刚度为单轮侧偏刚度的 2 倍。

3. 三自由度车辆动力学模型

车辆二自由度模型建立在纵向车速 v_x 恒定的基础上，只关注车辆的横向运动以及横摆运动，因此是唯一线性且能够稳态解析求解的车辆动力学模型。但由于其过于简化，考虑的运动自由度过少，因此应用场景受到限制。当考虑车辆纵向速度变化时，常常使用考虑车辆纵向、横向、横摆运动的三自由度车辆动力学模型。同样的，三自由度车辆模型也假设车辆左右对称，忽略俯仰以及侧倾运动、空气动力学、轮胎侧偏特性的变化等条件进行简化，具体的推导公式为

$$\begin{cases} F_{xf}\cos\delta_f + F_{xr} = ma_x \\ F_{yf}\cos\delta_f + F_{yr} = ma_y \\ L_f F_{yf}\cos\delta_f - L_r F_{yr} = I_z \dot{\omega} \end{cases} \quad (6\text{-}25)$$

根据刚体的平面转动理论，车辆的纵、横向加速度为

$$\begin{cases} a_x = \dot{v}_x - v_y \omega_r \\ a_y = \dot{v}_y + v_x \omega_r \end{cases} \quad (6\text{-}26)$$

同样，前后车轮的侧偏角为

$$\begin{cases} \alpha_f = \beta + \dfrac{L_f \omega_r}{v_x} - \delta_f \\ \alpha_r = \beta - \dfrac{L_r \omega_r}{v_x} \end{cases} \quad (6\text{-}27)$$

认为车轮侧偏力与侧偏角呈线性关系，即 $F_{yf} = C_f \alpha_f$，$F_{yr} = C_r \alpha_r$。由于质心侧偏角 $\beta = \dfrac{v_x}{v_y}$ 很小，因此可以近似地认为 $\dot{\beta} = \dfrac{\dot{v}_x}{v_y}$，将公式代入受力方程可以得到

$$\begin{cases} \dot{v}_x = a_x + w_r \beta v_x \\ \dot{\beta} = -\dfrac{C_f + C_r}{m v_x^2} v_y - \left(1 + \dfrac{C_f L_f - C_r L_r}{m v_x^2}\right) + \dfrac{C_f}{m v_x} \delta_f \\ \dot{\omega}_r = -\dfrac{C_f L_f - C_r L_r}{I_z v_x} v_y - \left(1 + \dfrac{C_f L_f^2 + C_r L_r^2}{I_z v_x}\right) + \dfrac{C_f L_f}{I_z} \delta_f \end{cases} \quad (6\text{-}28)$$

此外，还有在二自由度模型的基础上考虑悬架系统的影响，建立了包含簧上质量侧倾自由度的三自由度动力学模型。

4. 七自由度车辆动力学模型

在三自由度车辆模型的基础上增加 4 个轮胎的转动即构成了七自由度车辆模型。七自由度车辆模型包括车辆的横摆、侧向和纵向运动过程的分析，也考虑了载荷对轮胎特性的影响，加入了滑移率这个对车辆动力学有重要影响的变量，尽可能考虑轮胎特性对车辆运动过程的影响，减少过多自由度对仿真效率的影响，如图 6-13 所示。

对整车进行动力学分析，车辆存在车辆坐标系下沿 x 轴的纵向力平衡、沿 y 轴的侧向力平衡、绕 z 轴的力矩平衡以及 4 个车轮的力矩平衡。记 L_f 为车辆质心到前轴的距离；L_r 为车辆质心到后轴的距离；C_f 为车辆前轴的侧偏刚度（取负值）；C_r 为车辆后轴的侧偏刚度（取负值）；m 为车辆质量；I_z 为车辆横摆转动惯量；v_x 为纵向车速；v_y 为横向车速；w_r 为横摆角速度；δ_f 为前轮转角输入，认为左前轮右前轮转角相等；l_{tw1} 和 l_{tw2} 为前后轴的轮距；α_f 和 α_r 为前、后车轮的侧偏角；F_{yf} 和 F_{yr} 代表前轴和后轴的侧偏力；F_{xf} 和 F_{xr} 为作用在前轴和后轴的地面纵向力。在车辆模型自身坐标系下，根据纵向（x）、横向（y）与横摆方向的受力分析有

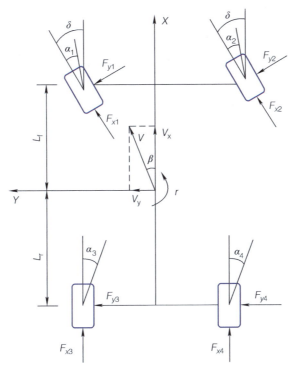

图 6-13 七自由度车辆模型

$$\begin{cases} ma_x = m(\dot{v}_x - v_y\omega_r) = (F_{xfl} + F_{xfr})\cos\delta_f - (F_{yfl} + F_{yfr})\sin\delta_f + F_{xrl} + F_{xrr} \\ ma_y = m(\dot{v}_y + v_x\omega_r) = (F_{xfl} + F_{xfr})\sin\delta_f + (F_{yfl} + F_{yfr})\cos\delta_f + F_{yrl} + F_{yrr} \\ I_z\dot{\omega}_r = [(F_{xfl} + F_{xfr})\sin\delta_f + (F_{yfl} + F_{yfr})\cos\delta_f]L_f + (F_{xrr} - F_{xrl})\dfrac{l_{tw2}}{2} + \\ \qquad [(F_{xfr} - F_{xfl})\cos\delta_f + (F_{yfl} - F_{yfr})\sin\delta_f]\dfrac{l_{tw1}}{2} - (F_{yrl} + F_{yrr})L_r \end{cases} \qquad (6\text{-}29)$$

4 个车轮的力矩平衡方程为

$$I_{tw}w_i = -R_w F_{xi} - T_{bi} + T_{di}, \quad i = \text{fl}, \text{fr}, \text{rl}, \text{rr} \qquad (6\text{-}30)$$

式中 I_{tw}——车轮滚动转动惯量；

w_i——各轮轮速；

R_w——轮胎半径；

T_{bi}——各轮的制动力矩；

T_{di}——各轮驱动力矩。

当车辆存在侧向加速度和纵向加速度时，车辆会发生载荷转移，4 个轮胎的载荷重新分配，得到 4 个轮胎的载荷为

$$\begin{cases} F_{zfl} = mg\dfrac{L_r}{2L} - m_s a_x \dfrac{h}{2L} - m_s a_y \dfrac{hL_r}{dl} \\ F_{zfr} = mg\dfrac{L_r}{2L} - m_s a_x \dfrac{h}{2L} + m_s a_y \dfrac{hL_r}{dl} \\ F_{zrl} = mg\dfrac{L_f}{2L} + m_s a_x \dfrac{h}{2L} - m_s a_y \dfrac{hL_r}{dl} \\ F_{zrr} = mg\dfrac{L_f}{2L} + m_s a_x \dfrac{h}{2L} + m_s a_y \dfrac{hL_r}{dl} \end{cases} \quad (6\text{-}31)$$

式中 F_{zi} ——各轮垂向力；

m_s ——簧上质量；

L ——轴距，$L = L_f + L_r$；

d ——平均轮距，$d = \dfrac{l_{tw1} + l_{tw2}}{2}$；

h ——质心到地面的距离。

根据车辆动力学特性可以得出 4 个车轮的侧偏角公式：

$$\begin{cases} \alpha_{fl} = \delta_f - \arctan\left(\dfrac{v_y + L_f \omega_r}{v_x - \dfrac{l_{tw1}}{2}\omega_r}\right) \\ \alpha_{fr} = \delta_f - \arctan\left(\dfrac{v_y + L_f \omega_r}{v_x + \dfrac{l_{tw1}}{2}\omega_r}\right) \\ \alpha_{rl} = -\arctan\left(\dfrac{v_y - L_r \omega_r}{v_x - \dfrac{l_{tw2}}{2}\omega_r}\right) \\ \alpha_{rr} = -\arctan\left(\dfrac{v_y - L_r \omega_r}{v_x + \dfrac{l_{tw2}}{2}\omega_r}\right) \end{cases} \quad (6\text{-}32)$$

各车轮轮心在车轮坐标系下的纵向速度 V_{ti} 为

$$\begin{cases} V_{tfl} = \left(v_x - \dfrac{l_{tw1}}{2}\omega_r\right)\cos\delta_f + (v_y + L_f \omega_r)\sin\delta_f \\ V_{tfr} = \left(v_x + \dfrac{l_{tw1}}{2}\omega_r\right)\cos\delta_f + (v_y + L_f \omega_r)\sin\delta_f \\ V_{trl} = v_x - \dfrac{l_{tw2}}{2}\omega_r \\ V_{trr} = v_x + \dfrac{l_{tw2}}{2}\omega_r \end{cases} \quad (6\text{-}33)$$

各车轮滑移率定义为

$$\lambda_i = \frac{V_{ti} - w_i R_w}{V_{ti}}$$

5. 十四自由度车辆动力学模型

车辆十四自由度动力学模型综合了车辆的操纵模型和平顺模型，将车辆视为一个多刚体系统，包括 1 个簧上质量刚体和 4 个非簧上质量刚体。自由度包括 4 个车轮的纵向旋转自由度、转向自由度，车体的 6 个自由度，包括在车体坐标系内 x、y、z 的纵向、横向、垂向平动和绕 x、y、z 轴的翻滚、俯仰和横摆运动。在此基础上建立车辆十四自由度动力学模型。整个模型以转向盘转角 δ_w、驱动力矩 T_d、制动力矩 T_b 作为输入参量，通过建立各坐标系之间的相互转换关系，定义轮胎、簧下质量、悬架系统和车身等模块之间的相对位置关系并对其运动状态参量进行求解，具体的建模过程可以参考诸多十四自由度车辆动力学建模的研究。

建立十四自由度车辆动力学模型，包括车轮 8 个自由度（4 个车轮的纵向旋转自由度、转向自由度）和车身 6 个自由度（纵向平动自由度、横向平动自由度、垂向平动自由度、横摆自由度、侧倾自由度和俯仰自由度）。X-Y 平面运动及 Z 垂向运动模型示意图分别如图 6-14 和图 6-15 所示。该模型的子系统模型可划分为驱动电机模型、转向系统模型、制动系统模型、悬架系统模型、轮胎模型、轮胎动力学模型和车身动力学模型。

驱动电机采用一阶系统建模，模型输入为驱动电机参考转矩，输出为驱动电机实际转矩。

$$T_{d\_i} + t_{d\_i} T_{d\_i}^{g} = T_{dref\_i}, \quad i = \text{fl}, \text{fr}, \text{rl}, \text{rr} \tag{6-34}$$

式中　t_{d_i}——驱动电机系统时间常数；

　　　T_{d_i}——各轮驱动电机实际转矩；

　　　T_{dref_i}——各轮驱动电机参考转矩。

制动系统采用一阶系统建模，模型输入为制动系统参考压力，输出为制动系统实际压力，具体公式如下：

$$p_{b\_i} + t_{b\_i} p_{b\_i} = p_{bref\_i}, \quad i = \text{fl}, \text{fr}, \text{rl}, \text{rr} \tag{6-35}$$

式中　t_{b_i}——制动系统时间常数；

　　　p_{b_i}——各轮制动系统实际压力；

　　　p_{bref_i}——各轮制动系统参考压力。

制动轮缸的制动力矩可以由制动压力乘以定常系数换算得到。

转向电机采用一阶系统建模，其输入为转向电机参考转矩，输出为转向电机实际转矩，具体公式如下：

$$T_{st\_i} + t_{st\_i} T_{st\_i} = T_{stref\_i}, \quad i = \text{fl}, \text{fr}, \text{rl}, \text{rr} \tag{6-36}$$

式中 t_{st_i}——转向电机系统时间常数;

T_{st_i}——各轮转向电机实际转矩;

T_{stref_i}——各轮转向电机参考转矩。

四车轮处独立配置主动悬架系统实现车身位姿调整。悬架主要呈现刚性和阻尼特性,每个车轮处的悬架力表示如下:

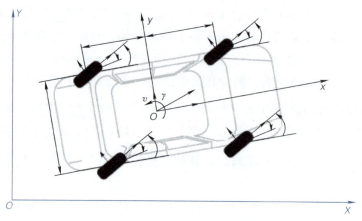

图 6-14 X-Y 平面运动模型示意图

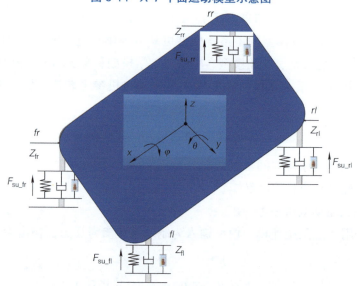

图 6-15 Z 垂向运动模型示意图

$$F_{su\_i} = -k_{su\_i}(Z_i - Z_{ref\_i}) - c_{su\_i}(\dot{Z}_i - \dot{Z}_{ref\_i}) + F_{asu\_i}, \quad i = \text{fl, fr, rl, rr} \quad (6\text{-}37)$$

式中 F_{su_i}——各轮处悬架力;

F_{asu_i}——各轮处主动悬架力;

k_{su_i}——各轮处悬架刚度;

c_{su_i}——各轮处阻尼系数;

Z_i——各轮处悬架与车身触点垂直位移。

对于十四自由度等高自由度车辆动力学模型，轮胎模型通常采用魔术公式轮胎模型或统一轮胎模型。轮胎动力学模型包含旋转和转向两个自由度。其中，车轮的旋转动力学方程具体如下：

$$I_{wx}w_i = -R_w F_{x\_i} - fF_{z\_i}R_w - T_{b\_i} + T_{d\_i}, \quad i = \text{fl, fr, rl, rr} \quad (6\text{-}38)$$

式中　I_{wx}——车轮绕滚动方向旋转的转动惯量；

　　　f——车轮滚动阻力系数。

记 L_f 为车辆质心到前轴的距离；L_r 为车辆质心到后轴的距离；l_{tw1} 和 l_{tw2} 分别为前后轴的轮距；m 为车辆质量；m_s 为车身簧上质量；I_z 为车辆横摆转动惯量。四轮垂直载荷可近似表示为

$$\begin{cases} F_{zfl} = mg\dfrac{L_r}{2l} - m_s a_x \dfrac{h}{2l} - m_s a_y \dfrac{hL_r}{dl} + F_{su\_fl} \\ F_{zfr} = mg\dfrac{L_r}{2l} - m_s a_x \dfrac{h}{2l} + m_s a_y \dfrac{hL_r}{dl} + F_{su\_fr} \\ F_{zrl} = mg\dfrac{L_f}{2l} + m_s a_x \dfrac{h}{2l} - m_s a_y \dfrac{hL_r}{dl} + F_{su\_rl} \\ F_{zrr} = mg\dfrac{L_f}{2l} + m_s a_x \dfrac{h}{2l} + m_s a_y \dfrac{hL_r}{dl} + F_{su\_rr} \end{cases} \quad (6\text{-}39)$$

车轮的转向动力学方程具体如下：

$$\dot{\delta}_i = (T_{st\_i} i_{st} + M_{z\_i} - c_\delta \dot{\delta}_i)/I_{wz}, \quad i = \text{fl, fr, rl, rr} \quad (6\text{-}40)$$

式中　δ_i——各车轮转角；

　　　i_{st}——转向系统传动比；

　　　c_δ——摩擦系数；

　　　I_{wz}——车轮绕转向方向的转动惯量；

　　　M_{z_i}——各轮回正力矩。

在车身动力学模型中，质心侧偏角 $\beta = \dfrac{v_x}{v_y}$，记 F_{x1}、F_{x2}、F_{x3}、F_{x4} 分别为左前轮、右前轮、左后轮、右后轮沿车身纵向的纵向力，记 F_{y1}、F_{y2}、F_{y3}、F_{y4} 分别为左前轮、右前轮、左后轮、右后轮沿车身横向的侧向力，有

$$\begin{cases} F_{x1} = F_{xfl}\cos\delta_{fl} - F_{yfl}\sin\delta_{fl} \\ F_{x2} = F_{xfr}\cos\delta_{fr} - F_{yfr}\sin\delta_{fr} \\ F_{x3} = F_{xrl}\cos\delta_{rl} - F_{yrl}\sin\delta_{rl} \\ F_{x4} = F_{xrr}\cos\delta_{rr} - F_{yrr}\sin\delta_{rr} \end{cases} \quad (6\text{-}41)$$

$$\begin{cases} F_{y1} = F_{xfl}\sin\delta_{fl} + F_{yfl}\cos\delta_{fl} \\ F_{y2} = F_{xfr}\sin\delta_{fr} + F_{yfr}\cos\delta_{fr} \\ F_{y3} = F_{xrl}\sin\delta_{rl} + F_{yrl}\cos\delta_{rl} \\ F_{y4} = F_{xrr}\sin\delta_{rr} + F_{yrr}\cos\delta_{rr} \end{cases} \quad (6\text{-}42)$$

$$\begin{cases} ma_x = m(\dot{v}_x - v_y\omega) = F_{x1} + F_{x2} + F_{x3} + F_{x4} - f_{wx}(3.6v_x)^2 \\ ma_y = m(\dot{v}_y + v_x\omega) = F_{y1} + F_{y2} + F_{y3} + F_{y4} \\ I_{zz}\dot{\omega}_r = (F_{x4} - F_{x3})\dfrac{l_{tw2}}{2} + (F_{x2} - F_{x1})\dfrac{l_{tw1}}{2} + (F_{y1} + F_{y2})L_f - (F_{y3} + F_{y4})L_f \end{cases} \quad (6\text{-}43)$$

式中 f_{wx}——车辆纵向风阻系数。

此外，记 Z 是簧上质量垂直位移；θ 和 φ 分别是簧上质量的俯仰角和侧倾角；M_{su_y}、M_{w_y} 和 M_{g_y} 分别是垂向悬架力产生的俯仰力矩、车轮力产生的俯仰力矩和重力产生的俯仰力矩；M_{su_x}、M_{w_x} 和 M_{g_x} 分别是垂向悬架力产生的侧倾力矩、车轮力产生的侧倾力矩和重力产生的侧倾力矩；I_y 和 I_x 分别是簧上质量俯仰转动惯量和侧倾转动惯量；h_p 和 h_c 分别是车辆俯仰中心高度、侧倾中心高度；h 为质心高度。车身簧上质量垂向运动、俯仰和侧倾运动方程可以表示为

$$m_s a_z = m_s(\ddot{Z} - v_x\dot{\varphi} - v_y\dot{\theta}) = F_{su\_fl} + F_{su\_fr} + F_{su\_rl} + F_{su\_rr} \quad (6\text{-}44)$$

$$\begin{cases} \ddot{\theta} = (M_{su\_y} + M_{w\_y} + M_{g\_y})/I_y \\ M_{su\_y} = -L_f(F_{su\_fl} + F_{su\_fr}) + L_r(F_{su\_rl} + F_{su\_rr}) \\ M_{w\_y} = -h_p(F_{x1} + F_{x2} + F_{x3} + F_{x4}) \\ M_{g\_y} = m_s(h - h_p)\sin\theta \end{cases} \quad (6\text{-}45)$$

$$\begin{cases} \ddot{\varphi} = (M_{su\_x} + M_{w\_x} + M_{g\_x})/I_x \\ M_{su\_x} = \dfrac{l_{tw1}}{2}(F_{su\_fr} - F_{su\_fl}) + \dfrac{l_{tw2}}{2}(F_{su\_rl} + F_{su\_rr}) \\ M_{w\_x} = -h_c(F_{y1} + F_{y2} + F_{y3} + F_{y4}) \\ M_{g\_x} = m_s(h - h_c)\sin\varphi \end{cases} \quad (6\text{-}46)$$

6.2 智能底盘驾驶工况感知

智能底盘驾驶工况感知是现代智能驾驶系统的重要研究方向。随着自动驾驶技术的快速发展和应用，车辆在各种复杂驾驶环境中的适应能力变得尤为重要。智能底盘系统作为车辆控制和动态响应的核心，必须具备一定的感知能力，以确保行驶安全和乘坐舒适性。智能底盘驾驶工况感知通过多方面技术的集成，极大地增强了车辆对环境的适应能力和行驶安全性。随着智能底盘驾驶工况感知能力的提升，智能底盘系统也将在未来的智能驾驶中扮演更加重要的角色。

6.2.1 驾驶意图识别

驾驶意图是指驾驶员对车辆下一步行动的目标、方向的预期规划，作为驾驶员的主观考虑，其也受到外部环境因素如道路走向和宽度变化、其他车辆的运动等影响，同时也会

反过来作用于道路上其他交通参与者。驾驶员作为交通 - 驾驶员 - 车辆的中心环节，其驾驶操作应得到重视。通过识别驾驶员的驾驶意图，能够让其成为机器决策的重要参考，降低人机冲突概率，从而提高机器决策的正确性，同时兼顾驾驶员的心理期待，减少驾驶员因机器决策导致的不适感。

目前，关于驾驶员意图识别的参数选择呈现多元化趋势。国内外研究学者在关键影响因素选取方面主要考虑驾驶员自身的状态行为、车辆的运动状态以及周围道路环境。驾驶员状态行为包括转向盘转角、转向信号灯、制动踏板和加速踏板的踩踏情况、驾驶员头部转向、视觉信息以及生理电信号等；自车车辆状态包括车速、道路位置、纵横向加速度、偏航角等；周围道路环境则涵盖车路位置变化、周边其他车辆、障碍物、非机动车辆、行人以及交通信号等。

在算法方面，驾驶员意图识别本质上是一个分类任务，因此国内外学者使用了各种传统算法和机器学习算法、深度学习算法中的分类模型，如长短时记忆网络（Long-Short Term Memory Network，LSTM）、支持向量机（Support Vector Machines，SVM）、隐马尔可夫（Hidden Markov Model，HMM）、贝叶斯网络（Bayesian Networks）、反向传播神经网络（Back Propagation Neural Network，BP 神经网络）、条件随机场（Conditional Random Field，CRF）和图卷积神经网络以及基于计算机视觉的相关方法和图卷积神经网络等。

1. 制动意图识别

驾驶员制动意图的识别可以提高制动助力系统控制精度和制动舒适性：一方面可以提升智能底盘的主动安全性能，提升汽车的安全性；另一方面可以协调优化再生制动力与机械制动力比例分配，提高汽车制动回收能量效率，提高汽车的经济性能指标。在传统液压制动助力系统中，驾驶员的制动操作与制动器的制动力一一对应。然而，智能底盘所需要的线控制动系统能够主动控制制动主缸压力，当驾驶员驾驶不当或仅依赖驾驶员反应难以确保人车安全等紧急情况发生时，该系统可主动介入制动系统，确保驾驶员和车辆安全，实现主动安全功能。因此，准确识别驾驶员的制动意图尤为关键。

在驾驶过程中，驾驶员往往会进行下意识的减速动作，依赖习惯踩下制动踏板。通常情况下，驾驶员的制动意图可以分为两类：常规制动和紧急制动。常规制动，旨在提供迅速、稳定、平缓的制动体验；紧急制动，指在紧急情况下驾驶员迅速踩下制动踏板，尽可能增加制动力以缩短制动距离。绝大多数与制动意图识别相关的研究通常使用踏板位移、踏板速度、踏板力等驾驶员状态行为和制动初速度、减速度等自车车辆状态作为识别参数。

制动踏板位移是最直接反映驾驶员制动意图的信号，也是制动踏板速度的信息来源，能够反映当前驾驶员的制动需求，但不包含驾驶员下一时刻的意图信息。制动踏板速度能够反映出驾驶员制动意图的趋势，是估计驾驶员未来制动需求的重要依据，也是制动踏板加速度的信息来源。制动过程中踏板速度变化明显，通常在小强度时由于空行程的存在，且制动系统对踏板反作用力较小，因此踏板速度会出现较大的峰值。在大强度时由于制动系统压力的建立，踏板反作用力变大，踏板速度有所下降；因此，制动意图的判断需综合踏板位移和踏板速度。

加速踏板位移信号来自电子油门，是整车控制器对驾驶员驱动意图识别的重要信息，在制动意图识别中可用于判断驾驶员制动前取消加速的缓急程度，如果抬起速度很快，则说明驾驶员遇到一定的紧急情况，有紧急制动的可能性。但考虑到各类驾驶员驾驶风格不同，加速踏板位移和速度并不适合作为紧急制动识别的主要特征。

车速和档位可用于判断特征简单的制动意图，如起步松制动和停车制动，但不适合用于紧急制动的识别。

驾驶员制动意图识别方法主要有逻辑门限方法、机器学习算法等。

（1）逻辑门限方法

在早期研究中，通过合理设置制动踏板的踏板力和踏板速度阈值将制动分为常规制动和紧急制动。驾驶员的制动动作通过相对位移传感器采集到控制器，可以通过逻辑门限判断驾驶员的基本意图，包括制动、退出制动或保持制动。在紧急制动时，制动踏板的速度非常大，相对位移通常较大。在这种情况下，制动主缸压力以及主缸压力的变化率可以综合反映驾驶员的制动意图。

图 6-16 介绍了一种典型的制动意图逻辑门限划分方法，该方法以制动踏板位移和制动踏板速度作为参数进行制动意图识别，根据制动踏板位移将制动过程分为不同的阶段，包括空行程阶段、中强度阶段和大强度阶段，结合不同踏板速度下的踏板位移将制动意图分为常规制动区、过渡区和紧急制动区等不同的区域。

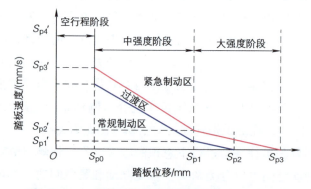

图 6-16 一种典型的制动意图逻辑门限划分方法

1) 常规制动区：在踏板位移很小、处于空行程阶段或中强度阶段但踏板速度较低时，系统识别为常规制动。此时驾驶员意图进行正常的、平缓的制动操作，车辆将根据这种识别提供适中的制动力。

2) 过渡区：过渡区位于常规制动区和紧急制动区之间，踏板速度和踏板位移均处于中等范围。

3) 紧急制动区：紧急制动区踏板速度和踏板位移均较高。当踏板速度和踏板位移均达到紧急制动区时，系统识别为驾驶员需要立即进行紧急制动。在这种情况下，车辆会迅速施加最大的制动力，以确保安全停车或避免碰撞。

这种基于制动踏板位移和速度的逻辑门限方法，通过不同的制动阶段和区域的划分，有助于更准确地识别驾驶员的制动意图，从而提供更合适的制动响应，提高行车安全性。其他更加复杂的基于逻辑门限的制动意图识别方法与此方法在原理上基本类似。

（2）机器学习算法

支持向量机、反向传播（Back Propagation，BP）神经网络、长短期记忆网络（LSTM）等机器学习方法也被应用于制动意图的识别中。下面介绍几种应用于驾驶员制动意图识别的机器学习算法。

1）支持向量机（Support Vector Machines，SVM）算法。支持向量机是一类按监督学习方式对数据进行二元分类的广义线性分类器，其决策边界是对学习样本求解的最大边距超平面。SVM 可以通过核方法进行非线性分类，是常见的核学习方法之一。SVM 的学习策略就是间隔最大化，可形式化为一个求解凸二次规划的问题，也等价于正则化的损失函数的最小化问题。

SVM 的主要目标是将线性不可分的数据样本通过核函数映射到高维数据空间，然后在高维空间进行分类，并构建一个超平面，使不同样本类型间的隔离边缘最大化，其分类原理如图 6-17 所示。给定训练集为 $((x_1,y_1),\cdots,(x_n,y_n))$。其中，$x_i \in T$，$T$ 是由样本特征参数构成的特征向量集合；$y_i \in L$，L 为样本类别标签集；n 为样本的数量。导入训练样本完成训练后，就能建立超平面。

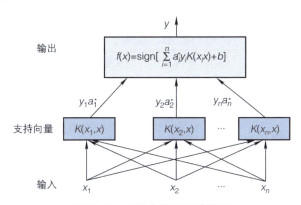

图 6-17 支持向量机分类原理

$$\boldsymbol{W T x} + b = 0$$

式中　　x——输入向量；

　　　　W——超平面法向量；

　　　　b——偏置项。

SVM 决策函数为

$$f(x) = \mathrm{sign}\left[\sum_{i=1}^{n} a_i^* y_i K(x_i x) + b\right] \qquad (6\text{-}47)$$

通过二次优化，得到 a_i^*，优化方程为

$$\max \sum_{i=1}^{n} a_i = \frac{1}{2} \sum_{i=1}^{n} \sum_{j=1}^{n} a_i a_j y_i y_j K(x_i, x_j)$$

$$\sum_{i=1}^{n} a_i y_i = 0, \quad 当 0 \leq a_i \leq C, i \in [1, n]$$

（6-48）

式中　C——选用值惩罚系数；

$K(x_i, x_j)$——核函数，常用的核函数有多项式核函数、sigmoid 核函数、RBF 核函数等。

可以选用粒子群算法（Particle Swarm Optimization，PSO）对支持向量机的惩罚系数 C 和高斯核函数参数 $K(x_i, x_j)$ 进行优化。粒子群算法是在对动物集群活动行为观察的基础上，利用群体中的个体对信息的共享使整个群体的运动在问题求解空间中产生从无序到有序的演化过程，从而获得最优解。此算法原理简单、易于实现，需要调整的参数少且收敛速度快，可以有效地提升支持向量机的分类效果。

2）BP 神经网络是一种基于误差反向传播算法（Back Propagation Algorithm）的人工神经网络，也是应用最广泛的神经网络之一，可以用来解决分类问题。BP 神经网络由输入层、隐含层和输出层组成，其中隐含层可以包含多个神经元，用于处理输入数据的非线性映射关系。学习规则依据最速下降法，通过反向传播来调整网络节点间的权值和阈值，最终满足目标要求。BP 神经网络的训练过程包括前向传播和反向传播两个步骤。BP 神经网络的优点是可以处理非线性问题，并且具有较高的精度和可扩展性。缺点是容易出现过拟合问题，需要采取一些正则化方法进行控制。此外，BP 神经网络的训练过程需要大量的计算和存储资源，训练时间较长。具体来说，反向传播可以分为以下几个步骤，具体流程如图 6-18 所示。

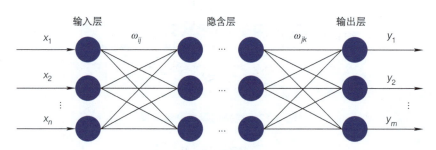

图 6-18　BP 神经网络示意图

① 隐含层输出计算。根据输入 x、输入层和隐含层之间的连接权值以及阈值，有

$$H_j = f\left(\sum_{i=1}^{n} \omega_{ij} x_i - a_i\right), j = 1, 2, \cdots, l$$

（6-49）

式中　ω_{ij}——神经元 i 与神经元 j 之间的权值；

　　　H_j——隐含层期望输出；

　　　n——输入层节点数；

l——隐含层节点数；

f——隐含层激活函数；

a——隐含层阈值。

② 输出层输出计算。根据隐含层输出、隐含层和输出层连接权值，有

$$O_k = \sum_{j=1}^{l} H_j \omega_{jk} - b_k, k = 1, 2, \cdots, m \tag{6-50}$$

式中 O_k——输出层期望输出；

m——输出层节点数；

b——输出层阈值。

③ 误差计算。根据网络的实际输出 Y_k 以及期望输出 O_k，计算误差 e_k 为

$$e_k = Y_k - O_k, k = 1, 2, \cdots, m \tag{6-51}$$

④ 权值更新。将以上误差定义式展开至隐含层，有

$$E = \frac{1}{2}\sum_{k=1}^{l}[Y_k - f(\text{net}_k)] = \frac{1}{2}\sum_{k=1}^{l}\left[Y_k - f\left(\sum_{j=0}^{m}\omega_{jk}y_k\right)\right]^2 \tag{6-52}$$

进一步，展开至输入层，有

$$E = \frac{1}{2}\sum_{k=1}^{l}Y_k - f\left[\sum_{j=0}^{m}\omega_{jk}f(\text{net}_j)\right]^2 = \frac{1}{2}\sum_{k=1}^{l}Y_k - f\left[\sum_{j=0}^{m}\omega_{jk}f\left(\sum_{j=0}^{n}\omega_{ij}x_i\right)\right]^2 \tag{6-53}$$

由式（6-53）可以看出，网络输入误差 E 是各层权值 ω_{ij}、ω_{jk} 的函数，因此可通过调整权值来降低误差，提升识别效果。

3）长短期记忆网络（LSTM）算法。长短期记忆网络是循环神经网络（RNN）的一种，它的出现主要是用来解决传统 RNN 长期依赖问题。传统 RNN 随着序列间隔的拉长，会出现梯度爆炸或消失等问题，使模型在训练过程中不稳定或无法进行有效学习。LSTM 通过设计门限结构解决长期依赖问题，可以应对 RNN 中的梯度衰减问题，并更好地捕捉时间序列中时间步距离较大的依赖关系。LSTM 的输入门、遗忘门和输出门可以控制信息的流动。隐藏层输出包括隐藏状态和记忆细胞，只有隐藏状态会传递到输出层。首先，遗忘门来确定是否丢弃记忆细胞的信息，公式为

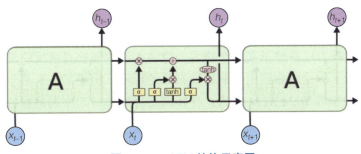

图 6-19 LSTM 结构示意图

$$f_t = \sigma(w_f[h_{t-1}, x_t] + b_f) \quad (6\text{-}54)$$

式中 f_t——遗忘门的输出；

w_f——遗忘门的权重；

$[h_{t-1}, x_t]$——将隐藏状态和输入拼接在一起；

b_f——遗忘门的偏置；

σ——激活函数。

f_t 将数值映射在 0～1 之间，作为决定是否丢弃记忆细胞的权重。其次输入门选择当前需要记忆的信息，公式为

$$i_t = \sigma(W_i[h_{t-1}, x_t] + b_t) \quad (6\text{-}55)$$

$$\tilde{C}_t = \tanh(W_c[h_{t-1}, x_t] + b_c) \quad (6\text{-}56)$$

式中 i_t——输入门的输出；

W_i——输入门的 σ 层权重；

b_t——输入门的 σ 层偏置；

W_c——输入门的 tanh 层权重；

b_c——输入门的 tanh 层偏置；

$\tilde{C}_t$——记忆细胞候选向量。

σ 层将决定更新的内容，tanh 层创建一个记忆细胞候选向量 $\tilde{C}_t$ 加入到细胞状态中，将上一时刻细胞状态 C_{t-1} 与 f_t 相乘舍弃需要丢弃的信息，这一时刻记忆细胞状态候选向量 $\tilde{C}_t$ 与 i_t 相乘确定更新的候选值，求和得到更新后的记忆细胞状态 C_t。

$$C_t = f_t C_{t-1} + i_t \tilde{C}_t \quad (6\text{-}57)$$

输出门确定要输出的信息，σ 层确定输出的部分 o_t，接着将记忆细胞状态 C_t 经过 tanh 层映射，与 σ 层相乘确定当前时刻最后输出：

$$o_t = \sigma(W_o[h_{t-1}, x_t] + b_o) \quad (6\text{-}58)$$

$$h_t = o_t \tanh C_t \quad (6\text{-}59)$$

式中 W_o——输出门的权重；

b_o——输出门的偏置。

目前，已有很多研究使用这些机器学习方法对驾驶员制动意图进行分类识别。制动踏板位置、位移、踏板力以及整车实时车速等关键输入参数能够直接反映驾驶员在驾驶过程中的制动行为。为了从这些数据中提取出最有效的特征，构建了一个基于长短期记忆网络（LSTM）的意图识别模型。LSTM 作为一种特别适合处理时间序列数据的神经网络，能够有效地捕捉到制动过程中的动态变化。为了进一步提升模型的性能，还可以采用随机搜索算法来优化模型的超参数。

2. 转向意图识别

此前对驾驶员意图的研究多集中于纵向，研究成果较多且实用性高，在此基础上许多学者开始研究更为复杂的横向的驾驶员意图。目前，针对驾驶员转向意图识别的研究主要集中在车辆换道意图的预测识别上。换道行为是车辆驾驶过程中的普遍行为，不当的换道行为会导致车辆追尾、碰撞等交通事故，影响道路通行能力和人们的生命安全。因此，精确高效识别车辆换道意图并提前预知车辆行驶状态，对于减少交通事故和提高行车效率具有重大意义。在诸如换道等特定的驾驶工况中，部分车辆参数的取值区间会有明显不同，可以用来表征驾驶员的驾驶行为或即将采取的驾驶意图。这些参数既包含驾驶员的直接输出参数以及驾驶员的动作行为，如转向盘转角、加速/制动踏板的开度和驾驶员头部在横向/纵向/垂向的转动角度等，也包括车辆运动状态参数即驾驶员操作的间接参数，如车辆纵向和横向的速度与加速度、车辆横摆角以及部分表征汽车行驶平顺性的参数等。在算法方面，长短期记忆网络（Long-Short Term Memory Network，LSTM）、支持向量机（Support Vector Machines，SVM）、隐马尔可夫（Hidden Markov Model，HMM）、贝叶斯网络（Bayesian Networks）、反向传播神经网络（Back Propagation Neural Network）和条件随机场（Conditional Random Field，CRF）等算法以其各自的特点，在换道意图识别方面使用效果较好，得到广泛应用。

隐马尔可夫模型（HMM）用于描述一个含有隐含未知参数的马尔可夫过程，是一种特殊的贝叶斯网络，具有处理时间序列数据和状态转移描述的能力；其训练精度会随训练样本数目增高而增高，且不会因此失去稳健性。HMM是处理时间序列数据的经典方法，它假设系统的状态虽然不可直接观察，但可以通过观察与状态相关的各种指标来间接推断。在驾驶意图识别的应用中，HMM能够有效地处理驾驶员的行为序列，从而推断出驾驶员的意图。然而，HMM在处理复杂的驾驶意图时也存在一定的局限性，例如它无法充分考虑过去驾驶行为对当前驾驶行为的影响。为了解决这一问题，研究者开始尝试将贝叶斯网络应用于驾驶意图识别。相比于HMM每个节点只有一个状态变量，贝叶斯网络的每个节点可以有多个状态变量，这使得它能够更加灵活地描述驾驶行为之间的关系，并考虑过去驾驶行为对当前驾驶行为的影响。

CRF是在HMM的基础上发展而来的一种概率图模型，它克服了HMM的齐次马尔可夫假设限制，考虑了全局状态序列的依赖关系。

在商用领域，换道意图识别技术已经得到了一定程度的应用。以小鹏汽车P7等车型为例，其搭载了智能辅助变道（Auto Lane Change，ALC）功能。该功能基于先进的意图识别技术，能够在驾驶员观察后拨动灯操作手柄表达换道意图后，根据道路情况自动规划换道路径。然而，需要注意的是，尽管这项功能在车道居中辅助（Lane Centering Control，LCC）开启时可用，但驾驶员仍需始终保持对换道环境的观察，以确保在潜在危险发生前能够及时接管车辆。

基于CRF的驾驶员换道意图识别方法主要利用CRF在序列标注任务中的优势，对驾驶员的换道行为进行建模和识别。该方法结合了最大熵模型和隐马尔可夫模型的特点，是一种无向图模型，能够充分利用序列数据中的长距离依赖性和交叠性特征，对驾驶员的换道意图进行准确预测。其具体实现过程如图 6-20 所示。首先，筛选换道特征参数，根据车辆运动和驾驶员操作的特点分为车辆换道意图参数和驾驶员观察意图参数，选取车辆横纵向动力学响应作为车辆换道意图参数，获取驾驶员头部在横向/纵向/垂向的转动角度以判断驾驶员的观察意图；由车辆质心的横向位置来判断换道行为，并根据两类参数在换道前的突变时间点的不同分别划分换道区段。建立基于 CRF 的驾驶意图识别模型，以采集实验数据为样本进行训练，在离线状态下对左换道、右换道和车道保持三种驾驶意图进行识别，并与隐马尔可夫模型对比，CRF 在准确率和识别速度方面都具有优势，且单次识别意图用时小于数据采样时间。

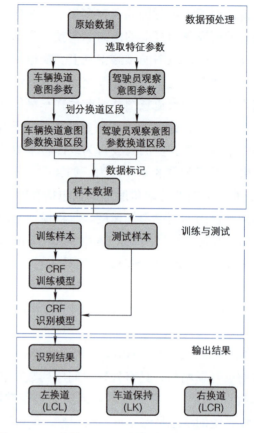

图 6-20 一种基于 CRF 的驾驶员换道意图识别方法

6.2.2 路面状态观测

先进的智能底盘技术能在极端工况下充分利用四个轮胎的地面附着力进而提高整车的操纵稳定性。通过路面状态观测，可以得到路面的附着系数和对应的路面类型，对控制策略、标定参数进行工况切换，使得控制参数与驾驶工况相匹配，显著提升控制效果。在具体实施过程中，只有当轮胎的纵向力、侧向力突破了地面附着力产生明显的纵滑或者侧滑之后，才能判断对路面状态进行观测。当前主流的智能底盘架构往往采用电机作为驱动系统的动力源，电机控制器可估算得到电机转矩，估算偏差仅为 3%～5%。基于估算电机转矩可以得到轮端的纵向驱动力，结合轮胎模型可估算得到路面附着系数。

Burchardt 轮胎模型也是一种典型的轮胎模型，一般认为，滑移率在 10% 以下为不显著滑移的区域。在该区域，随着滑移率的升高，轮胎纵向力几乎呈现线性增长的趋势，未达到饱和状态。利用附着率定义为轮胎纵向力与轮胎法向载荷之比，在相同的轮胎法向载荷下，利用附着率的变化趋势与轮胎纵向力保持一致。高附着路面与中附着路面均可以达到相近的纵向力，两种路面下的利用附着率在图中的重叠度很高，无法区分路面的类型。当车轮打滑直至滑移率达到 10% 或者以上后，轮胎的纵向力趋向于饱和，甚至有略微下降的趋势。一般认为，该区域为显著滑移区域。只有当轮胎滑移率进入显著滑移区域后，路面附着力对于轮胎纵向力的约束效果才能得以显现，该区域也就成为估算路面附着的最佳区域。在某次低附路面测试中，基于电机估算转矩得到的轮胎利用附着率与滑移率如图6-21所示。可以看出，打滑后轮胎滑移率进入显著滑移区域，由于没有对滑移率控制，因此其利用附着率呈现轻微下降的趋势。通过对比该路面利用附着率与"雪面利用附着率""湿鹅卵石路面利用附着率"的"距离"后，发现其更贴近雪面的附着特性，可判断该路面为雪面。

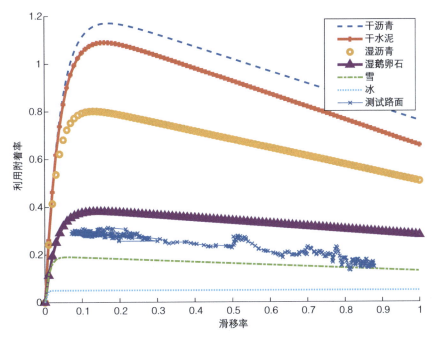

图 6-21 Burckhardt 滑移率对利用附着率的影响

Burckhardt 轮胎模型定义了各种路面类型下的附着系数，见表6-2。基于实时估算的利用附着率可以判断与当前特性最接近的路面类型，通过查表6-2，可以得到与之对应的路面附着系数。上述某次低附路面测试的路面类型为雪面，其路面附着系数为0.19。

表 6-2 Burckhardt 路面类型与附着系数的对应关系

路面类型	干沥青	干水泥	湿沥青	湿鹅卵石	雪面	冰面
路面附着系数	1.17	1.08	0.8	0.38	0.19	0.05

只有在充分滑移时，汽车的运动状态才近似于"滑块"。在车辆运行的多数工况下，车辆都处于"有限滑移"（或者滑转）状态。要说明车辆与路面的接触状态，需要引入轮胎力模型。结合郭孔辉院士团队的研究结论，在轮胎垂直载荷不变的情况下，轮胎力与车轮滑移率、路面的关系满足图6-22所示的规律。

从图6-22可以看出，轮胎力与滑移率关系曲线可分为三个区域段。

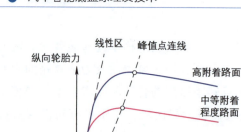
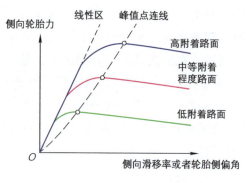

图 6-22　不同道路环境及轮胎滑移状态下的轮胎力规律

1）**线性区**：在滑移率不大的情况下，低附着与高附着路面的轮胎力曲线重合到一起，此时轮胎力与滑移率呈线性关系。

2）**非线性稳定区**：随着滑移率逐渐增大，路面峰值附着系数越小的轮胎力曲线，越先从线性区"分离"。在从线性区"分离"时，轮胎力曲线的切线斜率依然大于 0。但随着滑移率越来越大，切线斜率将逐渐减小，介于线性区和峰值点连线之间的区域。

3）**非稳定区**：随着滑移率增大，当轮胎力跨过了当前轮胎力曲线的"峰值点"时，开始往滑移率增大方向对应的轮胎力样本点所在区域移动。

对应到现实工况，在车辆纵向或者侧向运动很稳定的情况下，相应的轮胎力样本点基本都在"线性区"；在车辆纵向加速或者侧向变道但依旧没有失稳时，相应的轮胎力样本点将延伸到"非线性稳定区"；在车辆纵向或者侧向完全失稳时，相应的轮胎力样本点将延伸到"非稳定区"。车辆失稳是一种很危险的状态，在失稳的情况下，轮胎力完全"饱和"，此时驾驶员几乎无法控制车辆，只能任由车辆自然停下，此时将极易发生交通事故。对于单个轮胎而言，其利用附着系数是一个可以实时获取的值，定义为

$$\mu = \frac{F_{\text{tire}}}{F_z} \tag{6-60}$$

式中　F_{tire}——轮胎力；

F_z——施加于轮胎的垂直载荷。

在路面坡度不大、路面一致性较好的情况下，轮胎垂直载荷的变化很小，附着系数很容易估计，所以，进行实时利用附着系数估计，也就等价于进行轮胎力估计。然而，只进行轮胎力估计，对"路面分级"这一底盘动力学控制需求而言是不够的，要实现轮胎与路面接触情况按照"低附着""中等附着程度"以及"高附着"的分级，必须要进行路面峰值附着系数估计。从现实情况来讲，进行路面峰值附着系数估计比进行轮胎力估计要难，因为在车辆运行过程中，绝大多数时候，轮胎力都达不到"峰值点"。然而，轮胎不产生一定滑移，轮胎力样本点位于"线性区"，也无法进行路面分级。当车辆未处于充分滑移（充分激励）状态时，附着系数的估计是一难以解决的难题。当前对路面附着系数的估计方法主要如下。

(1) 基于传感器信息的路面状态观测

基于传感器策略方法一般是直接采用传感器测量与轮胎 - 路面摩擦相关的参数，包括测量轮胎的噪声、纵向以及横向的形变，或者是路面的状态。当前主要使用的测量传感器包括声学、光学、压力传感器等，其中声学传感器是通过采集轮胎附近的胎噪，通过机器学习等方法对大量样本进行识别训练来获取路面附着系数的方法。相机可以用于采集路面信息，通过色矩法与灰度共生矩阵法提取路面颜色以及纹理，采用 SVM 方法对路面进行分类统计出与路面附着系数的关系，并设计了扰动观测器，基于上述视觉信息加快估计器的收敛速度，同时保证了估计结果的准确性。通过压力传感器可以测量轮胎与路面之间的相互作用产生的形变，进而估计路面附着系数。使用胎面压力传感器，传感器的一端固定在胎面，另一端则固定在轮胎内部，该传感器可以检测出轮胎离散的滑动状态，并根据采集的数据建立与路面附着系数之间的关系。大部分采用直接测量的方法都是基于统计信息的，通过建立传感器测量数据与路面附着系数之间的关系来判断当前路面状态，但是传感器的精度与安装方式直接影响到估算的结果，并且光学传感器容易受到路面污渍的影响，压电式传感器容易受到路面石子以及尖锐物品的损伤，所以该类方法具有一定的局限性。

（2）基于轮胎动力学方程的路面状态观测

基于轮胎动力学的方法是利用路面与轮胎和车辆动力学之间的响应关系估计路面附着系数，主要分为基于轮胎 - 车辆动力学模型估计法以及基于 $\mu\text{-}s$ 曲线的斜率法。其中斜率法较早被用来估计路面附着系数，适用于轮胎滑移率较小的工况，而计算滑动率需要基于准确的轮速信息，由于传感器的信号存在噪声干扰，难以准确实时地计算车轮的滑动率，且轮胎的自身橡胶和充气性能因素也影响斜率法的计算结果，因此该方法存在一定的局限性。基于轮胎 - 车辆动力学模型的估计法在近年来被广泛研究，轮胎模型被用于建立轮胎力和力矩与车轮滑移率、侧偏角以及垂向载荷等之间的关系，而轮胎 - 车辆模型在不同的路面附着系数条件下具有不同的响应，因此可以通过路面 - 轮胎 - 车辆模型之间的响应关系来估计路面附着系数。各种轮胎模型如 Dugoff 模型，或半经验模型如 Pacejka 轮胎模型，也已经被众多学者研究。研究人员可以使用上述轮胎模型计算轮胎力。

基于轮胎 - 车辆动力学的方法不需要额外加装高成本的高精传感器，仅需要利用车辆自身的传感器即可进行路面附着系数的估计，且非线性滤波算法对噪声的适应性较好，在路面附着系数估计方面，大多基于不同的车辆动力学模型（如单轮模型、二自由度单轨模型、三自由度等）使用递归最小二乘法（Recursive Least-Squares method，RLS）、扩展卡尔曼滤波器、滑模观测器等算法来估计得到轮胎摩擦力、轮胎纵向力，并通过轮胎力与滑移率、附着系数之间的关系曲线进行估计。然而轮胎模型中的许多参数获取需要大量不同轮胎规格、不同轮胎压力下的实验测试进行校准，并且这些标定的参数也会随轮胎的老化而变化，因此基于轮胎模型的附着观测方法需要对轮胎模型进行精确标定。

6.2.3 底盘关键状态观测

底盘集成控制实现的基础是根据底盘有限的传感器信号实时准确获取底盘动力学全局状态信息。虽然部分状态参数可由安装在车上的传感器直接获得,但是由于汽车行驶的环境中存在诸多干扰因素,会对传感器的精度产生不同程度的影响,从而导致测量结果存在误差,因此需要通过参数估计进行弥补。此外,部分参数由于成本等原因很难通过传感器得到,这时就需要设计算法进行车辆状态参数估计。通过分布于车辆不同位置的各类传感器实时捕获车辆的状态量,建立车辆运动学、动力学模型,应用卡尔曼状态观测器等估算算法可以观测得到车辆的关键状态量。关键的车辆状态量及其观测方法具体如下所述。

1. 车速估计

车速是智能底盘系统中最基本、最重要的状态量,它直接影响车辆的操控性和稳定性。观测其他状态量时所用的车辆运动学和动力学模型中都普遍包含了车速这一状态量,因此车速的估算偏差会进一步地影响其他状态量的准确性。目前,主流的车速估算原理如图 6-23 所示。首先,基于车轮的加速度、轮速判断轮速的可信度,按照可信度分配四轮轮速的信息权重后对四轮轮速进行加权平均得到预估车速,以车速、车辆纵向加速度作为卡尔曼状态方程的状态量,以预估车速、加速度传感器测得的纵向加速度作为卡尔曼观测方程的观测量,通过卡尔曼滤波可融合得到车速。对于配备高阶辅助驾驶功能的车辆,还可以通过 GPS 定位信息与高精度 IMU 融合得到精度更高的车速信息,而这种方法还需依赖 GPS 信号的稳定性。

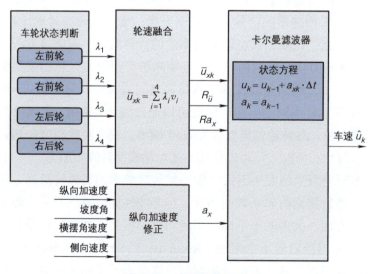

图 6-23 车速估算原理

2. 质心侧偏角估计

目前,底盘控制时常用的状态参数有横摆角速度、质心侧偏角以及横/纵向加速度等。

一般地,车上装配可以测量车辆纵向加速度、侧向加速度和横摆角速度信号的传感器设备,也可以由车载底盘 IMU 直接测得。然而,车身质心侧偏角这一变量只能通过观测手段获取。车身质心侧偏角是动力学稳定性控制的重要反馈控制变量。车身侧偏角定义为车辆质心处的速度方向与车辆纵向轴线之间的角度。车身质心侧偏角大小可以表征车辆的动力学稳定状态。为了避免车辆失稳,必须将质心侧偏角控制在较小的范围之内,通常是 4°~6°之间。一般地,质心侧偏角的估算分为两种:基于运动学的估计方法和基于动力学的估计方法。

基于运动学的估计方法主要是根据横向加速度和横摆角速度传感器信号的直接积分法估计质心侧偏角,对车辆参数、路面附着条件和驾驶操纵方式的变化都具有很好的鲁棒性,并且在传感器信号准确的情况下,其估计结果不论在车辆的线性操纵区域还是非线性操纵区域,对实际车辆质心侧偏角的变化趋势都具有较高的估计精度。基于运动学的估计方法所用的公式为

$$\dot{\beta} = \frac{1}{1+\beta^2} \left[\frac{A_y}{u} - \dot{\psi} - \beta \frac{A_x}{u} - \beta^2 \dot{\psi} \right] \quad (6\text{-}61)$$

式中 u——纵向车速;

A_x——纵向加速度;

A_y——侧向加速度;

$\dot{\psi}$——横摆角速度;

β——质心侧偏角。

基于运动学估计方法的特点具有工况普遍性,几乎所有驾驶工况均可使用,计算过程也较为简单。通常地,在车辆失稳时,采用运动学方法可以短时间获得比较准确的质心侧偏角,但是长时间使用积分会导致估算误差持续增大,因此不适合长期持续使用。

与基于运动学的估计方法相比,基于动力学估计方法对传感器的要求不高,是一种基于低成本传感器配置方案的估计方法。它的基本原理是在车辆动力学模型和轮胎模型的基础上,通过现代控制理论中的观测器技术估计质心侧偏角,因此采用不同的车辆或轮胎模型或观测方法对估计结果会产生重要影响。基于动力学方法估算质心侧偏角的原理如图 6-24 所示。基于动力学估算方法需要对车辆建立多自由度的动力学模型,以经典的二自由度模型为例,考虑车辆的侧向运动和横摆运动,以纵向车速 u 和侧向速度 v 作为状态方程的状态量,以转向盘转角 δ 作为状态方程的控制量,以横摆角速度 $\dot{\psi}$ 作为观测方程的观测量,基于卡尔曼状态观测器融合估算得到侧向速度,再由定义式求得质心侧偏角。这种方法基于观测值对物理模型估算偏差

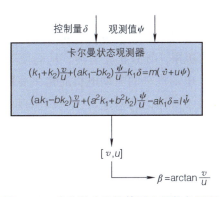

图 6-24 动力学方法估算质心侧偏角原理

进行了实时矫正,可以得到稳定性较好、精度可接受的质心侧偏角估算值。

3. 轮胎力估计

极致的操纵稳定性意味着四个车轮的利用附着率都得到充分的利用,因此在控制过程中需要参考当前轮胎的法向载荷、纵向力和侧向力,其中当属纵向力的估算最为关键。实际驾驶过程往往是对纵向力的控制造成车辆滑移率的变化,进而影响车辆的稳定性。目前智能底盘系统中更多地使用纯电机驱动的方案,在驱动过程中基于电机控制器估算得到的电机转矩进一步估算车轮的纵向力,其估算准确性是较高的。对于激烈的制动工况,有液压系统介入后,还需参考轮缸缸压的估算结果估算纵向力。通过车身的加速度可以计算轮胎的法向载荷,其原理如图6-25所示。正的纵向加速度所对应的惯性力会将前轴的载荷向后轴转移,正的侧向加速度所对应的惯性力会将左侧的载荷向右侧转移。在估算法向载荷已知的前提下,结合前文所述的路面状态观测,可估算得到当前轮胎所能承受的最大附着力,为智能底盘系统的纵向力控制过程提供可靠的参考,避免轮胎纵向力超过最大附着力而造成显著的滑移。

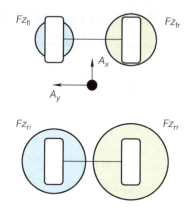

图 6-25 惯性力对轮胎法向载荷的影响

6.3 底盘纵向运动控制

底盘纵向控制是指通过对汽车驱动系统和制动系统的调节,使车辆能够按照驾驶员的意图或预设的轨迹进行加速、减速或停止,从而保证车辆行驶的安全性、稳定性和舒适性。

6.3.1 电机驱动转矩控制

电机驱动转矩控制技术是底盘纵向运动控制技术中重要的一环,也是车辆主动安全控制技术之一,主要解决车辆在急加速或在湿滑/恶劣路面行驶时,车辆驱动力超过路面附着力极限,导致车轮滑转,从而使车辆动力性和操控稳定性变差的问题。

电动汽车的驱动电机通常具有图6-26所示的转速-转矩特性,在其低速区域(转速低于图中所标记的基速),电机具有恒转矩特性;在其高速区域(高于基速),电机具有恒功率特性。在低速运行时,随着转速增高,由电子变换器向电机供电的电压升高,而磁通保持不变;在基速运行点处,电机端电压达到电源电压;超过基速后,电机端电压保持不变,而磁通衰减,因此其转矩也随着转速增加呈双曲线形下降。由此可见,驱动电机在转速为0时即可输出最大转矩,因此电动汽车拥有更加优异的起步加速性能。

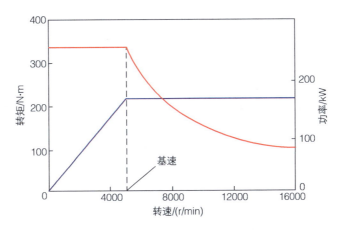

图 6-26　电机的转速 - 转矩特性

以使用单速减速器的电动汽车为例,由驱动电机在驱动轮上产生的驱动力 F_t 和车速 V（单位为 m/s）可表示为

$$F_t = \frac{T_m i_g \eta_t}{r_d} \text{ 和 } V = \frac{\pi N_m r_d}{30 i_g i_0}$$

式中　T_m 和 N_m——电机的输出转矩（N·m）和转速（r/min）；

　　　i_g——传动装置的传动比；

　　　η_t——从电机到驱动轮的全驱动线的效率；

　　　r_d——驱动轮的滚动半径。

根据上述驱动力公式和汽车驱动力 - 行驶阻力平衡方程,可做出驱动力随车速变化的曲线,如图 6-27 所示。通过驱动力曲线与阻力曲线的交点,可求得最高车速；通过驱动力减去行驶阻力得到的净驱动力,可求得最大爬坡度；通过净驱动力曲线计算车辆加速度随车速变化曲线,并进行积分计算,可求得车辆在指定初、末速度区间内的加速时间。

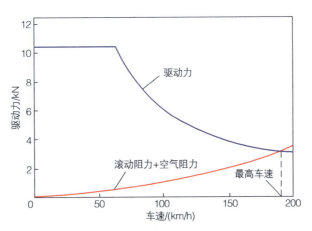

图 6-27　电动汽车驱动力随车速变化的曲线

上述理论描述了关于最高车速、爬坡能力和加速能力的车辆性能,也确定了车辆动力

系统的功率容量。然而，在正常行驶工况下，这些最高限度的能力却很少得到应用。在日常行驶工况下，实际的驱动力和车速受运行工况，如加速或减速、上坡和下坡运行等影响，使车辆能耗呈现出大范围的变化。为了统一评估汽车在实际驾驶场景下（如匀速行驶、爬坡、加速、减速、怠速等）的能耗水平，汽车行业内设立了几种标准的循环测试工况。以我国乘用车常用的 CLTC-P 工况为例，其规定的车速曲线如图 6-28 所示。图 6-29 所示为某纯电动汽车在此工况下的转速-转矩落点图，展示了其在该工况下动力系统的负荷状态。可以看出，在大部分运行期间，该车动力系统的输出远小于其能力上限。

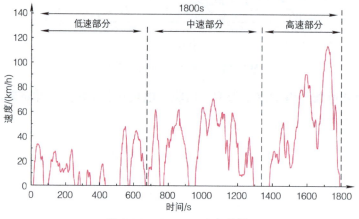

图 6-28　CLTC-P 工况曲线

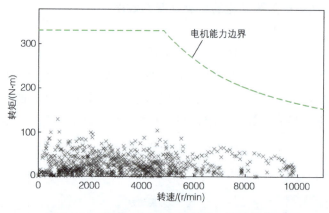

图 6-29　CLTC-P 工况下的转速-转矩落点图

虽然在日常驾驶中动力系统全力输出的机会很少，但是卓越的动力性能仍是用户所追求的。车辆的动力性能通常由其加速性能、最高车速和爬坡能力予以评价，其中，加速性能是驾驶员在日常驾驶中更容易感知到的。随着电驱动技术的发展，现代电动汽车的动力性表现得越来越充沛，凌厉的加速性能带给用户更刺激的感官体验以及前所未有的驾驶乐趣。

0→100km/h 加速（百公里加速）是一种常用的汽车加速性能测试工况，也经常被汽车爱好者用以比较不同车辆的动力性能。车辆静止时，驾驶员迅速将加速踏板踩到底，使车辆全力直线加速直至车速达到 100km/h，加速过程所用的时间即为测试成绩。百公里加速时间是衡量汽车动力性的重要指标，在汽车动力性能开发中起到了非常关键的作用。

图 6-30 所示的两组加速时间数据分别来自 2023 年最热销的纯电动汽车与燃油汽车，相比同级别的燃油汽车，纯电动汽车依靠其驱动特性，在拥有优秀经济性的同时大多也拥有更短的加速时间。

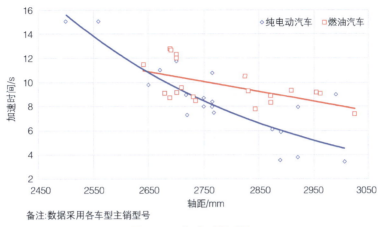

备注：数据采用各车型主销型号

图 6-30 加速时间对比

为保证或提升车辆的百公里加速性能，通常在设计车辆加速曲线时需考虑充分利用前后轴的路面附着力，其主要思想是保证前后轴的附着率得到充分利用，即保证

$$\mu_f = \mu_r \tag{6-62}$$

因此，这里给出一种保证车辆百公里加速性能的转矩分配算法。考虑在车辆行驶过程中，由于车辆存在加速、减速及转向等操作，或车辆处于坡道上等原因，将会导致前后轴荷及左右轮的轴荷发生变化，即

$$F_{z,f} = \frac{L_r}{L_f + L_r} mg - \frac{h}{L_f + L_r} ma_x \cos\theta - \frac{h}{L_f + L_r} mg\sin\theta$$

$$F_{z,r} = \frac{L_f}{L_f + L_r} mg + \frac{h}{L_f + L_r} ma_x \cos\theta + \frac{h}{L_f + L_r} mg\sin\theta \tag{6-63}$$

式中　h——车辆质心高度；

　　　θ——车辆侧倾角；

　　　$F_{z,f}$——前轴载荷；

　　　$F_{z,r}$——后轴载荷。

假设当前车轮均无滑转，根据车轮动力学，满足以下公式：

$$\begin{aligned} T_f &= F_{x,f} r = \mu_f F_{z,f} r \\ T_r &= F_{x,r} r = \mu_r F_{z,r} r \end{aligned} \tag{6-64}$$

式中　T_f——前轴驱动转矩；

　　　T_r——后轴驱动转矩；

　　　r——滚动半径。

为保证 $\mu_f = \mu_r$（前后轴的附着利用率相同），则有

$$\frac{T_\mathrm{f}}{F_{z,\mathrm{f}} r} = \frac{T_\mathrm{r}}{F_{z,\mathrm{r}} r} \tag{6-65}$$

因此在车辆具有加减速及坡道的行驶工况，为保证车辆动力性得到充分发挥，则需按照下式进行前后轴转矩的分配：

$$\frac{T_\mathrm{f}}{T_\mathrm{r}} = \frac{F_{z,\mathrm{f}}}{F_{z,\mathrm{r}}} \tag{6-66}$$

按轴荷进行前后轴转矩分配，可保证前后轴路面附着力得到充分利用，提升车辆动力性能。对于类似 0→100km/h 测试的激烈加速工况，或车辆在附着条件不好的路面（如被积水或冰雪覆盖）加速时，驱动力可能会超过轮胎与地面间的附着极限，此时车轮会发生滑转现象，这在动力响应快、起步转矩大的电动汽车上尤为明显。轮胎过度滑转会使车辆加速性能和稳定性下降，甚至发生失控。所以，如何防止汽车轮胎过度滑转，是底盘纵向运动控制中必须解决的问题。

驱动防滑控制主要通过减少滑转车轮驱动转矩或对该车轮施加制动力矩，来抑制车轮的滑转趋势，从而提高车辆在湿滑/恶劣路面上的行驶稳定性和安全性。驱动防滑控制系统通过实时监测车轮转速来判断车轮是否出现过度滑转的情况，进而根据车轮滑转的程度来控制车轮的驱动力。通常用滑转率来表征车轮的滑转程度，滑转率等于轮速减车速的差除以轮速，滑转率和轮胎纵向力的关系如图 6-31 所示。驱动防滑控制系统将车轮的滑转率控制在 20% 附近，以获得最佳的动力性能。其主要控制过程如图 6-32 所示。

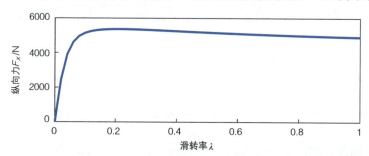

图 6-31 轮胎纵向力与车轮滑转率的关系

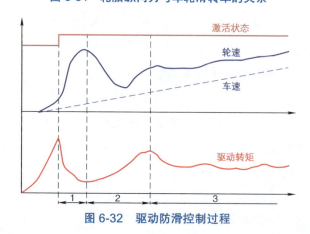

图 6-32 驱动防滑控制过程

由图 6-32 可看出，驱动防滑的控制过程可主要分为 3 个阶段：

1）第 1 阶段：识别到车轮滑转，驱动防滑功能激活并快速降低转矩，防止车轮滑转加剧。

2）第 2 阶段：降低转矩后车轮滑转程度降低，为避免丧失过多动力性，逐渐恢复驱动转矩。

3）第 3 阶段：经过降低转矩和恢复转矩阶段后，轮速逐渐稳定，进入稳定控制阶段。

不同驱动类型的车辆（如 2.2～2.3 节中所述）在不同路面下具有不同的控制方式，但基本类似。总体来说，汽车纵向驱动防滑控制技术是一种重要的汽车安全技术，它通过精确控制车轮的滑转率来防止车轮打滑，提高车辆的稳定性和操控性。驱动防滑控制系统还常常与车辆的其他电子控制系统（如 ABS、ESP 等）协同工作，以实现更全面的车辆动态控制。

6.3.2 电机回馈力矩控制

电机回馈是指在车辆制动过程中，车轮通过传动系统带动转子转动，转子磁场切割定子绕组，定子绕组产生反电动势，对车辆产生制动。电机回馈控制功能通过电机回馈为整车提供制动力使其减速，同时将整车部分动能转换成电能存储到电池中，提高整车续驶里程。滑行回馈功能、制动回馈功能、滑行回馈防抱死功能是目前最为常见的三种电机回馈控制功能。

（1）滑行回馈功能

燃油汽车发动机惯量大、阻力大，在滑行工况下会有发动机反拖曳力矩造成的减速感。新能源汽车为了降低能耗以及不改变驾驶员的驾驶习惯，开发了滑行回馈功能。

滑行回馈功能是指高车速松开加速踏板行驶，利用电机发电进行回馈控制。滑行回馈功能根据车速一般可分为两个控制区间：高速协调区、低速衰减区。高速下，整车的空气阻力和滚动阻力较大，滑行回馈功能根据阻力的大小对电机回馈力矩进行调节，来保证高速滑行工况下减速度的一致性；低速下，为避免回馈力矩过大，导致车轮反转、车辆往后行驶等不安全问题，当车速低于一定阈值时，电机回馈力矩开始逐渐衰减至零。滑行回馈功能的控制区间划分如图 6-33 所示。

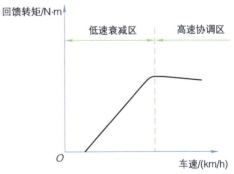

图 6-33　滑行回馈控制阶段

不同的汽车企业对滑行回馈强度设定不尽相同，最大回馈减速度一般不超过 2m/s^2，驾驶员可根据个人喜好选择回馈模式，车载 PAD 提供了选择模式界面。如图 6-34 所示，比亚迪汉分为标准、较大两种回馈模式；特斯拉 Model 3 分为轻松、标准两种回馈模式；如图 6-35 所示，小米 SU7 分为柔和、标准、自定义三种回馈模式。回馈模式不同,回馈强度不同。回馈强度越大,减速感越强,能量回收越多。回馈强度越小,减速感越平缓,能量回收越少。

图 6-34 比亚迪汉滑行回馈强度选择界面

图 6-35 小米 SU7 滑行回馈强度选择界面

(2) 制动回馈功能

传统机械液压制动系统为非解耦形式,液压制动力与制动踏板开度强相关。在此系统上叠加电机回馈力矩,但电机回馈力矩受电池充电功率、电机转速和温度、档位等因素影响,可能导致相同制动踏板开度下的整车减速度不同,驾驶体验一致性较差;另外,紧急制动且 ABS 触发时,因制动系统未解耦,高频的制动压力调节反馈到制动踏板产生振动,严重影响驾驶体验。为解决上述问题,全解耦式线控制动系统应运而生。其液压系统与制动踏板完全解耦,液压制动力通过 ECU 控制油泵电机来调节,因此电机制动力与液压制动力可根据驾驶员需求实时调节配比,避免了电池充电功率、电机转速和温度等对整车减速度一致性的影响,同时为电机回馈更多制动力提供了可能。

新能源汽车的电机回馈能力一般不低于 $3m/s^2$。如图 6-36 所示,根据大数据统计,用户制动深度需求有 90.1% 落在了(0~30%]制动深度区间,对应制动减速度区间(0~3m/s^2),所以电机回馈能力可满足大部分的日常驾驶。再生协调制动功能将驾驶员需求制动力分配给电机制动力和液压制动力,如图 6-37 所示,在保证整车制动性能的前提下,让电机尽可能多地回收制动能量,降低能耗,增加续驶里程。再生协调制动功能

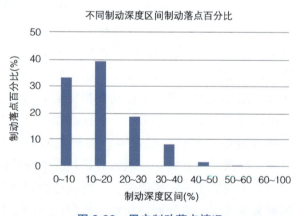

图 6-36 用户制动落点情况

降低了液压制动系统的使用频率,延长了液压制动系统的生命周期,同时利用电机快速响应特性提升了整车制动力的响应速度,提高了制动安全性。

(3) 滑行回馈防抱死功能

液压 ABS 通过增压、减压、保压命令来控制各轮缸压力,使车辆滑移率在目标滑移率

附近波动,提高路面附着利用率的同时避免了车轮抱死。但因液压制动系统存在延迟且电磁阀开关控制不连续,故其轮速波动大,无法稳定到目标滑移率附近。而以电机再生制动为主的电机回馈防抱死功能,可以发挥电机响应快、精度高的优势,将车轮轮速控制在目标滑移率附近。

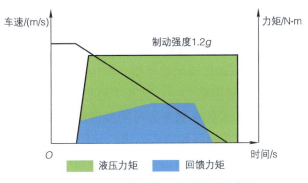

图 6-37 再生协调制动电液分配示意图

新能源汽车在滑行工况下主要由电机再生制动提供制动力,当车辆行驶在冰面、湿瓷砖等路面时,可能因电机再生制动力超过地面制动力造成车轮抱死。因此,需要针对上述情况实时调节电机再生制动力,确保车辆的制动性及稳定性。滑行回馈防抱死系统在车辆滑行过程中识别到一个或几个车轮的抱死倾向时,会精准调节电机回馈力矩,使车轮处于最佳滑移状态,避免车轮抱死,使汽车得到控制。液压防抱死功能与滑行回馈防抱死功能的主要区别是执行器不同,因液压制动本身的特性及结构决定了其控制精度、响应速度均低于电机再生制动,二者的响应与控制精度如图 6-38 所示。

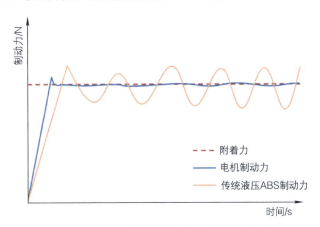

图 6-38 电机回馈控制与液压制动控制对比

6.3.3 速度跟踪控制

智能底盘的速度跟踪控制方法研究工作具有重要的学术价值和工程指导意义。目前,研究难点在于:使智能底盘能够成功地完成速度跟踪控制任务,并且保证其方法能够较好地满足安全性和舒适性要求。在速度跟踪控制器设计方面,典型的方法可以分为基于无模型的控制方法、基于最优控制（如线性最优二次规划和模型预测控制）方法、鲁棒控制方法和混合控制方法等。

1. 基于无模型的控制方法

顾名思义，基于无模型的控制方法就是在设计控制器时不考虑被控对象的运动学和动力学模型，通过某些规则获得最终控制率的方法。常用的无模型控制方法有比例-积分-微分（Proportional-Integral-Differential，PID）控制、智能控制等。

PID 控制作为经典控制领域的传递函数模型，结构简单，易于实现，是速度跟踪控制中应用最早、应用最广泛的控制策略之一，其基本原理如图 6-39 所示。然而，对于大多数复杂策略而言，PID 控制器的最优参数整定可能会带来不便和困难，同时在非线性系统（如智能汽车）上应用时，会存在超调和响应迟缓的问题。针对固定参数的 PID 控制器一般不能得到令人满意的结果，在 PID 或自适应 PID 控制器中引入带符号的二次项，可以保证它们能够快速补偿较大的低增益跟踪误差，并降低超调。然而，即使这些基于 PID 的控制器对典型的工作条件进行了良好的调整，但是由于被控对象的非线性特性，在一些更复杂的工况下，速度跟踪精度可能会降低。因此，有研究提出了结合基于速度的加速度映射图（SpAM）和 PI 控制的纵向速度跟踪控制器，相比于传统 PI 控制器具有更快的响应速度和更少的超调量。然而，速度跟踪结果可能不令人满意，例如，在跟踪参考速度时实际车速有明显的抖振现象。此外，实际应用 PID 控制器时，比例（P）项容易造成严重的超调，因为一旦产生速度误差，控制器就会立即起作用，误差越大，控制输出越大，因此此项系数不宜过大。积分（I）项可能会产生积分饱和的问题，因此积分项一般会联合一个抗积分饱和装置使用。而微分（D）项则容易引入高频噪声，因此微分项一般会联合一个低通滤波器使用。

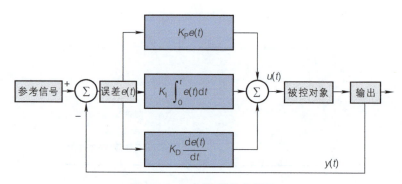

图 6-39　PID 控制基本原理

常用的智能控制方法中的模糊控制、神经网络控制在控制领域应用广泛。模糊控制策略是基于模糊语言变量、模糊集理论以及模糊逻辑推理，来模仿人的决策行为过程和推理过程的一种控制策略，其基本原理如图 6-40 所示。对于智能汽车速度跟踪控制而言，模糊逻辑控制是一种常见的无模型速度跟踪方法，因为它不需要被控对象的详细数学模型。可以采用基于模糊逻辑推理的控制策略，首先根据真实驾驶场景下驾驶员实际操纵节气门或制动的数据和经验总结来设计相应的模糊控制规则，然后做出相应的模糊决策。以目标车速为参考信号 $y_r(t)$，$y(t)$ 为智能汽车车载传感器的实际测量车速，两者的偏差 $e(t)$ 作为模糊控制器输入得到控制率 $u(t)$。然而，开发人员必须通过大量车辆测试实验和参数校准创建一个足够大的模糊规则库。因此，如何保证模糊控制器能够适应模糊规则所不能覆盖的各种工况是一个挑战。

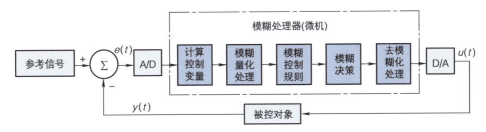

图 6-40　模糊控制基本原理

除此之外，基于机器学习的方法在速度跟踪控制方面具有重要意义。有研究提出了使用反向传播（BP）神经网络来实现速度控制，以模拟驾驶员的速度调整策略。这种方法通过 BP 神经网络实时调节 PID 控制器的三个参数，以达到良好的控制性能。另外，还有研究提出了基于强化学习的驾驶员行为学习系统，并成功实现了仿人控制系统。通过将控制器整合到学习系统中，神经网络控制可以将学习到的驾驶行为转换为自动驾驶汽车的控制命令，实现对新驾驶员的个性化适配。然而，这些方法需要离线训练，且在实际应用中还需要解决数据采集、模型更新等挑战。

2. 基于最优控制的控制方法

最优控制算法在控制领域运用非常广泛，特别是基于线性二次规划控制器（Linear Quadratic Regulator，LQR）控制方法和基于模型预测控制（Model Predictive Control，MPC）方法。常规的最优控制方法一般考虑式（6-67）所描述的代价泛函数：

$$J(t,x,u):=\int_t^T L[\tau,x(\tau),u(\tau)]\mathrm{d}\tau+K[x(T)] \tag{6-67}$$

其中，$t\in[t_0,T)$，$x(\cdot)\in\mathbb{R}^n$ 表示在控制量 u 作用下的对应轨迹状态。

引入成本函数 $V(t,x):[t_0,T]\times\mathbb{R}^n\to\mathbb{R}$，有

$$\begin{cases} V(t,x)=\inf_{u_{[t_0,T]}} J(t,x,u) \\ V(T,x)=K(x) \end{cases} \tag{6-68}$$

其中，下标 $u_{[t_0,T]}$ 表示控制量 $u(t)$ 限定在 (t_0,T) 范围内，如果不存在终止约束（$K\equiv 0$），则 $V(T,x)=0$。考虑在时间 $[0,T]$ 内，以此确定系统最优控制的问题：

$$V(x(0),0)=\min_u\left\{\int_0^T L[x(t),u(t)]\mathrm{d}t+K[x(T)]\right\} \tag{6-69}$$

式中 $L(\cdot)$——标量代价函数；

$K(\cdot)$——终止代价函数；

$x(t)$——系统状态向量，$x(0)$为初始状态值；

$u(t)$——控制量，且$0 \leqslant t \leqslant T$。

系统状态$x(t)$满足下述动态方程：

$$\dot{x}(t) = f[x(t), u(t)] \tag{6-70}$$

假设$V(x(t), t)$是最优代价函数，根据动态规划贝尔曼方程，从时间t到$t + \mathrm{d}t$，有

$$V(x(t), t) = \min_{u} \left\{ \int_{t}^{t+\mathrm{d}t} L[x(t), u(t)]\mathrm{d}t + K[x(t+\mathrm{d}t), t+\mathrm{d}t] \right\} \tag{6-71}$$

最后一项的泰勒展开式为

$$V[x(t+\mathrm{d}t), t+\mathrm{d}t] = V[x(t), t] + \dot{V}[x(t), t]\mathrm{d}t + \nabla_x V[x(t), t]\dot{x}(t)\mathrm{d}t + o(\mathrm{d}t) \tag{6-72}$$

其中，$o(\mathrm{d}t)$是泰勒展开式中的高阶项，若在式（6-72）两侧删除$V(x(t), t)$，除以$\mathrm{d}t$，并取$\mathrm{d}t$趋近为零的极限，则可得到哈密顿-雅可比-贝尔曼方程（HJB方程）：

$$0 = \dot{V}(x(t), t) + \min_{u} \left\{ \int_{t}^{t+\mathrm{d}t} L[x(t), u(t)] + \nabla_x V[x(t), t] f[x(t), u(t)] \right\} \tag{6-73}$$

若存在这样一个最优控制量$u^*(t)$，则HJB方程可进一步化简为

$$\dot{V}[x(t), t] + L[x(t), u^*(t)] + \nabla_x V[x(t), t] f[x(t), u^*(t)] = 0 \tag{6-74}$$

不难发现，HJB方程可视为动态规划在连续时间上的推广。

LQR控制属于多点预瞄模型，在很多领域都得到了应用。它是基于式（6-74）所描述的HJB方程设计出来的一种无约束最优控制方法。考虑式（6-75）所示的线性时不变系统，有

$$\dot{x} = Ax + Bu, A \in \mathbb{R}^{n \times n}, B \in \mathbb{R}^{n \times m}, x \in \mathbb{R}^{n \times 1}, u \in \mathbb{R}^{m \times 1} \tag{6-75}$$

和有限时域下的成本函数：

$$J = \int_{0}^{T} L[x(t), u(t)]\mathrm{d}t + K[x(T)] \tag{6-76}$$

并且$K(x) = x^{\mathrm{T}} Q_f x, Q_f = Q_f^{\mathrm{T}} \geqslant 0, L(x, u) = x^{\mathrm{T}} Q x + u^{\mathrm{T}} R u, Q = Q^{\mathrm{T}} \geqslant 0, R = R^{\mathrm{T}} > 0$

根据HJB方程，有

$$\min_{u} \left\{ x^{\mathrm{T}} Q x + u^{\mathrm{T}} R u + \frac{\partial V}{\partial x}(Ax + Bu) \right\} + \frac{\partial V}{\partial t} = 0 \tag{6-77}$$

欲求式（6-77）最小值，则需求解：

$$\frac{\partial}{\partial u}\left(x^{\mathrm{T}} Q x + u^{\mathrm{T}} R u + \frac{\partial V}{\partial x}(Ax + Bu) + \frac{\partial V}{\partial t} \right) = 2u^{\mathrm{T}} R + \frac{\partial V}{\partial x} B = 0 \tag{6-78}$$

则可以得到最优控制量为

$$u^* = -\frac{1}{2}R^{-1}B^{\mathrm{T}}\left(\frac{\partial V}{\partial x}\right)^{\mathrm{T}} \tag{6-79}$$

假定成本函数拥有如下特定形式：

$$V(x,t) = x^{\mathrm{T}}Px, P = P^{\mathrm{T}} > 0 \tag{6-80}$$

这样便有

$$\frac{\partial V}{\partial x} = 2x^{\mathrm{T}}P, \frac{\partial V}{\partial t} = x^{\mathrm{T}}\dot{P}x \tag{6-81}$$

因此，

$$u^* = -R^{-1}B^{\mathrm{T}}Px, \; x^{\mathrm{T}}[Q - P(t)BR^{-1}B^{\mathrm{T}}P(t) + P(t)A + A^{\mathrm{T}}P(t) + \dot{P}(t)]x = 0 \tag{6-82}$$

这意味着 $P(t)$ 需要满足以下连续黎卡提（Raccati）方程：

$$-\dot{P}(t) = P(t)A + A^{\mathrm{T}}P(t) - P(t)BR^{-1}B^{\mathrm{T}}P(t) + Q \tag{6-83}$$

以及终止条件：

$$P(t) = Q_f$$

上述推导描述的有限时域下 LQR 问题的解，如果是无限时域问题，即目标函数为

$$J = \int_0^\infty L[x(t), u(t)]\mathrm{d}t + K[x(T)] \tag{6-84}$$

此时 P 对应的是式（6-79）的稳态解，$\dot{P}(t) = 0$，即

$$PA + A^{\mathrm{T}}P - PBR^{-1}B^{\mathrm{T}}P + Q = 0 \tag{6-85}$$

上述方程可以通过 MATLAB 中自带的 care() 函数得到矩阵 P 的解析解。此外需要知道，只有当黎卡提方程有解时，系统才稳定。

与经典的 LQR 控制策略类似，基于模型预测控制（MPC）策略的速度控制方法也属于一种常用的"多点预瞄"控制方法，它也是一种先进的、满足一组约束条件的过程控制方法。模型预测控制策略是目前在控制领域内应用较为广泛的最优控制策略，它一般分为四个步骤：模型线性化、模型离散化、模型预测和滚动优化。在每一个控制周期（采样周期）内，它从采样时刻开始进行有限时域内的状态预测，把控制问题转化为一个开环的有约束最优控制问题，通过求解这个问题所得到的最优控制量作为当前控制周期的控制输入；此外，它将当前控制周期获得的系统状态作为有约束最优控制问题的系统初始状态。对于解得的有约束最优控制序列，为了降低模型误差、外界干扰等对控制性能的影响，以提高模型预测控制方法的鲁棒性，一般只实施最优控制序列中的第一个分量（滚动优化）。为了

能将模型预测控制方法运用到速度跟踪控制中,需将车辆动力学系统方程统一转化为采样时间为 T_s 的线性离散系统,即

$$\begin{cases} \boldsymbol{x}(k+1) = \boldsymbol{A}_d \boldsymbol{x}(k) + \boldsymbol{B}_d \boldsymbol{u}(k) \\ \boldsymbol{y}(k) = \boldsymbol{C}_d \boldsymbol{x}(k) \end{cases} \quad (6\text{-}86)$$

式中,$\boldsymbol{x}(k)$——系统在当前控制周期的状态。

倘若将状态预测的控制输入量表示为 $u(k), u(k+1), \cdots, u(k+N_c-1)$,其中 N_c 为控制时域长度,并且将控制系统在预测时域长度为 $N_p (N_c \leq N_p)$ 的状态记为

$$\boldsymbol{x}(k+1|k), \boldsymbol{x}(k+2|k), \cdots, \boldsymbol{x}(k+m|k), \cdots, \boldsymbol{x}(k+N_p|k), \quad 1 \leq m \leq N_p \quad (6\text{-}87)$$

式中 $\boldsymbol{x}(k+m|k)$——从 k 时刻起第 m 步后系统的状态预测。

在 N_p 个预测步长后,假设得到的系统输出可以用以下矩阵形式表示,即

$$\boldsymbol{Y} = \boldsymbol{F}\boldsymbol{x}(k) + \boldsymbol{\Phi}\boldsymbol{U} \quad (6\text{-}88)$$

其中,

$$\boldsymbol{Y} = \begin{bmatrix} y(k+1|k) \\ y(k+2|k) \\ y(k+3|k) \\ \vdots \\ y(k+N_p|k) \end{bmatrix}, \boldsymbol{U} = \begin{bmatrix} u(k) \\ u(k+1) \\ u(k+2) \\ \vdots \\ u(k+N_c-1) \end{bmatrix}, \boldsymbol{F} = \begin{bmatrix} C_d A_d \\ C_d A_d^2 \\ C_d A_d^3 \\ \vdots \\ C_d A_d^{N_p} \end{bmatrix} \quad (6\text{-}89)$$

$$\boldsymbol{\Phi} = \begin{bmatrix} C_d B_d & 0 & 0 & \cdots & 0 \\ C_d A_d B_d & C_d B_d & 0 & \cdots & 0 \\ C_d A_d^2 B_d & C_d A_d B_d & C_d B_d & \cdots & 0 \\ \vdots & \vdots & \vdots & & \vdots \\ C_d A_d^{N_p-1} B_d & C_d A_d^{N_p-2} B_d & C_d A_d^{N_p-3} B_d & \cdots & C_d A_d^{N_p-N_c} B_d \end{bmatrix} \quad (6\text{-}90)$$

式中 $y(k+N_p|k)$——从 k 时刻起第 N_p 个步长后的系统输出。

对于速度跟踪控制而言,参考信息一般只包含参考速度,若将参考速度表示为大小为 $N_p \times 1$ 的列向量 $Y_{\text{ref}} = [v_{x\text{ref}}, k]^T$,$k = 1, 2, \cdots, N_p$;并且将控制目标设定为确保智能汽车的实际速度与参考速度的误差尽可能小,即考虑如下的优化目标函数:

$$J = (\boldsymbol{Y} - \boldsymbol{Y}_{\text{ref}})^T \boldsymbol{\Theta} (\boldsymbol{Y} - \boldsymbol{Y}_{\text{ref}}) + \boldsymbol{U}^T \boldsymbol{\Omega} \boldsymbol{U} \quad (6\text{-}91)$$

式中 $\boldsymbol{\Theta}$——大小为 $N_p \times N_p$ 的权重矩阵,$\boldsymbol{\Theta}_k = \text{diag}(q_k)$,$k = 1, 2, \cdots, N_p$;

$\boldsymbol{\Omega}$——大小是$N_c \times N_c$的控制输入的权重矩阵，$\boldsymbol{\Omega}_{uk} = q_u, k=1,2,\cdots,N_c$。将式（6-88）代入式（6-91）可以得到

$$J = (\boldsymbol{F}x(k) - \boldsymbol{Y}_{ref} + \boldsymbol{\Phi}\boldsymbol{U})^T \boldsymbol{\Theta}(\boldsymbol{F}x(k) - \boldsymbol{Y}_{ref} + \boldsymbol{\Phi}\boldsymbol{U}) + \boldsymbol{U}^T \boldsymbol{\Omega}\boldsymbol{U} \quad (6\text{-}92)$$

最终化简得

$$\tilde{J} = \boldsymbol{U}^T(\boldsymbol{\Phi}^T \boldsymbol{\Theta} \boldsymbol{\Phi} + \boldsymbol{\Omega})\boldsymbol{U} + 2[\boldsymbol{F}x(k) - \boldsymbol{Y}_{ref}]^T \boldsymbol{\Theta}\boldsymbol{\Phi}\boldsymbol{U} \quad (6\text{-}93)$$

此外，还需考虑关于控制量 $\boldsymbol{U}$ 和控制量增量 $\Delta\boldsymbol{U}$ 的约束，该最优化问题可以被具体描述为一个最优二次规划（QP）问题，即

$$\min_u \tilde{J} \quad (6\text{-}94)$$

$$\text{S.T.} \boldsymbol{U}_{\min} \leq \boldsymbol{U} \leq \boldsymbol{U}_{\max}$$

$$\Delta\boldsymbol{U}_{\min} \leq \Delta\boldsymbol{U} = \boldsymbol{E}\boldsymbol{U} + \boldsymbol{G}u(k-1) \leq \Delta\boldsymbol{U}_{\max}$$

式中　$u(k-1)$——上一时刻系统的输入量，可视为已知值。

并且有

$$\boldsymbol{E} = \begin{bmatrix} 1 & 0 & 0 & \cdots & 0 \\ -1 & 1 & 0 & \cdots & 0 \\ 0 & -1 & 1 & \cdots & 0 \\ \vdots & \vdots & \vdots & & \vdots \\ 0 & 0 & 0 & \cdots & 0 \end{bmatrix}, \boldsymbol{G} = \begin{bmatrix} -1 \\ 0 \\ 0 \\ 0 \\ 0 \end{bmatrix} \quad (6\text{-}95)$$

不难看出，模型预测控制是一种有约束的最优控制方法。

3. 鲁棒控制方法

鲁棒控制意味着此类控制器具有很好的鲁棒性，它能够有效抑制外界扰动、对系统参数变化不敏感。常用的鲁棒控制方法有滑模控制和反演控制。

1）滑模控制（Sliding Mode Control，SMC）也叫作变结构控制，它本质上是一种具有控制不连续性的非线性控制。与其他控制策略不同的是，在系统状态的动态变化过程中，SMC控制策略的"结构"并不是固定不变的，而是可以根据当前的系统状态有目的地持续变化，从而迫使系统状态轨迹进入并维持在预定的"滑动模态"的轨迹上。常见的做法是设计一个状态反馈控制律，在此控制律下，只要系统状态从原点开始往任意方向前进，最终都会回到原点。在SMC控制策略中，只要系统状态限制在其组态空间的子空间内，设计者就可以确定系统有理想的行为（有稳定的平衡点）。滑动模式控制会强迫系统轨迹进入子空间，并且让系统轨迹维持在子空间内，因此系统状态可以在子空间内滑动。这个降阶的子空间称为"滑动（超）曲面"，若通过闭回路回授，使得轨迹在滑动曲面上滑动，则称为闭回路系统的"滑动模式"。沿着这个子空间的轨迹可以类比沿着系统特征向量的轨迹，

不过滑动模式通过在此向量场上加上高增益回授来实现。就像弹珠会沿着裂缝滚动一样，系统的状态轨迹也会限制在滑动模式上。

假设系统 $\dot{x}=f(x)$，$x \in \mathbb{R}^n$ 的状态空间中，存在一个切换面 $s(x)=s(x_1,\cdots,x_n)=0$，它将状态空间切割分为两部分 $s>0$ 及 $s<0$，如图 6-41 所示。

当系统状态运动轨迹运动到达切换面 $s=0$ 附近时，在切换面上存在三种运动点：通常点 A，穿过切换面的点；起始点 B，从切换面两边离开切换面的点；终止点 C，从切换面两边趋近切换面的点。倘若系统状态在切换面附近某一个区域内的所有点都是终止点，则系统状态轨迹运动趋于该区域时，就会保持在该区域内运动，此时切换面 $s=0$ 上所有运动点都是终止点的区域被称为滑动模态区（滑模区）。系统状态轨迹在滑模区内的运动被称为滑模运动。为构造滑动模态区，当系统状态轨迹运动到达切换面 $s=0$ 附近时，必有 $\lim\limits_{s \to 0^+} \dot{s} \leqslant 0$ 以及 $\lim\limits_{s \to 0^-} \dot{s} \geqslant 0$，可写为 $\lim\limits_{s \to 0} s\dot{s} \leqslant 0$，此式为系统稳定提出了一个 Lyapunov 稳定条件。即对于 Lyapunov 函数 $V=s^2$，如果 $\dot{V} \leqslant 0$，则系统是 Lyapunov 稳定的，系统状态最终收敛于切换面 $s=0$ 上。一般而言，设计切换函数 $s: \mathbb{R}^n \to \mathbb{R}^n$ 为

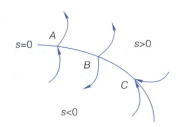

图 6-41 切换面 3 种点的特性

$$s = \boldsymbol{S}\boldsymbol{x} \tag{6-96}$$

其中，$\boldsymbol{S} \in \mathbb{R}^{n \times n}$ 是满秩的，其表示一组超平面，定义为

$$\boldsymbol{S} = \{ \boldsymbol{x} \in \mathbb{R}^n : \boldsymbol{S}\boldsymbol{x} = \boldsymbol{0}\} \tag{6-97}$$

这意味着切换函数 s 是状态量的线性组合。这样设计的原因是，一旦切换函数 s 收敛，系统的状态轨迹就会收敛，则系统稳定。此外，一旦系统状态达到滑模面，就不会轻易离开滑模面，这也是滑模控制具有很好鲁棒性的原因。由于滑动模态的设计与被控对象的系统参数以及外界扰动无关，因此滑模控制策略具有以下几个优点：对系统参数变化及外界扰动不敏感，无需进行系统的在线辨识而响应快速，滑模面易于构造。因此，可以说滑模变结构控制（SMC）方法的出现是自动控制领域的一次重大变革。对于具有仿射形式的非线性系统，通常先采用输入输出反馈线性化方法将其转化为等价形式的线性系统，再基于滑模控制策略设计控制率。有的研究提出了基于单轮非线性纵向车辆动力学模型（仿射形式的非线性系统）的滑模控制器，用于速度跟踪。虽然滑模控制器具有较高的跟踪精度，同时对系统参数变化和外界干扰不敏感，但由于滑模面的存在，系统状态常常在滑模面上来回振荡，这就导致了在整个控制过程中会出现严重的抖振现象。

2）反演控制（Backstepping control）是一种著名的先进控制技术，它提供了一种层叠设计方法，同时构造系统状态反馈控制律和与之对应的 Lyapunov 函数、全局或局部稳定的特性贯穿于每一步的设计中。反演控制是一种常用的非线性系统设计方法，其最吸引人

的特点之一是，它将系统中的某些状态变量看作虚拟控制变量，将复杂和高阶的非线性系统拆分成多个更简单和阶数更低的子系统，然后从系统的内核（系统输出满足的动态方程）开始，分别对每个子系统设计相应的李雅普诺夫函数（Lyapunov）和相应的虚拟控制变量，保证每一个子系统的 Lyapunov 稳定性，逐步完成整个控制系统的最终控制律设计，使得系统的状态轨迹反馈镇定在原点，进而实现对系统的全局调节和高效控制。与滑模控制策略相比，它引入了虚拟控制变量而不是滑模面，因此不存在抖振的问题。反演控制策略的实质是引入名为虚拟控制变量的静态补偿的思想，通过逐步递推的思维方式使得上层子系统来虚拟控制下层子系统，以达到整个系统的最终李雅普诺夫稳定的目的。它的运用对象必须是具有严格参数状态反馈的系统或经过变换后可以变为该类型的系统。反演控制策略在电机转速控制方面具有广泛运用，在控制器设计中，首先采用输入输出反馈线性化方法对标称系统的非线性进行补偿。然后，采用自适应反演控制方法推导出对参数不确定性和负载转矩扰动具有鲁棒性的控制方案。由于智能汽车速度控制模型与电机转速控制模型类似，因此可以参考此方法来设计速度控制器。

4. 混合控制方法

为克服单一控制方法的不足，研究者注重研发多种控制方法相结合的混合控制方法，混合控制框架吸收了不同控制方法的独特优势，为实际工程应用中处理更具挑战性的问题提供了一种很有前途的方法。有研究提出了一种基于模糊-滑模控制的速度跟踪方法，该方法具有预定规则，可以处理系统的不确定性和外部干扰。此外，一些研究提出了非线性级联控制体系结构，其中上层 MPC 控制法用于实时生成期望的平滑加速度结果，而低层自适应神经网络滑模控制（ANN-SMC）用于跟踪期望的加速度，此外，通过神经网络对不确定项和变结构控制项进行自适应调整，减少了抖振现象。另有研究提出了一种基于积分反演控制、积分滑模和神经网络的轨迹跟踪控制新方法，该方法能显著地减少抖振，并能处理系统的不确定性和外部干扰。众所周知，滑模控制策略具有良好的鲁棒性，但存在抖振问题。然而，令人庆幸的是，已有的许多研究证明，引入反演控制技术可以有效地降低滑模控制系统的固有抖振现象。此外，控制器的可行参数设置通常不容易确定，大多数情况下都是根据仿真经验进行调整。但考虑到系统控制领域出现的各种各样的问题都可以转化为标准凸或拟凸约束条件的控制问题，而不是直接解决复杂耗时的控制问题，线性矩阵不等式（Linear Matrix Inequality，LMI）是一种简化控制问题、确定控制器可行参数的有效方法。目前，基于线性矩阵不等式的方法已被集成到许多流行的控制方法中，如线性 MPC、非线性 MPC 和 SMC，从而确定可行参数以获得控制系统的渐近稳定性特征。总的来说，混合控制方法的提出和发展为解决实际工程中的速度跟踪控制问题提供了新的思路和方法。通过结合不同控制方法的优势，可以克服单一控制方法的局限性，提高控制系统的性能和鲁棒性，从而更好地满足实际工程应用的需求。

6.4 底盘横向运动控制

底盘横向运动控制是车辆动态控制中的关键部分，它直接关系到车辆在行驶过程中的稳定性、安全性和操控性。底盘横向运动控制主要关注车辆在水平方向上的运动，包括车辆的侧向位移、横摆角速度等参数的控制。它涉及多个子系统的协同工作，如转向系统、悬架系统以及电子稳定控制系统等。底盘横向运动控制的目标是：确保车辆能够精确跟随预设的行驶路径，减少与理想轨迹的偏差；能够保证在不同路况和车速下，保持车辆的稳定姿态，防止侧滑、侧翻等危险情况的发生；能够提供清晰、准确的转向反馈，提升驾驶员的操控信心和舒适度。

6.4.1 轨迹跟踪控制

底盘横向运动控制的首要目标是使车辆能够沿着期望的轨迹行驶，无论是直线还是曲线。这要求控制系统能够准确感知车辆当前的位置和姿态，并计算出必要的控制输入（如转向盘转角）以实现目标轨迹的跟踪，如图6-42所示。

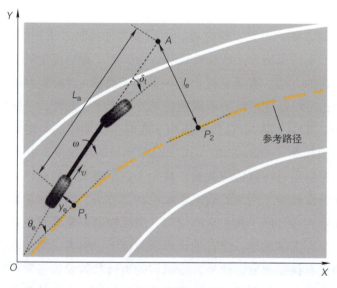

图6-42 轨迹跟踪控制

底盘轨迹跟踪控制方法主要分为2类：单纯基于几何运动学的跟踪控制算法，如纯跟踪（Pure Pursuit，PP）算法和斯坦利（Stanley）算法；基于运动学模型和动力学模型结合的跟踪算法。运动学是从几何学的角度对物体的运动规律进行分析，它包含了物体在空间中的速度和位置随时间而发生的改变。所以，车辆运动学模型可以反映车辆位置、速度、加速度与时间的关系。基于几何与运动学的跟踪算法常只适用于智能汽车在低速时的轨迹跟踪，当车速较高时，往往采用基于动力学以及考虑其他算法进行轨迹跟踪以提高精度并保证操纵稳定性。

在算法层面,多种算法被广泛应用以提升轨迹控制精度和响应速度。PID 控制是最为经典的方法,通过比例、积分和微分项来调整控制输出,实现轨迹的精确跟踪。基于最优控制的方法如线性最优二次规划(LQR)和模型预测控制(MPC)也被广泛用于优化控制命令。鲁棒控制方法,包括滑模控制、反演控制和 H ∞鲁棒方法,提高了系统在未知扰动下的控制效果。此外,基于学习的方法利用数据驱动的技术优化控制策略,而混合控制方法结合了多种控制技术的优势,以实现更加高效和可靠的轨迹跟踪性能。

1. 基于几何运动学的跟踪算法

纯跟踪(Pure Pursuit,PP)算法是一种典型的横向控制方法,该方法对外界的鲁棒性较好。PP 算法利用期望路径与行驶路径的距离偏差来测量汽车位置信息、前轮转向角数据,来实现智能汽车的路径跟踪。纯跟踪算法具有实现简单、数据计算直观的优点,在跟踪过程中呈现出很好的鲁棒性。图 6-43 给出了纯跟踪算法控制的几何关系示意,该方法的基本原理是在对汽车转弯半径 R 进行控制的基础上,以汽车后轴中心为控制点,从该点出发到前视距为 l_d 的参考路径目标点 (G_x, G_y),再根据阿克曼转向模型(Ackerman Turing Model),计算出所需要的前轮转动角度。

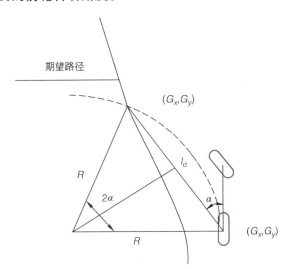

图 6-43 纯路径跟踪模型

根据几何关系

$$\frac{l_d}{\sin 2\alpha} = \frac{R}{\sin\left(\frac{\pi}{2}-\alpha\right)} \tag{6-98}$$

可得车辆转向半径为

$$R = \frac{l_d}{2\sin\alpha} \tag{6-99}$$

式中　α——车辆中心平面与前视矢量的夹角；
　　　R——转向半径；
　　　l_d——车辆前后轮距离。

结合阿克曼转向模型，可以计算出前轮转向角 δ_f 为

$$\delta_f = \arctan\left(\frac{2l\sin\alpha}{l_d}\right) \quad (6\text{-}100)$$

纯跟踪（PP）算法方法简便，对路面曲率扰动有较强的抗干扰能力，但其对前视点选取的依赖性较强，且最优化结果难以获得。另外，纯跟踪方法建立在一个简单的几何模型上，没有充分地考虑汽车动力学特征以及转向执行器的动态特征。在车速较高的行驶条件下，由于转弯曲率急剧改变容易引起汽车侧滑，且由于系统建模与真实汽车特征差异过大，跟踪效果不理想。

Stanley 算法也称为前轮反馈控制算法。Stanley 算法的基本思路是根据前轮中心的路径跟踪偏差值进行计算，得到转向盘的转向控制量。Stanley 算法模型如图 6-44 所示。该算法以车辆前轴中心到最近参考轨迹点的距离为基础的非线性反馈函数，可以使横向跟踪误差指数收敛到零。通过汽车姿态和参考路径之间的几何关系，可以直接得到汽车转向盘的控制量。前轮转角的控制变量主要包括两个方面。

1）航向误差形成的转角，就是期望轨迹上与车身最近点的切线方向与车辆方向的夹角。

2）由横向误差造成的夹角，也就是在侧向偏差下，前轴车轮的中心与期望轨迹最近的点之间的夹角。

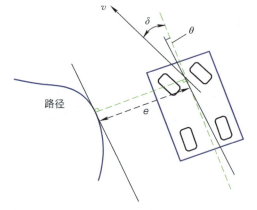

图 6-44　Stanley 运动学模型示意图

在不计横向误差的前提下，汽车前轮的偏角必须与期望路径参考点的切线方向一致。如果忽略了航向跟踪的偏差，则会使横向跟踪误差增大，从而使前轮转向角变大。与纯跟踪算法相比，Stanley 算法的优势在于该算法同时兼顾了车辆偏航角和车辆与跟踪路径之间的横向误差，其核心思路是根据前轮的轨迹追踪偏移量来确定转向盘的转向控制量。

2. 基于运动学模型和动力学模型的跟踪算法

（1）模型预测控制方法

模型预测控制策略是目前在控制领域内应用较为广泛的最优控制策略，它一般分为四个步骤：模型线性化、模型离散化、模型预测和滚动优化。首先将车辆动力学系统方程统一转化为采样时间为 T_s 的线性离散系统，以车辆前轮转角 δ_f 作为控制量。具体的控制算法设计过程与 6.3.1 小节中介绍的类似。在轨迹跟踪控制过程中需要考虑如下约束：

1）加速度约束。对于智能汽车的横向运动，可以对侧向加速度设置约束，同时为避免约束区间较小而导致 MPC 求解失败，将约束设置为软约束：

$$-(\mu g + \varepsilon) \leqslant |\dot{v}_y| \leqslant (\mu g + \varepsilon) \tag{6-101}$$

式中　μ——道路附着系数；
　　　g——重力加速度；
　　　ε——松弛因子。

2）前轮转角与转角增量约束。在前文中所建立的跟踪误差模型在前轮转角较大时，会产生较大误差。同时每周期控制量和控制量增量变化如果较大，会使车辆转向产生跳变，也不符合人类的实际驾驶行为。因此对控制量及其增量设置约束：

$$\begin{cases} \delta_{\text{fmin}} \leqslant u(k+i) \leqslant \delta_{\text{fmax}} \\ \Delta \delta_{\text{fmin}} \leqslant \Delta u(k+i) \leqslant \Delta \delta_{\text{fmax}} \end{cases}, i = 1, \cdots, N_c - 1 \tag{6-102}$$

式中　δ_{fmax}——控制量的最大值；
　　　δ_{fmin}——控制量的最小值；
　　　$\Delta \delta_{\text{fmax}}$——控制量增量的最大值；
　　　$\Delta \delta_{\text{fmin}}$——控制量增量的最小值。

3）轮胎侧偏角约束。轮胎侧偏力线性变化的关系是在小侧偏角的假设下得到的，因此，对于传统的 MPC 控制，要对轮胎侧偏角设置合理的角度范围。根据经验和轮胎侧偏力计算公式，对前轮侧偏角做出约束：

$$a_{\min} \leqslant \alpha \leqslant a_{\max} \tag{6-103}$$

4）质心侧偏角约束。质心侧偏角越小，智能车在行驶过程中的稳定性越好，乘客体验也会更加舒适。根据有关研究结果，在良好路面稳定行驶时，极限侧偏角可达 ±12°，而在雨雪湿滑路面上的极限侧偏角为 ±2°。对质心侧偏角设置约束：

$$\beta_{\min} \leqslant \beta \leqslant \beta_{\max} \tag{6-104}$$

为保证算法跟踪控制的准确性，要求参考轨迹的匹配点与自车定位点的横向位移、航向角等状态量的偏差要尽可能小。为保证跟踪时的行驶舒适性和平稳性，要求控制量和控制量增量也尽量平缓。首先，保证自车轨迹和参考轨迹的一致性；其次，为保证跟踪过程中驾乘人员的舒适性，若将参考轨迹表示为大小为 $N_p \times 1$ 的列向量 Y_{ref}，可以考虑如式（6-105）那样的优化目标函数；最后，考虑轨迹跟踪过程中的约束，该最优化问题可以被具体描述为一个最优二次规划（QP）问题，即

$$\min_u \tilde{J} \\ \text{S.T.} \begin{cases} U_{\min} \leqslant U \leqslant U_{\max} \\ \Delta U_{\min} \leqslant \Delta U = EU + Gu(k-1) \leqslant \Delta U_{\max} \\ \alpha_{\min} \leqslant \alpha \leqslant \alpha_{\max} \\ \beta_{\min} \leqslant \beta \leqslant \beta_{\max} \end{cases} \tag{6-105}$$

（2）滑模控制方法

滑模控制是一种经典有效的非线性控制方法，由于引入了切换函数，因此控制表现出不连续性，进而表现出控制结构的可变性。滑模控制由于其简单、无需精确建模、对系统参数变化的低敏感性和对外部干扰的高鲁棒性而受到广泛研究。然而，传统的滑模控制方案只能实现误差的渐近收敛，但收敛时间可能趋于无穷大，这会严重影响控制性能。为了加快系统的收敛速度并在有限时间内使系统状态可以收敛到平衡点，有学者提出了终端滑模控制（Terminal SMC，TSMC）。虽然TSMC具有快速收敛特性和控制性能优越的特点，但可能会引起奇异值问题。为了解决这一现象，有学者提出了避免奇异现象的非奇异终端滑模控制（Nonsingular Terminal SMC，NTSMC）。有限时间稳定理论虽然促进了NTSMC的发展且具有比指数稳定更好的暂态和稳态性能，但收敛时间仍与初始状态有关，即较大的初始误差会严重导致收敛时间的增长，因此固定时间终端滑模控制（Fixed-time Terminal SMC，FTSMC）被提出；具有固定时间收敛特性的滑模面只与所需设定的参数有关，与初始状态无关。

3. 基于强化学习的跟踪算法

强化学习是一种通过学习从状态到行为进行匹配来获得最大收益的学习机制。学习机制必须在外界条件下持续试验，并根据外界条件（激励），持续地进行状态-行为优化对应关系。经典的强化学习模型可以总结为图6-45的形式，包含智能体、动作、环境、状态、奖励这几个基本部分。智能体（Agent）依据策略决策从而执行动作（action），然后通过感知环境（Environment）从而获取环境的状态（state），进而得到奖励（reward），（以便下次再到相同状态时能采取更优的动作）；再继续按此流程"依据策略执行动作—感知状态—得到奖励"循环进行。反复试验（Tri-al and error）和延时奖励（Delayed reward）是强化学习中的两个主要特点。将强化学习用于车辆跟踪，其背景包括车辆模型、跟踪模型、路面模型以及回报函数。

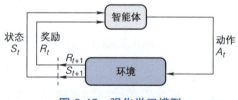

图6-45　强化学习模型

车辆运动控制是一个复杂的连续控制问题，无法简单地将其分解成离散问题。因此，越来越多的研究开始采用基于强化学习的方法来解决这一挑战。其中，深度确定性策略梯度（Deep Deterministic Policy Gradient，DDPG）算法因其在连续控制场景中的成功应用而逐渐成为主流控制方法。然而，尽管DDPG算法在许多情况下表现出色，但也存在着一些问题。例如，可能会出现值函数过估计、训练时间较长以及容易陷入局部最优的困境。为了应对这些问题，研究人员提出了一种改进的算法，即双延迟深度确定性策略梯度（Twin Delayed Deep Deterministic Policy Gradient，TD3）算法。相较于DDPG算法，TD3算法显著提高了训练速度和训练效果，在决策和控制领域具有广泛的应用前景。强化学习能在无模型情况下机器学习驾驶数据，是一种模仿人类驾驶的方法，可以提高目标跟踪的精确性和智能化程度。与传统的控制算法结合，它能实现更高级的路径跟踪效果，但需要在训练时间和样本效率方面做出更有效的改进。

6.4.2 主动转向控制

主动转向控制可以改善汽车的转向特性，实现低速时好的操纵性，高速时好的稳定性。主动转向系统的基本原理是通过改变前轮转角进而改变轮胎力，包括纵向力和侧向力，产生一个可以保证汽车稳定性的补偿横摆力矩。通常的做法是通过车身状态参数动态反馈控制抑制汽车参数变化、侧向风、对开路面以及低附着系数路面等引起的不稳定，在驾驶条件发生改变时通过控制器代替驾驶员进行转向角调节，以提高汽车操纵稳定性。

在控制方法设计方面，主动转向控制主要包括基于线性系统理论的主动转向控制和基于非线性系统理论的主动转向控制。其中，线性理论控制方法是一种成熟的理论，很早就用于主动转向控制的研究中，比如LQR方法。由于汽车行驶工况复杂，各参数之间相互耦合具有很强的非线性特性，受外部扰动以及系统不确定性影响大，因此基于精确数学模型的线性理论的控制方法只能在有限的线性区域内起到较好的控制效果。随着非线性系统控制理论的发展，为了更准确地描述驾驶过程中汽车的动力学，有学者开始将非线性控制理论应用于主动转向控制研究中。目前常用的主动转向控制方法有反馈线性化控制、自适应控制、滑模变结构控制、鲁棒控制、智能控制和自抗扰控制。相关控制算法的原理可以参照前面章节内容。其中，自抗扰控制方法的核心原理是利用扩张状态观测器实时地估计和补偿系统中不确定的非线性动态和未知外部干扰，从而得到一个独立于对象模型的抗扰能力较强的控制器。由于该方法简单易行，因此近年来被越来越多地应用到车辆运动控制中。

1. 理想的转向特性

大量理论研究和实践表明，对于驾驶员而言，在具有适当不足转向特性的线性区域内运行的车辆具有较好的操纵稳定性并且更易于控制。因此，线性二自由度车辆的转向特性常常被作为车辆的理想转向特性。

这里，改写式（6-24）为

$$\begin{bmatrix} \dot{\beta} \\ \dot{\omega}_r \end{bmatrix} = \begin{bmatrix} a_{11} & a_{12} \\ a_{21} & a_{22} \end{bmatrix} \begin{bmatrix} \beta \\ \omega_r \end{bmatrix} + \begin{bmatrix} b_1 \\ b_2 \end{bmatrix} \delta_f \quad (6\text{-}106)$$

式中

$$a_{11} = -\frac{C_f + C_r}{mv_x}, \quad a_{12} = -\frac{L_f C_f - L_r C_r}{mv_x^2} - 1$$

$$a_{21} = -\frac{L_f C_f - L_r C_r}{I_z}, \quad a_{22} = -\frac{L_f^2 C_f + L_r^2 C_r}{I_z v_x}$$

$$b_1 = \frac{C_f}{mv_x}, \quad b_2 = \frac{L_f C_f}{I_z}, \quad L = L_f + L_r$$

由式（6-106）可以推导出车辆稳态时的横摆角速度 ω_r^0 为

$$\omega_r^0 = \frac{v_x/L}{1+Kv_x^2}\delta_f \tag{6-107}$$

车辆在不同路面附着条件下行驶时的侧向加速度必须满足轮胎最大附着力的限制，即

$$|a_y| \leqslant \mu g \tag{6-108}$$

式中 μ——路面附着系数。

其中稳态时汽车侧向加速度 a_y 可以近似表示为

$$a_y \approx \omega_r v_x \tag{6-109}$$

由此可以得到理想横摆角速度 ω_r^d 为

$$\omega_r^d = \min\left\{\left|\frac{v_x/L}{1+Kv_x^2}\delta_f\right|, \left|\frac{\mu g}{v_x}\right|\right\}\mathrm{sign}(\delta_f) \tag{6-110}$$

相关文献指出，当车辆的侧向加速度满足 $0.5\mu g < a_y < 0.75\mu g$ 时，轮胎的侧向力接近附着极限，车辆将有失稳的趋势，此时，通过主动转向控制可以保证汽车的稳定性；当车辆的侧向加速度 $a_y > 0.75\mu g$ 时，车辆进入失稳区域，容易发生侧滑而导致失稳，此时汽车很难再通过主动转向控制恢复到稳定状态。因此，这里对理想的横摆角 ω_r^d 进行如下修正：

$$\omega_r^d = \min\left\{\left|\frac{v_x/L}{1+Kv_x^2}\delta_f\right|, \left|\frac{0.75\mu g}{v_x}\right|\right\}\mathrm{sign}(\delta_f) \tag{6-111}$$

同理，根据式（6-106）可以得到稳态时质心侧偏角 β^0 为

$$\beta^0 = \delta_f \frac{L_r/L + mL_f v_x^2/(L^2 C_r)}{1+Kv_x^2} \tag{6-112}$$

式（6-112）中的质心侧偏角没有考虑到轮胎受到最大附着力的限制，这里根据相关文献选取经验值对理想的质心侧偏角 β^d 进行修正：

$$\beta^d = \min\left\{\left|\delta_f \frac{L_r/L + mL_f v_x^2/(L^2 C_r)}{1+Kv_x^2}\right|, \left|\arctan(0.02\mu g)\right|\right\}\mathrm{sign}(\delta_f) \tag{6-113}$$

2. 基于自抗扰控制的横摆角速度反馈主动转向控制

车辆质心侧偏角是车速与期望行驶轨迹之间的夹角，其反映了转向过程中车辆行驶轨迹的偏离情况，而横摆角速度则是反映转向过程中车辆横摆角变化的速度；当车辆轮胎运行在线性区域时，车辆质心侧偏角通常较小（接近零），此时可以用横摆角速度来表示车辆的运行状态。基于横摆角速度反馈的车辆横摆稳定性控制的目的就是通过控制前轮转角，确保车辆实际的横摆角速度跟踪理想的横摆角速度，这样驾驶员就可以根据常规工况下的驾驶经验来预测车辆的运动从而做出适当的响应，提高行车的安全性。

基于自抗扰控制的横摆角速度反馈的车辆横摆稳定性控制系统的总体控制框架如图 6-46 所示。自抗扰控制（Active Disturbance Rejection Control，ADRC）算法是一种非线性控制方法，可以有效地解决大规模复杂的（非线性、时变、耦合等）不确定系统的控制问题。自抗扰控制的本质是利用扩张状态观测器来估计和补偿系统的总扰动，从而具有强鲁棒性。自抗扰控制器是由跟踪微分器、扩张状态观测器和线性状态误差反馈构成的。其中，跟踪微分器（Tracking Differentiatior，TD）是单输入多输出的结构，用于从被噪声污染的信号中合理地提取微分信号，从而有效地抑制传统的微分器中的噪声放大效应。扩张状态观测器（Extended State Observer，ESO）作为一种新型的状态观测器，其工作原理是将系统的总扰动扩张为新的状态变量，并利用反馈机制使得系统可以同时观测到系统的状态量和总扰动，进而实现对总扰动的补偿，它是不确定性系统的 ADRC 设计的关键。线性状态误差反馈（Linear State Error Feedback，LSEF）使用跟踪微分器和扩张状态观测器之间的输出误差来实现反馈控制，以提高控制器的鲁棒性。如图 6-46 所示，系统根据当前驾驶员的输入和车辆状态给出理想的横摆角速度，由线性跟踪微分器来安排期望信号的跟踪值及其微分信号，线性扩张状态观测器使用系统的输入和输出信息来实时估计系统的状态和总扰动，线性误差反馈控制律则使用线性跟踪微分器和线性扩张状态观测器之间的输出误差来实现反馈控制，以提高控制器的鲁棒性。

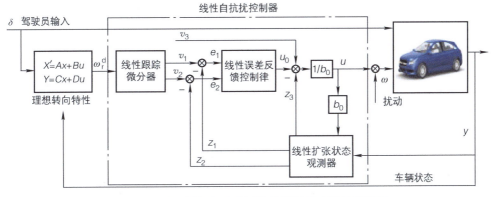

图 6-46 基于横摆角速度反馈的横摆稳定性控制框架

这里，对式（6-24）进行拉普拉斯变化，并消去质心侧偏角，可以得到横摆角速度与前轮转角之间的传递函数为

$$\frac{\omega_r(s)}{\delta_f(s)} = \frac{b_2 s + b_1 a_{21} - b_2 a_{11}}{s^2 - (a_{11} + a_{22})s + a_{11}a_{22} - a_{21}a_{12}} \quad (6\text{-}114)$$

对式（6-114）执行拉普拉斯反变换后，可以得到：

$$\ddot{\omega}_r = -(a_{11} + a_{22})\dot{\omega}_r + (a_{11}a_{22} - a_{21}a_{12})\omega_r + b_2\dot{\delta}_f + (b_1 a_{21} - b_2 a_{11})\delta_f \quad (6\text{-}115)$$

式（6-115）可以重写为

$$\ddot{\omega}_r = f(\omega_r, \dot{\omega}_r, \dot{\delta}_f, w(t)) + b\delta_f \quad (6\text{-}116)$$

式中　$w(t)$——系统未建模动态和外部扰动；

$f(\omega_r, \dot{\omega}_r, \dot{\delta}_f, w(t))$——简写为 f，是有界时变函数，代表着系统总扰动；

$$f = -(a_{11}+a_{22})\dot{\omega}_r + (a_{11}a_{22}-a_{21}a_{12})\omega_r + b_2\dot{\delta}_f + w(t) \quad (6\text{-}117)$$

$b = b_1 a_{21} - b_2 a_{11}$。

假设 f 可微，且 $h = \dot{f}$，这里将 f 作为新的状态变量进行扩张，那么式（6-115）可扩张成如下控制系统：

$$\begin{cases} \dot{x}_1 = x_2 \\ \dot{x}_2 = x_3 + b\delta_f \\ \dot{x}_3 = h \\ y = x_1 \end{cases} \quad (6\text{-}118)$$

式中

$$\begin{aligned} x_1 &= \omega_r \\ x_2 &= \dot{\omega}_r \\ x_3 &= f(\dot{\omega}_r, \omega_r, \dot{\delta}_f, w(t)) \end{aligned}$$

另外，h 未知但有界。对这个扩张系统（6-118）构建如下状态观测器：

$$\begin{cases} e_1 = z_1 - y \\ \dot{z}_1 = z_2 - \beta_{01} e_1 \\ \dot{z}_2 = z_3 - \beta_{02} e_1 + b\delta_f \\ \dot{z}_3 = -\beta_{03} e_1 \end{cases} \quad (6\text{-}119)$$

式中　e_1——状态 x_1 的估计误差；

z_1、z_2、z_3——状态 x_1、x_2、x_3 的估计值。

适当选择参数 $\beta_{01} = 3w_0$，$\beta_{02} = 3w_0^2$，$\beta_{03} = w_0^3$，其中 w_0 为观测器带宽，系统就可以较准确地估计系统式（6-118）的状态变量和被扩张的状态 f。设计系统的跟踪微分器，对期望的横摆角速度安排过渡过程。那么，线性误差反馈律可设计为

$$u = \frac{k_p(v_1 - z_1) + k_d(v_2 - z_2) + (v_3 - z_3)}{b} \quad (6\text{-}120)$$

通过适当选择参数 $k_d = 2w_c$，$k_p = w_c^2$，其中 w_c 为控制器带宽，系统就可以很好地跟踪期望的横摆角速度。

当汽车在高速行驶时紧急转弯或者在低附着路面大角度转弯时，车辆的质心侧偏角较大，这对车辆的稳定性有很大的影响。此时，横摆角速度响应不能完全反映车辆的运行状态；随着质心侧偏角的持续增大，驾驶员将逐渐失去用转向盘改变车辆侧向运动的能力；当质心侧偏角大到一定值以后，驾驶员操作转向盘将无法控制车辆的转向，车辆将会出现

甩尾侧滑等危险情况，需要快速减小质心侧偏角来确保车辆的稳定性。因此，质心侧偏角在车辆横摆稳定性控制中也具有关键的作用。实际应用中也常常会联合质心侧偏角一起进行反馈控制提高车辆稳定性，相关的控制器的设计也可以参照横摆角速度跟踪控制器设计方法，其中质心侧偏角获取可以采用状态估计的方法进行估计。

6.5 底盘垂向运动控制

底盘垂向运动控制是汽车底盘控制技术中的重要组成部分，它主要关注车辆在垂直方向上的运动状态，包括车身的垂向振动、俯仰和侧倾等，以改善乘坐舒适性和行驶稳定性。底盘垂向运动控制主要通过对悬架的阻尼、刚度、高度、主动的侧倾力矩等参数进行适应性调节，使悬架系统处于最佳的减振和运动状态，保证车辆舒适性和操纵稳定性。

在阻尼控制方面，悬架控制内容主要包括：①分频控制，实现低频大阻尼、高频小阻尼的总体控制目标；②反馈控制，实现对车辆垂向运动，包括侧倾与纵倾运动的精细控制目标；③联合控制，与驱动、转向、制动等底盘系统以及 ADAS 进行深度融合和协调控制。

在悬架系统刚度和车身高度控制方面，主要通过空气弹簧或主动悬架执行器实现悬架刚度或车身高度的控制目标。某车型的车身高度控制架构如图 6-47 所示。

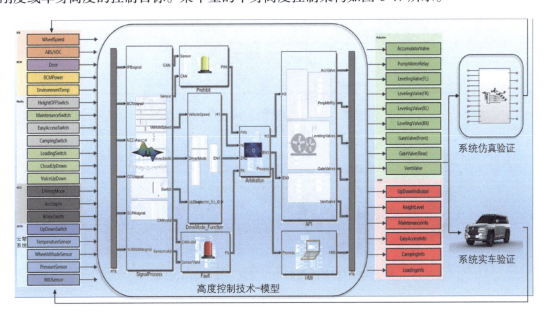

图 6-47 车身高度控制系统示例

控制器硬件性能和算法能力直接决定了智能悬架系统的功能和性能。控制器的主要功能是接收车辆系统信号和悬架系统传感器信号，并运行算法计算得到悬架弹性元件、减振元件的目标控制电信号，同时输出驱动电磁阀、压缩机等执行器动作，实现期望的车身高度控制或阻尼控制。某车型的控制系统组成示意图如图 6-48 所示。控制器的核心是各类关键芯片：MCU 计算单元、电磁阀驱动芯片、通信芯片、电源芯片等。智能悬架系统的控制算法主要包括减振器阻尼控制和空气弹簧车身高度控制：在阻尼控制方面主要以整车舒适性和操稳性为控制目标，目前行业普遍采用的控制算法为基于天棚阻尼的最优控制逻辑；空气弹簧控制方面主要的控制目标为车身姿态，目前行业普遍采用的控制逻辑为不同模式对应不同车身姿态高度，控制算法主要有天棚控制、地棚控制、混合控制、模糊控制、PID控制、神经网络控制、MPC控制，以及深度强化学习控制等方法。

特殊运行状况下的调控方案

弯道行驶

在弯道行驶时悬架调控中断，弯道过后调控继续进行。
通过转向角传感器信号和横向加速度传感器信号识别弯道行驶。

减振力根据实时的行驶状况进行自动调节。因此，能够有效防止行驶中那些不希望出现的车身运动(例如侧倾)。

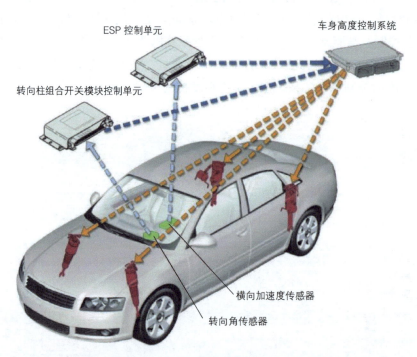

图 6-48　某车型智能电控悬架系统控制系统图

6.5.1　悬架系统控制模型

针对智能悬架控制系统的算法开发需要建立动力学模型。然而，由于悬架系统的实际结构通常存在非线性和不确定性，完整地建立悬架动力学模型十分困难，因此常采用线性化的标称模型近似表征悬架的动力学特性。

通常应用动力学的模型包括：

1）七自由度整车模型：车身的垂向、俯仰和侧倾自由度，4个车轮的垂向自由度。

2)四自由度半车模型:车身的垂向和俯仰自由度,2个车轮的垂向自由度。

3)二自由度 1/4 车模型:车身的垂向自由度,1个车轮的垂向自由度。

上述 3 种模型存在转化关系。当认为车辆沿 xoz 平面完全对称且两侧道路的激励完全一致时,整车模型可近似为半车模型。当悬挂质量分配系数为 1 时,前后悬架的运动互不关联,半车模型可转换为 1/4 车模型进行独立分析。

这里基于 1/4 车模型介绍半主动悬架和主动悬架的典型控制算法。1/4 车模型只能反映车辆垂直振动特性,可以通过车体垂直振动加速度和车轮动载荷来评价车辆行驶平顺性和路面附着性等车辆行驶性能指标。该模型假设:

1)车体弹性中心与质心重合。

2)车体为刚体,乘员与车体运动一致。

3)车轮与路面之间不存在滑动状态,并且车轮始终与地面相接触。

4)车轮垂直振动特性简化为一个不考虑阻尼作用的弹簧。

5)车辆左右两侧悬架系统完全对称,可分开考虑。

6)车辆前后悬架系统完全独立无干涉,无耦合影响。

被动悬架、半主动悬架(阻尼可调式)、主动悬架的 1/4 车模型的一般形式如图 6-49 所示。在半主动悬架中,将减振器的阻尼系数通过两部分表述:一部分是零场阻尼 c_0;另一部分是可调阻尼 c_f。并定义最小和最大阻尼系数 c_{f-min} 和 c_{f-max},开关型减振器中 $c_f \in \{c_{f-min}, c_{f-max}\}$,连续型减振器中 $c_f \in [c_{f-min}, c_{f-max}]$。

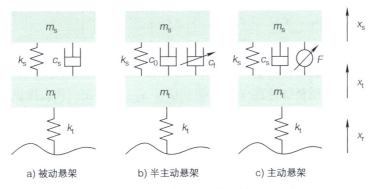

a) 被动悬架 b) 半主动悬架 c) 主动悬架

图 6-49 悬架系统 1/4 车模型的一般形式

三种悬架系统的动力学模型可以统一表述为

$$\begin{cases} m_s \ddot{x}_s = -k_s(x_s - x_t) - c_s(\dot{x}_s - \dot{x}_t) - F \\ m_t \ddot{x}_t = k_s(x_s - x_t) + c_s(\dot{x}_s - \dot{x}_t) + k_t(x_r - x_t) + F \end{cases} \quad (6\text{-}121)$$

式中　m_s——车身质量;

　　　m_t——车轮质量;

　　　k_s——悬架系统的等效刚度;

　　　k_t——车轮的等效刚度;

c_s——悬架系统的阻尼系数；

x_s——车身的绝对位移；

x_t——车轮的绝对位移；

x_r——路面高程或路面激励；

F——控制力，由执行器性质以及控制算法共同给定。

对于该模型，三类悬架的应用方式为：

1）被动悬架：取控制力 $F = 0$。

2）半主动悬架：将零场阻尼等效为被动减振器阻尼，即 $c_s = c_0$，将可调阻尼产生的阻尼力表述为控制力，即 $F = c_f(\dot{x}_s - \dot{x}_t)$。

3）主动悬架：控制力 F 由执行器给定，并定义范围 $F \in [F_{\min}, F_{\max}]$。

在现代悬架控制系统开发中，需要定义系统的状态空间方程。定义状态向量 $\boldsymbol{X} = [x_s \, x_t \, \dot{x}_s \, \dot{x}_t]^T$，$\boldsymbol{U} = \boldsymbol{F}$，$\boldsymbol{W} = x_r$，系统的状态空间方程表述为

$$\dot{\boldsymbol{X}} = \boldsymbol{A}\boldsymbol{X} + \boldsymbol{B}\boldsymbol{U} + \boldsymbol{H}\boldsymbol{W} \tag{6-122}$$

其中，$\boldsymbol{A} = \begin{bmatrix} 0 & 0 & 1 & 0 \\ 0 & 0 & 0 & 1 \\ -\dfrac{k_s}{m_s} & \dfrac{k_s}{m_s} & -\dfrac{c_s}{m_s} & \dfrac{c_s}{m_s} \\ \dfrac{k_s}{m_t} & -\dfrac{k_s + k_t}{m_t} & \dfrac{c_s}{m_t} & -\dfrac{c_s}{m_t} \end{bmatrix}$；$\boldsymbol{B} = \begin{bmatrix} 0 \\ 0 \\ -\dfrac{1}{m_s} \\ \dfrac{1}{m_t} \end{bmatrix}$；$\boldsymbol{H} = \begin{bmatrix} 0 \\ 0 \\ 0 \\ \dfrac{k_t}{m_t} \end{bmatrix}$。

作为垂向动力学性能评价的基础，利用 1/4 车模型得到的动力学响应量主要包括三种：代表乘坐舒适性的簧上质量加速度 $\ddot{x}_s$；悬架动挠度 $x_{\text{def}} = x_s - x_t$；代表操纵稳定性的车轮动载荷（可用车轮与地面之间的相对位移表示，即车轮动变形 $x_t - x_r$）。

6.5.2 半主动悬架典型控制算法

按照控制目标，主要有以下几类典型的悬架控制方法。

（1）面向平顺性控制

1）天棚控制。天棚控制（Skyhook，SH）的原理是在车身与假想的"天棚"之间，通过一个虚拟的阻尼器，将之"连接"起来，以减少车身的垂向振动，如图 6-50 所示。

其动力学模型表述为

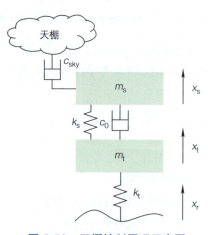

图 6-50 天棚控制原理示意图

$$\begin{cases} m_s\ddot{x}_s = -k_s(x_s - x_t) - c_0(\dot{x}_s - \dot{x}_t) - c_{sky}\dot{x}_s \\ m_u\ddot{x}_u = k_s(x_s - x_t) + c_0(\dot{x}_s - \dot{x}_t) + k_t(x_r - x_t) \end{cases} \quad (6\text{-}123)$$

式中 c_{sky}——天棚控制的阻尼系数。

1/4 车模型包括车身和车轮的动力学方程两部分，天棚控制原理的方程组（6-123）与实际的方程组（6-122）显然无法在车身和车轮部分均完全等效。由于天棚控制是面向平顺性的控制方法，因此将关于车身的动力学方程等效，得到期望的控制力为 $F = c_{sky}\dot{x}_s$。在半主动悬架中，该期望控制力由阻尼可调减振器产生，且实际控制力取决于可调阻尼 c_f 以及当前的悬架变形速度 $\dot{x}_s - \dot{x}_t$，即 $F = c_f(\dot{x}_s - \dot{x}_t)$。下面介绍天棚控制在连续型减振器和切换型减振器上的应用。

对于连续型半主动悬架，可调阻尼 c_f 的取值方式为

$$c_f = \begin{cases} c_{f\text{-max}}, & \dfrac{c_{sky}\dot{x}_s}{\dot{x}_s - \dot{x}_t} \geqslant c_{f\text{-max}} \\ c_{f\text{-min}}, & \dfrac{c_{sky}\dot{x}_s}{\dot{x}_s - \dot{x}_t} \leqslant c_{f\text{-min}} \\ \dfrac{c_{sky}\dot{x}_s}{\dot{x}_s - \dot{x}_t}, & \text{其他} \end{cases} \quad (6\text{-}124)$$

由于阻尼的非负性，半主动悬架只能产生和 $\dot{x}_s - \dot{x}_t$ 同方向的作用力，而期望的控制力 $F = c_{sky}\dot{x}_s$ 则与车身速度 $\dot{x}_s$ 同向。因此，当 $\dot{x}_s - \dot{x}_t$ 与 $\dot{x}_s$ 反向，即 $\dot{x}_s(\dot{x}_s - \dot{x}_t) \leqslant 0$ 时，无法产生期望的控制力。

对于切换式半主动悬架系统，讨论仅有 $c_{f\text{-min}}$ 和 $c_{f\text{-max}}$ 两个阻尼系数可调的减振器。一方面考虑到在式（6-118）的控制形式下，$\dot{x}_s(\dot{x}_s - \dot{x}_t) \leqslant 0$ 时即取最小阻尼 $c_{f\text{-min}}$；另一方面，考虑到计算乘法相比除法更容易，因此衍生出了开关型天棚控制，表述为

$$c_f = \begin{cases} c_{f\text{-max}}, & \text{当}\dot{x}_s(\dot{x}_s - \dot{x}_t) \geqslant 0 \\ c_{f\text{-min}}, & \text{当}\dot{x}_s(\dot{x}_s - \dot{x}_t) < 0 \end{cases} \quad (6\text{-}125)$$

该控制策略由 $\dot{x}_s - \dot{x}_t$ 与 $\dot{x}_s$ 的符号决定阻尼的取值，因此也称为状态判定的天棚控制算法。阻尼选取与悬架状态的对应关系共有六种情况，见表6-3。选取为 $c_{f\text{-max}}$ 的四种情况中，②和③中车身与车轮运动方向相反，①和④中二者虽然同向运动，然而车身的运动相较车轮更激烈。以车轮为参照，这四种情况均反映出车身的运动程度较激烈，因此选用大阻尼更快地抑制车身的振动。选用 $c_{f\text{-min}}$ 的情况⑤和⑥中，一方面，车身的运动较小，因此选用小阻尼保证平顺性；另一方面，由于此时产生的实际阻尼力与期望天棚阻尼力恒反向，因此选用小阻尼减小误差。

表 6-3　开关型天棚控制中阻尼选取与悬架状态

序号	$\dot{x}_s$	$\dot{x}_t$	$\dot{x}_s - \dot{x}_t$	$\dot{x}_s(\dot{x}_s - \dot{x}_t)$	阻尼选取	悬架状态
①	正	正	正	正	c_{f-max}	车身向上运动，车轮慢速向上运动
②	正	负	正	正	c_{f-max}	车身向上运动，车轮向下运动
③	负	正	负	正	c_{f-max}	车身向下运动，车轮向上运动
④	负	负	负	正	c_{f-max}	车身向下运动，车轮慢速向下运动
⑤	正	正	负	负	c_{f-min}	车身向上运动，车轮快速向上运动
⑥	负	负	正	负	c_{f-min}	车身向下运动，车轮快速向下运动

在连续型和切换型减振器对应的控制策略的基础上，又进一步提出了线性近似天棚控制，其原理图如图 6-51 所示。该模型不仅单独针对车身引入了天棚阻尼 $(1-\alpha)c_{sky}$，而且针对车身和车轮同样引入了阻尼 $c_0 + \alpha c_{sky}$。

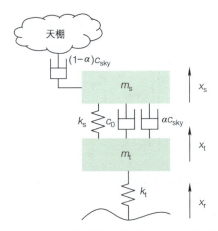

图 6-51　线性近似天棚控制原理示意图

其动力学模型表述为

$$\begin{cases} m_s\ddot{x}_s = -k_s(x_s - x_t) - (c_0 + \alpha c_{sky})(\dot{x}_s - \dot{x}_t) - (1-\alpha)c_{sky}\dot{x}_s \\ m_u\ddot{x}_u = k_s(x_s - x_t) + (c_0 + \alpha c_{sky})(\dot{x}_s - \dot{x}_t) + k_t(x_r - x_t) \end{cases} \quad (6\text{-}126)$$

式中　α——调整闭环控制性能的参数，$\alpha \in [0,1]$。

同样使车身的动力学方程等效，得到期望控制力为 $F = \alpha c_{sky}(\dot{x}_s - \dot{x}_t) + (1-\alpha)c_{sky}\dot{x}_s$，并得到可调阻尼 c_f 的取值方式为

$$c_f = \begin{cases} \operatorname{sat}_{c_f \in [c_{f-min}, c_{f-max}]}\left(\alpha c_{sky} + (1-\alpha)\dfrac{c_{sky}\dot{x}_s}{\dot{x}_s - \dot{x}_t}\right), & 当\dot{x}_s(\dot{x}_s - \dot{x}_t) \geqslant 0 \\ c_{f-min}, & 当\dot{x}_s(\dot{x}_s - \dot{x}_t) < 0 \end{cases} \quad (6\text{-}127)$$

该方法将式（6-126）和式（6-127）结合起来，包含期望控制力的近似和悬架系统的状态判定两部分。关于期望控制力的近似，引入参数 α 实现了期望控制力 $F = \alpha c_{sky}(\dot{x}_s - \dot{x}_t) + (1-\alpha)c_{sky}\dot{x}_s$ 的动态调节，同时引入了阻尼 $(1-\alpha)c_{sky}$ 和 $c_0 + \alpha c_{sky}$ 的动态调

节和分配，更容易与悬架动力学分析结合。关于悬架系统的状态判定，在车身的运动较小，即 $\dot{x}_s(\dot{x}_s - \dot{x}_t) < 0$ 时，直接选用小阻尼保证平顺性。此外，当 $\alpha = 0$ 时，该控制率即等效为切换式半主动悬架系统的控制率。

由于天棚控制是一种可以达到较好舒适性的简单方法，故而相关的研究工作很多，例如无颤振版天棚控制、自适应天棚控制、增益调度天棚控制等，通常是在低频段（车身共振频率附近）提供。此外，执行天棚控制的运算需要两个传感器：一个是安装于车身的加速度传感器，以得到 $\ddot{x}_s$，并通过积分滤波等方式得到 $\dot{x}_s$；另一个是安装于车身和车轮之间的高度传感器，以得到 $x_s - x_t$，并通过微分滤波等方式得到 $\dot{x}_s - \dot{x}_t$。因此，天棚控制策略虽然形式简单，但是悬架状态 $\dot{x}_s$ 和 $\dot{x}_s - \dot{x}_t$ 的获取同样是需要关注的问题。

2）ADD 控制。加速度驱动的阻尼控制（Acceleration Driven Damper Control，ADD）是基于最优控制的思想提出的一种半主动控制策略。在表现形式上，ADD 与天棚控制是类似的，相当于用惯容替代了天棚阻尼，如图 6-52 所示。

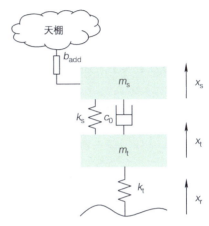

图 6-52 ADD 控制原理示意图

惯容是一种加速度型的结构控制元件，减振器通过速度产生力，惯容器则通过加速度产生力。将式（6-123）中 $c_{sky}\dot{x}_s$ 以 $b_{add}\ddot{x}_s$ 替换后，得到 ADD 控制原理的动力学模型为

$$\begin{cases} m_s\ddot{x}_s = -k_s(x_s - x_t) - c_s(\dot{x}_s - \dot{x}_t) - b_{add}\ddot{x}_s \\ m_u\ddot{x}_u = k_s(x_s - x_t) + c_s(\dot{x}_s - \dot{x}_t) + k_t(x_r - x_t) \end{cases} \quad (6-128)$$

类似地，作为面向平顺性的控制，将式（6-123）与式（6-128）关于车身的动力学方程等效，得到 ADD 中的期望作用力为 $F = b_{add}\ddot{x}_s$。

同理，对于连续型半主动悬架，可调阻尼 c_f 的取值方式为

$$c_f = \begin{cases} c_{f-max}, & \text{当} \dfrac{b_{add}\ddot{x}_s}{\dot{x}_s - \dot{x}_t} \geq c_{f-max} \\ c_{f-min}, & \text{当} \dfrac{b_{add}\ddot{x}_s}{\dot{x}_s - \dot{x}_t} \leq c_{f-min} \\ \dfrac{b_{add}\ddot{x}_s}{\dot{x}_s - \dot{x}_t}, & \text{其他} \end{cases} \quad (6-129)$$

针对切换型半主动悬架，可调阻尼 c_f 的取值方式为

$$c_f = \begin{cases} c_{f-max}, & \ddot{x}_s(\dot{x}_s - \dot{x}_t) \geq 0 \\ c_{f-min}, & \ddot{x}_s(\dot{x}_s - \dot{x}_t) < 0 \end{cases} \quad (6-130)$$

结合关于天棚控制实施中的讨论，因为 $\dot{x}_s$ 相比 $\ddot{x}_s$ 通常更难获得，而通过簧上加速度传感器获得 $\ddot{x}_s$ 通常是经济且有效的，因此，这种控制策略相比天棚控制更简单。

（2）面向路面附着性控制：地棚控制

针对路面附着性的研究中，地棚算法（Groundhook，GH）通常与天棚算法一同出现，该方法假设一个地面和假想固定不动的"地棚"，通过一个虚构的阻尼器"连接"起来，以减少车轮的垂向振动，如图6-53所示。

其动力学模型表述为

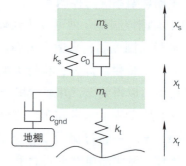

图6-53　地棚控制原理示意图

$$\begin{cases} m_s\ddot{x}_s = -k_s(x_s-x_t)-c_s(\dot{x}_s-\dot{x}_t) \\ m_u\ddot{x}_u = k_s(x_s-x_t)+c_s(\dot{x}_s-\dot{x}_t)+k_t(x_r-x_t)-c_{gnd}\dot{x}_t \end{cases} \qquad (6\text{-}131)$$

作为面向路面附着性改善的控制，将式（6-121）与式（6-131）关于车轮的动力学方程等效，得到地棚控制中的期望作用力为 $F=-c_{gnd}\dot{x}_t$。

针对连续型半主动悬架，可调阻尼 c_f 的取值方式为

$$c_f = \begin{cases} c_{f\text{-}max}, & 当 \dfrac{-c_{gnd}\dot{x}_t}{\dot{x}_s-\dot{x}_t} \geqslant c_{f\text{-}max} \\ c_{f\text{-}min}, & 当 \dfrac{-c_{gnd}\dot{x}_t}{\dot{x}_s-\dot{x}_t} \leqslant c_{f\text{-}min} \\ \dfrac{-c_{gnd}\dot{x}_t}{\dot{x}_s-\dot{x}_t}, & 其他 \end{cases} \qquad (6\text{-}132)$$

针对切换型半主动悬架，可调阻尼 c_f 的取值方式为

$$c_f = \begin{cases} c_{f\text{-}max}, & 当 \dot{x}_t(\dot{x}_s-\dot{x}_t) \leqslant 0 \\ c_{f\text{-}min}, & 当 \dot{x}_t(\dot{x}_s-\dot{x}_t) > 0 \end{cases} \qquad (6\text{-}133)$$

针对式（6-133），同样可将悬架运动状态依照 $\dot{x}_t$ 和 $\dot{x}_s-\dot{x}_t$ 的正负划分为六种情况，且以车身为参照，$\dot{x}_t(\dot{x}_s-\dot{x}_t)<0$ 时对应的四种情况均反映出车轮的运动程度较激烈，因此选用大阻尼更快地抑制车轮的振动。同样地，从状态判定的角度也很容易看出天棚控制和地棚控制的冲突，例如，当 $\dot{x}_s>\dot{x}_t>0$ 时，表现为车身相比车轮更快速地向上运动，开关型天棚控制中[式（6-123）]选用 $c_{f\text{-}max}$ 更好地抑制车身的振动，而开关型地棚控制中[式（6-131）]则选用 $c_{f\text{-}min}$，即对改善车身的振动是不利的。类似地，可以进一步提出线性近似地棚控制，其原理图如图6-54所示。

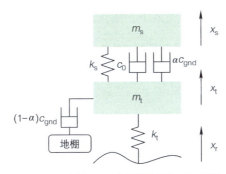

图 6-54 线性近似地棚控制原理示意图

期望控制力为 $F = -\alpha c_{gnd}(\dot{x}_s - \dot{x}_t) - (1-\alpha)c_{gnd}\dot{x}_t$,并得到可调阻尼 c_f 的取值方式为

$$c_f = \begin{cases} \operatorname{sat}_{c_f \in [c_{f-min}, c_{f-max}]}\left(-\alpha c_{gnd} - (1-\alpha)\dfrac{c_{gnd}\dot{x}_t}{\dot{x}_s - \dot{x}_t}\right), & \text{当}\dot{x}_t(\dot{x}_s - \dot{x}_t) \leq 0 \\ c_{f-min}, & \text{当}\dot{x}_t(\dot{x}_s - \dot{x}_t) > 0 \end{cases} \quad (6\text{-}134)$$

地棚控制是与天棚控制类似的一种控制策略,相比被动悬架,地棚控制在整个频率范围内都能提供更好的路面附着性,然而在平顺性上反而出现了恶化。线性控制算法(包括线性近似天棚控制和线性近似地棚控制)虽然能够通过调整参数 α 实现平顺性和路面附着性的不同折中效果,然而参数 α 在不同车型、不同工况下的选取仍然是重要的问题。

(3)混合算法

前面所讨论的不同控制算法具有不同的特点。例如,针对平顺性改善,天棚控制可以在低频段(车身共振频率范围内)提供最佳的控制效果,而 ADD 控制可以保证中高频段(高于车身共振频率,包含车轮共振频率)的控制效果。然而天棚控制和 ADD 控制都是针对平顺性的控制策略,无法保证对路面附着性的控制,而地棚控制的效果则正相反。因此,将上述控制算法进行互补得到的混合算法,能更全面地改善控制效果,并一定程度上应对平顺性和路面附着性的冲突。

1)SH-ADD。在平顺性控制方面,天棚控制和 ADD 控制在频域上是互补的,将二者结合的关键点在于频段选择器的设计,即如何判断当前的频率,并对天棚控制和 ADD 控制进行选择。

$\ddot{x}_s^2 - \varepsilon^2 \dot{x}_s^2$ 是一个简单有效的频段选择器,其中 ε 表示低频和高频之间的频率界限,其应当被设置为天棚控制和 ADD 控制的交叉频率。且当 $\ddot{x}_s^2 - \varepsilon^2 \dot{x}_s^2 < 0$ 时,选用天棚控制;反之则选用 ADD 控制。下面将通过简单的分析,说明这种频段选择器的有效性。

考虑一个单频信号 $\dot{x}_s(t) = A\sin(\omega t)$,从而分频函数 $\ddot{x}_s^2 - \varepsilon^2 \dot{x}_s^2$ 可以整理为

$$f(t) = \ddot{x}_s^2(t) - \varepsilon^2 \dot{x}_s^2(t) = \dfrac{(\varepsilon^2 + \omega^2)A^2}{2}\left[\cos(2\omega t) - \dfrac{\varepsilon^2 - \omega^2}{\varepsilon^2 + \omega^2}\right] \quad (6\text{-}135)$$

分频函数 $f(t)$ 的周期为 $T = \dfrac{\pi}{\omega}$,定义 $f(t) > 0$ 在一个周期 T 上($t \in \left[0, \dfrac{\pi}{\omega}\right]$)的解的区间

长度为 D，在不同的 ε 和 ω 的频率关系下，解区间长度 D 与周期 T 的关系，见表 6-4。

表 6-4 分频函数中不同频率关系下解区间长度与周期的关系

频率关系	$\dfrac{\varepsilon^2-\omega^2}{\varepsilon^2+\omega^2}$	解区间长度与周期比值 $\dfrac{D}{T}$
$\varepsilon \gg \omega$	趋近 1	趋近 0
$\varepsilon > \omega$	(0, 1)	(0, 0.5)
$\varepsilon = \omega$	0	0.5
$\varepsilon < \omega$	(−1, 0)	(0.5, 1)
$\varepsilon \ll \omega$	趋近 −1	趋近 1

由表 6-4 可知，当 $\varepsilon < \omega$ 时，任取一点 t^*，$f(t^*)>0$ 的概率大于 0.5。即 $f(t)>0$ 时，当前的频率 ω 更可能高于频率界限 ε，$f(t)<0$ 时，ω 更可能低于 ε。因此，$\ddot{x}_s^2 - \varepsilon^2 \dot{x}_s^2$ 可以作为有效的频段选择器。

针对连续型半主动悬架，可调阻尼 c_f 的取值方式为

$$c_f = \mathrm{sat}_{c_f \in [c_{f-\max}, c_{f-\min}]} \begin{cases} \dfrac{c_{sky}\dot{x}_s}{\dot{x}_s - \dot{x}_t}, & 当 \ddot{x}_s^2 - \varepsilon^2 \dot{x}_s^2 \leq 0 \\ \dfrac{b_{add}\ddot{x}_s}{\dot{x}_s - \dot{x}_t}, & 当 \ddot{x}_s^2 - \varepsilon^2 \dot{x}_s^2 > 0 \end{cases} \qquad (6\text{-}136)$$

针对切换型半主动悬架，可调阻尼 c_f 的取值方式为

$$c_f = \begin{cases} c_{f-\max}, & 当 \ddot{x}_s^2 - \varepsilon^2 \dot{x}_s^2 \leq 0 \text{ 且 } \dot{x}_t(\dot{x}_s - \dot{x}_t) > 0 \\ c_{f-\max}, & 当 \ddot{x}_s^2 - \varepsilon^2 \dot{x}_s^2 > 0 \text{ 且 } \ddot{x}_s(\dot{x}_s - \dot{x}_t) > 0 \\ c_{f-\min}, & 其他 \end{cases} \qquad (6\text{-}137)$$

该方法虽然形式简单，但是分频特性通常只在频率较低或较高时有效，当接近时，分频往往不够理想，因此还需要更优的分频形式。

2）**单传感器混合算法**。频段选择器 $\ddot{x}_s^2 - \varepsilon^2 \dot{x}_s^2$ 的思路还被用于定义另一种算法——单传感器混合算法，并适用于切换型半主动悬架。该方法的基本原理是利用软硬被动悬架的性能互补。大阻尼悬架能够最佳地抑制车身共振，但是在高频段的滤波性能较差，而小阻尼悬架可以确保最佳的滤波效果，但缺点是很难抑制车身共振，即高频表现良好。在阻尼不动点（略高于车身共振频率），软硬悬架系统具有相同的减振性能，且与阻尼系数无关。因此软硬悬架也在频率范围内具有互补的特性，并可将 ε 设置为阻尼不动点的频率，对应可调阻尼 c_f 的取值方式为

$$c_f = \begin{cases} c_{f-\max}, & 当 \ddot{x}_s^2 - \varepsilon^2 \dot{x}_s^2 \leq 0 \\ c_{f-\min}, & 当 \ddot{x}_s^2 - \varepsilon^2 \dot{x}_s^2 > 0 \end{cases} \qquad (6\text{-}138)$$

由于 $\dot{x}_s$ 可以通过 $\ddot{x}_s$ 积分得到，实现这种控制算法仅需车身的加速度传感器，因此该方法

被命名为单传感器混合算法。

3）SH-GH。地棚控制只能够改善车辆路面附着性，而恶化车辆行驶平顺性；而通过前述的天棚控制可知，天棚控制效果与地棚控制正相反，可以改善车辆行驶平顺性而恶化路面附着性。将这两种控制算法混合使用以获得更好的车辆行驶性能，即为天棚地棚混合控制。期望的天棚地棚混合控制力为

$$F = \beta c_{sky}\dot{x}_s + (1-\beta)c_{gnd}\dot{x}_t \tag{6-139}$$

式中 β ——控制力调节系数，$\beta \in [0,1]$。

式（6-139）只是简单地对天棚控制和地棚控制进行了结合，当 β 较大时更侧重平顺性，较小时更侧重路面附着性。β 的确定依赖于当前的驾驶需求，是需要合理确定的量。

6.5.3 主动悬架典型控制算法

前面对半主动悬架典型控制策略的介绍中，针对天棚控制、ADD控制、地棚控制均给出了期望的控制力形式，从而可以很容易地应用于主动悬架上。此外，主动悬架作为有源系统，其控制力的产生不受限于当前悬架速度 $\dot{x}_s - \dot{x}_t$，能更直接地影响垂向动力学，并更容易通过建立的状态空间方程 [式（6-122）] 进行分析。因此，基于现代控制理论的一系列方法，例如线性二次型调节器（Linear Quadratic Regulator，LQR）、模型预测控制（MPC）、滑模控制（Sliding Mode Control，SMC）等，都很容易在主动悬架上应用。这里仅介绍有代表性的天棚控制和LQR控制。

（1）天棚控制

引入执行器给定的主动控制力范围 $[F_{min}, F_{max}]$ 对期望天棚控制力进行限幅，即可得到实际的悬架控制力 F。针对基本形式的天棚控制策略，表述为

$$F = \begin{cases} F_{max}, & \text{当 } c_{sky}\dot{x}_s \geq F_{max} \\ F_{min}, & \text{当 } c_{sky}\dot{x}_s \leq F_{min} \\ c_{sky}\dot{x}_s, & \text{其他} \end{cases} \tag{6-140}$$

针对线性近似的天棚控制策略，表述为

$$F = \begin{cases} F_{max}, & \text{当 } \alpha c_{sky}(\dot{x}_s - \dot{x}_t) + (1-\alpha)c_{sky}\dot{x}_s \geq F_{max} \\ F_{min}, & \text{当 } \alpha c_{sky}(\dot{x}_s - \dot{x}_t) + (1-\alpha)c_{sky}\dot{x}_s \leq F_{min} \\ \alpha c_{sky}(\dot{x}_s - \dot{x}_t) + (1-\alpha)c_{sky}\dot{x}_s, & \text{其他} \end{cases} \tag{6-141}$$

通过类似的方式可以得到ADD控制和地棚控制等其他经典控制策略的控制力。主动悬架系统虽然相较半主动悬架更容易产生期望的控制力，然而由于半主动悬架是无源系统，因此阻尼的切换并不会导致系统的不稳定，最严重的情况仅是阻尼系数选取不当带来的平顺性或路面附着性恶化。而对于主动悬架，作为有源系统，由于执行器的时滞或传感器失效等问题，因此实际控制力有可能与期望控制力产生过大的偏差，反而导致控制恶化，严

重时还可能破坏系统的稳定性。

（2）LQR 控制

LQR 控制是一种经典的最优控制算法，其关键在于权重矩阵 **Q** 和 **R** 的设计且一般无规律可循，通常采用试凑的方法来确定权重矩阵的值。该方法的局限性在于效率较低，且难以得到较优的解。

主动悬架的能量消耗量也是必须考虑的评价指标，可用主动控制力来表示。将上述性能指标定义为

$$J = \frac{1}{2}\int_{t_0}^{\infty}[q_1\ddot{x}_s^2 + q_2(x_t - x_r)^2 + q_3(x_s - x_t)^2 + q_4F_a^2]\mathrm{d}t \qquad (6\text{-}142)$$

式中　F_a——主动控制力；

　　　t_0——初始控制时间；

　　　q_1——车体加速度；

　　　q_2——车轮动变形；

　　　q_3——悬架动挠度；

　　　q_4——主动控制力的加权系数。

结合系统的状态空间方程，性能指标可转化为

$$J = \frac{1}{2}\int_{t_0}^{\infty}[\boldsymbol{X}^\mathrm{T}\boldsymbol{Q}\boldsymbol{X} + \boldsymbol{U}^\mathrm{T}\boldsymbol{R}\boldsymbol{U} + 2\boldsymbol{X}^\mathrm{T}\boldsymbol{N}\boldsymbol{U}]\mathrm{d}t \qquad (6\text{-}143)$$

式中　$\boldsymbol{Q} = \boldsymbol{C}^\mathrm{T}\boldsymbol{Q}_0\boldsymbol{C}$，其中 $\boldsymbol{Q}_0 = \begin{bmatrix} q_1 & 0 & 0 \\ 0 & q_2 & 0 \\ 0 & 0 & q_3 \end{bmatrix}$；

　　　$\boldsymbol{R} = \boldsymbol{D}^\mathrm{T}\boldsymbol{Q}_0\boldsymbol{D} + q_4$；

　　　$\boldsymbol{N} = \boldsymbol{C}^\mathrm{T}\boldsymbol{Q}_0\boldsymbol{D}$。

执行器的最优控制矩阵为

$$\boldsymbol{U} = -\boldsymbol{K}\boldsymbol{X} = -\boldsymbol{R}^{-1}(\boldsymbol{B}^\mathrm{T}\boldsymbol{P} + \boldsymbol{N}^\mathrm{T})\boldsymbol{X} \qquad (6\text{-}144)$$

式中　$\boldsymbol{K}$——最优状态反馈增益矩阵；

　　　$\boldsymbol{P}$——Riccati 方程的解。

$\boldsymbol{P}$ 是下述形式 Riccati 方程的解，即

$$\boldsymbol{P}\boldsymbol{A} + \boldsymbol{A}^\mathrm{T}\boldsymbol{P} - (\boldsymbol{P}\boldsymbol{B} + \boldsymbol{N})\boldsymbol{R}^{-1}(\boldsymbol{B}^\mathrm{T}\boldsymbol{P} + \boldsymbol{N}^\mathrm{T}) + \boldsymbol{Q} = 0 \qquad (6\text{-}145)$$

随着技术的不断发展，未来的悬架系统将更多地采用基于人工智能等技术的智能化调节算法，通过对大量数据的分析和学习，实现更加精准和个性化的悬架调节，为驾驶员和乘客带来更好的驾乘体验。悬架系统将会更加注重安全性，通过更高精度的传感器、多域融合的自适应算法和更加可靠的控制器，实现对车辆状态和路况的更加精准的感知和预测，从而提高车辆的平顺性、行驶稳定性和安全性。

6.6 底盘纵横垂协同控制

自20世纪70年代，车辆底盘各类控制系统开始发展，到如今已有不下数十种底盘动力学控制功能被相继开发。虽然各项主动控制功能均能有效提升车辆的部分性能，但这些功能绝大多数只关注所在系统单一维度的动力学性能。而车辆作为复杂的耦合体，各向动力学性能之间必然存在相互作用与影响，因此有必要在考虑车辆各维度动力学性能耦合作用的前提下获取整车最优的控制目标。此外，伴随着底盘电控系统数量及复杂程度的增加，各系统、功能间的干涉和冲突已成为亟须解决的重要问题，这直接关系到车辆行驶的稳定性与安全性。而这一问题在智能底盘上更为明显，相较于传统底盘系统，智能底盘电控化水平更高、可控自由度更多，这极大地提高了车辆动力学控制的潜能，但同时各系统执行器间的协调问题也显得更为突出。因此，对智能底盘而言，多系统协同控制是必要的。

6.6.1 多系统协同控制架构

目前底盘一体化控制技术（Global Chassis Control，GCC）或称底盘集成控制系统（Integrated Chassis Control，ICC）主要对车辆的纵向、横向以及垂向进行分散、集成或是协同控制，以期望达到提升车辆安全性、操纵性甚至是舒适性的目标。车辆底盘系统协同控制架构主要分为分散式控制架构、集中式控制架构、分层式控制架构。

1. 分散式控制架构

传统车辆底盘控制大多数采用分散式控制架构，其结构如图6-55所示。各子控制系统根据控制功能单独配备传感器采集车辆状态数据，子系统控制器根据各自的控制目标输出控制指令给子系统执行器。分散式架构有利于系统模块化，便于控制功能扩展与更新，当需要引入新的底盘控制系统时不需要大范围的重新设计，也不需要额外的高级控制器。基于分散式控制架构，开发单目标控制系统可以缩短开发周期、

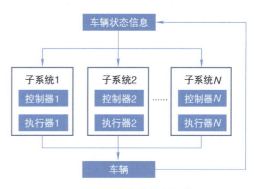

图6-55 分散式控制架构

提高经济效益，但面对多目标控制系统开发时，在系统开发成本与底盘空间布置方面不再有优势。因此，在底盘控制系统数量不多、集成化程度低的情况下，分散式控制架构是良好的选择，通过车载网络互联后，信息共享能够实现一定程度的集成效果。分散式架构属于低等级的集成架构，可以实现简单集成控制。但在极限工况下，系统的耦合性增强，分散式架构各个系统单独控制，无法减少系统控制功能的冲突。

2. 集中式控制架构

集中式控制架构设计一个集中控制器用于接收各子系统传感器的测量输入，通过多目

标的全局优化分析，计算出各子系统的控制输入，进而控制所有执行器，如图6-56所示。这种控制架构用一个集中控制器代替了所有子系统的控制器，集成化程度最高。高精度的系统控制模型是进行集中式控制的基础，由于系统控制模型和控制器的阶数较高，因此集中式控制架构是集成度最高、开发难度最大的一种集成架构。集中式控制系统根据控制需求，采用不同类型的传感器和观测器收集车辆信息至集中控制器中，实现车辆信息共享，避免硬件设备重复安装；控制器通过设计全局协调控制策略或全局优化算法，直接将各子系统的执行信号输出给所有子系统执行器。集中式控制架构在设计初期需要确定全局控制目标，对各子系统控制目标进行协调，理论上能够实现控制性能全局最优。但是由于集成后系统的开发难度会非常大，系统可扩展性和灵活性较差，单一子系统的修改会涉及整个控制器的重新设计，集中式控制器的容错机制和可靠性有待提升。

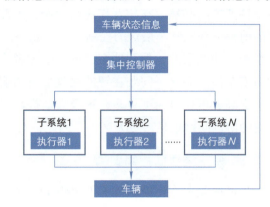

图6-56 集中式控制架构

3. 分层式控制架构

分层式控制架构是介于分散式控制架构与集中式控制架构之间的一种方案，如图6-57所示。分层式控制架构一般可分为3层：顶层为状态输入层，中间层为协调决策层，底层为控制执行层。

1）状态输入层获取驾驶员或自动驾驶命令，根据驾驶员操作获取驾驶员操作意图，计算全局控制输入并对当前的驾驶情况进行定义分类。

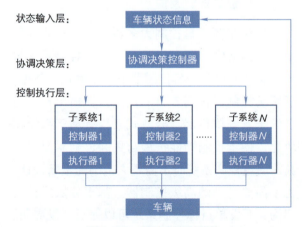

图6-57 分层式控制架构

2）协调决策层根据顶层控制器定义的工作模式选择不同的协调控制策略，并将不同控制输入分配到各个子系统。

3）控制执行层包括各子系统控制器，其功能是实现中间层的控制命令，将子系统控制信号传递到执行器硬件。分层式控制架构兼顾了分散式和集中式架构的优点，基于分层式控制架构设计的底盘控制系统结构清晰，各级间相互独立功能解耦，便于系统的开发和功能拓展，对系统局部故障也具有良好的鲁棒性和一定程度的容错能力。因此，分层式控制架构更利于底盘协同控制的进一步发展，将会成为未来智能底盘协同控制技术的主流。

6.6.2 多系统协同控制

现有的多系统协同控制主要从纵向、横向及垂向动力学三个维度着手,对其中的两者或三者进行协同控制。根据控制功能最终产生轮胎力的方向,协同控制策略可分为纵向-横向协同、纵向-垂向协同、横向-垂向协同和横向-纵向-垂向三向协同四类控制。从物理结构来看,车辆的动力学协同控制主要针对驱动/制动系统、转向系统以及悬架系统四者中的任意两类或三类子系统进行。

1. 纵向-横向协同控制

车辆的纵向-横向动力学协同控制是车辆底盘协同控制中最先开展研究的,目前技术成熟度最高。纵向-横向协同控制系统通过改变轮胎的纵向力、侧向力,可以直接影响车辆的纵向、横向及横摆运动,其控制目标是将车辆的滑移率、横摆角速度、质心侧偏角等指标控制在理想阈值以内。在纵向-横向协同控制中,纵向控制一般可选择差动制动系统、电液复合制动系统、制动防抱死系统(ABS)、驱动控制系统(TCS)等;横向动力学控制可选择主动前轮/后轮/四轮转向系统(AFS/ARS/4WS)、直接横摆力矩控制系统(DYC)等。当前的分布式驱动电动汽车纵向动力学控制能够对左、右车轮施加不相等的纵向驱动力矩,形成控制整车的直接横摆力矩,已成为当前纵向-横向协同控制的热点领域。

图 6-58 所示为典型的非线性纵向-横向协同控制示例。为提升四轮轮毂电动汽车的横摆稳定性能,从车轮纵向力和侧向力入手提出了基于模型预测控制的非线性控制分配策略,将控制器分为上、下两层。在上层运动控制层中基于参考模型计算得到期望质心侧偏角与横摆角速度,并通过三步法计算得到车辆前轮转角和横摆力矩;下层通过模型预测控制算法以控制滑移率为目标并考虑了实际约束对四轮转矩进行分配,最后达到控制目标。

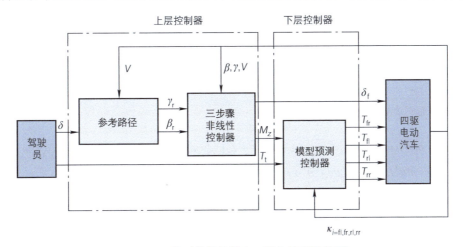

图 6-58 典型非线性纵向-横向控制结构图

分布式驱动电动汽车转矩矢量控制(TVC)也是典型的纵向-横向协同控制。纯电动汽车以驱动电机为动力源,随着技术的进步、成本的降低,小型化、轻量化、高功率密度的驱动电机已经进入大规模的量产阶段。纯电动汽车的驱动架构正在从单一电机向多电机分布式驱动架构演变，驱动电机的角色已不再是单纯的动力输出机构，分布式驱动系统通过左右电机的差扭控制，形成直接横摆力矩，能够对整车的横向操稳性能产生显著的影响。经典的三电机分布式驱动架构如图 6-59 所示，后轴左、右两个电机能够根据驾驶员的转向意图单独控制左右车轮的驱动转矩，形成附加横摆力矩影响整车的横摆响应，是典型的基于转向系统和驱动系统的纵向 - 横向协同控制系统。

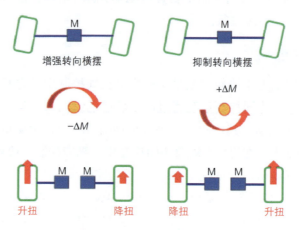

图 6-59　差扭与横摆的关系

驱动差扭与转向响应的原理：忽略其他次要因素，建立图 6-12 所示的车辆二自由度模型，将车辆的运动分解为侧向运动与横摆转动。针对三电机分布式架构，将后轴左、右电机形成的附加横摆力矩 M_z 引入整车动力学方程，如式（6-146）和式（6-147）所示，建立包含附加横摆力矩的车辆动力学方程。侧向力平衡方程为

$$(c_f + c_r)\beta + \frac{1}{u}(L_f c_f - L_r c_r)\omega_r - c_f \delta_f = m(\dot{v}_x + v_y \omega_r) \quad (6\text{-}146)$$

横摆力矩平衡方程为

$$(L_f c_f - L_r c_r c_r)\beta + \frac{1}{u}(L_f^2 c_r + L_r c_r^2 c_r)\omega_r - L_f k_1 \delta_f + M_z = I_z \dot{\omega}_r \quad (6\text{-}147)$$

经过详细推导可得关系式为

$$\begin{aligned} & mv_y^2 I_z \ddot{\omega}_r - [(mL_f^2 + I_z)c_f + (mL_r c_r^2 + I_z)c_r]v_y \dot{\omega}_r + [L^2 c_f c_r + mv_y^2 (L_f c_f - L_r c_r)]\omega_r \\ & = -mu^2 L_f c_f \dot{\delta}_f + Luc_f c_r \delta_f + mv_y^2 \dot{M}_z - (c_f + c_r)v_y M_z \end{aligned} \quad (6\text{-}148)$$

对式（6-148）进行拉普拉斯变换，整理可得

$$\omega_r(s) = \frac{-mv_y^2 L_f c_f s + Lv_y c_f c_r}{mv_y^2 I_z s^2 - [(mL_f^2 + I_z)c_f + (mL_r^2 + I_z)k_2]v_y s + [L^2 c_f c_r + mv_y^2 (L_f c_f - L_r c_r)]}\delta_f(s) + \\ \frac{mv_y^2 s - (c_f + c_r)v_y}{mu^2 I_z s^2 - [(mL_f^2 + I_z)c_f + (mL_r^2 + I_z)k_2]v_y s + [L^2 c_f c_r + mv_y^2 (L_f c_f - L_r c_r)]}M_z(s) \quad (6\text{-}149)$$

由式（6-149）可知，行驶过程中，车辆的瞬态横摆角速度响应的来源包括前轮转角 δ_f

和附加横摆力矩 M_z，通过控制左、右驱动电机产生的整车附加横摆力矩 M_z，能够直接影响到车辆的横摆响应。

协同控制系统的建立：基于常用的 PID 控制方法，搭建具有目标横摆响应特性的控制系统模型，将车辆实际的横摆角速度与目标横摆角速度的偏差作为 PID 控制输入，通过 PID 决策出整车的附加横摆力矩 M_z，并将附加横摆力矩 M_z 分解为左、右电机的驱动转矩，搭建三电机架构的转向与驱动协同控制系统框图，如图 6-60 所示。

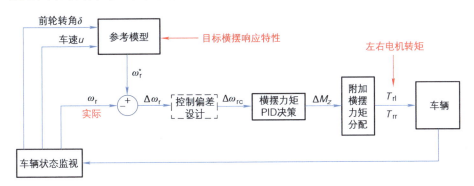

图 6-60 转矩矢量控制（TVC）系统框图

2. 纵向 - 垂向协同控制

纵向 - 垂向协同的基本原理是基于车辆的加速/制动与俯仰的耦合效应。纵向 - 垂向动力学协同控制通常以车轮制动/驱动和主动悬架协同的方式出现。当车辆进行制动/驱动时，路面能够提供给轮胎的最大制动/驱动力受路面附着系数以及轮胎垂向力的影响，主动悬架系统通过与制动防抱死/驱动力控制系统协同，间接调节轮胎的法向反力，实现最大的制动效能；同时，通过主动悬架调整车轮载荷，改善簧载质量的垂向和俯仰运动。舒适停车功能就是一种典型的纵向 - 垂向协同控制，通过协同控制前后车轮制动力和主动悬架的刚度阻尼，可以在制动工况下保证车身姿态平稳，实现制动零俯仰。

在典型应用方面，有学者将防抱死制动系统与主动悬架系统进行了综合控制，并考虑轮胎的动态特性，采用滑模控制方法对 ABS 和 ASS 进行协同控制，缩短了车辆的制动距离，并且综合考虑了制动时的乘坐舒适性以及能源的耗散问题。为了解决车辆行驶过程中悬架控制系统和制动控制系统互相影响的问题，该架构采用了分层式协同控制系统：上层控制器起到对下层子系统协调的作用，保证在车辆制动时提升车辆的整体性能；下层包括两个底盘控制子系统 ABS 和 ASS。控制框图如图 6-61 所示。控制策略按工况划分，当车辆正常驾驶时，以驾乘人员的乘坐舒适性为控制目标，主动悬架系统采用最优预见控制方法；当车辆紧急制动时，控制目标从舒适性转变为控制车轮滑移率处在最优范围从而获取最大的制动力矩，缩短制动距离，提升车辆制动安全。上层控制器的功能在于调整下层控制指令，改变主动悬架系统的减振器阻尼系数，即改变轮胎的法向反力，使其值根据制动力的变化而改变，实现控制目标。针对防抱死制动系统（ABS）与主动悬架控制系统（如 CDC、ASS）的综合控制，大多基于特定工况（最常见的为直线制动工况）或是采用工况划分的策略，有些文献则是采用基于经验规则的综合协同控制。

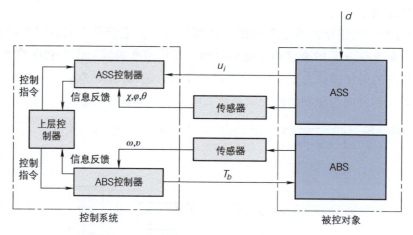

图 6-61　典型非线性纵向 - 垂向控制结构图

3. 横向 - 垂向协同控制

横向 - 垂向协同控制的基本原理是车辆的转弯 - 侧倾耦合效应，基于该效应的协同控制可以提升车辆横向稳定性，降低车身侧倾角。在车辆转弯行驶时，侧向加速度引起的轮胎垂直荷载转移将通过轮胎的侧偏特性影响整车的操稳性能，此外，侧向加速度还会引起车身侧倾变形。目前实现横向 - 垂向协同控制的主要方式是通过协调转向系统与主动悬架系统，实现悬架执行器输出随车辆转向的自适应控制，可以减小车身侧倾角、抑制车身的侧倾趋向，同时满足整车操纵稳定性的要求。

在典型应用上，可以将车辆电动助力转向（EPS）与主动悬架系统（ASS）进行综合集成控制，消除两者之间的影响，提升整车动力学响应性能。采用多变量自适应控制策略解决了集成系统中的不确定性，同时考虑了系统的多输入多输出特性，能够对外部扰动进行有效的抑制。

4. 横向 - 纵向 - 垂向三向协同控制

三向协同控制通过解耦子系统间的动力学耦合关系、合理分配轮胎力，改善车辆动力学性能并减轻驾驶员工作负荷，获得不同行驶工况下底盘纵向、横向及垂向动力学全局最优的控制响应和驾驶员的最佳感知，实现横摆稳定性、侧倾稳定性以及最优滑移率等指标的综合控制。横向 - 纵向 - 垂向协同控制主要是基于转向系统、制动 / 驱动系统和主动悬架系统的协同控制。由于系统间的性能耦合性强，复杂程度高，三向协同的控制难度成倍增加。

有研究对电子稳定控制（ESC）、主动前轮转向（AFS）和连续阻尼控制（CDC）进行综合协同控制。如图 6-62 所示，采用分层式结构对控制器进行设计，首先确定驾驶员的行驶目标，然后根据参考模型计算实现驾驶员意图所需的纵向力、横摆力矩以及侧倾力矩，通过车辆动力学方程将所需纵向力和横摆、侧倾力矩优化分配至车轮处，最后通过执行器实现。

第 6 章　智能底盘运动控制技术

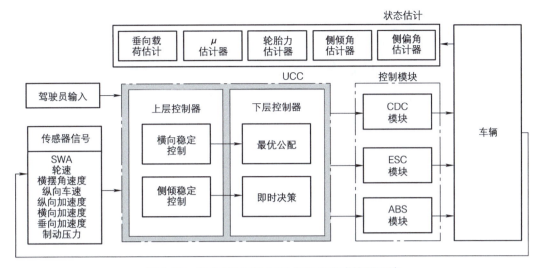

图 6-62　汽车 EPS 与 ASS 自适应集成控制系统

在轮胎力分配层上，通过 KKT（Karush-Kuhn-Tucker）条件确定所需的横摆力矩，并且通过对侧向轮胎力和纵向轮胎力进行最优的协调控制来实现。图 6-63 所示为与轮胎合力相对应的坐标系优化求解中的目标函数及其约束条件。

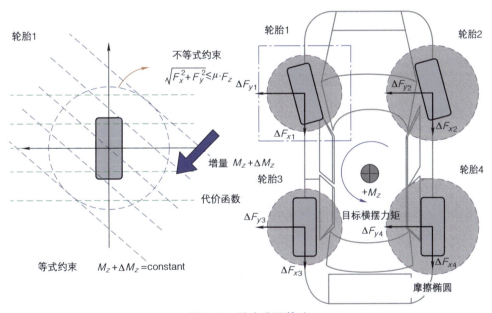

图 6-63　胎力分配策略

$$\min L(\Delta F_x) = \Delta F_{x1}^2$$
$$\text{s.t.} f(x) = -\frac{t}{2}D_1\Delta F_{x1} + l_r D_2 \Delta F_{y1} - \Delta M_z = 0$$
$$g(x) = (\Delta F_{x1} + F_{x1})^2 + (\Delta F_{y1} + F_{y1})^2 - \mu^2 F_{z1}^2 \le 0$$
$$D_1 = 1 + \frac{F_{z3}}{F_{z1}}, D_2 = 1 + \frac{F_{z2}}{F_{z1}}$$

(6-150)

$$\hat{F}_{z1} = \frac{1}{2}F_{\text{SWF}} - W_{\text{LTF,L}} - W_{\text{FA}}, \hat{F}_{z2} = \frac{1}{2}F_{\text{SWF}} + W_{\text{LTF,L}} - W_{\text{FA}}$$
$$\hat{F}_{z3} = \frac{1}{2}F_{\text{SWR}} - W_{\text{LTR,L}} + W_{\text{FA}}, \hat{F}_{z4} = \frac{1}{2}F_{\text{SWR}} + W_{\text{LTR,L}} - W_{\text{FA}}$$
（6-151）

式中　ΔF_x——轮胎纵向力变化值；

　　　ΔF_{x1}——左前轮纵向力变化值；

　　　ΔF_{y1}——左前轮侧向力变化值；

　　　$\hat{F}_{z1}$、$\hat{F}_{z2}$、$\hat{F}_{z3}$、$\hat{F}_{z4}$——轮胎垂向力估计值；

　　　F_{SWF}——前轮垂向力静态载荷；

　　　F_{SWR}——后轮垂向力静态载荷；

　　　$W_{\text{LTF,L}}$——前轮横向载荷转移；

　　　$W_{\text{LTR,L}}$——后轮横向载荷转移；

　　　W_{FA}——纵向载荷转移。

目前，针对底盘系统纵横垂向力三者的综合控制研究较少，且主要集中在通过协同控制提升车辆性能，并推动底盘控制系统的电子化、智能化和网络化发展。未来，随着技术的不断进步，底盘系统的综合控制将更加智能化、高效化，为车辆提供更加卓越的操控性能和乘坐体验。

本章习题

一、选择题

1. 汽车底盘控制技术的主要目的是（　　）。
A. 提高汽车的性能　　　　　　　　B. 增加汽车重量
C. 提高汽车的安全性　　　　　　　D. 提高汽车的舒适性

2. 爆胎时，轮胎参数会发生的变化有（　　）。
A. 有效滚动半径增加　　　　　　　B. 滚动阻力增加
C. 侧偏刚度减小　　　　　　　　　D. 纵向刚度减小

3. 在汽车状态估计中，（　　）通常被用来描述车辆与地面之间的相互作用。
A. 轮胎与地面的摩擦力　　　　　　B. 车辆的速度
C. 发动机的功率　　　　　　　　　D. 车辆的重量

4. 下列（　　）方法适用于非线性系统的控制器设计。
A. 最优二次型控制　　B. 滑模控制　　C. PID 控制　　D. 模型预测控制

5. 在底盘运动控制中，以下（　　）技术用于监测和调整车辆的悬架系统，以提供更好的行驶舒适性和操控性。
A. 主动悬架控制　　B. 轮胎压力监测　　C. 巡航控制　　D. 发动机自动启停

6. 在底盘运动控制系统中，以下（   ）技术可以实现对车辆行驶状态的实时监测和智能调节。

　　A. 悬架调节系统　　　　　　　　　　B. 转向辅助系统
　　C. 底盘控制系统智能化　　　　　　　D. 轮胎与轮毂匹配技术

二、简答题

1. 简要介绍常用的轮胎模型。
2. 七自由度车辆动力学模型主要由哪几个模块组成？几个模块间相互的输入输出关系是怎样的？
3. 分析对比驾驶员制动意图识别和转向意图识别的主要方法。
4. 分析对比汽车速度跟踪控制中各种常用方法的优势。
5. 请简要推导轨迹跟踪控制中的纯跟踪（Pure Pursuit）算法。
6. 请简要介绍常用的底盘垂向控制方法。
7. 请简要介绍底盘多系统协同控制架构类型及其优缺点。

三、综合应用题

1. 为了确保智能车以期望的速度行驶，需要设计一个 PID 速度控制器。假设期望速度为 v_r，实际速度为 v，控制器的输出为电机的驱动力 F。请给出速度跟踪控制器的数学模型，注意使用 PID 控制算法，并说明每一项的物理意义。

2. 对线性二自由度车辆动力学模型在前轮角阶跃输入下的稳态响应进行讨论分析，根据车辆参数的取值分类讨论车辆横摆角速度与前轮转角输入在稳态响应下的比值。

3. 某汽车制造商正在开发一款新型智能电动汽车，其底盘系统采用先进的纵横垂协同控制技术。该车辆需要在不同路况（如城市道路、高速公路、山路、泥泞路面等）下保持稳定的操控性和舒适性。请你为该汽车制造商设计一个底盘控制系统，并阐述其如何通过纵横垂协同控制来实现这些目标。要求：

1）阐述底盘系统中纵横垂协同控制的基本概念和原理。

2）设计一个底盘控制系统，该系统应包含哪些主要组成部分（如传感器、控制器、执行器等），并解释它们如何协同工作。

3）分析在不同路况下，底盘系统如何通过纵横垂协同控制来适应并优化车辆的操控性和舒适性。

4）阐述如何设计控制算法，以确保底盘系统在不同路况下的响应速度和稳定性。

5）讨论在底盘系统设计过程中，如何考虑系统的安全性、可靠性、可扩展性和可维护性。

第 7 章
智能底盘冗余及容错技术

> **学习目标**
> 1. 了解典型的驱动系统冗余设计方案及容错控制方法。
> 2. 了解典型的线控制动系统冗余设计方案及容错控制方法。
> 3. 了解典型的线控转向系统冗余设计方案及容错控制方法。
> 4. 了解典型的智能悬架系统冗余设计方案及容错控制方法。
> 5. 了解典型的跨系统容错控制方法。

> **课前小讨论**
>
> 戴姆勒（Daimler）和大众（Volkswagen）等品牌的高端车型中，广泛应用了自适应控制和容错技术，通过自适应控制算法，系统能够在发生故障时自动调整控制策略，以维持车辆的稳定性和可控性。丰田（Toyota）和本田（Honda）等品牌的车辆中，配备了先进的故障检测与诊断（FDD）系统，通过传感器和软件算法实时监测系统状态，及时发现和诊断故障，以提高底盘系统的可靠性和安全性。底盘冗余及容错技术在各大厂商中应用都非常广泛。
>
> 结合你的了解，谈一谈智能底盘冗余及容错技术的发展情况以及未来的发展趋势。

汽车发展经历了传统汽车、电控汽车的阶段，当下，迎来了电动化革命和智能化革命新浪潮。汽车智能化和电动化的发展推动了智能线控底盘技术的不断进步。底盘智能化的发展，尽管在承载和行驶功能上延续了传统底盘的特征，然而，由于电动化和智能化的迫切需求，底盘的承载对象和行驶手段都经历了根本性的转变。首先，电动化和智能化的趋势势必导致底盘中电气、电子和可编程电子（E/E/PE）部件或子系统的大量增加。这些部件或子系统的故障可能对整车造成严重风险。其次，尽管汽车智能化使驾驶员免除了大部分驾驶任务，但相应地，汽车本身需承担原先由驾驶员执行的职责。车辆智能化带来了更多与安全相关的任务，底盘部分同样需应对新的安全挑战。因此，底盘智能化的发展，对底盘的设计、控制和安全性提出了更高的要求。本章主要介绍智能驱动系统、制动系统、转向系统、悬架系统的冗余设计及容错控制方法，以及跨系统容错控制方法等。

7.1 冗余及容错控制技术

车辆故障是指车辆本身、总成或零部件在规定的条件或者时间内，丧失指定功能的现象。对于线控底盘系统，故障是指底盘线控执行部件在规定的条件或者时间内部分或全部丧失预定功能的现象。线控底盘冗余及容错控制技术是确保自动驾驶和智能汽车系统稳定性和安全性的关键技术。

7.1.1 冗余技术

冗余技术又称储备技术或容灾备份技术，是指在正常系统运行所需的基础上，加上一定数量的额外资源（包括信息、时间、硬件和软件），以便在主要组件或部件失效时，这些额外资源能够维持系统功能的正常运行。主要的冗余技术有以下几种类型。

（1）结构冗余（硬件冗余和软件冗余）

1）静态冗余：也称为屏蔽冗余或被动冗余，常用的有三模冗余和多模冗余。它通过物理的冗余结构来屏蔽系统中出现的错误。

2）动态冗余：又称为主动冗余，通过故障检测、故障定位及故障恢复等手段达到容错的目的。

3）混合冗余：结合了静态冗余和动态冗余的优点，既能屏蔽故障，又能检测和恢复故障。

（2）信息冗余（数据冗余）

信息冗余是在实现正常功能所需的信息外，再添加一些信息，以保证运行结果正确性的方法。例如，在网络通信中，TCP使用确认（ACK）消息机制以及校验和方法来检测和纠正任何数据传输中的错误。

（3）时间冗余

时间冗余以时间（即降低系统运行速度）为代价，以减少硬件冗余和信息冗余的开销，达到提高可靠性的目的。它通常涉及对相同的计算任务重复执行多次，并将每次的运行结果进行比较。

线控底盘冗余技术主要通过增加系统组件的数量来提高系统的可靠性和容错能力。

7.1.2 容错控制技术

容错控制系统（Fault-Tolerant Control System，FTCS）是指可以自动适应系统组件之间的故障，同时保持系统稳定性以及所需整体性能水平的控制系统。在高级别自动驾驶车辆提出失效运行要求以前,为了处理底盘自身发生的故障,发展了一系列的容错控制(Fault-Tolerant Control,FTC)方法。在容错控制中,FTCS 的目标在于,当系统发生故障时,能够在保证系统稳定的前提下维持预设的系统性能。对系统故障的处理具有两种不同的思路:①通过重新组织系统剩余的执行能力,包括硬件冗余和解析冗余,主动适应故障发生后的系统动态,保证功能继续执行;②基于预设的故障集合设计可以直接抵抗故障的固定处理策略,故障发生后不进行主动诊断与重新调度。基于上述两种处理思想的不同,发展出了两类不同的容错控制方式:思路①对应主动容错控制系统(Active Fault-Tolerant Control System,AFTCS);思路②对应被动容错控制系统(Passive Fault-Tolerant Control System,PFTCS)。

在 FTCS 中,系统的性能取决于两个方面:①系统的冗余水平,包括硬件冗余以及软件冗余;②对系统容错控制器的综合、设计方法。

1. 被动容错控制方法

(1)被动容错控制原理

从对故障的处理方式来看,PFTCS 有一个固定的控制器,其对包括故障系统在内的所有可能子系统均需实现有效控制。被动容错控制架构如图 7-1 所示,从图中可以看出,被动容错控制没有针对故障的检测机制,也不会自动调整控制参数和策略。因此被动容错控制需要能够用一组固定的控制参数适应所有考虑到的故障情形。与此同时,稳定的优先级在容错控制领域是高于性能要求的,从而导致即使是在系统健康无故障的情况下,被动容错控制下的系统也会表现得异常保守。但是被动容错控制的设计相对更为简单,因此更加适用于故障变化较小、情形较为轻微的简单容错控制场景。

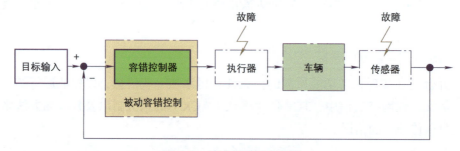

图 7-1 被动容错控制架构

(2)针对执行器故障的被动容错控制

被动容错控制不需要依赖系统的故障信息,设计相对简单;无须实时检测系统和调整控制器,因而能够快速响应系统中的变化;通常采用鲁棒控制策略,使得系统对各种扰动和参数变化具有较高的容忍度;因为不需要额外的传感器和计算资源,软硬件成本较低。下面简要介绍被动容错控制方法。

构建系统状态方程:

$$x^{(r)} = f(x) + g(x)u + h(x)u_{ext} + d \quad (7\text{-}1)$$

式中 $x^{(r)}$——系统状态量；

u——实际控制输入量；

u_{ext}——外部控制输入量；

d——未知外部扰动。

执行器故障可以表示为

$$u_a = \lambda u_d + \Delta u_F \tag{7-2}$$

式中 u_d——已故障执行器期望控制量；

u_a——执行器实际控制量；

λ——未知参数且满足 $0 < \lambda < 1$；

Δu_F——由故障决定的未知变量。

因此，可以得到系统故障模型并将之线性化：

$$x^{(r)} = f(x) + g(x)(\lambda u_d + \Delta u_F) + h(x)u_{\text{ext}} + d \tag{7-3}$$

$$\dot{x} = Ax + B_1\lambda u_d + B_1 w + B_2 u_{\text{ext}} + B_3 d \tag{7-4}$$

式中 w——Δu_F。

假设参考状态量为 r，定义 $\boldsymbol{\xi} = [\xi_1, \xi_2]^T = [x, \int_0^t (x-r)\mathrm{d}t]^T$，可以得到增广系统：

$$\dot{\boldsymbol{\xi}} = \bar{\boldsymbol{A}}\boldsymbol{\xi} + \bar{\boldsymbol{B}}_1 \lambda u_d + \bar{\boldsymbol{B}}_1 w + \bar{\boldsymbol{B}}_2 u_{\text{ext}} + \bar{\boldsymbol{B}}_3 \boldsymbol{d}_\xi \tag{7-5}$$

其中，

$$\bar{\boldsymbol{A}} = \begin{bmatrix} A & 0 \\ I & 0 \end{bmatrix}, \bar{\boldsymbol{B}}_1 = \begin{bmatrix} B_1 \\ 0 \end{bmatrix}, \bar{\boldsymbol{B}}_2 = \begin{bmatrix} B_2 \\ 0 \end{bmatrix}, \bar{\boldsymbol{B}}_3 = \begin{bmatrix} I & 0 \\ 0 & 0 \end{bmatrix}, \boldsymbol{d}_\xi = \begin{bmatrix} d \\ -r \end{bmatrix}$$

为了实现更好的控制性能，设计增益调度状态反馈控制器：

$$u' = K\boldsymbol{\xi} \tag{7-6}$$

式中 K——待设计的增益。

系统可以写成：

$$\begin{cases} \dot{\boldsymbol{\xi}} = \bar{\boldsymbol{A}}_c \boldsymbol{\xi} + \bar{\boldsymbol{B}}_1 w + \bar{\boldsymbol{B}}_2 u_{\text{ext}} + \bar{\boldsymbol{B}}_3 \boldsymbol{d}_\xi \\ z = \boldsymbol{C}\boldsymbol{\xi} \end{cases} \tag{7-7}$$

式中 z——输出量；

$\boldsymbol{C}$——常数矩阵；

$\bar{\boldsymbol{A}}_c = \bar{\boldsymbol{A}} + \bar{\boldsymbol{B}}_1 \lambda K$。

需要注意的是，系统中存在外部控制输入以及扰动量。因为扰动和外部控制输入物理含义不同，不能采用相同的控制指标。为了减弱扰动和外部控制输入对输出量的影响，可以选择以下指标：

$$\begin{cases} \|z\|_\infty < \gamma_1 \|w\|_2 \\ \|z\|_\infty < \gamma_2 \|d_\xi\|_2 \\ \|z\|_\infty < \gamma_3 \|u_{ext}\|_2 \end{cases} \quad (7\text{-}8)$$

采用鲁棒控制算法可以得到待设计的增益量。被动容错控制高度依赖于初始设计的鲁棒性，无法实时适应和调整对不同故障的响应，适应性较差；在故障发生时，被动容错控制可能无法维持系统的最佳性能，导致控制效果比较保守；由于无法实时检测和隔离故障，某些情况下可能会导致系统故障扩散。

2. 主动容错控制方法

AFTCS 也被称为自修复控制系统、重构控制系统或者自设计系统。主动容错控制架构如图 7-2 所示。与 PFTCS 不同，AFTCS 可以根据 FDD 的诊断结果主动调整控制率，具有更高的灵活性以及获得更好控制性能的潜力。AFTCS 中包含三大组成部分：可重构的控制器（Reconfigurable Controller，RC）、故障检测与诊断模块以及故障重构机制（Reconfigurable Mechanism，RM）。标准的 AFTCS 设计过程需要包含三个部分：

1）设计能够及时准确地提供故障信息的 FDD。
2）设计能够在线重构的闭环系统控制器，确保系统的稳定与性能要求。
3）稳定且平滑地更新系统的闭环控制器。

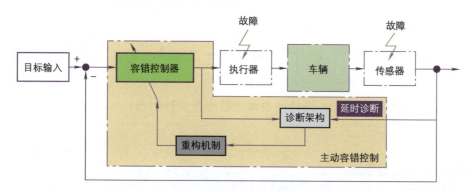

图 7-2 主动容错控制架构

主动容错控制方法具体又可分为基于鲁棒控制的主动容错控制方法、基于自适应控制的主动容错控制方法和基于模型预测控制的主动容错控制方法。

（1）基于鲁棒控制的主动容错控制方法

鲁棒控制（Robust Control）对扰动和不确定性具有较强抵抗能力，因此为了提高容错控制方法对抗扰动的能力，基于鲁棒控制思路的容错控制方法逐渐发展，其中包括 H∞ 鲁棒控制以及增益规划控制（Gain Scheduling Control，GSC），GSC 也称为线性变参数控制（Linear Parameter-Varying Control，LPVC）。固定参数的鲁棒控制方法为 H∞ 鲁棒控制，其原理如图 7-3a 所示。鲁棒控制的设计中，通过降低从扰动向量 w 到目标向量 z 的传递增益来实现对扰动的抑制。如图 7-3b 所示，增益规划控制是具有自适应特点的鲁棒控制方法，其通过在线测量规划参数，降低单一鲁棒控制器的适用范围，从而降低控制的保守性。

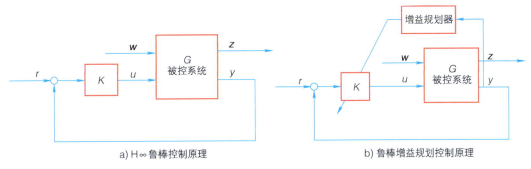

a) H∞鲁棒控制原理　　　　b) 鲁棒增益规划控制原理

图 7-3　鲁棒控制原理

（2）基于自适应控制的主动容错控制方法

自适应控制（Adaptive Control）可以将重构机制整合到容错器之中。如图 7-4 所示，自适应控制的主控制器为一个参数可以在线自动调节的控制器。通过在线的自适应机制，辨识系统中的故障参数，从而针对性地调整容错控制中的结构性参数。得益于自适应的参数辨识机制，基于自适应控制的容错控制方法可以在线辨识并更新系统参数，同样也可以用来辨识程度性的故障。然而，由于参数辨识需要参数的变化为程度性质的，无法处理完全故障后的极端情况。

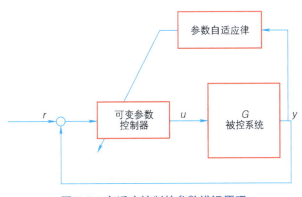

图 7-4　自适应控制的参数辨识原理

（3）基于模型预测控制的主动容错控制方法

模型预测控制（MPC）可以在线求解约束优化问题，并对未来的状态进行显式预测。这种特性使得 MPC 适用于处理故障带来的约束变化问题。模型预测控制结构如图 7-5 所示，MPC 基于当前的模型，前向离散预测未来的系统轨迹，从而将未来的误差以及执行输入的代价显式考虑进在线约束优化问题。当系统发生故障后，可以实时调整状态和执行器约束或者通过增加故障执行代价的方式调整执行倾向。MPC 相比于线性二次型调节器问题（LQR）、自适应以及鲁棒控制架构，主要解决了在线的时变约束优化问题，从而使容错控制策略能够及时适应故障导致的输入受限等问题。然而，MPC 的在线求解速度始终是阻碍其应用的重要问题，尤其是在容错控制问题上，故障运行阶段对实时性要求很高，MPC 在调整约束后的求解速度难以满足要求。

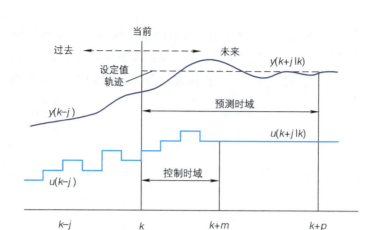

图 7-5 模型预测控制结构

7.2 驱动系统冗余设计及容错控制

随着新能源技术的发展,用户对电动汽车的要求也越来越高,其中车辆安全可靠方面尤为重要。但由于用户众多、车辆行驶工况具有复杂时变性,且电机长期工作于水、油污、灰尘等恶劣的环境中,同时为应对路途中的各种路况驱动系统需频繁地对输出做出改变以保证舒适性等,驱动系统执行机构故障率将会增加,因此为保证整车与乘客安全,需对驱动系统进行必要的冗余设计及容错控制。

7.2.1 驱动系统冗余设计

电动汽车驱动系统冗余设计及容错控制研究主要集中于驱动电机,驱动电机一般由电机、传感器等组成,每个部分均有可能发生故障,故需对驱动电机进行冗余设计。

1. 驱动电机硬件冗余设计

对于驱动电机,常见的故障包含电机绕组故障、电机驱动器故障等,除备用冗余电机设计和备用电机控制单元(MCU)冗余设计等方式外,常通过合理的电机拓扑设计和电机结构优化的方式进行冗余设计,如图 7-6 所示。

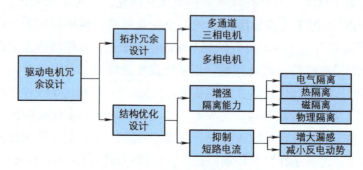

图 7-6 驱动电机冗余设计

针对驱动电机拓扑冗余设计，常规的三相电机只有在电机配备了具有容错能力的变换器与相应的控制策略时才可实现通道或相故障后的冗余，因此为解决常规三相电机自身的冗余设计问题，现有研究发明了多相电机与多通道三相电机的拓扑冗余设计，这两种电机拓扑自身就具备多相冗余设计，当通道或相发生故障后可在切除故障通道或故障相的同时使电机仍具备运行能力，且通过在相间设计电隔离或热隔离或磁隔离，尽量降低故障相对剩余健康相的不利影响，确保健康相在故障情况下能够正常工作。如某款双馈永磁磁通切换电机拓扑，具备两套电枢绕组并分别由两台逆变器工作，整个电机可等效为两台三相或多相电机，可协同工作也可单独工作，大大提升了驱动电机的容错能力。

除了对电机拓扑进行冗余设计外，还可通过优化电机结构实现驱动电机的冗余设计。驱动电机结构冗余设计中，应考虑增强电机的电气隔离能力、物理隔离能力、热隔离能力、磁隔离能力和短路电流抑制能力。其中电气隔离可通过配备开绕组变换器实现，通过合理优化定子齿槽、电枢绕组和转子结构等方式均可改进驱动电机磁路，实现电机各方面的隔离能力。同时，采用增大漏感或减小反电动势可抑制短路电流。如多相永磁电机一般根据极槽配合将每种电机三相结构变化成多相结构，电机采用非交叠集中式绕组结构实现各相绕组之间的磁隔离、热隔离和物理隔离，增加容错齿的磁阻，进一步提升磁隔离能力，通过增加自感或漏感的方法抑制短路电流。

2. 驱动电机软件冗余设计

针对驱动电机故障冗余，除硬件方面具备冗余设计外，软件方面也有相应的冗余设计，当检测到驱动电机发生故障后，通过软件冗余设计可在不增加硬件成本及空间情况下实现将故障电机隔离或冗余运行，软件冗余设计一般分为基于电流矢量重构冗余和基于电压矢量重构冗余。

基于电流矢量重构冗余设计的思路一般为：检测故障并切除故障通道，由健康通道补偿缺失的功率，在此期间需调节各相电流幅值和相位，对于混合励磁电机还可通过重构励磁电流实现冗余设计。如某款四通道三相永磁同步电机通过采用各通道独立式驱动控制实现 4 套绕组电流的控制，当某相绕组电流异常时，控制板将封锁触发脉冲，该通道将退出工作，同时健康通道增大输出功率以保证电机稳定运行。

与基于电流矢量控制相比，基于电压矢量重构冗余控制策略不存在电流闭环控制，具有优秀的转矩动态响应能力。针对该方面的冗余设计，有研究提出了直接转矩冗余容错控制策略以及冗余效果更好的基于虚拟定子磁链的直接转矩冗余控制、基于虚拟电压矢量的有限控制集模型预测冗余控制及不对称空间矢量脉宽调制冗余控制策略等。

3. 传感器冗余设计

驱动电机系统中，位置 / 速度传感器和电流传感器是常用的两种传感器，这两种传感器提供的转速和电流信号可正确反映电机状态，是驱动电机系统正常运行的必要条件，但传感器一般易受振动、湿度、电磁环境等影响而出现故障损坏的情况。因此现有驱动电机系统中，常通过设计冗余传感器或适当的观测器实现容错，当某个传感器故障时，冗余传感器或对应观测器将代替其继续工作，保证驱动电机系统正常工作。

考虑到成本及安装空间，冗余传感器的设计可能不适用于所有电机，故设计合适的观测器是被广泛采用的冗余措施。如在永磁同步电机的观测器设计中，常采用在零/低速时能精确估计的高频信号注入算法和中/高速时表现良好动态和静态性能的反电动势/磁链估计算法两种算法进行位置/速度传感器的冗余设计。针对电流传感器的冗余观测器设计，有研究也提出了基于三相电流和电机转子位置信息的电流观测器和基于电流空间矢量误差重构的滑模观测器等冗余策略，实现了电流传感器的冗余设计。

7.2.2 驱动系统容错控制

被动容错与主动容错策略在实际车辆中均有应用，配备不同数量电机的车辆，其容错控制策略也存在区别，配备电机越多，容错控制越复杂，不同电机驱动车辆容错控制策略如图 7-7 所示。对于单电机车辆，若电机发生故障无法使用，车辆也将失去相应的动力性，故单电机车辆容错控制主要针对电机转速、电机转矩及车速等信号异常时的容错。在车辆运行过程中可能会出现电机转速信号无效、电机转速/转矩超出允许范围、转矩与档位不匹配、目标转矩与实际转矩不匹配及转矩加减载速率突变等异常问题，为保障乘客与车辆安全，常采用将转矩卸载至零的容错控制。此外，由于电机自身特性，在液压制动失效时，利用电机的回馈能力可使车辆具备制动冗余控制，保证车辆具备制动能力安全停车。

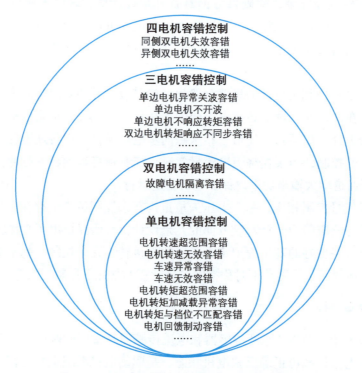

图 7-7　不同电机驱动车辆容错控制策略示意图

多电机驱动车辆的容错控制更为复杂，其不仅包含单电机所有容错控制策略，还需考虑部分电机失效的容错。针对部分电机失效，其容错控制原理为：当部分驱动电机发生故障时，利用可正常工作的电机即可实现车辆驱动冗余。对于双电机驱动车辆，任一电机发生故障时，通过隔离故障电机并调整正常电机的输出转矩及功率的容错控制，即可在保障整车安全的同时使车辆还具备一定的动力性。

三电机驱动车辆则需额外考虑单边电机异常关波、未响应转矩、双边电机转矩响应不同步或单边电机不开波等容错控制：对于单边电机异常关波、未响应转矩等异常情况，常将双边电机强制关波，并由剩余的单电机驱动；对于双边电机转矩响应不同步情况，可将双边电机转矩卸载至零并进行同步处理，同步处理成功后恢复转矩输出。

四电机驱动车辆可对每个车轮转矩进行单独控制，具有更大的动力容错控制空间，其容错控制策略一般是控制器单元根据电机发生故障的失效信息，协调剩余正常驱动电机之间的动力对故障电机进行补偿，尽可能保证车辆在部分电机故障失效后的稳定性和安全性。如针对同侧或异侧双电机失效，通过对未失效电机协调控制容错策略，即可实现车辆在电机失效时低速小转角工况下的纵向驱动性能及高速大转角工况下的侧向稳定性控制。

7.3 制动系统冗余设计及容错控制

制动系统作为智能线控底盘技术的关键一环，同样需要适应电动化革命和智能化革命新浪潮背景下的新要求。面向支撑未来 L4 级及以上的高级别自动驾驶，驾驶将实现高度无人化，为了有效避免因零部件突然故障等系统功能性失效而对行车安全产生重大威胁，制动系统作为汽车关键系统之一，需要面向功能安全进行冗余设计，同时充分挖掘和利用制动系统的潜能，进一步提高极端制动工况下的制动性能。依据制动系统设计的相关标准及法规要求，包括 ECE R13-H《关于乘用车制动认证的统一规定》(Uniform Provisions Concerning the Approval of Passenger Cars with Regard to Braking) 和 ISO 26262: 2018《道路车辆 功能安全》(Road vehicles——Functional safety)，当制动系统发生失效时，对于具备 L1~L2 级高级驾驶辅助功能的系统来说，需要由驾驶员负责将车辆制动至静止状态，因此，系统需要保留纯机械连接的备份模式。而对于具备 L3~L5 级高级别自动驾驶功能的车辆，由于在特定场景下，即当制动系统发生单回路失效时，允许驾驶员将车辆操作全部交给系统执行，因此，需要具备冗余备份系统，且该系统可以随时接管并将车辆自动停靠在安全地带。因此，只有具备了制动冗余备份与外部冗余备份（电源备份、通信备份）的线控制动系统，才能够满足 L3 级及以上级别自动驾驶的需求。

7.3.1 线控制动系统冗余设计

线控制动冗余方案主要包括通信冗余、低压电源冗余和制动冗余。

通信冗余即当单一链路出现信号中断，系统可实现信息的无缝安全衔接。通常的冗余方式有网内冗余、网间冗余、链路冗余、模组冗余和异构冗余。网内冗余指的是通过增设网络单元内的部件来实现的冗余,如接口冗余;网间冗余指的是通过增设同样功用的网络单元来实现的冗余;链路冗余指的是改变架构进行多链路通信设计来实现的冗余,如设计两回路双接制动链路,可有效避免出现信号任一中断后所引发的整车通信的不连续现象;异构冗余指的是在通信终端上增设多套异构的不同通信能力的设备,如在具有移动通信的终端设备的基础上,增设具有无线局域网的通信能力的设备。

低压电源冗余即主电源失效后,备份电源能够支撑电子控制单元(ECU)完成安全降级动作。通常的备份方式有:①冗余热备份,通过在电源内增设同时工作的空载模块来实现冗余;②冗余冷备份,该方法通过增设功用相同的低压电源模块来实现冗余;③并联均流的 N+1 备份,通过使用具有或门功能的二极管将各供电部件并联来实现冗余。

制动冗余即制动系统冗余,是指当制动系统电子部件发生一处失效时,一套系统制动功能失效,另一套系统可实现全部或部分制动系统功能。现阶段,常见的制动冗余方案有:IPB+RBU 冗余 [博世公司提出了在智能集成制动(IPB)液压传递经过主缸后立即串联接入冗余制动单元(RBU),从而实现冗余]、iBooster+ESP/ESPhev 冗余("iBooster+ESP"的"Two Box"制动冗余方案,智能助力器 iBooster 和车身电子稳定系统 ESP 相辅相成,优势互补)、TRW IBC+SBM 冗余、EBB+ESC-H 冗余、IDB+RCU 冗余等。

7.3.2 线控制动系统冗余架构及容错控制

线控制动系统的冗余指的是当制动系统的电子部件出现故障时,一套系统的制动功能受到影响,而另一套系统可以实现全部或部分的制动系统功能。常见的制动系统冗余方案包括双液压控制单元、双电源、双轮速采集和双 CAN 传输,如图 7-8 所示。这些方案的设计旨在提高制动系统的可靠性和安全性,以应对潜在的故障情况,保障车辆制动系统在各种工作条件下的正常运行。常见的制动系统冗余架构有 IPB+RBU、iBooster+ESP/ESPhev、TRW IBC+SBM 和 IDB+RCU 等方案。

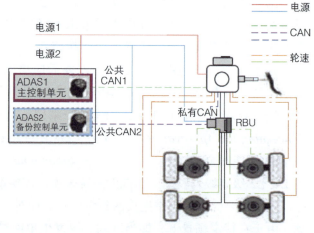

图 7-8 制动系统冗余架构

1. IPB+RBU

IPB+RBU 方案是指在 IPB 液压传递经过主缸后立即串联接入 RBU,如图 7-9 所示。IPB 液压单元包括 14 个电磁阀,其中包括 4 个保压电磁阀、4 个减压电磁阀和 6 个开关电磁阀。这 6 个开关电磁阀分别是 1 个 TSV 阀、2 个 CSV 阀、2 个 PSV 阀和 1 个 SSV 阀。其中,TSV 阀和 CSV 阀属于常开电磁阀,而 PSV 阀和 SSV 阀属于常闭电磁阀,PSV 阀为柱塞隔离阀，而 SSV 阀为踏板模拟器隔离阀。IPB 液压单元的基础制动工作原理是，当驾驶员踩下制动踏板后，制动请求通过踏板行程传感器和压力传感激活装置被探测到。控制单元接收到制动请求信号后，控制电磁阀工作，并通过行星轮和滚珠丝杠的配合，将无刷电机的旋转运动转化为线性运动，从而推动活塞建立压力。高压制动液经过 2 个主回路进入 4 个轮缸，实现基础制动功能。在基础制动过程中，制动主缸中的制动液不会通过 2 个主回路进入 4 个轮缸，而是在踩下制动踏板后进入踏板模拟器，以提供给驾驶员脚感。在基础制动情况下，驾驶员踩踏板或松踏板的动作不会改变 4 个保压电磁阀和 4 个减压电磁阀的开关状态。如果需要实现防抱死制动系统（ABS）、牵引力控制系统（TCS）、车辆动力学控制（VDC）等系统功能，则通过保压阀和减压阀的控制，使高压制动液从活塞出口进入。在正常工作时，RBU 不参与工作。USV1 阀和 USV2 阀不通电而打开，HSV1 阀和 HSV2 阀不通电而关闭，制动液按照预定路线在 RBU 模块中流动。RBU 中的电机在不工作时不会施加压力。当 IPB 失效时，RBU 会介入。USV1 阀和 USV2 阀通电而关闭，HSV1 阀和 HSV2 阀通电而打开，制动液按照图 7-9 所示的路径在 RBU 模块中流动。RBU 中的电机开始工作，产生压力。

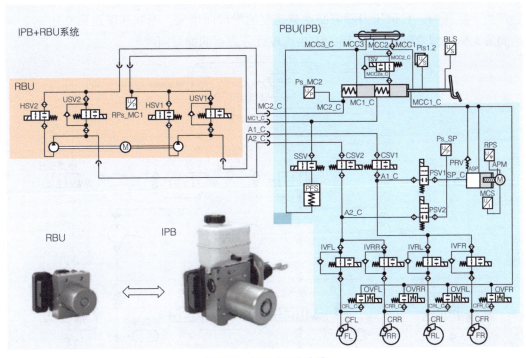

图 7-9　IPB+RBU 方案

CSV—回路隔离阀　PSV—柱塞泵隔离阀　SSV—踏板模拟器隔离阀　TSV—测试分离阀　PFS—踏板模拟器
ASP—建压腔　PRV—腔室重注阀　APM—建压活塞电机　IVFL—左前进油阀　IVRR—右后进油阀　IVRL—左后进油阀
IVFR—右前进油阀　OVFL—左前泄压阀　OVRR—右后泄压阀　OVRL—左后泄压阀　OVFR—右前泄压阀　HSV—高压阀
USV—回路控制阀　Pts—踏板行程传感器　BLS—制动灯开关信号　RPS—转子位置信号　MCS—电机电流信号
Ps_SP—建压腔室压力信号　Ps_MC—主缸压力信号　MCC—主缸腔室接口　CFL—左前制动卡钳接口
CRR—右后制动卡钳接口　CRL—左后制动卡钳接口　CFR—右前制动卡钳接口　MCC1_C—主缸腔室 1 回路
MCC2_C—主缸腔室 2 回路　MCC2a_C—主缸腔室 2a 回路　MCC3_C—主缸腔室 3 回路　MC1_C—主缸 1 号回路
MC2_C—主缸 2 号回路　SP_C—建压腔回路　A1_C—建压回路 1　A2_C—建压回路 2　CFL_C—左前制动卡钳回路
CRR_C—右后制动卡钳回路　CRL_C—左后制动卡钳回路　CFR_C—右前制动卡钳回路

RBU 与传统 ESP 在许多方面存在相似之处，但在某些技术细节上存在显著差异。具体而言，RBU 采用了两进两出的设计方案，其系统构成包括 4 个阀（2 个用于回路控制，另外 2 个为高压阀）、无储能器、1 个压力传感器、1 个电机和 2 个泵。而传统 ESP 则采用了两进四出的设计方案，其系统构成包括 12 个阀（2 个用于回路控制，另外 2 个为高压阀，此外还包括 4 个输入阀和 4 个输出阀）、2 个储能器（每个回路各一个）、1 个压力传感器、1 个电机和 2 个泵。这些差异影响了系统的控制和功能，因此对于不同的应用场景，选择合适的 ESP 方案至关重要。

2. iBooster+ESP/ESPhev

系统包括电子智能助力器单元 iBooster 和 ESP/ESPhev 系统，如图 7-10 所示。当驾驶员踩下制动踏板时，iBooster ECU 控制电机旋转，通过齿轮齿条机构推动主缸活塞，产生所需的制动力。图 7-10 所示为 iBooster+ESP/ESPhev 系统的原理，当减速度低于 $0.3g$（$g=9.8m/s^2$）时，iBooster+ESPhev 系统会启动 ESPhev 的泄压阀，将 iBooster 产生的液压压力储存到 ESPhev 的储能器中，以实现制动解耦。由于储能器采用弹簧活塞原理，管路中会产生一定压力，且此压力随着制动减速度的增加而增大。当减速度达到 $0.3g$ 时，该压力达到最大值（即轮缸压力），因此无法实现百分之百的能量回收。

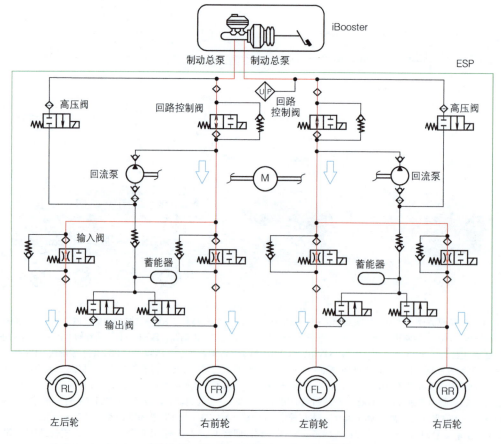

图 7-10　iBooster+ESP/ESPhev 方案

3. TRW IBC+SBM

为满足 L3 级及以上自动驾驶的需求，TRW 研发了 IBC+SBM 系统。该系统分为 IBC+SBM1 和 IBC+SBM2 两个平台。在正常的 IBC 增压制动状态下，IBC 的三通阀导通助力活塞与制动轮缸，DAP 阀打开，由 IBC 电机进行压力建立。而当系统转为备份单元 SBM 进行增压制动时，IBC 的所有阀处于默认状态，SBM 的 BPV 阀关闭、RCV 阀关闭、IDV 阀关闭，由 SBM 从蓄能器 BSA 直接抽出液体给前轴车轮进行压力建立。SBM1 可对两前轮进行独立调节，相对于博世的两路 X 形控制，能实现横向调节。

而 SBM2 则具备四路调节功能，在主模块失效的情况下，能实现四轮 ABS 功能，并且具备在 500ms 内将制动系统的减速度提升至 1.0g 的建压能力。TRW IBC+SBM 方案如图 7-11 所示。

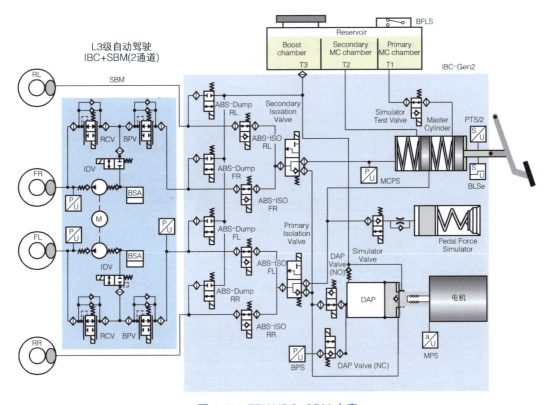

图 7-11　TRW IBC+SBM 方案

Master Cylinder—制动主缸　Pedal Force Simulator—踏板模拟器　Simulator Test Valve—模拟器测试阀门　Simulator Valve—模拟器入口阀　Reservoir—储液壶　Boost chamber—储液壶增压腔　Primary MC chamber—主腔室　Secondary MC chamber—储液壶副腔室　Primary Isolation Valve—主隔离阀　Secondary Isolation Valve—副隔离阀　BPV—常开阀（正常制动的时候常开）　IBC—失效后闭合（防止 LPA 的液体流向 IBC）　RCV—泄压阀（利用其开闭控制轮缸的压力）　IDV—开关阀（平时常闭，锁住蓄能器里面的液体使其不参与正常的制动）　BSA—增压蓄能器　DAP—助力活塞　DAP Valve（NO）—正常开启的助力活塞阀门　DAP Valve（NC）—正常关闭的助力活塞阀门　ABS-Dump RL—左后 ABS 泄压阀　ABS-Dump FR—右前 ABS 泄压阀　ABS-Dump FL—左前 ABS 泄压阀　ABS-Dump RR—右后 ABS 泄压阀　ABS-ISO RL—左后 ABS 保压阀　ABS-ISO FR—右前 ABS 保压阀　ABS-ISO FL—左前 ABS 保压阀　ABS-ISO RR—右后 ABS 保压阀　MCPS—主缸压力传感器　MPS—电机位置传感器　BLSe—制动灯开关信号　PTS—踏板行程传感器

针对备用 SBM2 模块，在其增压过程中，IBC 的所有阀保持默认状态。其中，三通阀导通主缸与轮缸，而 SBM2 的 BPV 阀、RCV 阀和 IDV 阀均处于关闭状态。前轴车轮由 SBM2 泵直接从储能器中抽取液体实现增压，而后轴车轮则由 SBM2 泵从主缸中抽取液体实现增压。

4. IDB+RCU

针对 L3 级自动驾驶需求，提出了 IDB+RCU 系统，其中 IDB 作为主制动模块，而 RCU 则作为冗余制动模块，同时 EPB 为电子驻车系统。该系统与 IPB+RBU 系统相似，IDB 的外形尺寸为 175mm × 195mm × 177mm，质量为 4.9kg，而 RCU 的质量为 2kg。IDB 的最大制动压力可达到 21.5MPa，制动响应时间为 150ms。IDB+RCU 方案如图 7-12 所示，采用了 H 形制动方式，将制动过程分为前后轴分开进行。IDB 作为主制动模块，可通过液压控制制动钳。当 IDB 失效时，RCU 将接管前轴制动钳的控制。此外，IDB 将持续控制右后 EPB，而 RCU 则将控制左后 EPB。IDB 和 RCU 将通过内部私有 CAN 总线进行检测与通信。

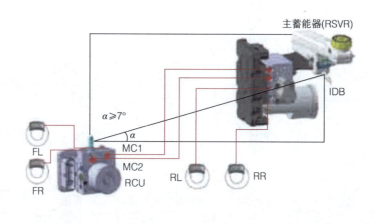

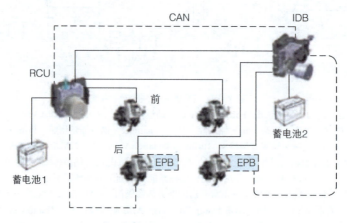

图 7-12　IDB+RCU 方案

7.4 转向系统冗余设计及容错控制

线控转向系统取消了转向盘到转向执行机构之间的机械连接，完全由电信号实现车辆控制，突破了传统机械式转向的各种限制，可以基于驾驶意图、路面情况、整车运行状态灵活地对转向角进行控制，提高了整车操控性和舒适性。然而，在当下的汽车市场，线控转向系统的应用率和装车率极低，少有的装配有线控转向系统的车辆通常也装有备用的机械转向结构，其优势并没有得到应有的发挥。限制线控转向系统普及的最主要原因在于这种以电控信号为主的控制指令传输方式可靠性远不及利用机械结构传输，因此线控转向系统的可靠性和容错控制技术是当前线控转向系统研究的重中之重。尤其是在当今汽车发展浪潮下，线控转向系统必须满足功能安全要求。L3级别的高级驾驶辅助系统（ADAS）对转向的安全等级要求至少满足 ASIL D。根据 GB/T 34590.5—2022《道路车辆 功能安全 第5部分：产品开发：硬件层面》的规定，不同汽车安全完整性等级（ASIL）对随机硬件失效率目标值的要求见表7-1。因此，需要采取合适的措施使得线控转向系统具备失效运行能力。

表 7-1 随机硬件失效率目标值

ASIL 等级	随机硬件失效率目标值
C	$<10^{-7}/h(100FIT)$
D	$<10^{-8}/h(10FIT)$

从结构上说，线控转向系统的故障类型可以分为执行器故障、传感器故障、控制器故障、通信故障及电源故障。根据故障影响时间范围，线控转向系统的故障可以分为瞬时故障、永久故障及间歇故障。瞬时故障通常被看作系统的不确定性干扰，其作用时间短，影响范围有限。间歇故障（例如电路接触不良）以及永久故障（元器件彻底失效）由于影响范围大、时间长，严重时会导致转向系统失效，需要通过故障诊断、隔离以及重构等容错控制甚至启用冗余硬件的手段将其影响消除，保证系统的正常运行。

7.4.1 转向系统冗余设计

硬件冗余是对线控转向系统中可能发生故障的传感器、控制器、执行器、通信总线、电源等装置进行备份。备份的装置可以实现与原装置一样的功能。备份的装置可以与原装置同时工作，也可以一个工作而另一个处于待机状态。图7-13所示为线控转向系统硬件冗余典型架构，该硬件冗余架构方案实现了转向装置的一比一备份，当正常工作的装置出现故障后，备份装置可以快速代替其功能，从而维持转向系统继续工作，具备非常可靠的容错能力。

市场上的主流供应商，如采埃孚、蒂森克虏伯、耐世特和博世华域，提供了多种线控转向系统硬件冗余架构设计方案，以满足不同级别的自动驾驶需求和安全标准。

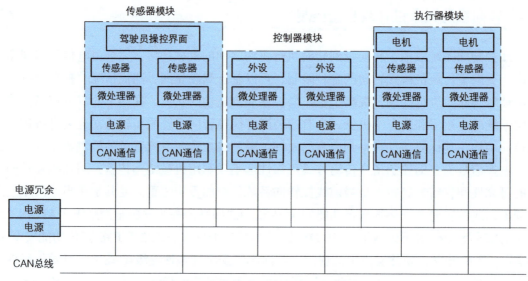

图 7-13　线控转向系统硬件冗余典型架构

1. 主流冗余架构方案

按照不同冗余程度，采埃孚提供了两种架构方案。

采埃孚线控转向系统部分冗余硬件架构如图 7-14 所示，该架构采用双核式单主芯片、转矩传感器、转角传感器硬件冗余设计、冗余电机驱动桥以及六相电机（12 槽 8 级结构），并且配备了两个电机位置传感器。失效率目标为 $100 \leqslant FIT \leqslant 300$。

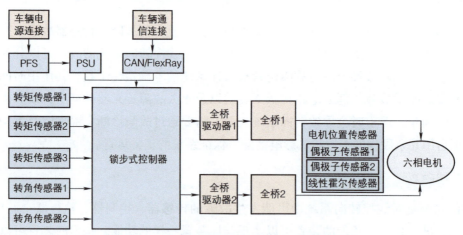

图 7-14　采埃孚线控转向系统部分冗余硬件架构

注：PFS 为电源故障开关；PSU 为电源供应单元。

采埃孚线控转向系统完全冗余硬件架构如图 7-15 所示，该架构采用转矩传感器硬件冗余设计、转角传感器硬件冗余设计、处理器芯片（双核式）冗余设计、电源模块冗余设计、车辆接口电路及插接器冗余设计、双驱动芯片、双驱动桥、双电机位置传感器、电机双绕组（12 槽 8 极结构），双 MCU 通信形式为 CAN/CAN-FD，预留 FlexRay。交互信息包含通用数据、同步命令和转矩需求。失效率目标为 $FIT<10$，适用于 L3 级自动驾驶。

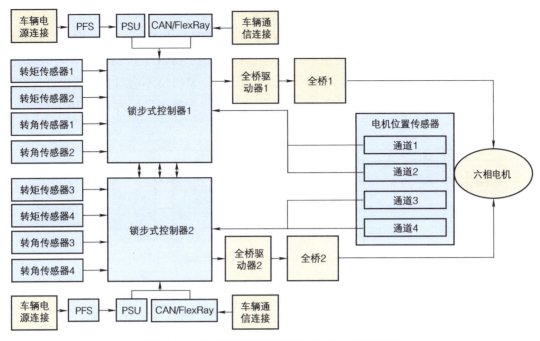

图 7-15 采埃孚线控转向系统完全冗余硬件架构

蒂森克虏伯也提供了两种架构方案。

蒂森克虏伯线控转向系统部分冗余硬件架构如图 7-16 所示，该方案采用转矩转角传感器冗余（3+2 型式）、控制器芯片冗余、电机冗余以及电机位置传感器冗余（3 个）。双 MCU 通信形式为 CAN 通信。在控制方式上，MCU1 作为主路芯片，MCU2 作为辅路芯片，无故障工作时，MCU1 计算和分配转矩，MCU2 仅接收及存储 MCU1 的输入及电源、电压等信息，待主路故障时，MCU2 才接管。失效率目标为 FIT<100，支持 L2 或 L2.5 自动驾驶。

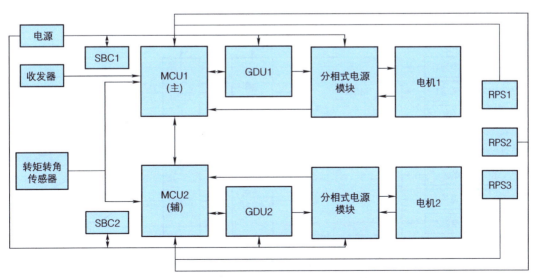

图 7-16 蒂森克虏伯线控转向系统部分冗余硬件架构

注：SBC 为系统基础芯片；GDU 为栅极驱动单元；RPS 为转子位置传感器。

蒂森克虏伯线控转向系统完全冗余硬件架构如图 7-17 所示，该方案采用了更为全面的冗余设计，包括转矩转角传感器冗余（4+2 型式）、控制器芯片冗余、电机冗余以及电机位置传感器冗余（4 个）。双 MCU 通信形式仍为 CAN 通信。MCU1 和 MCU2 各自计算并输出转矩命令，各自输出电机总转矩需求的 50%；MCU1 和 MCU2 不会对各自输出进行交互，且在自检故障时能够自主切断，而另一路保持正常工作。失效率目标为 FIT<10。

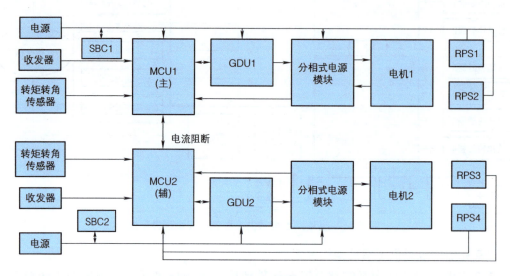

图 7-17　蒂森克虏伯线控转向系统完全冗余硬件架构

耐世特提供了一种线控转向系统完全冗余硬件架构方案，如图 7-18 所示，该方案包括整车电源、通信双接口、转矩转角传感器冗余、控制器芯片冗余、电机冗余（12 槽 8 极双绕组电机），以及巨磁阻式电机位置传感器（双晶圆芯片式）。双 MCU 通信形式为 CAN 通信或串口通信。失效率目标为 FIT<10。

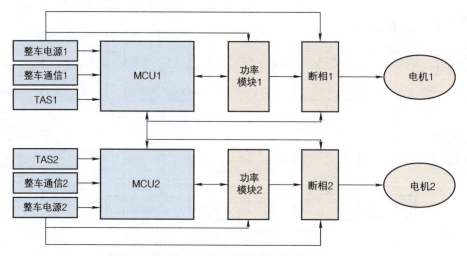

图 7-18　耐世特线控转向系统完全冗余硬件架构

注：TAS 为转矩转角传感器。

博世华域提供了一种线控转向系统多冗余硬件架构，如图 7-19 所示，该方案采用双电源接口、双整车通信接口、双转矩转角传感器、双控制器、双驱动模块、双电机位置传感器冗余以及十二相电机。双 MCU 通信形式为 CAN/CAN FD 通信。失效率目标为 FIT<10。

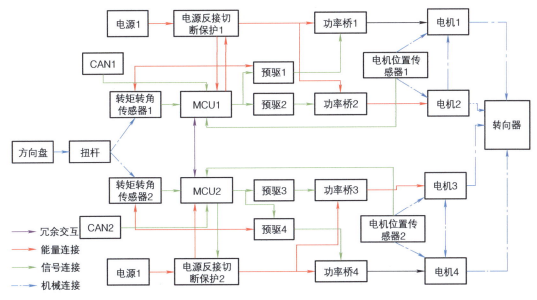

图 7-19　博世华域线控转向系统多冗余硬件架构

这些方案展示了不同供应商如何通过硬件冗余来提高线控转向系统的可靠性和安全性，以满足日益增长的功能安全要求。

2. 转向控制器冗余控制架构

线控转向系统的转向控制器冗余控制架构方法主要分为三种类型：主 - 主控制、主 - 从控制和主 - 备控制。每种控制方法都有其独特的工作原理和信息交互方式。

（1）主 - 主控制方法

如图 7-20 所示，在这种方法中，两个微控制单元（MCU）独立运行，各自计算并输出转矩命令，分别提供电机总转矩需求的 50%。两个 MCU 之间不会交换各自的输出信息，但如果其中一个检测到故障，它将自主切断，而另一路保持工作。MCU 间的交互信息仅限于外部输入信号和校验信息，降低了对芯片和传输带宽的要求，降低了信息交互的功能安全要求。主 - 主控制方法因两个 MCU 间交互信息少，对前端输入（转矩转角信号、CAN 信号）一致性处理工作会相对复杂，甚至需通过硬件层级实现，如一个控制器会同时采集两路 CAN 信号等。

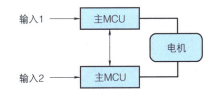

图 7-20　线控转向硬件冗余主 - 主控制架构

（2）主-从控制方法

如图 7-21 所示，在这种方法中，主 MCU 负责计算并平均分配两个电机的输入转矩，辅助 MCU 仅实时进行计算或仅接收信息。主 MCU 正常工作时，辅助 MCU 的计算结果仅用于校验。MCU 间的交互信息更为复杂，包括转矩转角信号、电机位置、电机电压电流、温度和转矩命令等。这种方法需要信息同步技术、故障检测技术、故障仲裁技术和切换技术，因有些信息交互可以通过软件实现，前端输入的硬件架构会相对简单。如果 MCU 间的信息交互量大，会导致对芯片选型及内部通信带宽的要求会更高。

（3）主-备控制方法

如图 7-22 所示，在这种方法中，存在两套独立的控制电路，当主控制电路发生故障时，系统会完全切换到备用控制电路。这种方法不依赖于两套系统间的信息交换，因此在设计上更为简单，但在一套系统失效时需要能够迅速地切换到另一套系统，对切换时间具有一定要求。

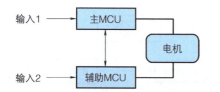

图 7-21　线控转向硬件冗余主-从控制架构　　图 7-22　线控转向硬件冗余主-备控制架构

这三种控制方法各有优势和局限性，设计时需要根据具体的应用需求和系统安全要求来选择最合适的控制策略。通过这些控制方法，线控转向系统能够在硬件发生故障时保持转向功能，从而提高汽车的安全性和可靠性。控制器硬件冗余方案采用一比一装置备份，甚至三比一装置备份，能够保证转向系统的可靠性能，但是高硬件冗余备份会导致转向系统体积庞大、结构复杂、成本增高、经济效益低下。因此在进行硬件冗余设计时，要综合考虑可靠性与经济性的平衡。

7.4.2　转向系统容错控制

与驱动系统和制动系统相同，转向系统的容错控制也分为被动容错控制和主动容错控制两大类。被动容错控制依赖于系统的鲁棒性设计，使其对故障不敏感；主动容错控制则通过实时检测、估计和重构来应对故障，确保系统的稳定性和安全性。线控转向系统的容错控制方法主要有模型预测控制、H∞鲁棒控制、无模型自适应控制、模糊预测法等。

线控转向系统故障检测及容错控制通常独立进行，缺乏统一的架构将二者结合起来。因此，这里介绍一种协同故障检测及控制（Simultaneous Fault Detection and Control，SFDC）方法，这种方法统一考虑故障检测和容错控制，在降低分离设计复杂性的同时保证控制效果，更有利于提高车辆安全性。

需要明确研究问题，即转向系统执行器发生故障的情况下，如何使车辆仍具有保持横摆角速度跟踪能力的问题。SFDC 协同设计架构如图 7-23 所示。其中，d 为期望扰动输入，f 为执行器系统故障，u 为控制量，z 为被控输出，y 为测量输出，r 为残差，故障检测器/容错控制器用于实现故障诊断与容错控制的协同设计。

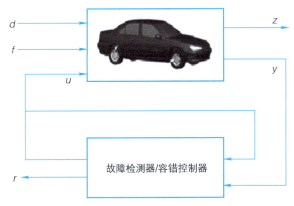

图 7-23 SFDC 协同设计架构

建立考虑转向系统执行器加性故障的系统模型：

$$\begin{cases} \dot{\boldsymbol{x}}_0(t) = \boldsymbol{A}_f \boldsymbol{x}_0(t) + \boldsymbol{B}_f(\delta + f) + \boldsymbol{B}_z M_z \\ \boldsymbol{y} = \boldsymbol{C}_f \boldsymbol{x}_0 \end{cases} \quad (7\text{-}9)$$

式中　　$\boldsymbol{x}_0$——系统状态 $\boldsymbol{x}_0 = [\beta, \omega]^T$；

　　　　β——车辆质心侧偏角；

　　　　ω——横摆角速度；

　　　　δ——前轮转角；

　　　　M_z——纵向力生成的横摆角速度；

　　　　y——测量输出即横摆角速度；

　　　　f——执行器故障；

$\boldsymbol{A}_f, \boldsymbol{B}_f, \boldsymbol{B}_z, \boldsymbol{C}_f$——参数矩阵。

建立面向横摆角速度跟踪控制的增广模型。设定期望横摆角速度为 ω_d，定义新的状态量 $\boldsymbol{x} = [\zeta_1, \zeta_2]^T = [x_0, \int_0^t (\omega_d - y)\mathrm{d}t]^T$，控制量 $u = M_z$，则增广系统方程可改写为

$$\begin{cases} \dot{\boldsymbol{x}}(t) = \boldsymbol{A}\boldsymbol{x}(t) + \boldsymbol{B}_1 u + \boldsymbol{B}_2 d(t) + \boldsymbol{B}_3 f(t) \\ \boldsymbol{y}(t) = \boldsymbol{C}\boldsymbol{x}(t) \\ \boldsymbol{z}(t) = \boldsymbol{E}\boldsymbol{x}(t) \end{cases} \quad (7\text{-}10)$$

设计故障检测器/容错控制器：

$$\begin{cases} \dot{\hat{\boldsymbol{x}}}(t) = \boldsymbol{A}\hat{\boldsymbol{x}}(t) + \boldsymbol{B}_1 u + \boldsymbol{B}_2 d(t) + \boldsymbol{n}(t) \\ \hat{\boldsymbol{y}}(t) = \boldsymbol{C}\hat{\boldsymbol{x}}(t) \\ u = -\boldsymbol{K}\hat{\boldsymbol{x}}(t) \end{cases} \quad (7\text{-}11)$$

式中 $n(t)$——修正量；
 K——待求的容错控制器增益系数。

修正量的动态方程为

$$\begin{cases} \dot{x}_d(t) = A_d x_d(t) + B_d r(t) \\ n(t) = C_d x_d(t) + D_d r(t) \\ r(t) = y(t) - \hat{y}(t) \end{cases} \quad (7\text{-}12)$$

式中 (A_d, B_d, C_d, D_d)——待求观测器系数；
 x_d——观测器状态量。

将式（7-11）代入式（7-12），得到闭环系统：

$$\begin{cases} \dot{\xi}(t) = \bar{A}\xi(t) + \bar{B}_d d(t) + \bar{B}_f f(t) \\ r(t) = \bar{C}_1 \xi(t) \\ z(t) = \bar{C}_2 \xi(t) \end{cases} \quad (7\text{-}13)$$

其中，

$$\xi(t) = \begin{bmatrix} \hat{x}(t) \\ e(t) \\ x_d(t) \end{bmatrix}; \bar{A} = \begin{bmatrix} A - B_1 K & D_d C & C_d \\ 0 & A - D_d C & -C_d \\ 0 & B_d C & A_d \end{bmatrix}; \bar{B}_d = \begin{bmatrix} B_2 \\ 0 \\ 0 \end{bmatrix}; \bar{B}_f = \begin{bmatrix} 0 \\ B_3 \\ 0 \end{bmatrix}$$

$$\bar{C}_1 = [0 \quad C \quad 0]; \bar{C}_2 = [E \quad E \quad 0]; e(t) = x(t) - \hat{x}(t)$$

经过以上推导，SFDC 问题转化为求解一个故障检测器/容错控制器，使得闭环系统[式（7-13）]渐进稳定，且扰动 d 对被控输出 $z(t)$ 和残差 $r(t)$ 的影响都最小，故障 f 对被控输出 $z(t)$ 的影响最小，而对残差 $r(t)$ 的影响最大。具体而言，即求解一个动态观测器 (A_d, B_d, C_d, D_d) 和状态反馈控制器增益 K，使得闭环系统[式（7-13）]稳定且满足下列性能指标：

$$\sup_{d \neq 0} \frac{\|z\|_2}{\|d\|_2} < \gamma_1, \quad \sup_{f \neq 0} \frac{\|z\|_2}{\|f\|_2} < \gamma_2, \quad \sup_{d \neq 0} \frac{\|r\|_2}{\|d\|_2} < \gamma_3, \quad \frac{\|r\|_2}{\|f\|_2} > \gamma_4 \quad (7\text{-}14)$$

式中 $\gamma_1 \sim \gamma_4$——待求的标量。

转向系统发生故障时，必然会引起车辆动力学状态的变化，进而与观测器之间产生残差。为了检测转向系统是否发生故障，需要设置残差评估函数和阈值。设置残差参数：

$$J = \sqrt{\frac{1}{t}\int_0^t r^\mathrm{T}(t) r(t) \mathrm{d}t} \quad (7\text{-}15)$$

定义阈值 J_{th}，当 $J \leq J_{th}$ 时系统安全，否则启动报警；SFDC 的求解可根据鲁棒稳定性原理得到。

7.5 悬架系统冗余设计及容错控制

对于智能底盘系统，悬架系统的设计目标已经不仅仅局限于提供舒适性和操稳性，还要确保车辆在各种故障情况下的安全性和稳定性。悬架系统的冗余设计及容错控制是关键的研究方向，旨在应对潜在的故障和异常情况，保障车辆及乘员的安全，其可以分为两个层面：悬架系统的硬件冗余设计和容错控制策略设计。

在智能悬架系统中，不同的控制功能具有不同的安全等级。悬架控制功能主要包括阻尼控制、车高控制、刚度控制和侧倾控制等。针对这些功能，开展危害分析和风险评估，其 ASIL 等级会根据具体的功能异常表现、潜在的车辆层面危害以及最严苛场景来确定。例如，对于阻尼控制功能，如果其功能异常可能导致车辆失稳，那么 ASIL 等级范围可能是从 QM 到 ASIL A 或更高，具体取决于车辆的不同和功能异常状态是否会导致车辆失稳。在实际应用中，对于高性能乘用车，悬架控制器作为智能悬架系统的控制核心，往往需要具备高处理性能和高功能安全等级，以满足底盘对于安全性、实时性的高要求。例如，某公司的智能悬架控制器产品开发满足 ASIL D 级别的功能安全。对于悬架系统的功能安全等级的确定，通常需要进行详细的风险评估和危害分析（Hazard Analysis and Risk Assessment, HARA），以确保系统的安全性能满足 ISO 26262 标准的要求，这包括评估系统失效的潜在原因、影响以及可能的控制措施。

7.5.1 悬架系统硬件冗余设计

悬架系统可考虑采取硬件冗余设计来降低故障率。冗余设计是指在系统或设备完成任务起关键作用的地方，增加一套及以上完成相同功能的功能通道、工作元件或部件，以保证当该部分出现故障时，系统或设备仍能正常工作，减小系统或者设备的故障概率，提高系统可靠性。冗余设计是为了满足安全需求，对智能悬架系统中的关键零部件（ECU、传感器、通信设备等）做备份设计。

1. 悬架系统的硬件冗余设计

通过悬架的硬件冗余设计可以提升悬架系统的可靠性，常见的硬件冗余设计方案有执行机构冗余设计、增设传感器等，执行机构包括液压控制阀路、弹簧元件、减振器元件等。

（1）执行机构冗余设计

悬架系统的弹簧元件、减振器元件、液压控制阀路等执行机构的设计至关重要，它直接影响着悬架系统的性能、可靠性和安全性。在设计悬架系统的执行机构时，需要考虑如何确保系统在一个执行机构出现故障时仍能够正常工作。因此，悬架系统中某些关键部件上可以增加冗余，这样可以降低成本，并确保系统在出现故障时仍然可以维持基本功能，当主要执行机构发生故障时，备用部件可以立即接管工作，确保系统的连续性。

（2）传感器布置方案

常用的悬架传感器有加速度传感器、高度传感器等，通过综合利用悬架传感器和车辆惯性测量单元（IMU）的信息，系统可以获得更准确和可靠的车辆状态估计，提高系统的鲁棒性。对于具有多传感器的悬架系统，当部分传感器故障时，可以依靠其他正常工作的传感器继续提供数据支持；当传感器完全故障时，悬架系统中的执行机构依旧可以发挥被动悬架的作用，从而提高悬架系统的可靠性。

2. 悬架系统的硬件冗余设计案例

以下列举了3种针对悬架系统硬件冗余设计的典型方案。

（1）液压悬架系统控制阀路冗余设计

某高可靠性液压悬架系统管路示意图如图7-24所示。该系统包括充油系统组件、前轴控制阀组件、后轴控制阀组件、前悬架液压缸组件、后悬架液压缸组件。充油系统通过管路和前轴控制阀组件、后轴控制阀组件连接；前轴控制阀组件通过管路和左前悬架液压缸、右前悬架液压缸连接；后轴控制阀组件通过管路和右前悬架液压缸、左后悬架液压缸连接；

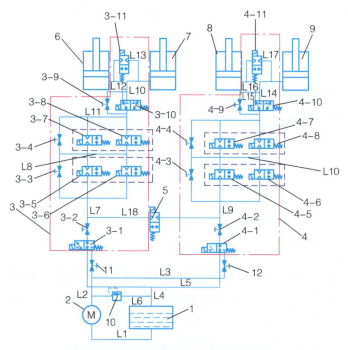

图7-24 液压悬架系统管路示意图

1—储油箱 2—总泵 3—前轴控制阀组件 3-1—前轴充放油阀 3-2——号前轴手动总阀 3-3——号前轴手动阀 3-4—二号前轴手动阀 3-5——号前轴流速控制阀 3-6—二号前轴流速控制阀 3-7—三号前轴流速控制阀 3-8—四号前轴流速控制阀 3-9—三号前轴手动阀 3-10—前轴轮选择阀 3-11—前轴轮联通阀 4—后轴控制阀组件 4-1—后轴充放油阀 4-2——号后轴手动总阀 4-3——号后轴手动阀 4-4—二号后轴手动阀 4-5——号后轴流速控制阀 4-6—二号后轴流速控制阀 4-7—三号后轴流速控制阀 4-8—四号后轴流速控制阀 4-9—三号后轴手动阀 4-10—后轴轮选择阀 4-11—后轴轮联通阀 5—前后轴联通阀 6—左前悬架液压缸 7—右前悬架液压缸 8—左后悬架液压缸 9—右后悬架液压缸 10—溢流阀 11—二号前轴手动总阀 12—二号后轴手动总阀 L1——号管路 L2—二号管路 L3—三号管路 L4—四号管路 L5—五号管路 L6—六号管路 L7—七号管路 L8—八号管路 L9—九号管路 L10—十号管路 L11—十一号管路 L12—十二号管路 L13—十三号管路 L14—十四号管路 L15—十五号管路 L16—十六号管路 L17—十七号管路 L18—十八号管路

通过充油系统管路配合前后轴联通阀、田字形管路配合多个流速控制阀、轴轮管路配合轴轮联通阀形成多种可组合的冗余回路，即使其中某些阀体损坏，系统依然可以正常工作，提高了系统可靠性；同时采用脉宽调制（PWM）控制多个流速控制阀轮流开闭的方法，保证系统各部件寿命的一致性，避免系统液压阀体的寿命差异大，进一步提高了系统整体的寿命和可靠性。

（2）主动悬架可靠性设计

一种高可靠性的液压主动悬架系统架构如图7-25所示。该主动悬架系统包括减振器，减振器上设有分别连通复原腔和压缩腔的第一进出油口和第二进出油口。而且，第一进出油口和第二进出油口之间串联设置有双向电液泵和调节单元，调节单元中设有控制阀组，用于限定第一进出油口和第二进出油口之间导通油液的压力范围。通过双向电液泵可以主动控制第一进出油口和第二进出油口之间导通油液的流动方向和流通量，实现主动悬架系统的主动力控制；通过调整调节单元以限定导通油液的压力大小，可改变减振器的阻尼、软硬度或减振频度。调节单元中的控制阀组失效时，该主动悬架系统仍然具有被动悬架的功能，从而保证了系统的可靠性。

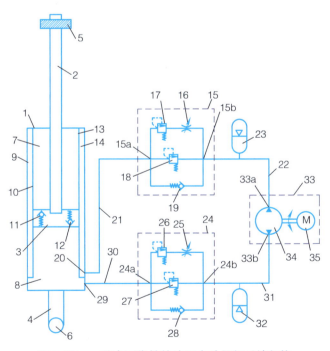

图7-25　一种高可靠性的液压主动悬架系统架构

1—减振器　2—活塞杆　3—活塞　4—下支撑杆　5—上支撑衬套　6—下支撑杆吊耳　7—复原腔　8—压缩腔　9—外缸体　10—中间缸体　11—复原向泄压阀　12—压缩向泄压阀　13—连通孔　14—中间腔室　15—第一控制阀组　15a—第三进出油口　15b—第四进出油口　16—第一流量调节阀　17—第一调压阀　18—第三调压阀　19—第一单向阀　20—第一进出油口　21—第一连通油路　22—第二连通油路　23—第一蓄能器　24—第二控制阀组　24a—第五进出油口　24b—第六进出油口　25—第二流量调节阀　26—第二调压阀　27—第四调压阀　28—第二单向阀　29—第二进出油口　30—第三连通油路　31—第四连通油路　32—第二蓄能器　33—双向电液泵　33a—第七进出油口　33b—第八进出油口　34—液压泵本体　35—电机

(3) 半主动悬架传感器冗余设计方案

某半主动悬架传感器冗余设计方案如图7-26所示,在仅有位移传感器故障时,基于卡尔曼滤波算法和单传感器混合控制算法确定减振器的期望阻尼力,在部分传感器失效时,依旧能够发挥半主动悬架作用;在两个传感器均故障时,使用减振器电磁阀电流的0A状态作为应急状态实现车辆控制。该方案通过布置多个传感器,同时设计了不同传感器故障形式下的半主动悬架控制方案,提高了悬架控制的可靠性。

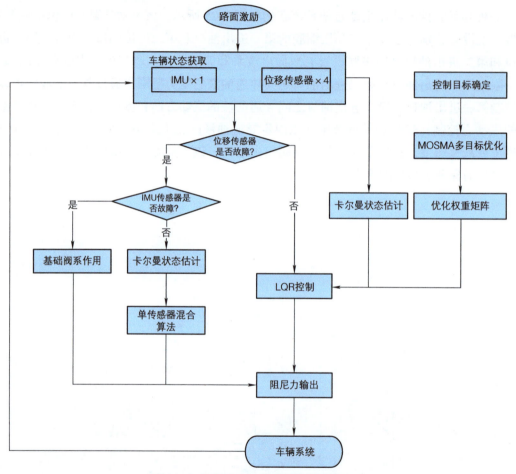

图7-26 半主动悬架传感器冗余设计方案

7.5.2 悬架系统容错控制策略

硬件冗余设计会导致成本的增加,因此可通过设计悬架系统的容错控制策略,尽量利用"不可靠"的硬件实现可靠的悬架系统,以较低的成本从软件层面满足悬架系统的功能安全需求。

1. 悬架系统容错策略类型

容错控制策略是对控制系统可能出现的故障情况采取某些控制策略或方法,使控制系统性能指标在无故障或存在故障情况下均能满足要求。考虑车辆主动悬架系统各种故障，并对其实施容错控制，是优化悬架设计、提高车辆智能悬架可靠性和使用品质、进一步提高车辆行驶安全性的重要途径。悬架系统的故障包括执行机构故障、设备故障、传感器故障，悬架系统故障类型见表 7-2。

表 7-2 悬架系统故障类型

故障类别	标志类型
执行机构故障	压缩机或电磁阀过热标志 压缩机或电磁阀超时标志 压缩机或电磁阀超时故障标志 压缩机或电磁阀驱动器故障标志
设备故障	点火禁止标志 严重过低标志 电池电压故障标志 严重车辆侧倾标志
传感器故障	车速传感器故障标志 高度传感器故障标志 高度传感器驱动器故障标志 基于模型的高度传感器故障标志

2. 针对执行器故障的悬架被动容错控制

悬架系统中弹性元件受疲劳影响、阻尼元件受减振器液黏性变化影响，将导致系统参数在一定范围内出现摄动。同时，元器件使用时间延长、老化、疲劳等原因，将导致传感器或执行器发生故障。这些都将造成完好无故障情况下设计的控制器误控制，达不到预期控制效果，甚至出现控制效果部分或全部丧失，影响车辆的主动安全性和乘坐舒适性。被动容错控制事先考虑悬架故障，离线设计控制器，使系统对故障不敏感，在系统元器件或部件发生故障时仍能维持系统性能或维持系统性能在可接受的范围内，提高控制可靠性，保证控制效果。同时，在离线设计容错控制器时，事先考虑一定范围的系统参数摄动，使设计的控制系统稳定，既具有一定的鲁棒性，也具有一定的容错控制效果，常见的悬架被动容错控制策略有 H∞控制、滑模控制等。对悬架进行鲁棒被动容错控制，是进一步提升其控制可靠性的有效方法，这将提升智能悬架的控制品质。

3. 针对执行器故障和传感器故障的悬架主动容错控制

悬架的被动容错控制器不仅使悬架系统稳定，而且保证了悬架系统对悬架刚度和阻尼两参数摄动及执行器故障不敏感，具有较好的容错效果。但被动容错控制器具有相当的保守性。一是被动容错控制是在离线状态下根据一定的先验故障知识来设计结构与参数相对固定的控制器。这种情况下设计的控制器针对已考虑的摄动参数和故障元器件具有较好的被动容错控制效果,但在所有可能的故障或参数摄动和未事先考虑元器件发生故障的情况下,无法将悬架调校到具有最优的容错控制性能。二是被动容错控制效果还受设计人员预先对故障先验知识掌握程度的影响。

此外,在悬架系统中,传感器和执行器发生的故障具有随机性和适时性,像被动容错控制那样事先预知是很困难的。因此,实时跟踪悬架系统中传感器或执行器的故障,根据故障情况实时调整控制器参数、控制器结构是十分有必要的,即研究悬架的主动容错控制。对悬架的故障检测与诊断和主动容错控制是相辅相成的两个关键技术,下面分别对这两方面进行论述。

(1) 悬架系统故障检测、诊断与隔离

1) 基于残差信息的执行器故障检测、诊断与隔离(FDI)策略。主动悬架系统(ASS)执行器故障检测、诊断与隔离系统原理如图 7-27 所示。当 ASS 执行器受故障影响时,因控制输入的异常变化导致 ASS 控制输出和量测输出均发生改变,这类故障将直接导致 ASS 目标控制效果变差。可设计一个故障检测滤波器,产生和提取 ASS 执行器故障前后的输出残差信息。故障悬架系统的输出残差相对无故障的悬架系统超过某一阈值,波形发生明显波动,从而检测出 ASS 是否出现故障。再利用一定的故障隔离方法,对输出残差信息中所含故障特征信号进行提取,准确诊断、隔离发生故障的执行器部位。

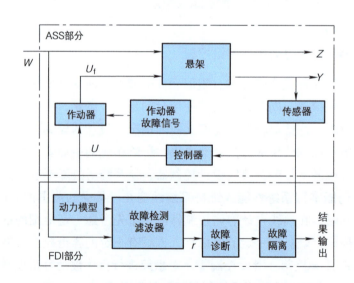

图 7-27 ASS 执行器故障检测、诊断与隔离系统原理

2) 基于残差信息的传感器故障检测、诊断与隔离策略。ASS 传感器故障检测、诊断与隔离系统原理如图 7-28 所示。当传感器受故障影响时,作为输出反馈控制器输入信号的量测输出将改变并影响控制器控制输出,导致 ASS 的控制效果变差。同样可通过设计故障检测滤波器,产生和提取传感器故障前后的残差信息,准确诊断并隔离发生故障的传感器部位。

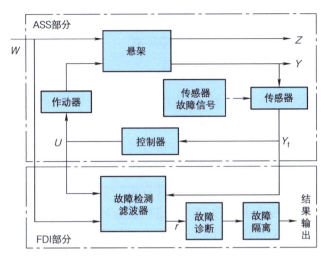

图 7-28 ASS 传感器故障检测、诊断与隔离系统原理

3)基于滤波器组的主动悬架传感器故障检测、诊断与隔离。在传感器发生故障时,采用输出反馈控制的主动悬架控制效果将变差,乘坐舒适性恶化。基于滤波器组的主动悬架传感器故障检测、诊断与隔离策略如图 7-29 所示。为对悬架传感器故障进行定量化检测,设计故障检测滤波器产生和提取主动悬架残差 r,设计故障检测指标检测主动悬架传感器故障。为进一步隔离和确认故障传感器,分别以 4 个量测输出传感器的量测输出和悬架控制输入为输入信号设计卡尔曼滤波器,构成卡尔曼滤波器组。卡尔曼滤波器组中各滤波器独立对悬架系统进行状态估计,并向故障隔离与决策机构提供状态估计信息。再以各

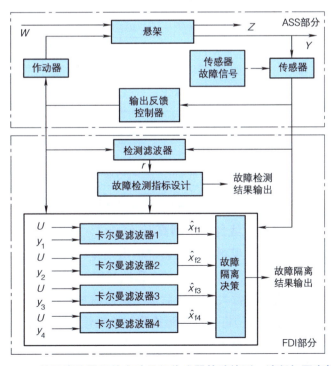

图 7-29 基于滤波器组的主动悬架传感器故障检测、诊断与隔离策略

卡尔曼滤波器对悬架某一状态变量估计值为决策信息,选择故障隔离决策变量、构造决策函数、设计隔离决策单元,实现传感器的故障隔离。

(2)悬架主动容错控制

1)针对执行器故障的悬架主动容错控制。当执行器发生故障时,执行器将无法准确执行控制器送来的控制指令,无法准确地将控制输出施加到悬架系统上,进而达不到预期控制效果。所以,针对故障执行器必须进行适时故障容错控制,才能维持故障悬架的性能在可接受范围内,或保持故障悬架的性能与完好无故障悬架性能相一致。

控制律重组可实现悬架执行器故障的主动容错控制,其无须改变控制器自身结构,仅通过控制器参数的调整或改变来实现主动容错控制。对控制器的控制律实现重组,必须建立在对传感器或执行器甚至是被控对象的故障检测与诊断的基础上。通过对主动悬架系统执行器故障进行检测获得相关故障特征信息,为控制律重组提供重组依据或信息,最终针对故障悬架实现主动容错控制。

当主动悬架的执行器出现增益变化故障时,完好无故障状态下设计的控制器将达不到预期控制效果,悬架出现性能降低、可靠性变差现象。图7-29所示为悬架执行器发生增益变化故障时主动容错控制策略。

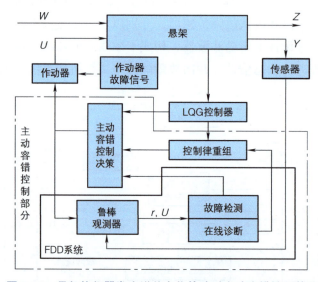

图7-30 悬架执行器发生增益变化故障时主动容错控制策略

完好无故障状态下悬架通过线性二次型高斯(LQG)控制器可获得良好的控制效果。当执行器发生故障时,基于鲁棒观测器获得系统输出残差,以输出残差为信号设计悬架故障检测系统检测故障发生时刻。再以输出残差 r 和控制输入 U 为信号设计悬架在线诊断系统,实时在线估计执行器故障增益大小,然后基于诊断信息和控制律重组方法进行容错控制器设计。主动容错控制决策机构将根据故障检测与诊断信息结果在LQG控制器和主动容错控制器间进行切换,对故障悬架实行主动容错控制,使其仍具有良好的乘坐舒适性,或具有与完好无故障悬架系统相接近的性能,以提高悬架系统的可靠性。

2）针对传感器故障的悬架主动容错控制。基于传感器信号重构的悬架主动容错控制策略如图 7-31 所示。

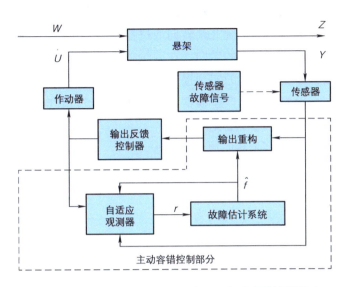

图 7-31　基于传感器信号重构的悬架主动容错控制策略

主动悬架输出反馈控制器以传感器信号为输入，当传感器发生相应故障时，传感器故障输出将发生异常，随之导致控制器输出信号异常，最终影响悬架目标控制效果。基于自适应技术设计的观测器获得悬架系统输出残差，再以输出残差为信号设计悬架故障估计系统，估计出量测输出传感器故障信号。利用故障传感器的故障估计值和故障输出共同重构量测输出传感器故障信号，将重构的量测输出传感器故障信号作为输出反馈控制器的输入，实现故障悬架主动容错控制目标，使故障悬架性能恢复到与完好无故障悬架性能相接近的水平。

7.6　跨系统冗余设计及容错控制

目前，市面上常见车辆的安全冗余系统均是单系统冗余，如前面章节介绍的驱动、制动、转向、悬架系统冗余，均是在各自系统内设置冗余部分，如电机冗余、传感器冗余等，其保障范围相对较窄，只是针对自身系统进行冗余保护，无法提供更全面的安全保障。而跨系统冗余控制能够实现不同系统之间的协同工作和相互检测，从而提供更全面的安全保障。在高速行驶、极端天气或恶劣地形等情况下，当某个系统出现严重故障时，其他系统可以迅速进行补充和接管，确保车辆的安全性和可靠性。这种全面的冗余设计能显著增强汽车在各种复杂环境和突发状况下的应对能力，提高驾驶的安全性。此外，随着汽车智能化和网联化的飞速发展，汽车系统之间的交互和依赖愈发紧密，跨系统冗余能够更好地适应这种发展趋势，实现不同系统之间的无缝衔接和高效协同，充分发挥各系统的潜力，进一步提升车辆的安全性，例如动力冗余制动、动力冗余转向、转向冗余制动等。

7.6.1 驱动系统冗余转向控制

当转向系统发生故障时,例如转向传动轴、花键、万向节、球头、转向节臂等传动部件断裂,转向盘与车轮失去机械连接,转向盘无法再控制车轮进行转向,在高速工况下可能会导致严重的安全事故。驱动系统冗余转向通过控制汽车左右车轮的驱动转矩的差异产生额外的横摆力矩,从而实现车辆的转向。在四轮独立驱动的电动汽车中,每个车轮的驱动转矩均可独立控制,为差动转向的实现提供了可能。四轮独立驱动的电动汽车中,动力冗余转向功能通过左右轮差动转矩产生横摆力矩,使车辆进行转向,从而实现驾驶员的转向意图,驱动系统成为转向系统的冗余。

图 7-32 所示为驱动系统冗余转向原理图,a 为质心到前轴的距离,b 为质心到后轴的距离,B 为轮距,F_{x1}、F_{x2} 分别为前后轮附加的纵向驱动力,F_{y1} 和 F_{y2} 分别为前后轮侧偏力,M_z 为横摆力偶矩。

当车辆直线行驶时,四个车轮的驱动力大小及方向均相等,不会产生横摆力矩,此时驱动力的大小仅会影响车辆的平动状态,即使车辆加速或减速,也不会影响车辆的转动状态。而当四个车轮驱动力

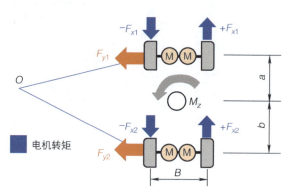

图 7-32 驱动系统冗余转向原理图

的大小或方向不同时,车辆的转动状态会受到影响。如图 7-32 所示,车辆左前轮及左后轮受到向后的驱动力,右前轮及右后轮受到向前的驱动力,在 F_{x1} 及 $-F_{x1}$ 的作用下,前轮驱动力会产生一个绕质心逆时针旋转的横摆力偶矩,同理,后轮驱动力 F_{x2} 及 $-F_{x2}$ 也会产生一个绕质心逆时针旋转的横摆力偶矩,两个横摆力偶矩叠加在一起,即形成了使车辆发生转向的横摆力偶矩 M_z,其大小如下:

$$M_z = F_{x1}B + F_{x2}B = I_z\dot{\omega}_r = -F_{y1}a + F_{y2}b \tag{7-16}$$

由式(7-16)可知,当 F_{x1} 和 F_{x2} 的值越大,能产生的横摆力偶矩也就越大,相应地,车辆的横摆角加速度就越大,以此为基础,通过控制电机产生不同的驱动力即可使车辆产生不同的横摆角加速度,满足驾驶员的转向需求,具体过程如下:

当驾驶员转动转向盘转向时,控制器根据转向盘转角、车速等信号计算得到期望横摆角速度,通过控制四个电机产生不同的驱动力,使车辆产生相应的横摆角速度,并不断调整四个车轮驱动力,使车辆的实际横摆角速度能够较好地跟随驾驶员的期望横摆角速度,从而满足驾驶员预期的行驶路线。

7.6.2 驱制动冗余转向控制

驱制动冗余转向控制是指通过控制左右两侧车轮驱制动力,形成差动力矩以及附加横摆力矩,控制车辆产生横向运动,以实现在线控转向系统故障情况下的正常转向功能。

"跨系统"体现在通过控制驱制动系统来实现横向转向功能,这种转向方式被称为"差动转向"。

线控转向执行系统结构简图如图7-33所示,B_f为前轴轮距,τ_a为转向力矩。转向执行机构动力学模型为

$$J_{eq}\ddot{\delta}_f + B_{eq}\dot{\delta}_f = \tau_z + \tau_s + \Delta M_z - \tau_f \tag{7-17}$$

式中　J_{eq}——线控转向执行机构的等效转动惯量;
　　　B_{eq}——线控转向执行机构的等效阻尼;
　　　τ_z——前轴左右车轮分别绕各自主销产生的回正力矩之和;
　　　τ_s——转向电机作用到转向执行机构上的转向力矩;
　　　τ_f——转向执行机构摩擦阻力矩;
　　　ΔM_z——差动转向力矩。

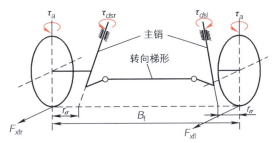

图7-33　线控转向执行系统结构简图

差动转向力矩为左右两侧车轮纵向力绕各自主销所产生的力矩差($\tau_{dsr} - \tau_{dsl}$),可表示为

$$\Delta M_z = \tau_{dsr} - \tau_{dsl} = (F_{xfr} - F_{xfl})r_\sigma \cos\gamma \cos\sigma \tag{7-18}$$

式中　ΔM_z——差动转向力矩;
　　　F_{xfl}——前轴左侧车轮的纵向力;
　　　F_{xfr}——前轴右两侧车轮的纵向力;
　　　r_σ——主销偏移距;
　　　γ——主销后倾角;
　　　σ——主销内倾角。

在一般情况下,前轴左右两侧车轮驱制动纵向力大小相等,由于主销偏移距的存在,前轴左右两侧车轮驱制动纵向力绕着各自主销产生的力矩大小相等,方向相反,可以互相抵消。但是,若左右两侧车轮驱制动纵向力大小不相等,产生的力矩便无法相互抵消,此时的力矩称为差动转向力矩,差动转向力矩可克服轮胎回正力矩实现车轮转向。

7.6.3　转向故障下的差动转向容错控制

在车辆的失效等场景下,主动转向系统可能发生失效,从而丧失转向能力。线控制动

系统作为线控底盘的关键执行器之一,具有主动调节各车轮制动力的能力,从而使底盘可以通过差动制动调整自身姿态。因而差动制动也有进行底盘横向控制的能力,可以增强底盘的稳定性与安全性。这里介绍转向故障场景下,由差动制动进行底盘横向稳定性控制的鲁棒切换控制算法。

1. 底盘建模

在车辆的横向稳定性控制任务中,常采用图 7-34 所示的双轨二自由度车辆模型,其中包含车辆的横向运动自由度以及横摆运动自由度。

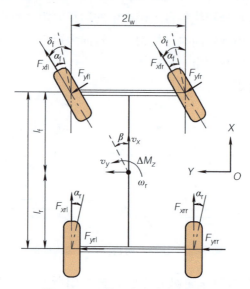

图 7-34 双轨二自由度车辆模型

根据牛顿运动定律,车辆的纵向、横向及横摆运动可以由以下常微分方程描述:

$$\begin{aligned}
m(\dot{v}_y + v_x \omega_r) &= (F_{xfl} + F_{xfr})\sin\delta_f + (F_{yfl} + F_{yfr})\cos\delta_f + F_{yrl} + F_{yrr} \\
I_z \dot{\omega}_r &= F_{yfl}(l_f \cos\delta_f + l_w \sin\delta_f) - F_{yrl}l_r + \\
&\quad F_{yfr}(l_f \cos\delta_f - l_w \sin\delta_f) + F_{yrr}l_r + \\
&\quad F_{xfl}(l_f \sin\delta_f - l_w \cos\delta_f) - F_{xrl}l_w + \\
&\quad F_{xfr}(l_f \sin\delta_f + l_w \cos\delta_f) + F_{xrr}l_w
\end{aligned} \quad (7\text{-}19)$$

式中 ω_r ——车身坐标系下的车辆横摆角速度;

v_y ——侧向速度;

v_x ——纵向速度;

l_f ——车辆质心距离前轴的距离;

l_r ——车辆质心距离后轴的距离;

m ——车辆的整备质量;

I_z ——车辆的横摆转动惯量;

F_{yfl} ——左前轮的轮胎侧向力;

F_{yrl}——右前轮的轮胎侧向力；

F_{yfr}——左后轮的轮胎侧向力；

F_{yrr}——右后轮的轮胎侧向力；

F_{xfr}——后轴左侧车轮的纵向力；

F_{xrr}——后轴右侧车轮的纵向力；

F_{xfl}——前轴左侧车轮的纵向力；

F_{xrl}——前轴右侧车轮的纵向力；

l_w——车辆轮距。

由于纵向力和侧向力的来源不同，因此为了后续设计，将不平衡纵向力对车辆的横摆运动的控制作用综合为如下的附加横摆力矩：

$$\Delta M = F_{xfl}(l_f \sin\delta_f - l_w \cos\delta_f) - F_{xrl}l_w + \\ F_{xfr}(l_f \sin\delta_f + l_w \cos\delta_f) + F_{xrr}l_w \tag{7-20}$$

这里关注于车辆的容错性能，而不在于车辆的极限性能，为了简化容错控制方法的设计，认为车辆运行在前轮小转角区间，故有如下简化条件：

$$\sin\delta_f \approx \delta_f, \cos\delta_f \approx 1 \tag{7-21}$$

除此之外，认为车辆的轮胎力始终处于线性区以内，从而车辆的侧向力可以由如下的公式计算：

$$F_{yf} = F_{yfl} + F_{yfr} = -C_f \alpha_f, \quad F_{yr} = F_{yrl} + F_{yrr} = -C_r \alpha_r \tag{7-22}$$

式中　　C_f、C_r——两前轮和两后轮的侧偏刚度之和；

　　　　α_f、α_r——前轮和后轮的轮胎侧偏角：

$$\alpha_f = \beta + \frac{l_f \omega_r}{v_x} - \delta_f \\ \alpha_r = \beta - \frac{l_r \omega_r}{v_x} \tag{7-23}$$

式中　　β——车辆质心侧偏角，$\beta = v_y/v_x$。

将式（7-22）~式（7-23）代入式（7-19）所描述的车辆二自由度模型中，可得简化后的车辆线性二自由度模型如下：

$$\dot{v}_y = \left(-v_x - \frac{l_f C_f - l_r C_r}{m v_x}\right)\omega_r - \frac{C_f + C_r}{m v_x}v_y + \frac{C_f}{m}\delta_f \\ \dot{\omega}_r = \frac{l_f^2 C_f + l_r^2 C_r}{-I_z v_x}\omega_r + \frac{l_r C_r - l_f C_f}{I_z v_x}v_y + \frac{l_f C_f}{I_z}\delta_f + \frac{\Delta M_z}{I_z} \tag{7-24}$$

与此同时，忽略侧向力的横摆作用，附加横摆力矩可以简化表示：

$$\Delta M = -F_{xfl}l_w - F_{xrl}l_w + F_{xfr}l_w + F_{xrr}l_w \tag{7-25}$$

在对车辆的横向稳定性控制问题的研究中，为了方法的普适性，常将稳定性控制问题简化为对横摆角速度 ω_r 和侧向速度 v_y 的跟踪控制问题。这样的简化方式可以测试车辆在路面附着允许的情况下对任意侧向运动的实现能力。在对车辆横向稳定性进行测试时，车辆的期望横摆角速度 ω_{rd} 和期望侧向速度 v_{yd} 可由前轮转角增益公式获得：

$$\omega_{rd} = \frac{v_x}{l_f + l_r + \dfrac{mv_x^2(l_r C_r - l_f C_f)}{C_f C_r(l_f + l_r)}} \delta_{ref}$$

$$v_{yd} = \frac{\left[l_r - \dfrac{mv_x^2 l_f}{C_r(l_f + l_r)}\right]v_x}{l_f + l_r + \dfrac{mv_x^2(l_r C_r - l_f C_f)}{C_f C_r(l_f + l_r)}} \delta_{ref} \quad (7\text{-}26)$$

式中　δ_{ref}——参考的前轮转角输入，其输入曲线通常取自典型驾驶员在稳定性测试工况中录得的前轮转角数据。

除此之外，横摆角速度应受到如下路面附着能力的限制：

$$|\omega_{rd}|_{max} \leqslant \frac{\mu_r g}{v_x} \quad (7\text{-}27)$$

式中　μ_r——路面附着系数；
　　　g——重力加速度。

为了方便后续的分析与设计，首先将式（7-24）中对车辆的侧向动力学的描述转化为误差形式，即

$$\dot{e}_{v_y} = \left(-v_x - \frac{l_f C_f - l_r C_r}{mv_x}\right)e_\omega - \frac{C_f + C_r}{mv_x}e_y + \left(-v_x - \frac{l_f C_f - l_r C_r}{mv_x}\right)\omega_{rd} - \frac{C_f + C_r}{mv_x}v_{yd} - \dot{v}_{yd} + \frac{C_f}{m}\delta_f \quad (7\text{-}28)$$

$$\dot{e}_{\omega_r} = \frac{l_f^2 C_f + l_r^2 C_r}{-I_z v_x}e_\omega + \frac{l_r C_r - l_f C_f}{I_z v_x}e_y + \frac{l_f^2 C_f + l_r^2 C_r}{-I_z v_x}\omega_{\omega d} + \frac{l_r C_r - l_f C_f}{I_z v_x}v_{yd} - \dot{\omega}_{rd} + \frac{l_f C_f}{I_z}\delta_f + \frac{\Delta M_z}{I_z} \quad (7\text{-}29)$$

其中，$\dot{e}_{v_y} = v_y - v_{yd}$，$\dot{e}_{\omega_r} = \omega_r - \omega_{rd}$，分别表示对侧向速度和横摆角速度的跟踪误差。

至此，具有主动转向及差动制动能力的车辆动力学模型构建完毕。

2. 转向故障下底盘失效切换过程建模

根据冗余执行方案的设计，在健康运行阶段，由主动转向负责横向稳定性的控制，此时车辆的差动转向不参与稳定性控制；在故障运行阶段，根据故障运行阶段的划分，此时，无论转向系统发生哪种故障，程度如何，由于故障尚未得到辨识，因此，车辆仍处于故障的转向系统的控制之下；在容错运行阶段，转向系统的故障被成功检测出来，车辆进入容

错运行阶段，此时车辆的横向稳定性由差动转向系统来实现。对于上述的整个底盘转向失效运行过程，采用基于时序切换的建模方式，进行建模描述。

在底盘横向稳定性控制问题中，选取 $x(t) = [e_{v_y} \ e_{\omega_r} \ \delta_f \ \Delta M]$ 作为状态向量；选取系统的参考输入 $w_n(t) = [v_{yd} \ \omega_{rd} \ \dot{v}_{yd} \ \dot{\omega}_{rd}]$ 为系统的参考输入向量；通常对于车辆横向稳定性的评价是通过横摆角速度误差情况来衡量的，因此，选取向量 $z(t) = \begin{bmatrix} e_{v_y} & e_{\omega_r} \end{bmatrix}^T$ 作为目标向量。在实际的车辆横向稳定性控制中，希望在任意的参考输入向量 $w_n(t)$ 下，最小化目标向量 $z(t)$ 的幅值，即对于任意的车辆横摆稳定性参考输入，底盘在合适的控制方法下都能取得良好的跟踪效果。

在健康运行阶段，底盘横向稳定性控制由主动转向系统负责，因此，前轮转角为系统的控制输入，即 $u_n(t) = \delta_f$。健康运行阶段下的横向稳定性控制问题可以由以下方程组描述：

$$\begin{cases} \dot{x}(t) = A_n x(t) + B_{1,n} w_n(t) + B_{2,n} u_n(t) \\ z_n(t) = C_{1,n} x(t) + D_{11,n} w_n(t) + D_{12,n} u_n(t) \\ y_n(t) = C_{2,n} x(t) + D_{21,n} w_n(t) \end{cases} \quad (7\text{-}30)$$

式中　A_n ——健康运行阶段的系统矩阵；

$B_{1,n}$ ——健康运行阶段扰动对系统方程的输入矩阵；

$B_{2,n}$ ——健康运行阶段控制输入矩阵；

$C_{1,n}$ ——健康运行阶段的目标向量矩阵；

$D_{11,n}$ ——健康运行阶段扰动对目标方程的输入矩阵；

$D_{12,n}$ ——健康运行阶段控制输入对目标方程的输入矩阵；

$C_{2,n}$ ——健康运行阶段的测量矩阵；

$D_{21,n}$ ——健康运行阶段扰动对观测方程的输入矩阵。

在底盘横向稳定性控制问题中，健康运行阶段控制方程中各矩阵如下：

$$A_n = \begin{bmatrix} -\dfrac{C_f + C_r}{m v_x} & \dfrac{C_r l_r - C_f l_f}{m v_x} - v_x & \dfrac{C_f}{m} & 0 \\ \dfrac{C_r l_r - C_f l_f}{I_z v_x} & -\dfrac{C_r l_r^2 + C_f l_f^2}{I_z v_x} & \dfrac{C_f l_f}{I_z} & \dfrac{1}{I_z} \\ 0 & 0 & -\dfrac{1}{\tau_s} & 0 \\ 0 & 0 & 0 & -\dfrac{1}{\tau_b} \end{bmatrix} \quad (7\text{-}31)$$

$$B_{1,n} = [A_n, -I_n], \ B_{2,n} = \begin{bmatrix} 0 & 0 & \dfrac{1}{\tau_s} & 0 \end{bmatrix}^T \quad (7\text{-}32)$$

通常对于车辆横向稳定性的评价是通过横摆角速度误差来衡量的，因此，健康运行阶

段目标方程中各描述矩阵为

$$C_{1,n} = \begin{bmatrix} 0 & 0 & 0 & 0 \\ 0 & 1 & 0 & 0 \\ 0 & 0 & 0 & 0 \\ 0 & 0 & 0 & 0 \end{bmatrix}, \quad D_{11,n} = O^{4\times4}, \quad D_{12,n} = O^{4\times1} \tag{7-33}$$

同时，对车辆运行过程中的状态 v_y 和 ω_r，在车辆的实际运行中，均可通过 IMU 进行测量，而车辆的前轮真实值 δ_f 和差动转矩真实值 ΔM 一般不可测，因此，系统的观测方程中的描述矩阵如下：

$$C_{2,n} = \begin{bmatrix} 1 & 0 & 0 & 0 \\ 0 & 1 & 0 & 0 \end{bmatrix}, \quad D_{21,n} = N_n \tag{7-34}$$

式中　N_n——测量噪声增益矩阵。

当转向系统发生故障后，由于延时诊断，车辆进入故障运行的 S_2 阶段，在这一阶段，车辆处于转向系统故障运行且差动制动并未介入的状态。因此，此时底盘状态的动力学可以通过如下的方程组描述：

$$\begin{cases} \dot{x}(t) = A_f x(t) + B_{1,f} w_f(t) + B_{2,f} u_f(t) \\ z_f(t) = C_{1,f} x(t) + D_{11,f} w_f(t) + D_{12,f} u_r(t) \\ y_f(t) = C_{2,f} x(t) + D_{21,f} w_f(t) \end{cases} \tag{7-35}$$

式中　A_f——故障运行阶段的系统矩阵；

$B_{1,f}$——故障运行阶段扰动对系统方程的输入矩阵；

$B_{2,f}$——故障运行阶段控制输入矩阵；

$C_{1,f}$——故障运行阶段的目标向量矩阵；

$D_{11,f}$——故障运行阶段扰动对目标方程的输入矩阵；

$D_{12,f}$——故障运行阶段控制输入对目标方程的输入矩阵；

$C_{2,f}$——故障运行阶段的测量矩阵；

$D_{21,f}$——故障运行阶段扰动对观测方程的输入矩阵。

对于故障运行阶段的系统方程，由于故障尚未被检测到，因此对底盘的控制仍然由主动转向系统负责，但是前轮转角的执行器输入矩阵发生了变化，令 λ 代表转向故障程度，总结来看，有如下关系：

$$\begin{aligned} & w_f = w_n, u_f = u_n, z_f = z_n \\ & A_f = A_n, B_{1,f} = B_{1,n} \\ & B_{2,f} = \lambda B_{2,n} = \begin{bmatrix} 0 & 0 & \dfrac{\lambda}{\tau_s} & 0 \end{bmatrix}^T \end{aligned} \tag{7-36}$$

除此之外，系统的非故障描述矩阵、测量方程保持不变。

对于故障运行阶段的测量方程与目标方程，由于假设未发生测量故障，因此测量方程和目标方程均与健康运行阶段保持一致，即

$$\begin{array}{l} C_{2,\mathrm{f}}=C_{2,n}, D_{21,\mathrm{f}}=D_{21,n} \\ C_{2,\mathrm{f}}=C_{2,n}, D_{21,\mathrm{f}}=D_{21,n}, D_{12,\mathrm{f}}=D_{12,n} \end{array} \quad (7\text{-}37)$$

在故障被检测识别之后，差动转向开始介入车辆的稳定性控制任务中，此时，控制律也进行了相应的主动调整，因此下述描述容错过程的动力学方程相比前述两个阶段发生了较大的变化：

$$\begin{cases} \dot{x}(t) = A_\mathrm{r} x(t) + B_{1,\mathrm{r}} w_\mathrm{r}(t) + B_{2,\mathrm{r}} u_\mathrm{r}(t) \\ z_\mathrm{r}(t) = C_{1,\mathrm{r}} x(t) + D_{11,\mathrm{r}} w_\mathrm{r}(t) + D_{12,\mathrm{r}} u_\mathrm{r}(t) \\ y_\mathrm{r}(t) = C_{2,\mathrm{r}} x(t) + D_{21,\mathrm{r}} w_\mathrm{r}(t) \end{cases} \quad (7\text{-}38)$$

式中　A_r——容错运行阶段的系统矩阵；

$B_{1,\mathrm{r}}$——容错运行阶段扰动对系统方程的输入矩阵；

$B_{2,\mathrm{r}}$——容错运行阶段控制输入矩阵；

$C_{1,\mathrm{r}}$——容错运行阶段的目标向量矩阵；

$D_{11,\mathrm{r}}$——容错运行阶段扰动对目标方程的输入矩阵；

$D_{12,\mathrm{r}}$——容错运行阶段控制输入对目标方程的输入矩阵；

$C_{2,\mathrm{r}}$——容错运行阶段的测量矩阵；

$D_{21,\mathrm{r}}$——容错运行阶段扰动对观测方程的输入矩阵。

对于容错运行阶段的系统方程，由于故障已经被检测到，因此对底盘的控制改由差动制动系统负责。此时，对底盘的控制输入从前轮转角 δ_f 变为了差动转矩 ΔM，即 $u_\mathrm{r} = \Delta M$，与此同时，相应的控制输入矩阵 $B_{2,\mathrm{r}}$ 也发生了变化。总结起来，有如下关系：

$$\begin{array}{l} w_\mathrm{r} = w_n, u_\mathrm{r} = \Delta M, z_\mathrm{r} = z_n \\ A_\mathrm{r} = A_n, B_{1,\mathrm{r}} = B_{1,n} \\ B_{2,\mathrm{r}} = \begin{bmatrix} 0 & 0 & 0 & \dfrac{1}{\tau_\mathrm{b}} \end{bmatrix}^\mathrm{T} \end{array} \quad (7\text{-}39)$$

对于容错运行阶段的测量方程与目标方程，由于假设未发生测量故障，因此测量方程和目标方程均与健康运行阶段保持一致，即

$$\begin{array}{l} C_{2,\mathrm{r}} = C_{2,n}, D_{21,\mathrm{r}} = D_{21,n} \\ C_{2,\mathrm{r}} = C_{2,n}, D_{21,\mathrm{r}} = D_{21,n}, D_{12,\mathrm{r}} = D_{12,n} \end{array} \quad (7\text{-}40)$$

至此，上述内容完整描述了横向稳定性控制任务中，车辆从主动转向到差动转向整个过程的失效运行。由上述建模描述过程可以看出，底盘的失效运行过程实际上表现为三个

不同的子系统在时间顺序上单向切换。

3. 转向故障下底盘横向稳定性切换失效运行控制

基于切换稳定性理论以及鲁棒控制理论，本节构建了基于时序切换的底盘失效运行控制方法。在车辆的运行过程中，如果发生复杂的故障，车辆系统难以在短时间内检测及准确诊断出故障。在这样的情况下，车辆的失效运行将经历必然发生且无法忽视的故障运行阶段。在这一阶段中，故障已经发生在车辆上，但是由于未能检测出，因此，车辆仍处于针对健康运行阶段的控制策略之下。这样的控制策略与车辆动力学之间的失配将导致严重的安全问题，因此采用下列切换鲁棒失效运行控制算法。

对于前面所描述的底盘失效运行系统，在健康运行阶段 S_1 及故障运行阶段 S_2 采用健康控制律 $\boldsymbol{u}(t) = \boldsymbol{G}_1 \boldsymbol{y}(t)$；在容错运行阶段 S_3，系统调整为容错控制律 $\boldsymbol{u}(t) = \boldsymbol{G}_3 \boldsymbol{y}(t)$。若要求健康运行阶段性能满足 $\gamma \leq \gamma_n$，故障运行阶段性能满足 $\gamma \leq \gamma_f$，容错运行阶段性能满足 $\gamma \leq \gamma_r$，以及满足针对健康运行、故障运行及容错运行性能要求，且 $\gamma_f \geq \gamma_n, \gamma_r \geq \gamma_n$，则反馈控制增益 $\boldsymbol{G}_1$、$\boldsymbol{G}_3$ 存在的充分条件如下：

1) 健康镇定条件：存在矩阵 $\boldsymbol{Q}_1 > 0 \in \mathcal{R}^{n \times n}$，$\hat{\boldsymbol{Q}}_1 \in \mathcal{R}^{s \times s}$ 以及 $\boldsymbol{Y}_1 \in \mathcal{R}^{p \times s}$，使下述矩阵不等式成立：

$$\begin{bmatrix} \boldsymbol{\Xi}_n^{(j)} & \bar{\boldsymbol{\Xi}}_n^{(j)} & \boldsymbol{B}_{1,n}^{(j)} & \boldsymbol{Q}_1 \boldsymbol{C}_{1,n}^{(j)'} + \boldsymbol{C}_{2,n}' \boldsymbol{Y}_1' \boldsymbol{D}_{12,n}^{(j)'} \\ * & -\alpha(\hat{\boldsymbol{Q}}_1 + \hat{\boldsymbol{Q}}_1') & \boldsymbol{D}_{21,n}^{(j)} & \alpha \boldsymbol{Y}_{1,n}' \boldsymbol{D}_{12,n}^{(j)'} \\ * & * & -\gamma_n^2 \boldsymbol{I} & \boldsymbol{D}_{11,n}' \\ * & * & * & -\boldsymbol{I} \end{bmatrix} < 0 \quad (7\text{-}41)$$

其中，

$$\begin{aligned} \boldsymbol{\Xi}_n^{(j)} &= \boldsymbol{A}_n^{(j)} \boldsymbol{Q}_1 + \boldsymbol{Q}_1' \boldsymbol{A}_n^{(j)'} + \boldsymbol{B}_{2,n}^{(j)} \boldsymbol{Y}_1 \boldsymbol{C}_{2,n}^{(j)} + \boldsymbol{C}_{2,n}^{(j)'} \boldsymbol{Y}_1' \boldsymbol{B}_{2,n}^{(j)'} \\ \bar{\boldsymbol{\Xi}}_n^{(j)} &= \alpha \boldsymbol{B}_{2,n}^{(j)} \boldsymbol{Y}_1 + \boldsymbol{Q}_1 \boldsymbol{C}_{2,n}^{(j)'} - \boldsymbol{C}_{2,n}^{(j)'} \hat{\boldsymbol{Q}}_1' \\ \boldsymbol{G}_1 &= \boldsymbol{Y}_1 \hat{\boldsymbol{Q}}_1^{-1} \end{aligned} \quad (7\text{-}42)$$

2) 健康 - 故障切换下降条件：存在矩阵 $\boldsymbol{Q}_{2,0} > 0 \in \mathcal{R}^{n \times n}$，使下述矩阵不等式成立：

$$\boldsymbol{Q}_1 \leq \boldsymbol{Q}_{2,0} \quad (7\text{-}43)$$

3) 故障镇定条件：存在矩阵 $\boldsymbol{Q}_{2,1} > 0 \in \mathcal{R}^{n \times n}$，使下述矩阵不等式成立：

$$\begin{bmatrix} \boldsymbol{\Delta}_{f,k}^{(j)} & \bar{\boldsymbol{\Xi}}_{f,k}^{(j)} & \boldsymbol{B}_{1,f}^{(j)} & \boldsymbol{Q}_{2,k} \boldsymbol{C}_{1,f}^{(j)'} + \boldsymbol{C}_{2,f}' \boldsymbol{Y}_2' \boldsymbol{D}_{12,f}^{(j)'} \\ * & -\alpha(\hat{\boldsymbol{Q}}_2 + \hat{\boldsymbol{Q}}_2') & \boldsymbol{D}_{21,f}^{(j)} & \alpha \boldsymbol{Y}_2' \boldsymbol{D}_{12,f}^{(j)'} \\ * & * & -\gamma_f^2 \boldsymbol{I} & \boldsymbol{D}_{11,f}' \\ * & * & * & -\boldsymbol{I} \end{bmatrix} < 0 \quad (7\text{-}44)$$

其中，

$$Y_2 = \beta Y_1, \hat{Q}_2 = \beta \hat{Q}_1$$

$$\varDelta_{f,k}^{(j)} = -\frac{Q_{2,1} - Q_{2,0}}{T} + \Xi_{f,k}^{(j)}, k = 0,1$$

$$\Xi_{f,k}^{(j)} = A_f^{(j)} Q_{2,k} + Q_{2,k}' A_f^{(j)'} + B_{2,f}^{(j)} Y_2 C_{2,f}^{(j)} + C_{2,f}^{(j)'} Y_1' B_{2,f}^{(j)'}, k = 0,1 \qquad (7\text{-}45)$$

$$\bar{\Xi}_{f,k}^{(j)} = \alpha B_{2,f}^{(j)} Y_2 + Q_{2,k} C_{2,f}^{(j)'} - C_{2,f}^{(j)'} \hat{Q}_{2,k}', k = 0,1$$

$$G_1 = G_2 = Y_1 \hat{Q}_1^{-1} = Y_2 \hat{Q}_2^{-1}$$

4）故障-容错切换下降条件：

$$Q_{2,0} \leqslant Q_3, \ Q_{2,1} \leqslant Q_3 \qquad (7\text{-}46)$$

5）容错镇定条件：存在矩阵 $Q_3 > 0 \in \mathcal{R}^{n \times n}$，$\hat{Q}_3 \in \mathcal{R}^{s \times s}$ 以及 $Y_3 \in \mathcal{R}^{p \times s}$ 使得下述矩阵不等式成立：

$$\begin{bmatrix} \Xi_r^{(j)} & \bar{\Xi}_r^{(j)} & B_{1,r}^{(j)} & Q_3 C_{2,r}^{(j)'} + C_{2,r}' Y_3' D_{12,r}^{(j)'} \\ * & -\alpha(\hat{Q}_3 + \hat{Q}_3') & D_{21,r}^{(j)} & \alpha Y_3' D_{12,r}^{(j)} \\ * & * & -\gamma_r^2 I & D_{11,r}' \\ * & * & * & -I \end{bmatrix} < 0 \qquad (7\text{-}47)$$

其中，

$$\Xi_{r,0}^{(j)} = A_r^{(j)} Q_3 + Q_3' A_r^{(j)'} + B_{2,r}^{(j)} Y_3 C_{2,r}^{(j)} + C_{2,r}^{(j)'} Y_3' B_{2,r}^{(j)'}$$

$$\bar{\Xi}_{r,0}^{(j)} = \alpha B_{2,r}^{(j)} Y_3 + Q_3 C_{2,r}^{(j)'} - C_{2,r}^{(j)'} \hat{Q}_3' \qquad (7\text{-}48)$$

$$G_3 = Y_3 \hat{Q}_3^{-1}$$

至此，完成了基于时序切换思想的底盘失效运行过程建模、评价以及控制方法设计。针对底盘横向稳定性失效运行控制问题，设计了转向故障下的底盘横向稳定性切换失效运行控制策略。

本章习题

一、选择题

1.以下哪项不是底盘线控系统冗余设计的目的？（　　　）
A.提高制动性能　　B.降低生产成本　　C.增强系统可靠性　　D.应对系统故障
2.智能底盘系统中的冗余设计主要是指（　　　）。
A.增加制动系统的最大制动力　　　　B.提高系统响应速度
C.使用备用部件或功能组件　　　　　D.减少能源消耗

3. 以下哪种技术不属于智能底盘系统的冗余设计？（   ）

A. 双重传感器检测　　B. 备用电源供应　　C. 数据冗余存储　　D. 软件优化算法

4. 智能底盘系统的容错技术主要用于（   ）。

A. 提高燃油效率　　　　　　　　B. 减少噪声和振动

C. 提高系统稳定性和可靠性　　　D. 增加车辆的最高速度

5. 以下哪种场景最能体现智能底盘制动系统容错技术的作用？（   ）

A. 意外碰撞前的自动紧急制动　　B. 高速行驶时的自动跟车辅助

C. 坡道起步时的自动停车保持　　D. 市区拥堵时的自动驾驶模式

6. 智能底盘制动系统通过何种方式实现对传感器数据的冗余检测？（   ）

A. 仅靠单一传感器检测　　　　　　B. 使用多个相同类型的传感器进行冗余检测

C. 通过视觉识别技术进行冗余检测　D. 使用车载网络进行冗余检测

7. 智能底盘制动系统在检测到传感器故障时通常采取的应对策略是（   ）。

A. 忽略故障传感器的数据　　　B. 自动切换到备用传感器

C. 提高传感器的灵敏度　　　　D. 关闭制动系统的自动化功能

二、简答题

1. 简述汽车制动系统冗余技术的重要性。

2. 什么是智能底盘制动系统中的冗余技术？它们如何确保系统的可靠性和安全性？

3. 举例说明智能底盘制动系统中常见的冗余设计措施有哪些？

4. 容错技术在智能底盘制动系统中的作用是什么？它们如何帮助系统应对可能出现的故障或异常情况？

5. 智能底盘制动系统如何利用传感器数据来实现容错和故障诊断？

6. 在实际应用中，智能底盘制动系统可能面临的典型故障模式有哪些？针对这些故障模式，系统通常采取怎样的应对策略？

三、综合应用题

智能底盘制动系统的冗余及容错技术对于现代汽车安全至关重要。设计一个智能底盘制动系统的应用场景，并详细阐述其冗余设计和容错技术的实现方式以及优势。

题目描述：

假设你是一家汽车制造公司的首席工程师，负责开发智能底盘制动系统。请根据以下要求设计一个高级自动驾驶汽车中的智能底盘制动系统，并详细说明其冗余设计和容错技术：

1. 系统要求：设计一种能够与高级自动驾驶技术（L4级及以上）无缝集成的智能底盘制动系统。系统需要能够实现高效、安全地控制车辆的制动操作，并且在面对传感器故障或其他系统失效时保持可靠性和稳定性。

2. 冗余设计：详细描述你所选择的冗余设计措施，包括但不限于：

1）传感器冗余：如何通过多个传感器检测同一信息，确保系统对车辆周围环境的准确感知?

2)执行器冗余:采用何种方式保证制动执行器的备用和切换,以应对可能的执行器故障?

3. 容错技术:阐述系统如何利用容错技术应对传感器故障、数据丢失或其他系统故障,确保车辆在各种驾驶场景下的安全性和可靠性。

4. 优势分析:分析你设计的智能底盘制动系统相比传统制动系统的优势,特别是在自动驾驶环境下的表现和应用优势。

5. 未来展望:展望未来,你认为智能底盘制动系统可能面临的挑战和发展方向是什么?你的设计如何为未来的汽车安全技术发展提供借鉴和指导?

第 8 章
智能底盘技术仿真实践

> **学习目标**
> 1. 掌握智能底盘相关仿真软件的使用。
> 2. 掌握典型的底盘纵向控制方法实现及仿真测试。
> 3. 掌握典型的底盘横向控制方法实现及仿真测试。
> 4. 掌握典型的底盘垂向控制方法实现及仿真测试。

> **课前小讨论**
>
> 仿真技术在汽车底盘开发中扮演着至关重要的角色,它通过高精度模拟与预测,不仅能加速设计优化过程,降低开发成本,还能显著提升底盘性能与安全性,是现代汽车研发中不可或缺的高效工具。例如在底盘结构设计阶段,仿真技术可以模拟不同材料和结构对底盘性能的影响,从而使工程师在设计初期就能优化材料选择和结构布局,以确保底盘既轻量又坚固。仿真技术还可以模拟车辆在不同路况和驾驶条件下的行驶状态,如高速直线行驶、紧急制动、弯道行驶等,以评估底盘的操纵稳定性、制动性能和舒适性等关键指标。这些仿真结果可以指导工程师对底盘系统进行微调,以进一步提升车辆的整体性能。随着仿真技术的不断发展和完善,相信它将在未来汽车底盘开发中发挥更加重要的作用。
>
> 目前有哪几种主流的车辆底盘仿真平台?你使用过其中哪种平台?结合你的使用体验和同学们分享一下各平台的优劣。

传统的底盘开发过程需要大量的实物测试和验证,这不仅耗时耗力,还增加了开发成本。而仿真技术可以在计算机上模拟底盘在各种条件下的性能表现,从而快速发现问题并进行优化设计,大大提高了开发效率并降低了成本。通过仿真分析,工程师可以对底盘的布置设计、零部件参数等进行多次迭代和优化,确保最终的设计方案满足性能要求;还可以模拟车辆在不同路况和操纵情况下的行为,评估驱动、制动、转向、悬架系统的响应和车辆的稳定性。仿真技术在智能底盘技术开发过程中扮演着至关重要的角色，它能够有效模拟实际车辆运行场景，帮助工程师快速验证和优化设计方案，降低开发成本，提高产品质量和安全性，是智能底盘技术创新和发展的重要支撑。本章主要介绍底盘仿真软件，三个具体的底盘控案例实践内容。

8.1 底盘仿真软件介绍

目前市场上主流的车辆动力学仿真软件有很多种，它们都可以用于底盘性能测试与仿真，每个软件各自具有独特的功能和优势。以下是其中几款有代表性的软件介绍。

1. CarSim

CarSim 是一款由 Mechanical Simulation Corporation（MSC）开发的汽车系统仿真软件。该公司成立于 1996 年，其创始人是国际知名的车辆动力学专家 Thomas D. Gillespie、Michael Sayers 和 Steve Hann，它的主要商业产品包括 CarSim、TruckSim、BikeSim 和 Suspension-Sim，具备高度集成的车辆模型，可以快速进行参数化建模和仿真，以评估车辆的操纵稳定性、制动性、平顺性、动力性和经济性，被广泛应用于车辆设计、控制系统开发、底盘调校、驾驶辅助系统开发等。CarSim 软件自推出以来，被国际上众多的汽车制造商、零部件供应商广泛采用，成为汽车行业工程师和研究人员的重要工具。图 8-1 所示为 CarSim 主界面。

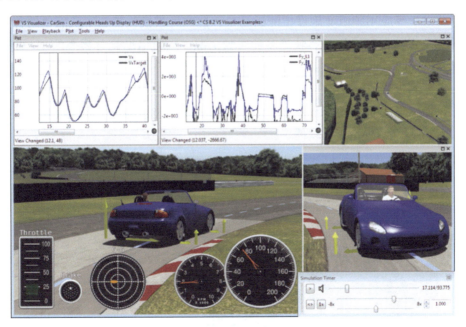

图 8-1 CarSim 主界面

Carsim 的核心功能是进行车辆动力学仿真，提供了包括轿车、轻型货车、轻型多用途运输车及 SUV 等多种车型的高度集成化车辆模型，可以模拟车辆在不同路况和驾驶行为下的运动特性。这些模型包含车辆的各个主要系统，如底盘、悬架、转向、传动、制动等，可以准确模拟车辆在不同驾驶条件下的动态性能。CarSim 允许用户根据实际需求定义试验环境和试验过程，包括道路条件、驾驶员输入、交通环境等。这种灵活性使得 CarSim 能够模拟各种复杂的驾驶场景，为工程师提供全面的车辆性能评估。CarSim 提供了丰富的性能评估指标，包括加速度、制动距离、过渡行为、悬架系统响应等。这些指标可以帮助工程师深入了解车辆在不同工况下的性能表现，为车辆设计和优化提供有力支持。CarSim 还配备了图形化数据管理界面、车辆模型求解器、绘图工具、三维动画回放工具等强大的数据分析和可视化工具，用户可以通过这些工具对仿真结果进行深入分析和展示，更好地理解和优化车辆性能。此外，CarSim 还可以与多种其他软件进行集成，如 MATLAB/Simulink、Excel 等。这种集成性使得用户可以将 CarSim 与其他工具结合使用，实现更复杂的系统仿真和分析。

2. Carmaker

Carmaker 是一款由德国 IPG 公司推出的动力学、ADAS 和自动驾驶仿真软件。Carmaker 提供了精准的车辆本体模型，包括发动机、底盘、悬架、传动、转向等关键系统，能够准确模拟车辆在各种驾驶条件下的动态性能，为用户提供了丰富的车辆动力学仿真功能。除了车辆模型外，Carmaker 还打造了包括车辆、驾驶员、道路、交通环境的闭环仿真系统，这使得 Carmaker 能够模拟真实的驾驶场景，包括不同的道路条件、交通环境和驾驶员操作等。Carmaker 提供了丰富的场景模板，允许用户为无人驾驶、ADAS、动力总成和车辆动力学等应用领域实施虚拟测试场景，这些场景模板覆盖了从简单的直行、转弯到复杂的城市驾驶和高速公路驾驶等多种驾驶工况。同时借助高分辨率的 3D 可视化工具 MovieNX，Carmaker 可以提供照片级的真实画质，让用户能够更直观地观察和分析仿真结果。Carmaker 可在 MIL、SIL、HIL 和 VIL 领域无缝使用，保证平稳、稳定和自动化的测试过程，并支持测试目录的并行执行。这使得 Carmaker 能够满足不同规模和复杂度的仿真需求。图 8-2 所示为 Carmaker 软件。

图 8-2　Carmaker 软件

3. DYNA4

DYNA4 是一款由德国 TESIS 公司推出的源于车辆动力学的仿真建模软件。该公司旗下的代表产品包括很多工程师耳熟能详的 veDYNA（vehicle dynamics simulation）和 en-DYNA（engine dynamics simulation），可以为车辆动力学仿真以及发动机物理模型的仿真提供可靠有效的验证手段。DYNA4 模型包括车辆模型、环境道路模型、交通场景模型、驾驶员模型、物理传感器仿真模型等，可完美地实现虚拟的驾驶员驾驶着虚拟的车辆行驶在虚拟的道路交通环境中，为汽车电气系统相关的测试验证提供强有力的支撑。DYNA4 本身是一款基于 Simulink 底层开发的软件，因此相对于很多软件与 Simulink 联合仿真的烦琐过程对于 DYNA4 并不存在。除此之外，DYNA4 还保留了对于用户自定义模型以及第三方平台模型的人性化接口。图 8-3 所示为 DYNA4 虚拟测试平台。

图 8-3　DYNA4 虚拟测试平台

4. MATLAB Simulink

MATLAB Simulink 是一款广泛应用于科学和工程领域的数学建模和仿真软件，它提供了丰富的工具和函数，用于解决各种数学和工程问题。MATLAB 的车辆工程仿真分析功能能够帮助工程师对汽车的各个方面进行模拟和分析。例如，利用 MATLAB 可以对车辆的动力学、悬架系统、转向系统等进行仿真，以评估车辆的性能和稳定性。同时，MATLAB 还提供了丰富的工具箱，例如车辆动力学工具箱、悬架工具箱、制动系统工具箱等，可以帮助工程师更加方便地进行仿真分析。Simulink 是 MATLAB 中的一个重要工具，它能够进行离线仿真，并在实际环境中进行测试；可以对车辆的控制系统、传感器、执行器等进行建模和仿真，以验证系统的性能和稳定性。

8.2　实践 1——分布式电机转矩控制仿真

8.2.1　电机驱动转矩控制仿真

为了验证控制策略的有效性，仿真工作在底盘电控软件的开发过程中是必不可少的。根据第 6.3.1 节对纵向驱动转矩控制技术的介绍，可借助仿真软件进行联合仿真，这里将对联合仿真原理及仿真结果进行介绍。

仿真软件中，车辆模型的各项动力学参数及仿真所用路面的类型均可由用户进行定义，使仿真尽可能接近实际车辆和工况。仿真的基本原理如图 8-4 所示。转矩控制模型输出的控制量（如驱动电机转矩、制动压力等）直接控制仿真软件中车辆模型在仿真环境中的运动，同时仿真软件将解算出的关键信号（如车速、轮速等）回传至控制模型，完成闭环控制。

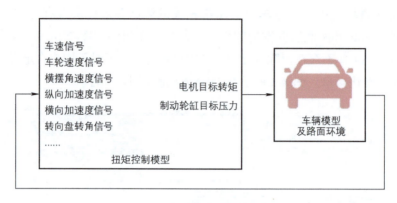

图 8-4　联合仿真的基本原理

这里以常用的 Simulink/Carsim 联合仿真平台，对联合仿真的软件配置过程进行介绍，并以 0→100km/h 加速测试为例进行仿真演示。搭建联合仿真平台涉及 Carsim 和 Simulink 两方面的工作，其中 Simulink 为上层控制器，而 Carsim 为整车执行器。Carsim 设置主要包括整车模型、仿真工况、输入输出接口，其中，车辆模型设置包括整车参数、空气动力学、动力系统、制动系统、转向系统、悬架系统、轮胎等；仿真工况模块包括车速控制、制动控制、路面附着系数、档位控制、转向控制、仿真时长、仿真初始位置等；输入输出接口包括 Carsim 输入信号、输出信号设置。Carsim 输出信号可按照 Simulink 模块的输入需求提供，如车速、轮速、滑移率、轮加速度等，Carsim 输入信号为 Simulink 模块控制器需要整车执行的相关参数，如轮端转矩、主缸压力等。

1. Carsim 设置

如图 8-5 所示，Carsim 设置主要包括整车模型、仿真工况、输入输出接口。其中，可通过车辆模型设置定义整车尺寸和质量参数、动力系统架构、底盘各子系统模型等；通过仿真工况设置定义驾驶员模型和仿真路面的具体参数；通过输入输出接口设置定义 Carsim 与 Simulink 模型的信号交互。

（1）车辆模型设置

在 Carsim 中建立整车模型是搭建联合仿真平台的第一步。Carsim 采用了多体动力学建模方法，对车辆进行了适当的简化。在模型搭建时可以根据目标车型的参数，灵活地配置车辆各子系统的参数，如动力系统、传动系统等，如图 8-6 所示。

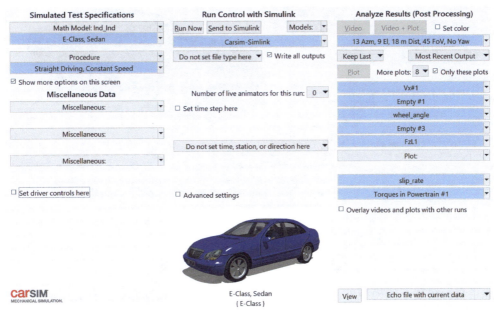

图 8-5 Carsim 设置界面

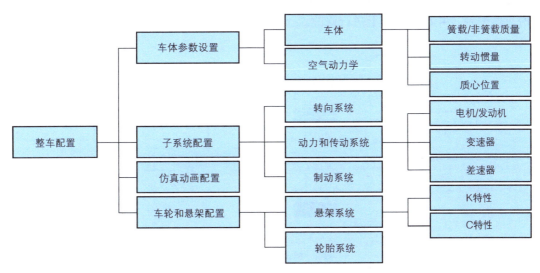

图 8-6 Carsim 整车模型包括的子系统

Carsim 车辆参数设置界面如图 8-7 所示，包括车体参数设置、仿真动画设置、子系统配置和车轮悬架配置四部分。其中，车体参数设置包括车体配置和空气动力学设置；仿真动画设置包括动画数据和车辆外观等；子系统配置包括车辆制动系统、转向系统以及动力和传动系统配置；车轮悬架配置包括轮胎参数以悬架 KC 特性参数等。

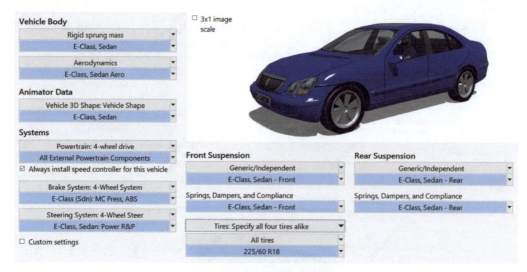

图 8-7　Carsim 车辆参数配置界面

除了自行搭建车辆模型外，也可直接使用 Carsim 车型数据库中已有的车辆模型，或在其基础上进行修改，这样可充分利用数据库资源，提高开发效率。例如，本节所述的仿真工作直接使用 Carsim 预设的车辆模型 E-Class-Sedan，仅将其动力系统更改为"All External Powertrain Components"，如图 8-8 所示。更改后可由外部输入驱动转矩，用以实现联合仿真。为了防止覆盖 Carsim 原有的车辆配置，可单击软件界面上方的"Duplicate"按钮复制一份车辆配置，并在此基础上进行修改。

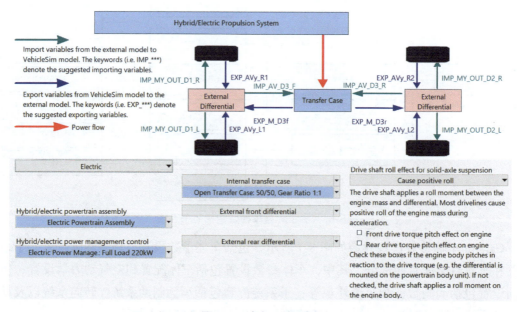

图 8-8　动力系统设置

（2）仿真工况设置

仿真工况设置主要包括行驶速度设置、制动控制设置、转向控制设置及路面参数设置等。其中，路面参数可设置其长度、宽度、坡度、曲率、附着系数等信息，设置自由度较高，可模拟出各种汽车试验常用的路面环境。

如图8-9所示，仿真工况直接使用Carsim预设的工况"Straight Driving, Constant Speed"。但因仿真工况为0→100km/h加速，故需将车辆速度控制设置为"Throttle+initial speed"模式，初速度设定为0km/h。由于车辆的驱动转矩由外部输入，加速踏板深度可不作设置或设置为任意值。

图8-9 Carsim仿真工况配置界面

（3）联合仿真输入输出接口设置

为了实现Carsim和Simulink的联合仿真，需要在Carsim定义输入模型的控制变量与输出到Simulink仿真模型的变量。在联合仿真过程中，Carsim需接收到来自Simulink仿真模型的控制信号（如电机转矩、制动器压力等），通过多体动力学车辆模型解算出车辆状态量（如车速、轮速、加速度等），再将所需的车辆状态量发送至Simulink仿真模型进行控制信号计算，实现联合仿真的信号闭环。如图8-10所示，单击Carsim首页"Run Control with Simulink"中的设置页面，进行联合仿真的相关配置。在"Simulink Model"处选择相应的仿真模型，并分别在"Import Channels"与"Export Channels"中设置Carsim输入与输出的信号，以实现与Simulink仿真模型之间的信号传输。其中，输入信号为左前轮端转矩、右前轮端转矩、左后轮端转矩、右后轮端转矩，输出信号为车速、纵向减速度。

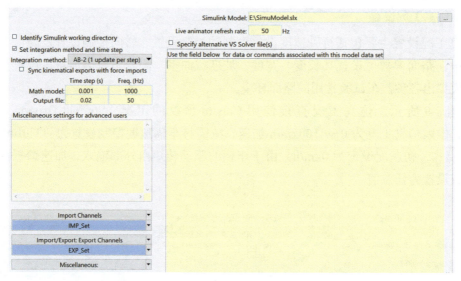

a）关联 Simulink 模型

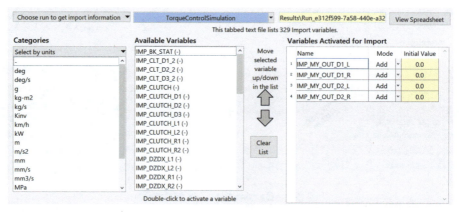

b）输入接口设置

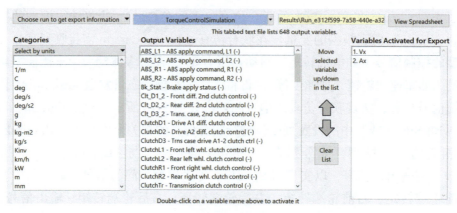

c）输出接口设置

图 8-10　Carsim 输入与输出接口设置

2. Simulink 联合仿真模型搭建

在 Simulink 仿真模型的基础上，实现其与 Carsim 的信号通信，便可实现联合仿真。在 Simulink 工具箱（Simulink Library Browser）中找到 Carsim S-Function 模块，将其拉入模型并按照 Carsim 通信接口设置的顺序连接输入和输出信号，即可得到可以闭环运行的联合仿真模型。如图 8-10 所示，由 Simulink 输入 Carsim 的信号为四个车轮的轮端驱动转矩。仿真车辆为单电机后驱车辆，左前、右前轮的轮端驱动转矩 T_{D1_L}、T_{D1_R} 均为 0；左后、右后轮的轮端驱动转矩 T_{D2_L}、T_{D2_R} 可由式（8-1）计算得出：

$$T_{D2\_L} = T_{D2\_R} = 0.5 i T_{\text{motor}} \tag{8-1}$$

式中 i——电机减速比，在此设定为 10；

T_{motor}——驱动电机转矩，可通过电机转速根据电机外特性参数查表（表 8-1）得到。

其中，电机转速可通过车速、轮胎滚动半径 r 和减速比 i 由式（8-2）计算得出：

$$N_{\text{motor}} = \frac{25}{3\pi r} i v \tag{8-2}$$

表 8-1 驱动电机的外特性

N_{motor} /(r/min)	T_{motor} /N·m
0	300
4500	300
5000	267.4
5500	243.1
6000	222.8
6500	205.7
7000	191.0
7500	178.2
8000	167.1
8500	157.3
9000	148.5
9500	140.7
10000	133.7

综上，搭建的 Simulink 仿真模型如图 8-11 所示。在 Carsim 软件中关联此 Simulink 模型文件后，单击 Carsim 界面上的"Send to simulink"按钮，即可运行 Simulink 模型。

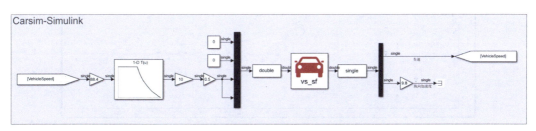

图 8-11 Simulink/Carsim 联合仿真模型

3. 仿真结果分析

驱动转矩控制仿真的评价指标主要包括加速时间与加速度。加速时间指车辆从静止开始加速到某个速度所经历的时间。在 Carsim 中，可直接调取车速 - 时间曲线，读出加速时间。加速度是加速时车速对时间的导数，它反映了实际地面驱动力的大小。在 Carsim 中，可直接调取加速度 - 时间曲线，读出任一时刻的加速度。但由于瞬时加速度曲线可能存在波动，因此常用加速全程的平均加速度表示。平均加速度可直接用初、末速度与加速时间计算得到。

仿真环境如图 8-12 所示，仿真结果如图 8-13 所示。由车速 - 时间曲线可知，车辆的 $0 \rightarrow 100$km/h 加速时间为 8.68s，平均加速度为 3.2m/s²。由加速度 - 时间曲线可知，驱动电机基速对应的车速约为 51km/h；超过该速度后，电机进入恒功率区，驱动转矩下降，车辆的加速度明显降低。

图 8-12　仿真环境

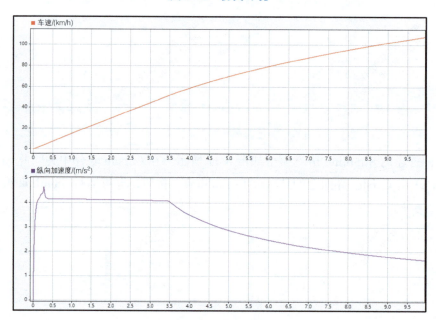

图 8-13　仿真结果

8.2.2 电机回馈转矩控制仿真

基于第 6.3.2 节电机回馈转矩控制原理的介绍，这里进行 Carsim 与 Simulink 联合仿真验证，并对控制效果进行分析。

1. Carsim 设置

(1) 车辆模型设置

本仿真车辆模型在 Carsim 中的 C-ClassHatchBack 模型基础上进行修改，图 8-14 ~ 图 8-17 所示为具体设置界面。其中动力系统更改为四轮独立轮端转矩控制。

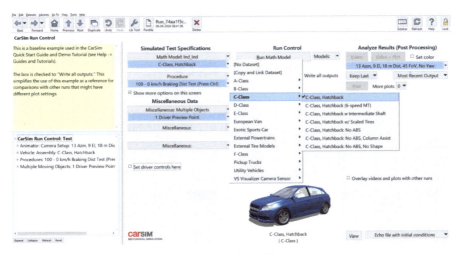

图 8-14 车辆选择

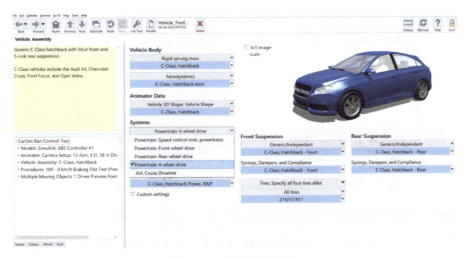

图 8-15 动力系统设置 1

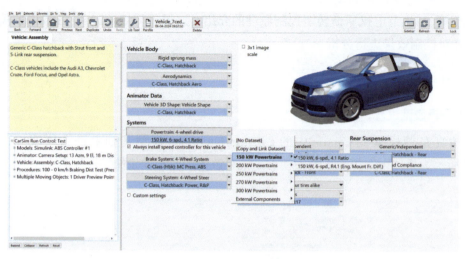

图 8-16 动力系统设置 2

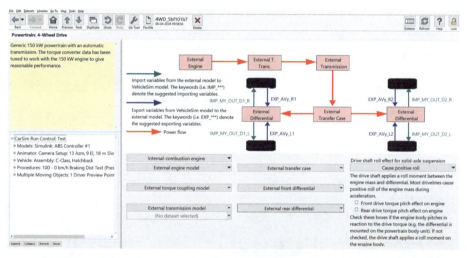

图 8-17 动力系统设置 3

（2）工况设置

仿真工况的设置在 Carsim 中的 100→0km/h Braking Dist Test（Press Ctrl）工况基础上进行修改。仿真工况设置过程如图 8-18、图 8-19 所示，仿真初速度设置为 100km/h，屏蔽转向系统设置，仿真路面选择 1200m、One Lane、Mu=0.85 路面，仿真时间设置为 100s。

（3）联合仿真输入输出接口及仿真时间

输入信号为左前轮端转矩、右前轮端转矩、左后轮端转矩、右后轮端转矩，输出信号为车速、减速度，如图 8-20～图 8-22 所示。

第 8 章 智能底盘技术仿真实践

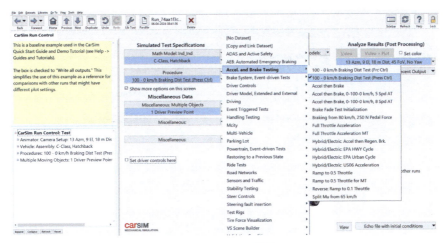

图 8-18 工况选择

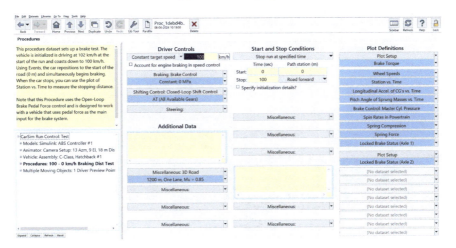

图 8-19 工况设置

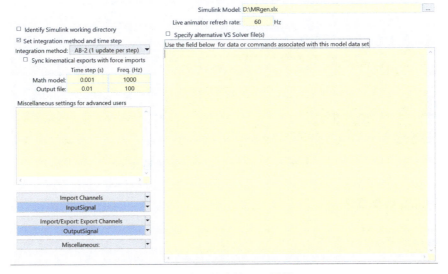

图 8-20 输入输出接口设置界面 1

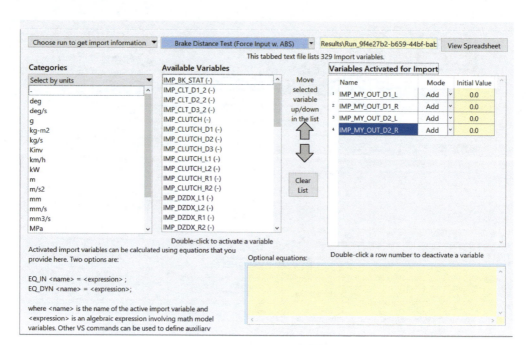

图 8-21　输入输出接口设置界面 2

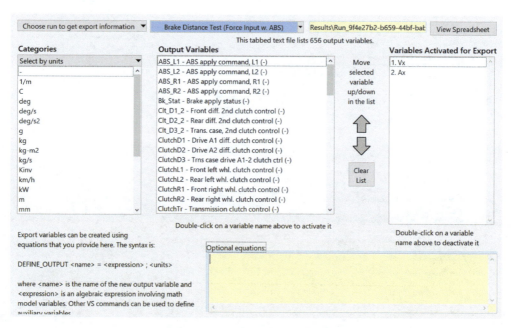

图 8-22　输入输出接口设置界面 3

2. Simulink 模型搭建

（1）Simulink 仿真步长设置

仿真步长设置如图 8-23 所示。

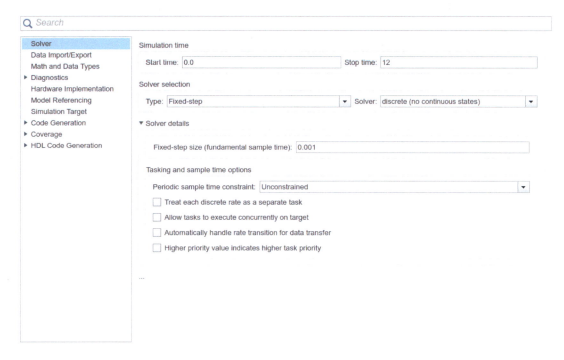

图 8-23　仿真步长设置

（2）Simulink 模型搭建

滑行回馈的联合仿真 Simulink 模型如图 8-24 所示。

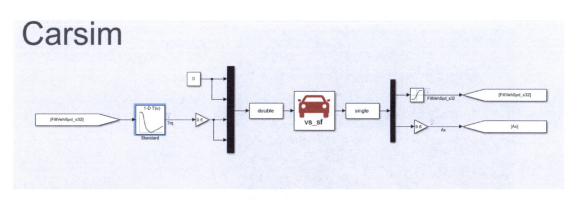

图 8-24　联合仿真模型

模型从左到右依次为 Carsim 输入信号、Carsim 与 Simulink 联合仿真接口图标、Carsim 输出信号。本仿真假定只有后轴回馈，左前轮端转矩与右前轮端转矩为 0，左后轮端转矩与右后轮端转矩为车速与滑行回馈转矩关系的查表值的一半，表格数据设置见表 8-2。输入信号经过 Carsim 内部运算，输出车速和减速度信号，车速用于滑行回馈转矩查表，减速度为仿真结果观测量。

表 8-2　车速与滑行回馈转矩

车速 /(km/h)	回馈转矩 /N·m
0	0
10	0
15	-37.3
20	-105.1
25	-177.2
30	-210
40	-245
50	-256.8
60	-244
70	-230
80	-214
90	-195
100	-175

3. 滑行回馈仿真结果

仿真结果显示（图 8-25），当车速在 50～100km/h 段时，车辆在电机回馈转矩、风阻、滚阻的作用下减速度恒定维持在 0.6m/s²，但从 50km/h 开始电机回馈转矩逐渐降低，车辆减速度逐渐低于 0.6m/s²，当车速低于 10km/h 时，电机回馈转矩衰减至零，车辆仅靠行驶阻力滑行，整个过程符合防滑控制策略设计。从能耗的角度分析，从开始滑行至电机回馈功能结束，整个时长约 66.5s，车辆滑行距离为 737.8m，回收电能 0.11kW·h，约可降低能耗 14.7kW·h/100km，电机回馈控制对车辆节能影响十分明显。

注：计算过程中，驱动电机传动比设为 10，电机到电池的效率设为 90%。

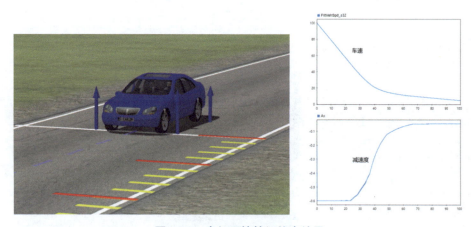

图 8-25　电机回馈转矩仿真结果

8.3　实践 2——悬架天棚控制仿真

本节基于天棚控制算法，针对 1/4 车动力学模型，在常用的时域及频域工况下，对比被动悬架、半主动悬架和主动悬架的性能。

8.3.1 仿真工况定义

结合第 6 章，1/4 车动力学模型可以表征的车辆性能指标主要涉及三个动力学响应量：簧载质量加速度$\ddot{x}_s$、悬架动挠度 $x_s - x_t$、轮胎动变形 $x_t - x_r$，分别与平顺性和操纵稳定性密切相关。底盘垂向动力学性能评价一般包括时域分析和频域分析两方面，以下分别介绍两类仿真工况。

1. 时域分析

时域分析主要包括随机路面和减速带路面两种主要的典型路面激励输入工况。针对簧载质量加速度$\ddot{x}_s$，可采用频率加权函数：

$$w_a(s) = \frac{87.72s^4 + 1138s^3 + 11336s^2 + 5453s + 5509}{s^5 + 92.6854s^4 + 2549.83s^3 + 25969s^2 + 81057s + 79783} \tag{8-3}$$

式中　s——拉普拉斯变换中 s 域变量。

（1）随机路面

生成随机路面的主要方法包括滤波白噪声法和谐波叠加法，这里给出滤波白噪声法的路面激励模型：

$$\dot{x}_r(t) = -2\pi f_{min} x_r(t) + 2\pi f n_0 \sqrt{G_{xr}(n_0) v} W(t) \tag{8-4}$$

式中　t——时间，单位为 s；
　　　x_r——路面高程，单位为 m；
　　　v——车速，单位为 m·s^{-1}；
　　　n_0——参考空间频率，取 n_0=0.1m^{-1}；
　　　f——时间频率，单位为 s^{-1}，$f=nv$；
　　　f_{min}——下截止频率，$f_{min}=n_{min}v$；
　　　$W(t)$——高斯白噪声；
　　　$G_{xr}(n_0)$——路面不平度系数，单位为 10^{-6}m^3，取决于路面等级，A、B、C、D 级路面分别取 16、64、256、1024。

利用式（8-4），可以构造出当 v=20m/s 时，C 级随机路面上的高程如图 8-26 所示。

（2）减速带路面

对于标准的道路减速带，如图 8-27a 所示，根据 JTG/T 3671—2021，可构建其截面的简化形式，如图 8-27b 所示，进而，其数学模型有如下形式：

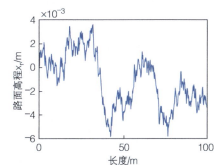

图 8-26　C 级随机路面的高程（v=20m/s）

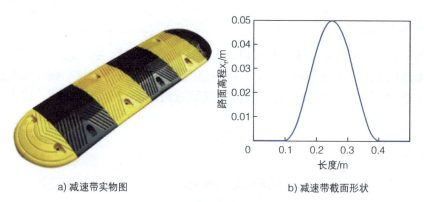

a) 减速带实物图　　　　　b) 减速带截面形状

图 8-27　减速带路面示意图

$$x_r(t) = \begin{cases} \dfrac{A}{2}\left[1-\cos\left(\dfrac{2\pi v}{L}t\right)\right], & 0 < t < \dfrac{L}{v} \\ 0, & \text{其他} \end{cases} \quad (8-5)$$

式中　A——减速带高度，一般取 0.05m；

　　　L——减速带宽度，一般取 0.3m。

2. 频域分析

车辆受到的路面激励与道路状况和车速相关，实际激励通常会在一定的频率范围内变化，通过频域分析，能直观地说明控制算法在不同频率下的控制效果。一般来说，可采用不同频次的正弦路面生成仿真工况，在每个频次下计算动力学响应量的均方根值，并进行汇总。正弦路面的数学模型表述为：

$$x_r(t) = 0.05\sin(2\pi f t) \quad (8-6)$$

式中　f——时间频率。

8.3.2　仿真模型构建

本节利用 MATLAB/Simulink 搭建仿真平台，建立三种路面激励模型，即 C 级随机路面、减速带路面、用于频域分析的正弦路面；建立四种悬架形式，即被动悬架、半主动悬架（切换型）、半主动悬架（连续型）、主动悬架，其中，半主动悬架及主动悬架控制算法均基于天棚控制。在实现方面，在 Simulink 中以状态空间方程形式构建三种路面激励模型和四个悬架系统模型，在 MATLAB 中用 .m 文件定义悬架参数和仿真工况参数，调用 Simulink 进行数据处理并绘图。

三种路面激励模型如图 8-28 所示。采用 Ramp 模块记录仿真时间，并应用于减速带路面的搭建，采用 To workspace 模块将仿真数据输出到工作空间。关于时域仿真和频域仿真的切换，采用 .m 文件中定义的标识 tag_{xr} 的正负实现，时域中两种路面的切换在 Simulink 中手动切换。

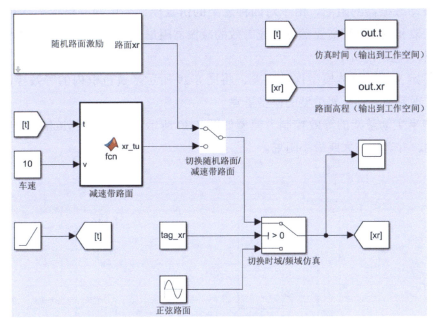

图 8-28　三种路面激励模型的仿真模型

四种悬架的仿真模型均采用 State-Space 模块以状态空间方程实现，各矩阵参数在 .m 文件定义，以被动悬架为例，模型建立如图 8-29 所示。由于 State-Space 模块的限制，在 .m 文件中控制力输入矩阵和路面输入矩阵合并，在 Simulink 仿真模型中以 Mux 模块合并控制力与路面输入，并采用 Delay 模块避免代数环问题。仅在时域仿真中引入簧上加速度的频率加权函数 $w_a(s)$，采用定义的传递函数实现，同样采用标识符 tag_{xr} 实现时域和频域的判别。

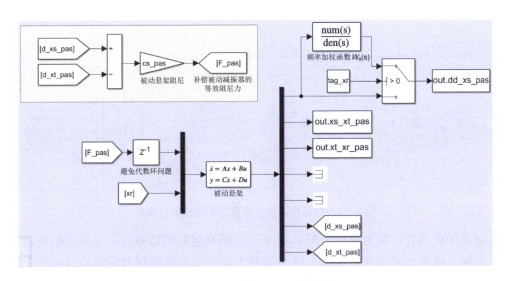

图 8-29　被动悬架仿真模型

在 .m 文件中，状态空间方程所表述的减振器阻尼为半主动悬架中的零场阻尼，该阻尼远小于被动减振器的阻尼。由于对四种悬架的仿真模型采用同一组状态空间方程参数，故对被动悬架和主动悬架需要额外补充等效的减振器阻尼力，并通过控制力输入等效实现，如图 8-29 米黄色框内所示。

除变量定义外，整体模型保持不变，将图 8-29 所示米黄色框内的等效控制力进行更改，即可实现其他三种悬架类型的模型搭建。

切换型半主动悬架的等效控制力模型如图 8-30 所示，其通过 Switch 模块实现对悬架状态的判别，并选用最大或最小阻尼。

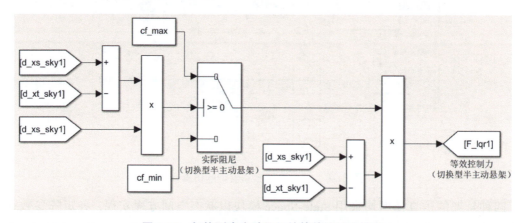

图 8-30 切换型半主动悬架的等效控制力模型

连续型半主动悬架的等效控制力模型如图 8-31 所示。由于在计算期望阻尼的过程中需要除以相对速度 $\dot{x}_s - \dot{x}_t$，该值在仿真过程中可能为 0，使计算结果为 NaN，导致仿真失败，因此当该值为 0 时采用一个小数近似。得到期望阻尼后，采用 Saturation 模块对阻尼大小进行限制，得到实际阻尼。

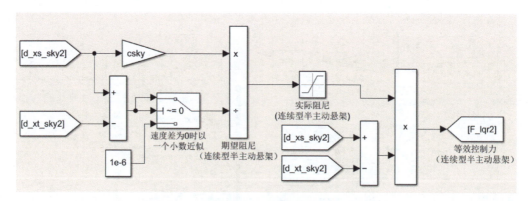

图 8-31 连续型半主动悬架的等效控制力模型

主动悬架的等效控制力模型如图 8-32 所示。模型包括两部分，一部分类似被动悬架模型，补充被动减振器的等效阻尼力，另一部分为将理想天棚控制力限制后得到的实际作动器控制力。

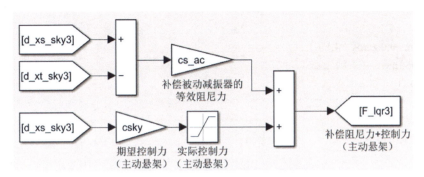

图 8-32 主动悬架的等效控制力模型

Matlab 中 .m 文件的代码表述为：

```
clc;
clear;
close all;

% 半主动悬架参数
ms=345;% 簧上质量
mt=40.5;% 簧下质量
kt=192000;% 轮胎刚度
ks=17000;% 弹簧刚度
cs=50;% 半主动悬架减振器零场阻尼
cf_min=500;% 半主动悬架控制力范围
cf_max=3000;
cs_pas=（cf_min+cf_max）/2;% 补充被动悬架的阻尼
csky=10000;% 天棚阻尼
F_max=2500;% 主动悬架控制力范围
F_min=-F_max;
cs_ac=500;% 补充主动悬架的阻尼

% 系统状态空间方程
%x=[xs;xt;d_xs;d_xu]
A=[0 0 1 0;
    0 0 0 1;
    -ks/ms ks/ms -cs/ms cs/ms;
    ks/mt -（ks+kt）/mt cs/mt -cs/mt];
B=[0;0;-1/ms;1/mt];
H=[0;0;0;kt/mt];
BB=[B H];% 由于 Simulink 模块的性质，此处需要合并
%y=[dd_xs;xs-xt;xt-xr;xs;xt;d_xs;d_xu]
C=[-ks/ms ks/ms -cs/ms cs/ms;
    1 -1 0 0;
    0 1 0 0;
```

```matlab
        eye（4）];
D=[-1/ms;0;0;zeros（4,1）];
G=[0;0;-1;zeros（4,1）];
DD=[D G];% 同理，需要合并

% 仿真类型选取
tag_xr=1;%>0 为时域仿真，否则为频域仿真

if tag_xr>0
% 时域仿真
    freq=0;%
    simOut=sim（'suspension_sim.slx'）;% 调用 simulink
% 绘图
    figure;
    subplot（311）;
    hold on;
    plot（simOut.t,simOut.dd_xs_pas,'LineWidth',3）;
    plot（simOut.t,simOut.dd_xs_sky1,'LineWidth',3）;
    plot（simOut.t,simOut.dd_xs_sky2,'LineWidth',3）;
    plot（simOut.t,simOut.dd_xs_sky3,'LineWidth',3）;
    hold off;
    ylabel（'簧载质量加速度/m·s^{-2}','FontSize',25）;
    set（gca,'FontSize',25）;
    set（gca,'xtick',[],'Xticklabel',[]）;
    legend（'被动悬架','半主动悬架（切换型）','半主动悬架（连续型）','主动悬架','FontSize',30）;

    subplot（312）;
    hold on;
    plot（simOut.t,1000*simOut.xs_xt_pas,'LineWidth',3）;
    plot（simOut.t,1000*simOut.xs_xt_sky1,'LineWidth',3）;
    plot（simOut.t,1000*simOut.xs_xt_sky2,'LineWidth',3）;
    plot（simOut.t,1000*simOut.xs_xt_sky3,'LineWidth',3）;
    hold off;
    ylabel（'悬架动挠度/mm','FontSize',25）;
    set（gca,'FontSize',25）;
    set（gca,'xtick',[],'Xticklabel',[]）;

    subplot（313）;
    hold on;
    plot（simOut.t,1000*simOut.xt_xr_pas,'LineWidth',3）;
    plot（simOut.t,1000*simOut.xt_xr_sky1,'LineWidth',3）;
    plot（simOut.t,1000*simOut.xt_xr_sky2,'LineWidth',3）;
    plot（simOut.t,1000*simOut.xt_xr_sky3,'LineWidth',3）;
```

```matlab
        hold off;
        ylabel('轮胎动变形/mm');
        set(gca,'FontSize',25);
        xlabel('t/s','FontSize',25);
        set(gca,'FontSize',25);

% 统计均方根值
        dd_xs_rms=[rms(simOut.dd_xs_pas)rms(simOut.dd_xs_sky1)...
                    rms(simOut.dd_xs_sky2)rms(simOut.dd_xs_sky3)];
        xs_xt_rms=[rms(simOut.xs_xt_pas)rms(simOut.xs_xt_sky1)...
                    rms(simOut.xs_xt_sky2)rms(simOut.xs_xt_sky3)];
        xt_xr_rms=[rms(simOut.xt_xr_pas)rms(simOut.xt_xr_sky1)...
                    rms(simOut.xt_xr_sky2)rms(simOut.xt_xr_sky3)];

else
% 频域仿真
        n=0.011:0.03:2.83;
        v=20;
        f=n*v;
        w=2*pi*f;% 参考频率范围
        m_f=length(f);

% 预定义
        fre_dd_xs=zeros(4,m_f);
        fre_xs_xt=zeros(4,m_f);
        fre_xt_xr=zeros(4,m_f);
for i=1:m_f
% 每一个正弦下均调用一次 Simulink
            freq=w(i);
            simOut=sim('suspension_sim.slx');
            rms_xr=rms(simOut.xr);
% 簧载质量加速度
            fre_dd_xs(1,i)=rms(simOut.dd_xs_pas)/rms_xr;
            fre_dd_xs(2,i)=rms(simOut.dd_xs_sky1)/rms_xr;
            fre_dd_xs(3,i)=rms(simOut.dd_xs_sky2)/rms_xr;
            fre_dd_xs(4,i)=rms(simOut.dd_xs_sky3)/rms_xr;
% 悬架动挠度
            fre_xs_xt(1,i)=rms(simOut.xs_xt_pas)/rms_xr;
            fre_xs_xt(2,i)=rms(simOut.xs_xt_sky1)/rms_xr;
            fre_xs_xt(3,i)=rms(simOut.xs_xt_sky2)/rms_xr;
            fre_xs_xt(4,i)=rms(simOut.xs_xt_sky3)/rms_xr;
% 轮胎动变形
            fre_xt_xr(1,i)=rms(simOut.xt_xr_pas)/rms_xr;
```

```matlab
        fre_xt_xr(2,i)=rms(simOut.xt_xr_sky1)/rms_xr;
        fre_xt_xr(3,i)=rms(simOut.xt_xr_sky2)/rms_xr;
        fre_xt_xr(4,i)=rms(simOut.xt_xr_sky3)/rms_xr;
end

    figure;
    subplot(221);
    semilogx(f,20*log10(fre_dd_xs(1,:)),'LineWidth',3);
    hold on;
    semilogx(f,20*log10(fre_dd_xs(2,:)),'LineWidth',3);
    semilogx(f,20*log10(fre_dd_xs(3,:)),'LineWidth',3);
    semilogx(f,20*log10(fre_dd_xs(4,:)),'LineWidth',3);
    hold off;
    ylabel('簧载质量加速度的功率谱/dB','FontSize',25);
    set(gca,'FontSize',25);
    xlabel('激振频率/Hz','FontSize',25);
    set(gca,'FontSize',25);
    legend('被动悬架','半主动悬架(切换型)','半主动悬架(连续型)','主动悬架','FontSize',25);

    subplot(222);
    semilogx(f,20*log10(fre_xs_xt(1,:)),'LineWidth',3);
    hold on;
    semilogx(f,20*log10(fre_xt_xr(2,:)),'LineWidth',3);
    semilogx(f,20*log10(fre_xt_xr(3,:)),'LineWidth',3);
    semilogx(f,20*log10(fre_xt_xr(4,:)),'LineWidth',3);
    hold off;
    ylabel('悬架动挠度的功率谱/dB','FontSize',25);
    set(gca,'FontSize',25);
    xlabel('激振频率/Hz','FontSize',25);
    set(gca,'FontSize',25);

    subplot(223);
    semilogx(f,20*log10(fre_xt_xr(1,:)),'LineWidth',3);
    hold on;
    semilogx(f,20*log10(fre_xs_xt(2,:)),'LineWidth',3);
    semilogx(f,20*log10(fre_xs_xt(3,:)),'LineWidth',3);
    semilogx(f,20*log10(fre_xs_xt(4,:)),'LineWidth',3);
    hold off;
    ylabel('轮胎动变形的功率谱/dB','FontSize',25);
    set(gca,'FontSize',25);
    xlabel('激振频率/Hz','FontSize',25);
    set(gca,'FontSize',25);

end
```

8.3.3 仿真结果与分析

1. 时域分析

(1) 随机路面

v=20m/s 时,C 级随机路面上的仿真结果如图 8-33 所示,三个性能指标的均方根值见表 8-3。可以看出,在平顺性方面,切换型半主动悬架、连续型半主动悬架、主动悬架相较被动悬架的簧载质量加速度进一步减小,平顺性改善进一步提高。然而,在悬架动挠度和轮胎动变形方面却呈现出反向的恶化。一方面,由于操纵稳定性和平顺性本质上是相互冲突的目标,天棚控制作为面向平顺性改善的控制方法很难做到二者的平衡。另一方面,由于 1/4 车模型过于简化,忽略了侧倾和俯仰带来的影响,难以精确地反映车辆动力学特性,需要进一步细化模型。

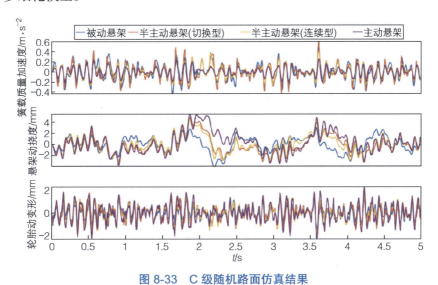

图 8-33 C 级随机路面仿真结果

表 8-3 随机路面仿真结果(均方根值)

悬架类型	簧载质量加速度 /(m/s²)	悬架动挠度 /mm	轮胎动变形 /mm
被动悬架	0.1548	1.365	0.5324
半主动悬架(切换型)	0.1444	1.579	0.6700
半主动悬架(连续型)	0.1138	1.535	0.7093
主动悬架	0.0851	1.882	0.8218

(2) 减速带路面

v=10m/s 时,减速带路面上的仿真结果如图 8-34 所示。类似随机路面的效果,四种悬架在平顺性方面依次改善,而另外两个指标则出现恶化。这也同样说明了天棚控制算法的局限性,需要进一步优化算法。

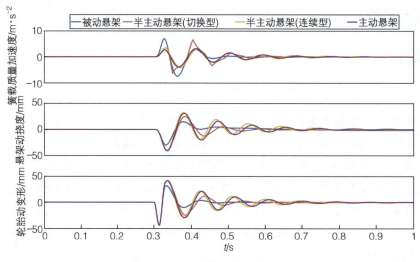

图 8-34 减速带路面仿真结果

2. 频域分析

v=20m/s 时，正弦道路上的频域仿真结果如图 8-35 所示。频域图直观反映了各频率范围下的控制效果。在人体敏感的 4～8Hz 频率范围内，主动悬架能显著改善平顺性，证明了这类悬架的优势。此外，针对时域中出现的悬架动挠度和轮胎动变形恶化现象，由于悬架本身是一个低通滤波器，这两个指标处于传递环节，且高频处恶化程度相较中低频过大，因此也能在一定程度上做出解释。

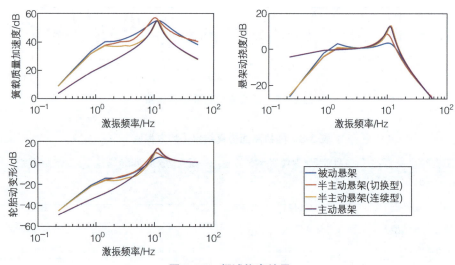

图 8-35 频域仿真结果

从上述仿真结果可以看出，天棚控制本身期望产生一个天棚控制力 $F = c_{sky}\dot{x}_s$。半主动悬架由于作用力的方向取决于 $\dot{x}_s - \dot{x}_t$ 的方向，因此在很多情况下无法给出期望的天棚控制力，切换型的控制策略更是如此。而主动悬架因为是有源系统，其产生的作用力可以按需调控，因此在平顺性改善方面具有更好的效果。此外，针对悬架动挠度和轮胎动变形的恶化，一方面说明了悬架性能指标的冲突以及天棚控制的局限性，需要设计更智能的控制算法。另一方面，在自由度更高的模型，例如 1/2 车模型中，恶化程度反而低于 1/4 车模型，这也说明了车辆动力学模型精确建模的必要性。

8.4 实践 3——转向故障下的差动制动控制仿真

底盘横向控制系统被认为是确保车辆安全、稳定与优异操控性能的基石。它主要涉及汽车的侧向运动控制和侧向稳定性管理，这些是汽车动态性能的重要组成部分，直接影响着驾驶体验和行车安全。线控制动系统作为线控底盘的关键执行器之一，具有主动调节各车轮制动力的能力，从而使底盘可以通过差动制动调整自身姿态。因而差动制动也有进行底盘横向控制的能力，可以增强底盘的稳定性与安全性。根据第 7.6.3 节对转向故障下的差动制动容错控制技术的介绍，本节介绍在转向故障场景下，由差动制动进行底盘横向稳定性控制的鲁棒切换控制算法实现和仿真分析。

8.4.1 Simulink/Carsim 联合仿真

本节利用 Simulink/Carsim 建立了联合仿真平台，实现了转向故障下底盘横向稳定性切换失效运行控制的联合仿真验证，验证了算法的有效性。

1. 转向故障下底盘横向稳定性切换失效运行控制器求解

7.6.3 节中提出的失效运行控制方法最终表现为线性鲁棒控制器的形式，需要对算法中的一系列 LMI 进行求解。求解 LMI 目前已有较为成熟的方法和软件，包括新加坡国立大学开发的 SDPT、美国 Lehigh 大学维护的 SeDuMi 以及 MATLAB 公司开发的 LMILAB 等。其中 SeDuMi 在大规模 LMI 和矩阵奇异性较强的 LMI 中表现更为突出。因此，本节采用 SeDuMi-1.3 版本作为算法的核心求解器，与 SeDuMi 的通信通过开源求解接口软件 Yalmip 进行连接。

下面函数为转向故障下底盘横向稳定性切换失效运行控制器求解函数，输入系统参数 sys、系统方程维度 dim、控制器参数 alpha 与目标性能要求值 gamma_lmi_in 即可求得反馈控制增益 G_1、G_3。

```
function [gamma_lmi_f_value_GSC,G1,G3] = GSC_optimal_yalmip(dim,sys,alpha,gamma_lmi_in)
persistent Controller_GSC
%% %%%%%%%%%%%%%%%%%%%%%%%%%%%%%%%%%%%%%%%%%%% Lemma2 %%%%%%%%%%%%%%%%%%%%%%%%%%%%%%%%%
    if isempty(Controller_GSC)
        n = dim.n;          % dimension of state
        s = dim.s;          % dimension of measurement
        p = dim.p;          % dimension of control input
        q = dim.q;          % dimension of exogenous disturbance
        r = dim.r;          % dimension of objective vector
```

```
Q = sdpvar(n);
Q_hat1 = sdpvar(s);
Q_hat3 = sdpvar(s);
Y1 = sdpvar(p,s,'full');
Y3 = sdpvar(p,s,'full');
sdpvar gamma_lmi
sdpvar gamma_lmi_f
FLMI = [];
%%% normal situation (A2-Bl)
A0 = sys.A1;
B10 = sys.D10;
B20 = sys.B_n;
C10 = sys.C10;            % need to be adjusted according to objective vector dimension r.
D110 = zeros(r,q);
D120 = sys.D120;
C20 =   sys.C20;          % need to be adjusted according to measurement dimension s.
D210 = sys.D210;
Zeta = A0*Q+Q*A0' + B20*Y1*C20+C20'*Y1'*B20';
Zeta_bar = alpha*B20*Y1 + Q*C20'-C20'*Q_hat1';
F = [Zeta                Zeta_bar                    B10             Q*C10'+C20'*Y1'*D120';
     Zeta_bar'           -alpha*(Q_hat1+Q_hat1') D210               alpha*Y1'*D120';
     B10'                D210'                       -gamma_lmi*eye(q) D110';
     (Q*C10'+C20'*Y1'*D120')' (alpha*Y1'*D120')'    D110             -eye(r)]<=-1e-6;
FLMI = [FLMI,F];
%%% normal situation (A2-Bl)
A0 = sys.A2;
B10 = sys.D20;
B20 = sys.B_n;
C10 = sys.C10;            % need to be adjusted according to objective vector dimension r.
D110 = zeros(r,q);
D120 = sys.D120;
C20 =   sys.C20;          % need to be adjusted according to measurement dimension s.
D210 = zeros(s,q);
Zeta = A0*Q+Q*A0' + B20*Y1*C20+C20'*Y1'*B20';
Zeta_bar = alpha*B20*Y1 + Q*C20'-C20'*Q_hat1';
F = [Zeta                Zeta_bar                    B10             Q*C10'+C20'*Y1'*D120';
     Zeta_bar'           -alpha*(Q_hat1+Q_hat1') D210               alpha*Y1'*D120';
     B10'                D210'                       -gamma_lmi*eye(q) D110';
     (Q*C10'+C20'*Y1'*D120')' (alpha*Y1'*D120')'    D110             -eye(r)]<=-1e-6;
FLMI = [FLMI,F];
```

```matlab
%%% normal situation (A3-Bl)
A0 = sys.A3;
B10 = sys.D30;
B20 = sys.B_n;
C10 = sys.C10;          % need to be adjusted according to objective vector dimension r.
D110 = zeros(r,q);
D120 = sys.D120;
C20 =    sys.C20;       % need to be adjusted according to measurement dimension s.
D210 = zeros(s,q);
Zeta = A0*Q+Q*A0' + B20*Y1*C20+C20'*Y1'*B20';
Zeta_bar = alpha*B20*Y1 + Q*C20'-C20'*Q_hat1';
F = [Zeta              Zeta_bar                    B10              Q*C10'+C20'*Y1'*D120';
     Zeta_bar'         -alpha*(Q_hat1+Q_hat1')     D210             alpha*Y1'*D120';
     B10'              D210'                       -gamma_lmi*eye(q) D110';
     (Q*C10'+C20'*Y1'*D120')' (alpha*Y1'*D120')'   D110             -eye(r)]<=-1e-6;
FLMI = [FLMI,F];
%%% fault situation (A1)
A_r = sys.A1;
B1_r = sys.D1_inf;
B2_r = sys.B_r;
C1_r = sys.C1_f;        % need to be adjusted according to objective vector dimension r.
D11_r = zeros(r,q);
D12_r = sys.D12_f;
C2_r =    sys.C2_r;     % need to be adjusted according to measurement dimension s.
D21_r = sys.D21_r;
Zeta = A_r*Q+Q*A_r' + B2_r*Y3*C2_r+C2_r'*Y3'*B2_r';
Zeta_bar = alpha*B2_r*Y3 + Q*C2_r'-C2_r'*Q_hat3';
F = [Zeta              Zeta_bar                    B1_r             Q*C1_r'+C2_r'*Y3'*D12_r';
     Zeta_bar'         -alpha*(Q_hat3+Q_hat3')     D21_r            alpha*Y3'*D12_r';
     B1_r'             D21_r'                      -gamma_lmi_f*eye(q) D11_r';
     (Q*C1_r'+C2_r'*Y3'*D12_r')' (alpha*Y3'*D12_r')' D11_r          -eye(r)]<=-1e-6;
FLMI = [FLMI,F];
%%% fault situation (A2)
A_r = sys.A2;
B1_r = sys.D1_inf;
B2_r = sys.B_r;
C1_r = sys.C1_f;        % need to be adjusted according to objective vector dimension r.
D11_r = zeros(r,q);
D12_r = sys.D12_f;
C2_r =    sys.C2_r;     % need to be adjusted according to measurement dimension s.
D21_r = sys.D21_r;
```

```
            Zeta = A_r*Q+Q*A_r' + B2_r*Y3*C2_r+C2_r'*Y3'*B2_r';
            Zeta_bar = alpha*B2_r*Y3 + Q*C2_r'-C2_r'*Q_hat3';
            F = [Zeta              Zeta_bar             B1_r          Q*C1_r'+C2_r'*Y3'*D12_r';
                 Zeta_bar'         -alpha*(Q_hat3+Q_hat3') D21_r      alpha*Y3'*D12_r';
                 B1_r'             D21_r'               -gamma_lmi_f*eye(q) D11_r';
                 (Q*C1_r'+C2_r'*Y3'*D12_r')' (alpha*Y3'*D12_r')'  D11_r        -eye(r)]<=-1e-6;
            FLMI = [FLMI,F];
            %%% fault situation (A3)
            A_r = sys.A3;
            B1_r = sys.D1_inf;
            B2_r = sys.B_r;
            C1_r = sys.C1_f;       % need to be adjusted according to objective vector dimension r.
            D11_r = zeros(r,q);
            D12_r = sys.D12_f;
            C2_r =   sys.C2_r;     % need to be adjusted according to measurement dimension s.
            D21_r = sys.D21_r;
            Zeta = A_r*Q+Q*A_r' + B2_r*Y3*C2_r+C2_r'*Y3'*B2_r';
            Zeta_bar = alpha*B2_r*Y3 + Q*C2_r'-C2_r'*Q_hat3';
            F = [Zeta              Zeta_bar             B1_r          Q*C1_r'+C2_r'*Y3'*D12_r';
                 Zeta_bar'         -alpha*(Q_hat3+Q_hat3') D21_r      alpha*Y3'*D12_r';
                 B1_r'             D21_r'               -gamma_lmi_f*eye(q) D11_r';
                 (Q*C1_r'+C2_r'*Y3'*D12_r')' (alpha*Y3'*D12_r')'  D11_r        -eye(r)]<=-1e-6;
            FLMI = [FLMI,F,Q>=0,10>=gamma_lmi_f>=gamma_lmi];
            %%% Solver
            Controller_GSC = optimizer(FLMI,gamma_lmi_f,[],gamma_lmi,{gamma_lmi_f,Q_hat1,Q_hat3,Y1,Y3})
            [opt,problem,error_info] = Controller_GSC(gamma_lmi_in);
        else
            [opt,problem,error_info] = Controller_GSC(gamma_lmi_in);
        end
            gamma_lmi_f = opt{1};   Q_hat1 = opt{2};   Q_hat3 = opt{3};   Y1=opt{4}; Y3 = opt{5};
            G1 = Y1/Q_hat1; G3 = Y3/Q_hat3;
            G1(find(isnan(G1)==1)) = 0; G3(find(isnan(G3)==1)) = 0;
            gamma_lmi_f_value_GSC = sqrt(value(gamma_lmi_f));
            display(['GSC is ' error_info{1} ' !       : gamma = ' num2str(sqrt(gamma_lmi_in))
'gamma_f = ' num2str(gamma_lmi_f_value_GSC)]);
        end
```

2. 联合仿真平台搭建

运行 Carsim 后选择自己设定的数据库，并在 Carsim 界面中设置车辆模型，如图 8-36 所示。设定的参数应与上节中的控制器求解参数一致。本仿真案例选择了常用的 B 级车模型，并修改必要的车辆动力学参数。

第 8 章 智能底盘技术仿真实践

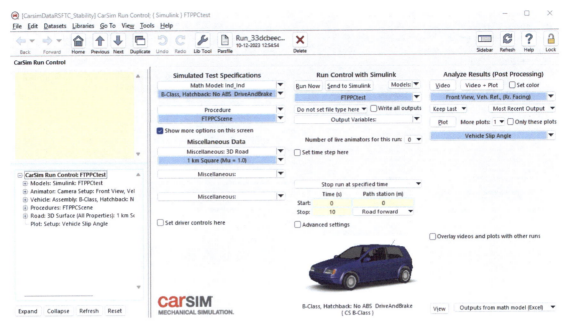

图 8-36 Carsim 配置主界面

为了实现 Carsim 和 Simulink 的联合仿真，需要在 Carsim 定义输入模型的控制变量与输出到 Simulink 仿真模型的变量。在本示例中，选择四个车轮的转矩与前轴两轮转角为输入变量，如图 8-37 所示。

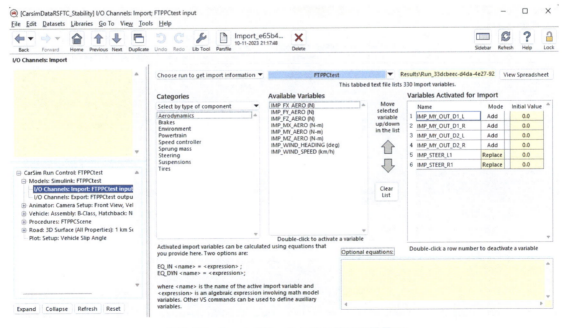

图 8-37 Carsim/Simulink 输入接口配置界面

295

输出变量配置如图 8-38 所示。

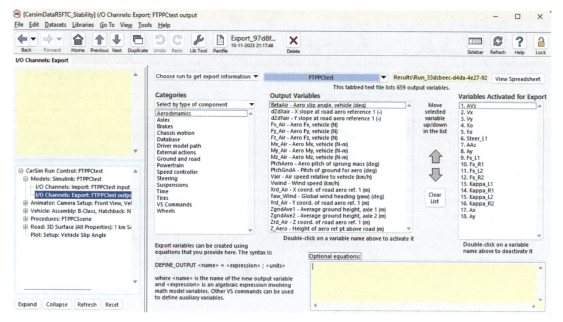

图 8-38　Carsim/Simulink 输出接口配置界面

单击主界面的 Procedure 界面即可配置工况，进行仿真时间、初始车速等设置，如图 8-39 所示。

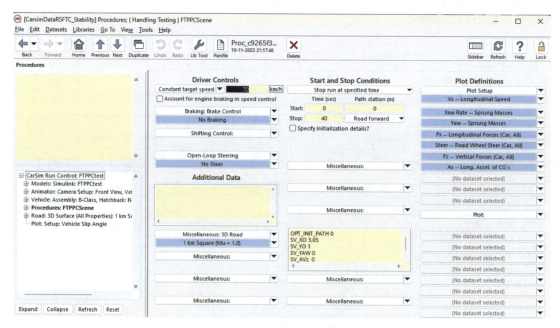

图 8-39　Carsim 工况配置界面

单击主界面右侧窗口的 Model：Simulink 即可配置匹配的 Simulink 文件，需要在 Working directory 选择目标模型的工作路径，并选择具体的 Simulink 模型，如图 8-40 所示。

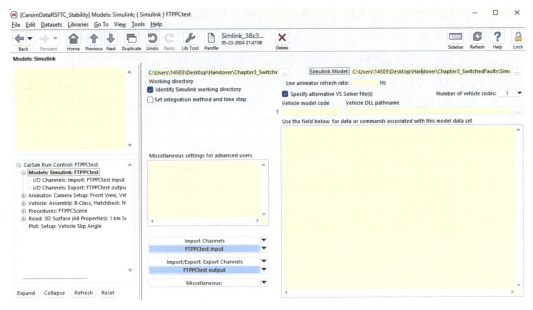

图 8-40　Carsim 与 Simulink 模型配置界面

单击主界面的"Send to Simulink"即可打开相关的 Simulink 模型。Simulink 模型与 Carsim 模型接口配置如图 8-41 所示。

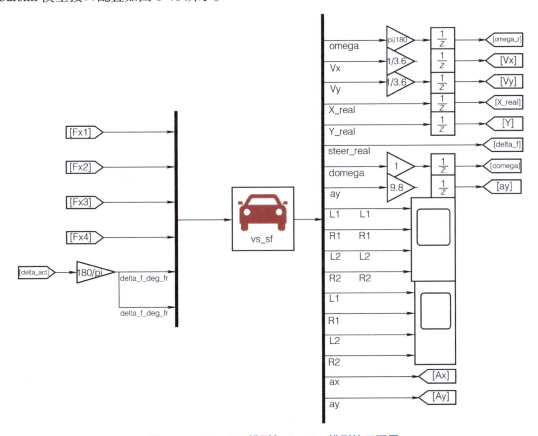

图 8-41　Simulink 模型与 Carsim 模型接口配置

在进行横摆控制时，若采用了差动模式，则上层控制器发出的命令为横摆力矩命令，这需要精确地分配到四个车轮。这种分配允许通过独立控制每个车轮的转速或制动力来生成所需的横摆力矩，进而影响车辆的转向响应和稳定性。同时，车辆在横摆控制过程中可能也需要执行纵向力命令，这些命令可以根据需求平均分配到四个车轮，也可以根据各轮胎的实际载荷进行动态分配，以确保充分利用轮胎的附着力。Simulink 模型轮胎力分配模块如图 8-42 所示。

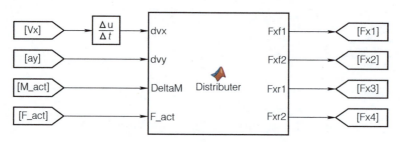

图 8-42　Simulink 模型轮胎力分配模块

图 8-43 所示为 Simulink 横向运动控制器模块，通过预先设计故障发生时间 t_fault 以及故障被检测到时间 t_ft，进行控制器切换。其中 e_state 为跟踪状态的误差，u_sys 为控制输出。当系统横向控制由转向系统负责时，控制输出为前轮转向角；当系统横向控制由差动转向系统负责时，控制输出为横摆附加力矩。

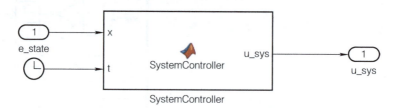

图 8-43　Simulink 横向运动控制器模块

横向控制具体代码如下：

```
function u_sys    = SystemController(x, G1, G1,t_ft,t, t_fault)
if t < t_fault
    G = G1;
    u_sys = G*x;
elseif t > t_ft
    G = G3;
    u_sys = G*x ;
else
    G = G1;
    u_sys = G*x;
end
```

8.4.2 仿真实验结果

仿真工况选择典型的双移线稳定性测试工况。在故障发生前,车辆的横向运动由主动转向控制。故障发生在 2s 时刻,故障发生后,设置诊断时间为 0.2s,即车辆经过 0.2s 后发现故障,而后重构控制律进入容错控制状态。具体的故障设置见表 8-4,HIL 实验中所采用的车辆参数及转向、制动系统参数见表 8-5。

表 8-4 车辆稳定性异构容错工况设置

车辆状态	控制输入	持续时间	描述
健康运行	主动转向	0 ~ 2.0s	车辆处于主动转向控制之下,转向系统未发生故障
故障运行	主动转向	2.0 ~ 2.2s	转向系统部分故障,剩余 10% 能力,但尚未诊断出
容错运行	差动转向	2.2 ~ 10s	车辆已诊断出故障,并切换到差动转向控制

表 8-5 HIL 实验中所用车辆参数

参数	含义	数值	参数	含义	数值
m	车辆整备质量	1231kg	I_z	车辆垂向转动惯量	2031.4kg·m²
l_f	前轴到质心距离	1.04m	l_r	后轴到质心距离	1.56m
l_w	左/右侧轮距	1.48m	C_f	前轮侧偏刚度	40000N/rad
C_r	后轮侧偏刚度	40000N/rad	r_d	轮胎有效半径	0.31m
h	车辆质心高度	0.54m	τ_s	转向系统时间常数	0.05s
τ_b	制动系统时间常数	0.05s			

为了验证所提出方法的有效性和优越性,在不同路面附着情况下分别进行了与现有结果的对比实验。实验设置了基于扰动观测的容错控制方法(Disturbance Observer based Fault-tolarent Control, DOFTC)、基于参数辨识的容错控制方法(Parameter Adapter based Fault-tolerant Control, PAFTC)以及基于全局 Lyapunov 函数的直接切换鲁棒容错控制方法(Global Robust Fault-tolarent Control, GRFTC)作为对比方法。

HIL 实验首先测试了研究所提出的 SRFOC 在高附路面下的有效性和优越性。在仿真中,将路面附着系数设置为高附着路面中的典型值 0.8。高附路面下的参考前轮转角输入情况如图 8-44 所示,整个测试时间持续 10s,其中最大转向角数值为 9.3°。

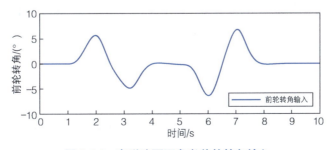

图 8-44 高附路面下参考前轮转角输入

为了验证所提出的失效运行控制方法在纵向车速 v_x 变化情况下的有效性，针对纵向车速设计了如下的正弦变化曲线：

$$v_{xd} = 70 + 10\sin\left(\frac{t}{5\pi}\right) \qquad (8-7)$$

其中，车速单位为 km/h。

图 8-45 展示了在高附路面下，不同的失效运行控制方法下的车辆横摆角速度跟踪控制结果，其中点状背景区域代表了故障运行的 S_2 阶段。图 8-45a 展示了高附路面下不同的控制方法下横摆角速度跟踪情况，图 8-45b 展示了横摆角速度的跟踪控制误差。从实验结果的误差子图可以清晰看出，所提出的基于系统切换的 SRFOC 方法具有最小的跟踪控制误差，即使在故障运行的 S_2 阶段依然保持了较小的误差值。这是因为所提出的 SRFOC 能够在设计中，预先考虑有限时间的故障运行可能带来的系统性能降级，从而在针对健康系统的控制策略设计中，使其具有了一定的容错能力。需要指出的是，在失效运行控制的设计过程中可以看出，这种容错能力是有限保守的，其仅在预先设定的诊断时间 T_d 内保证车辆系统的故障运行性能满足要求。

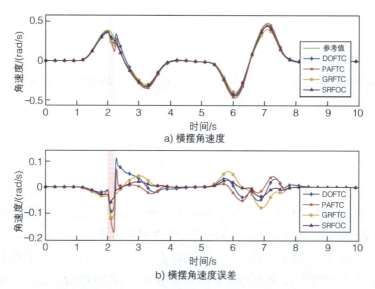

图 8-45 高附路面横摆角速度跟踪结果

在故障运行阶段 S_2，表现出最大误差的是基于故障参数辨识的 PAFTC 方法，这是由于参数自适应的机制在大范围参数变化的情况下具有很大的局限性，难以快速准确辨识出故障情况，从而调整控制律。基于观测的 DOFTC 方法在健康运行阶段，由于扰动补偿的作用，表现出比所提出的 SRFOC 更好的性能，然而在故障运行阶段依然有明显的性能下降，并且在进入容错运行 S_3 阶段后，由于积累的观测误差，从而导致了剧烈的调整动作。基于全局 Lyapunov 函数的直接切换方法 GRFTC 由于无法针对 S_2 过程进行设计，因此在 S_2 阶段也表现出了仅好于 PAFTC 的误差情况。

图 8-46 展示了在稳定性控制过程中的侧向速度情况,从图中可以看出,两种控制方式的侧向速度跟踪误差区别较小。这是因为侧向速度误差并未出现在目标向量 z 的考虑之中,即侧向速度误差前的权重为 0。因为在体现车辆侧向稳定性的指标中,横摆角速度更为重要。

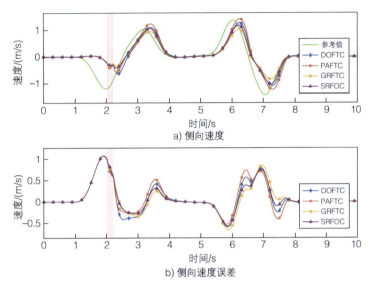

图 8-46 高附路面侧向速度跟踪结果

为了比较现有的容错控制方法与所提出的切换容错控制之间在控制输入上的差别,图 8-47 展示了四种方法下健康运行 S_1 以及故障运行 S_2 阶段前轮转角命令、转角实际值以及差动转矩的情况,从中可以分析出各种容错方法在 S_2 表现出差异的本质原因。从实验结果图中可以发现,在 2s 故障发生前的 S_1 阶段,车辆的横向稳定性由主动转向产生的前轮转角调控,此时车辆是健康的,没有转向系统故障发生,因此各个控制方法下,前轮转角的命令值与实际值相同,且各种控制方法转角输入差别不大。2s 时刻,故障发生且尚未被

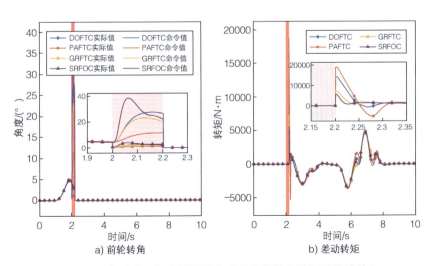

图 8-47 高附路面各容错控制方法下前轮转角输入及差动输入

检测出，进入故障运行 S_2 阶段，此时前轮转角的命令值与实际值之间开始展现出较大的差别。在 2.2s 故障被检测出之后，进入容错运行阶段 S_3，此时转向系统退出车辆控制，差动转向开始接管车辆控制。

在故障运行阶段，研究提出的 SRFOC 方法本质上执行了最符合跟踪要求的前轮转角。得益于预先对故障运行过程 S_2 的考虑，其在健康运行阶段下的控制律能够确保在故障发生后的有限时间 T_d 内，系统在 S_2 阶段的性能得到保证。与此相似，DOFTC 也表现出了较大的前轮转角命令。另外的两种对比方法，由于无法适应或者未对故障运行阶段进行考虑，因此在 S_2 过程实际执行的前轮转角远小于期待值，从而导致了更为严重的性能下降。在容错运行阶段，差动转向开始接管车辆横向稳定性控制时，初始的差动转矩需求是故障运行 S_2 阶段结束时累积的跟踪误差驱动的。因此如图 8-47b 所示，在 S_2 阶段表现最好的 SRFOC 方法，在此时，差动转矩需求也最接近稳态需求，并未展现出过大的差动转矩需求。同时由于地面附着力的限制，过大的差动转矩需求实际分配到轮端是难以实现的，这也会最终导致差动过程开始时调节变差。

图 8-48a 展示了车辆在各种容错方法控制下，在整个失效运行过程中的横摆角加速度变化。从结果中可以看出，所提出的基于系统切换的 SRFOC 在故障运行的 S_2 过程中，具有最小的量值，这是因为在 S_2 过程中，横摆角速度的偏差较小，从而在退出 S_2 进入 S_3 之后，需要的调整动作更小。图 8-48b 则展示了侧向加速度的情况。车身的绝对加速度情况如图 8-48c 所示，其中黑色虚线代表高附路面的地面附着系数 0.8，各个带有标记的实线表示在各种控制方法下，车辆质心的加速度绝对幅值。图 8-48c 间接展示了在横摆稳定性控制过程中，车辆对地面力的利用情况，在全工况中，故障发生在车身加速度最大的时刻，

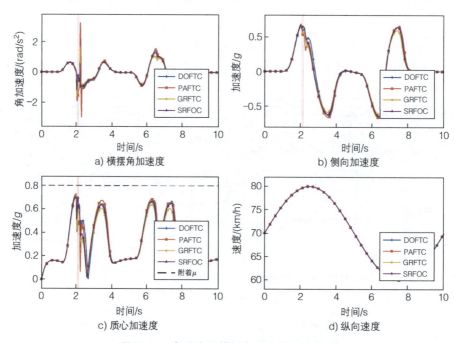

图 8-48 高附路面横摆角速度及侧向速度

在发生故障后，三种对比容错控制方法下，车辆的侧向加速度下降较快，下降幅值大。与之形成对比的是，所提出的 SRFOC 方法在故障运行的 S_2 阶段保持了较高的侧向加速度，并且侧向加速度的恢复速度很快。另外，从图 8-48c 中也可以看出，在进入横摆稳定性控制之前的初始阶段，车辆也具有一定的加速度，这是车速保持任务的结果。图 8-48d 展示了在各种控制方法下，车辆的纵向速度跟踪情况，验证了车辆在进行横摆稳定性控制任务的同时，还参与了独立的纵向速度跟踪任务。

本章习题

一、选择题

1. 汽车仿真技术主要用于以下哪个方面？（　　）
   A. 娱乐游戏开发　　　　　　　　B. 汽车设计与测试验证
   C. 动画制作　　　　　　　　　　D. 虚拟现实旅游
2. 下列哪项技术不是汽车仿真技术常用的组成部分？（　　）
   A. 动力学模型　　B. 有限元分析　　C. 虚拟现实环境　　D. 语音识别系统
3. 下列哪项是汽车仿真技术在车辆开发初期的主要优势？（　　）
   A. 缩短开发周期　　B. 提高生产成本　　C. 降低车辆性能　　D. 增加市场风险
4. 汽车仿真技术中，如何验证仿真结果的准确性？（　　）
   A. 仅通过仿真软件内置功能　　　　B. 与实际测试结果对比
   C. 依赖专家经验判断　　　　　　　D. 无须验证
5. 在车辆动力学仿真中，模拟车辆在不同速度下的操纵稳定性，主要依赖于（　　）。
   A. 轮胎模型　　B. 发动机模型　　C. 制动系统模型　　D. 车身结构模型

二、简答题

1. 简述汽车仿真技术的主要应用领域。
2. 为什么汽车仿真技术在现代汽车开发中变得如此重要？
3. 简述硬件在环仿真（HIL）在汽车开发中的作用。

三、综合应用题

结合本章内容以及 6.4.1 节中轨迹跟踪控制算法的学习，通过 Simulink/Carsim 联合仿真实现基于模型预测控制的轨迹跟踪控制算法，并针对典型的工况进行仿真实验，对仿真实验结果进行分析。

参 考 文 献

[1] 中国汽车工程学会 . 电动汽车智能底盘技术路线图 [M]. 北京：机械工业出版社，2023.

[2] 张俊智，吴艳，王丽芳，等 . 智能底盘关键技术及应用：线控执行、融合控制、失效运行 [M]. 北京：机械工业出版社，2023.

[3] 孙逢春，林程 . 电动汽车工程手册　第一卷　纯电动汽车整车设计 [M]. 北京：机械工业出版社，2019.

[4] 郭孔辉 . 汽车操纵动力学 [M]. 长春：吉林科学技术出版社 . 1991.

[5] 安部正人，大迟洋 . 汽车运动性能技术 [M]. 马宁，译 . 北京：机械工业出版社，2018.

[6] 日本自动车技术会 . 汽车工程手册 5：底盘设计篇 [M]. 中国汽车工程学会，组译 . 北京：北京理工大学出版社，2010.

[7] 莱夫 . BOSCH 汽车工程手册 [M]. 顾柏良，等译 . 北京：北京理工大学出版社，2016.

[8] 交通运输部，科学技术部 . 关于印发《"十四五"交通领域科技创新规划》的通知 [EB/OL].（2023-06-11）[2023-06-30].https://www.gov.cn/zhengce/zhengceku/2022-04/09/content_5684262.html.

[9] 欧阳明高 . 电动乘用车发展的新阶段、新挑战与新路径 [R/OL].（2022-03-26）[2023-06-30].https://auto.cri.cn/chinanews/20220328/d176188e-9e50-6432-54b4-67a6d21e7ff6.html.

[10] KANT B. Sensotronic brake control（sbc）[M]. Wiesbaden：Springer Vieweg，2014.

[11] BRUCE M. High Speed Off-Road: Vehicles Suspensions，Tracks，Wheels and Dynamics[M]. Hoboken，USA：John Wiley & Sons，2018.

[12] 张俊智，王丽芳，苟晋芳，等 . 汽车能量回馈式制动系统原理与控制 [M]. 北京：机械工业出版社，2022.

[13] 余志生，夏群生 . 汽车理论 [M]. 6 版 . 北京：机械工业出版社，2019.